민법학의 주요문제

김동훈 저

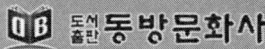

머리말

　이 민법학 논문 모음집은 나의 4번째이자 마지막 논문집이다. 2014년 3번째 논문모음집을 간행하였는데 그 이후 발표한 글 11편을 묶은 것이다. 또 마지막인 것은 본인이 이번 학기를 끝으로 교수직을 퇴임하기 때문이다. 따라서 이 논문집은 스스로 마련한 퇴임기념논문집이라 할 것이다. 일부 후학들이 글을 모아 퇴임기념논문집을 만드는 것을 추진해보겠다는 의사를 밝히기도 했지만 필자는 그 뜻만을 고맙게 받고 정중히 사양하였다. 대신 몇 분의 동료들이 기꺼이 축하의 글을 보태주셨고, <연보>를 첨부하여 필자의 교수생활의 연대기를 정리해보았다. 논문은 민법과 헌법, 상법, 경제법(약관법) 등과의 경계에 걸치는 글들이 여러 편 되고 또 나의 주된 연구분야인 채권법에서 총칙-계약-부당이득에 이르는 여러 주제를 다루되 주로 제도의 운용방향을 제시하고자 한 글들이다.

　법과대학의 민법(재산법) 전임교수로서 34년간의 여정을 마치고 2023년 2월말로 퇴임을 하게 되었다. 규정상으로는 정년까지 3학기 더 남아있지만 조금 일찍 명예로운(?) 명예퇴직의 길을 선택하게 되었다. 이러한 결정에 어떤 대단한 의미가 담긴 것은 아니고 굳이 이유를 대본다면 교수직 즉 학자이자 교육자로서 활동할 에너지가 거의 고갈되었음을 느끼기 때문이다. 조금 운좋게 남보다 일찍 교수직에 부임하였고 그 중간에 한 번도 직장을 옮김이 없이 보현봉 아래 북한산 기슭에서 지내다보니 더욱 그러한 느낌이 강하게 다가왔는지도 모르겠다. 학자로서도 민법학의 여러 관심주제들을 웬만큼 다루어 보았다고 생각되고 굳은 머리에서 새로운 아이디어가 더 나올 것 같지도 않다. 학생들 앞에서의 강의도 원숙함은 있겠지만 그보다 더 중요한 열정이 넘치는 강의를 하기에는 기력이 부족함을 느낀다. 이제는 조용히 후학에게 자리를 물려주고 떠날 때가 되었다.

　필자는 교수생활동안 수강학생들을 위한 몇 권의 교재를 만들기도 하였지만, 학술활동은 주로 논문저작에 집중되어있고 그 편수가 대략 100여편에 이른다. 이미 중간 중간 이러한 업적을 책으로 엮어 3권의 논문집을 간행하였다. 본 논문집에 실린 글들은 학자생활의 마지막 기간에 집필된 글들이니 좀 더 깊이있고 원숙한 논문들이어야 할 것인데 과연 그러한 것인지에 대해서는 자신이 없다. 다만 이 전의 논문들에 비해서는 조금 더 자유롭게 주제들에 대한 나의 생각을 피력하였다. 어떤 글들은 주제가 정해지면 판례집과 법전만을 옆에 두고 다른 참고문헌없이 나만의 생각과 문제의식을 적어나갔으며 그렇게 마감한 글에 필요한 최소한의 문헌으로 보완하고 각주를 붙여 완성하기도 하였다. 이러한 글들을 모아 퇴임에 맞추어 논문집을 만드는 것은 실은 무엇보다 스스로의 학자생활을 기념하기 위한 것이다. 앞으로 길게 남은 인생 후반부에서 가끔 논문집을 꺼내보며 열심히 고민했던 시절이 있었다는 추억을 되새기는 것은 만년의 큰 즐거움이 되지 않을까.

퇴임논문집의 서문이기에 필자는 그 간 길다면 길었던 민법학자로서의 연구생활에 대한 약간의 회고를 생각의 흐름대로 덧붙여보고자 한다. 30대 초반 부임하자마자 물권법과 채권법 강의를 도맡아 느낀 심적 부담은 엄청난 것이었다. 박사학위 공부란 특정주제를 소재로 한 논문작성 훈련과정일 뿐이었고 방대한 민법의 전 분야를 한학기에 요령있게 또 초학자들이 잘 알아듣게 전달한다는 것은 무척 어려운 과제였다. 우선 나 자신부터 잘 모르는 주제가 수두룩했고 많은 학설 논쟁의 어느 편에 서야 할지 헷갈리기 일쑤였다. 강의실에 들어가기 직전까지 교과서라도 한 번 더 읽어보고 들어가는 시간이 수년간 반복되었다. 특히나 필자의 교수생활 초기 즉 90년대 초반까지만 하더라도 민법의 부수과목으로서 로마법과 서양법제사 강의가 개설되어 있어 이것도 떠맡아야 했는데, 도대체 무엇을 알기나 하고 강의한 것인지 모르겠다. 간단한 라틴어 문장을 놓고 씨름하던 기억들이 어렴풋하다. 이처럼 강의조차 버거울 때 작성된 논문들이란 지금 보면 매우 부끄러운 습작 수준의 글들도 많았다.

돌이켜보면 나의 연구생활의 한 전환점이 된 것은 교수생활 초반기의 압박감에서 벗어나 6년여만에 미국대학 로스쿨에서 1년간의 방문학자 경험이었던 듯하다. 그리 열심히 무엇을 한 것은 아니었어도 틈틈이 들추어본 영미문헌들과 몇 개의 세미나 참석 등은 독일법학의 짜임새 있고 체계적인 해석론이 제시하는 논리성의 미학이 주지 못하는, 조금 허술한 듯 하면서도 실용적인 사고의 관점을 제시해 주었다. 이후로 나의 주된 관심분야는 계약법이 되었고 여기에서 조금 넓혀간 채권법 분야가 되었다. 항시 불법행위법 그리고 물권법의 핵심까지 나아가고자 하는 마음은 있었지만 끝내 거기까지 나아가지는 못하였다.

민법전의 체계적 해석론의 전개를 사명으로 하는 민법학 연구에서 해석론의 요체는 판례를 통해 형성된 법리를 분석하고 비판하는 것이다. 성문법주의라고 하지만 실질은 판례법의 공부이다. 따라서 어떤 주제나 조문과 관련하여 어느 정도의 판례가 형성되어야만 해석론의 전개가 의미있게 된다. 판례 없는 해석론의 전개만큼 허무한 일도 없다는 어느 선배학자의 말씀에 깊이 공명하였다. 필자는 매월 2번씩 배달되는 판례공보를 뜯어보는 시간이 학자로서 가장 흥분되는 시간이었다. 그리고 그 중 민법의 주요 주제에 관하여 의미 있는 설시를 담은 판례를 추리고는 해당 판례를 꼼꼼히 읽으면서 이른바 'case brief'를 작성하였다. 핵심은 판결요지와 관련하여 사실관계 및 당사자의 주장을 일목요연하게 정리하는 것이었다. 이러한 작업의 결과물은 동시에 강의시에도 유용한 자료로 사용되었고 후일 이를 묶어 <민법판례노트>라는 강의보조교재도 만들게 되었다. 아무튼 이런 과정을 통하여 일차적으로는 문제되는 영역의 거래의 실상을 파악할 수 있었다. 거래계에서 이러한 주제와 관련하여 어떠한 분쟁이 발생하는지를 파악하는 것이 문제의 출발점이 되어야만 할 것이었다. 그리고 그러한 분쟁의 해결에 최종적인 권위를 가진 기준으로서 적용되는 민법의 규정과 그 해석론의 법리가 적정한 것인가를 여러 모로 음미하여 보게 된다. 때로는 판정자로서 호출되어 나온 민법의 규정이 적절한가 의문이 들기도 하고 또는 불려나온 민법의 규정이 꼭 그렇게 해석되어야 하는 것일까 하는 생각도 들고, 또는 민법의 규정아래서는 다른 해석의 길이 없다면 어찌할 것인가 하는 고민도 든다. 대법원의 판례에 대하여 일차적으로는 존중의 마음을 가지고 대하기는 하지만, 특히 대법관 전원이 치열하게 논의하여 결정한 전원합의체 판결에 대하여는 일개 평범한 학자로서 과연 달리 주장할 만한 여지가 있는 것일까 하는 위축된 마음이 일기도 한다. 그러나 곰곰이 읽고 생각하다보면 판례도 이전의 선행판결에 의해 확립된 판례를 너무 답습하는데 익숙해 있어 새로운 시각이 결여되어 있다는 판단이 들기도 하고, 또는 변론당사자들이 제시한 법리나 조문을 깊은 성찰없이 받아들여 판단하는 것은 아닌가하는 생각이 드는 경우도 종종 있게 된다.

이처럼 판례를 꾸준히 follow-up하다 보면 자연히 어떠한 탐구의 주제가 잡히는 경우가 많다. 대개 일정한 주제의 판례가 집중적으로 나타나는 경우도 적지 않다. 그리하여 적정한 주제가 정해지면 일차적으로 당해 주제와 관련한 대법원의 판결들을 거의 망라적으로 검색하여 인내심을 가지고 오래된 판결부터 시작하여 그 흐름이나 법리의 변천과정을 정리하다보면 나름대로의 문제의식이 생겨나게 된다. 그리하여 나의 논문에는 대부분 앞부분에 판례를 정리하는 부분이 들어가는데, 주요한 개별판례의 사실관계와 법리를 요약소개하고 특히 판례의 흐름에 나타난 법리의 요점을 소개한다. 이것은 모든 논문작성의 기초적인 작업이 된다.

다음으로 나의 논문의 허리 부분을 차지하는 것은 비교법적인 고찰이다. 논문에서 다루고자 하는 법적 쟁점에 대하여 다른 나라들에서는 어떻게 법적으로 접근하고 해결하는가를 살펴보는 것은 우리 문제에 대한 시야의 조정에 매우 의미있는 작업이다. 초기에는 독일법의 소개가 주를 이루었지만 후에는 영미법적인 이론의 소개도 균형을 맞추려 노력하였다. 그 외 프랑스나 일본 등의 법제는 필자의 외국어 해독능력의 한계로 간접인용이긴 하지만 필요한 곳에서 의미있는 역할을 하는 경우도 있다. 독일법도 젊었을 때에는 당시의 주요 독일법률잡지에 실리는 논문 등도 참고하였는데, 후반부에는 주로 독일민법 코멘타르에 주로 의존하게 되었고 특히 Münchner Kommentar는 가장 옆에 두고 보는 근거자료가 되었다. 영인본업자의 노력으로 비교적 저렴한 비용으로 최신판을 구입하여 활용할 수 있었으니 이러한 분들의 학문에 대한 기여도 인정해 주어야 하지 않을까한다.

판례의 법리의 흐름을 어느 정도 꿰고 비교법적 시각으로 조금 유연해진 접근이 가능해졌다면 기본 준비가 된 것이다. 주제에서 새롭게 제기될 쟁점들을 추리고 이러한 쟁점들에 대한 그 간의 학계의 논의도 참고하여 나름대로의 논리를 전개하는 것은 힘들면서도 가장 의미있는 작업이다. 위에서 말했듯이 연륜이 쌓일수록 다른 사람의 문헌을 조금 적게 소개하고 나의 논리를 설파하는데 강조점을 두었다. 그러나 최소한의 핵심적인 학계의 기존문헌들을 읽고 이를 반영하는 것은 학문적 성실성의 문제이기에 소홀할 수 없음은 물론이다. 이 부분에서 항시 결론적으로 대면하는 두 개의 가치가 바로 제목에 제시한 '논리와 효용'이라는 것이다. 어찌보면 이는 진부한 표현일 수도 있다. 대학때 민법을 처음 공부하면서 자주 듣던 표현 중에 '실익이 없는 논의'라는 것이 생각난다. 법학이 실용학문의 성격을 강하게 가지는 이상 모든 치열한 논리의 싸움은 결국 그 결과물이 구체적 분쟁의 타당한 해결에 얼마나 실익이 있는가 하는 점을 놓치지 말아야 한다고 이해하였다. 30여년 궁구한 논문들의 말미에는 결국 이 두 가지 가치의 충돌 또는 순위의 문제가 대두되고는 한다. 우선 논리의 합리성과 일관성은 법학이라는 학문의 우선적인 가치이다. 가끔 심도 있는 전원합의체 판결의 다수의견과 소수의견 게다가 각종 보충의견까지 가세하여 벌어지는 논쟁들을 읽으면서 수준높은 논리의 향연을 지켜보는 즐거움을 느끼고는 한다. 이러한 논리성은 물론 자체목적이 아니라 판결의 설득력을 높이고 또한 일관성(coherence)을 확보함으로써 예측가능성을 높이게 된다. 판결들이 선행판결의 연장선에서 논리적 일관성이 결여되는 경우도 종종 보이고, 또 나의 주장도 때로는 일관성을 잃는 경우도 있는데, 이처럼 자신의 법적 논리를 풍부한 논증과 인용으로 풀어나가는 작업은 때로 머리에 두통을 일으킬만큼 사고에 과부하를 주기도 한다. 그러나 모든 논리적 주장의 최종 시험대는 그러한 논리의 전개와 개발이 과연 해당 분쟁의 영역에서 얼마나 더 합리적이고 설득력있는 해결책을 제시하는데 기여하는가 즉 그러한 논리의 효용성의 문제이다. 즉 분쟁의 효율적이고 선도적인 해결이라는 목적적 관점을 항시 놓지 않아야만 논리 자체의 미로에서 헤매는 낭비를 줄일 수 있기도 하다. 그런데 다른 면에서 보면 논리적으로 합리적인 것이 효용면에서도 실용성이 높은 경우가 많으며, 논리적으로 빈약하면 대개 그 효용성의 면에서도 높은 평가를 받지 못하는 경우가 많다는 것이 나의 막연한 평가이기도 하다.

다시 학자생활을 돌이켜보면 나의 주전공 분야인 채권법 영역에서 4권의 논문집을 채울 문헌을 만들어낸 것에 약간의 자부심을 갖는다. 그 논문들이 얼마나 세월을 견디고 후학들에 의해 인용이 될 것인지는 모르겠지만. 그 외 필자의 학위주제이기도 했던 약관법 분야에서 꾸준히 논문도 쓰고 이를 인정받아 공정거래위원회 약관심사위원, 공정거래조정원 약관분쟁 조정위원으로 봉사할 수 있었던 것도 좋은 경험이었다. 그리고 주석민법의 시리즈로 약관규제법에 대한 포괄적인 주석서를 남길 수 있었다. 그리고 2009년부터 4년간 법무부 민법개정위원회에서 채권법분과위원으로 활동하면서 평소의 나의 생각을 몇 개의 조문에서 입법에 반영한 것은 민법학자로서 가장 큰 보람에 속한다고 하겠다. 그리고 평생 국내용 학자로 끝날 뻔했는데, 기회가 주어져서 2008년 독일 막스플랑크 외국사법연구소가 주최한 한국민법 50주년 기념 심포지움에서 공들여 독일어 논문을 준비하여 발표하고 기념논문집으로 활자화시킨 것은 흐뭇한 기억으로 남는다. 또 주로 민사법학회에서 활동하며 학술이사 등 집행부로서 봉사한 보람이 있고 학회덕분에 여름마다 전국 각지를 유람한 기억도 새롭다.

이외에도 30여년의 교수생활 중에 여러 가지 기억나는 에피소드들이 떠오른다. 약관법 분야의 전문가로서 수 조원이 걸린 대형증권사의 대법원 판결을 앞두고 어느 정도의(?) 자문료를 받고 의견서를 써준 일, 중요한 대법원 판결을 앞두고 고심하는 개인변호사 친구의 부탁을 받고 여러 외국자료를 보며 고심하여 법률신문에 원고를 게재하고 친구가 이것을 법원에 참고자료로 제출하였는데 효과가 있었는지 승소판결을 받은 일, 학회의 부탁을 받아 민사법학회에서 발표한 논문이 학회지 게재불가 판정을 받자 이성을 잃고(?) 학회탈퇴 소동을 일으킨 일, 내 논문을 보고 전화한 대법원 재판연구관에게 자문한 내용이 판결문에 반영된 것을 보고 보람을 느낀 일, 중국유학생으로서 나의 논문지도를 받고 돌아가 유수대학에 교수가 된 제자가 우리 가족을 중국으로 초청하여 극진한 대접을 받은 일, 아마6단의 바둑애호가로서 전문기사 및 저작권전문가와 같이 기보저작권에 관한 연구수주도 하고 이어서 '바둑진흥법' 제정에도 일부 기여한 일, 교육개혁운동에 관심을 갖고 국립대와 사립대의 부당한 차별에 관한 헌법소원을 직접 수행하여 비록 각하되었으나 그 전말을 논문으로 남긴 일 등.

떠나는 시점에 이처럼 좋은 기억들만 남으면 좋으련만 한가지 언급할 어두운 이야기가 있다. 십 수년전 법학계에는 커다란 지각변동이 있어 로스쿨체제가 전격 도입되었다. 25개의 주요 국·사립대학들이 로스쿨로 전환하였고 필자가 속한 대학도 많은 준비를 하여 신청하였으나 낙방하고 그대로 법과대학 체제로 남았다. 필자 개인으로서는 법과대학의 교수로서 학자생활을 끝까지 마감할 수 있게 된 것이 매우 다행스럽게 생각되기도 한다. 중요한 것은 로스쿨 체제로의 전환으로 법학의 생태계가 무너져버린 것이 아닌가 하는 생각을 지울 수 없기 때문이다. 아무 준비도 없이 대거 실무가들이 영입되어 주요 과목들의 강의를 분점하여 하게 되었으니, 학문으로서의 법학이란 실무를 좀 다루어본 사람이면 당연히 할 수 있는 평범한 지적 활동일 뿐이라는 것을 자인하는 것이라고 생각되었다. 한 술 더 떠 실무가 출신 교수가 로스쿨 교육을 전담하는 것이 옳은 방향이라는 말도 나오는 것을 들으면 할 말을 잃는다. 결국 학계가 스스로 솥단지를 들고가 실무계에 헌납한 것이 아닌가. 2002년 독일에서 민법의 대폭적인 개정이 있었는데 독일 학계에서 판례의 법리가 숙고 없이 지나치게 입법에 반영되었다는 것을 비판하면서 '학문의 실무에의 항복'(Kapitulation der Wissenschaft auf Praxis)이라는 표현을 쓴 것이 기억나는데, 바로 이 표현을 그대로 돌려주고 싶은 심정이다. 이제 법학이라는 학문의 연마를 위하여 외국유학도 가지 않고 대학원 학위과정에도 오지 않고, 얼마 되지 않는 교수자리의 공고에는 실무경력 5년이상 따위의 제한이 붙고 있다. 후일에 후학들이 당시에 소위 학자라는 사람들은 도대체 무슨 일을 하였던 것인가고 묻는다면 어떤 대답을 하여야 할 것인가 생각만 해도 부끄러움이 앞선다. 재직하는 학교에서도 결국 후임을 앉히지도 못하고 쓸쓸하게 떠나는 신세가 되고 말았다.

세상 모든 일이 시작이 있으면 끝이 있는 것이니, 학자생활의 마감에 대하여 무게잡고 감상에 젖어들고 싶지는 않다. 다만 인생의 한 매듭이 지어질 뿐이다. 주위에서 퇴임하고 어떻게 지내실 것인가고 묻는다. 우선 논문을 생산해낼 수 있는 학자생활은 마감하고자 한다. 연구실에 있는 이 많은 문헌들을 끌고 대학밖으로 나가보아야 인생의 짐만 될 뿐 그다지 신통한 결과가 나오지 않을 것을 잘 알기 때문이다. 마침 퇴임하면서 국립몽골대학교 법과대학의 객

원교수로 나갈 예정으로 있다. 동 학교와는 국민대 법대가 10여년 전부터 교류해오면서 현지에 한국법교육센터라는 것을 설립하여 운영하고 있는데 현재 책임자가 없기도 해서 내가 봉사하는 마음으로 책임자로 나가기로 하였다. 매 학기 한 두 개의 한국어로 하는 한국민법 강좌도 개설하게 될 것이다. 나의 후반부 인생에 기대와 걱정이 교차한다.

글의 말미에 놓칠 수 없는 것은 긴 교수생활을 무사히 마치게 된 데 대한 감사의 말이다. 우선적으로 34년간 한 번도 어김없이 제 날짜에 월급을 주어 물질걱정없이 학자생활을 영위할 수 있게 한 국민대학교의 은혜를 말하지 않을 수 없다. 덤으로 아름다운 북한산과 북악산의 정기를 받고 10평이 넘는 쾌적한 연구실을 제공받은 것도 언급한다. 또한 같은 학문의 길을 걸어온 많은 동료 학자들, 그 중에서 몇 분 만을 언급한다면 내 논문을 단골로 심사해주던 이웃하는 성균관대학교의 김천수 교수와의 오랜 인연, 학문적으로 인간적으로 수시로 조언과 도움을 준 한국외대의 박영복 교수, 같은 학교 옆방에서 나를 오빠처럼 대하며 십 수년간 고락을 같이한 안경희 교수, 우리 학교를 거쳐 갔으나 옛 정을 잊지 않고 교류를 이어온 중견학자인 연세대의 서종희 교수, 그리고 나를 재촉하여 몇 권의 교재를 만들도록 기회를 열어주고 특히나 상업성없는 논문집까지 만들어준 동방문화사의 조형근 사장 등. 이 외에도 많은 감사할 제목과 얼굴들이 스쳐가지만 지면상 마음에 묻기로 한다.

글을 마치려니 마침 프랭크 시내트라의 'My way'라는 곡이 떠오른다. 가사 중에 "Regrets, I've had a few. But then again too few to mention"라고 나오는데 나름대로 옮겨보면 "후회라면 약간은 있겠는데, 다시 보니 굳이 말할 거리는 못되네" 정도인 듯. 더 잘 할 수 있었다는 후회가 없진 않겠지만 그래도 주어진 조건과 능력하에서 열심히 할 만큼 하였다는 후련함이 앞서니 그로써 족하다고 생각된다. 감사합니다!

하 서

김 천 수 (성균관대학교 법학전문대학원 교수)

　　김동훈 교수님의 명예로운 퇴임을 축하합니다. 장유유서의 유교 사회인 조선 시대 사대부간 평교(平交)의 연령 범위가 위아래 십 년에 가까운 시절에 상대의 호칭(呼稱)이나 지칭(指稱)으로 호(號)를 사용한 이유는 그를 본이름으로 부르거나 가리키는 것이 조심스러운 점에서도 찾을 수 있음 직합니다. 대개 학자들 기념 논문집의 하서에서도 그러한 점에서 호를 사용하기도 합니다. 김 교수님께 호(號)를 쓰시는지 여쭤보았습니다. 안 쓰신답니다. 제가 아는 바와 같이, 꾸미는 것을 매우 싫어하시는 성품대로이십니다. 그래서 아래에서는 '김 교수님'이라는 지칭을 사용하기로 합니다. 기왕 나온 김에 평교의 이야기를 한마디 더 한다면, 일제에 이은 군사문화의 수직 서열화 분위기 때문인지, 심지어 학자들의 교류에서도 한 해 선후배나 한 살 장유(長幼) 간 엄격한 수직 질서 의식이 만연한 오늘날 우리 사회에서는 오랜 세월 유지된 평교의 전통은 사라졌다고 해도 과언이 아닐 것입니다.

　　이 글을 쓰면서 대학 입학으로나 나이로나 저보다 한 해 위이신 김 교수님을 '그동안 나는 왜 벗처럼 생각해 왔을까?' 하는 의문은 김 교수님과의 첫 만남에 대한 회상으로 이어집니다. 당시 대구대학교에서 근무하고 있던 어느 해 한국민사법학회에 참석한 저는 지금과 별로 다르지 않은 외모와 표정의 김 교수님 옆자리에 앉게 되었습니다. 제가 대구대 근무를 1988년 3월부터 2001년 8월까지 했으니 1990년대 초반의 일로 여겨집니다. 지금과는 달리 당시엔 누가 봐도 저보다 한참(?) 연장이신 외모의 김 교수님께 예를 갖추어 인사를 드렸습니다. 그 첫 만남에 대한 기억은 김 교수님께서 저를 그저 멀뚱히 바라보던 것이 전부입니다. 그다지 매력이 있거나 교류하고 싶다는 생각을 품게 하는 첫인상은 아니었습니다. 그로부터 이십 년을 훌쩍 넘긴 며칠 전 김 교수님으로부터 하서(賀書)를 부탁하는 전화를 받았습니다. 마치 당신은 나를 비교적 잘 아니 써달라는 부탁일 것입니다. 김 교수님의 성품과 학문에 관한 저의 인식이 하서를 부탁받을 정도라는 점은 제게 복된 일입니다. 늘 원고 마감에 시달리는 학자에게 마감을 얼마 남기지 않고 원고를 청탁하는 것은 그리 쉬운 일이 아닙니다. 평소 그렇게 후안무치로 남에게 부담을 주는 성품도 아닌 김 교수님께서 제게 그러한 부탁을 한 점은 바로 이십여 년 사이에 우리 두 사람의 관계에 큰 변화와 발전이 있었음을 말해주는 대목일 것입니다. 우리는 둘 다 음주 가무를 즐기는 유의 교수들도 아니므로 술친구로 지낸 것은 아니고, 어떤 소모임을 같이 해온 관계도 아닙니다. 그렇다면 무엇이 우리 둘의 관계를 이렇게 발전시켰을까 생각해보면, 아마도 그 무엇은 우리 두 사람 사이에 서로 통하는 성품과 학문적 기풍에서 찾을 수 있을 것 같습니다.

김 교수님은 '법물안 개구리'가 아니십니다. '법(法)물안 개구리', 제가 어디 법률가 집단에서 특강을 할 때 가끔 쓰던 표현입니다. 의사 집단에서 특강할 때 쓰던 '의(醫)물안 개구리'와 같은 맥락입니다. 이제는 달라지겠지만, 기성 법학자나 실무가들이 다닌 법학 교육기관은 고등학교에서 대체로 인간이나 사회에 대한 식견과 직접적 관련성이 없는 국영수(國英數 - 요즘은 言數外) 성적만 좋아도 우수한 학생으로 인정받아 입학할 수 있었습니다. 문제는 입학한 뒤입니다. 인간과 사회 일반에 관한 식견을 위한 기초를 제대로 쌓지도 않은 채 텍스트 중심의 법만 공부하여서 될 수 있던 것이 법률전문가였습니다. 그런데 법의 현실적 위세 때문에 마치 인간과 세상을 잘 안다고 착각하는 것이 많은 법률 전문가 대부분의 모습입니다. 인문학적 소양이 부족함은 말할 것도 없고 동시대의 지성들이 고민하는 바를 공감하지도 못하며 그 고민을 드러내는 용어들조차 낯설어하는 것이 대부분의 법률 전문가입니다. 이성과 감성 넘어 본성을 다루는 인문학 문헌을 법학으로 이미 굳어진 머리로 뒤늦게 읽고 어설프게 이해하여 기억하는 바를 입으로만 구사한다고 되는 것이 아님을 절감하는 것이 인문학적 소양입니다. 오래전 어느 방송사에서 당대 각계 지성들을 모아서 벌인 신년 좌담회를 시청하면서, 우리 직역의 대표 지성으로 참여하신 어느 법조 원로 대선배님의 우왕좌왕 사고와 엉뚱한 발언에 부끄러워했던 기억을 아직도 간직합니다. 당대 지성들의 고민과 담쌓고 살기 십상인 게 법학이고 법률실무입니다. 특히 민법학을 제대로 하다 보면 "바다와 같은"

민법에 빠져서 그 외에는 도무지 제대로 된 관심을 갖기 어렵습니다. '법물안개구리'가 되기 딱 좋습니다. 그런 개구리인 줄도 모르는 미몽과 착각에 빠지지만 않아도 다행입니다.

이러한 생각을 해온 제게 김 교수님의 '~망해야 ~산다' 시리즈 저서는 신선했고 제가 김 교수님에게 호감을 갖게 한 계기였습니다. 대학의 교육과 행정 및 운영에 대한 문제의식은 대학에 근무하는 사람이라면 누구나 가집니다. 문제의식에 그치지 않고 이를 실행에 옮기는 일로서 그 의식을 저서 집필로 표명한다는 것, 더구나 내 코가 석 자인 민법학자가 그리한다는 것 쉽지 않은 일입니다. 더구나 대중으로부터 관심을 받을 주제라도 이를 읽힐 만한 글로 풀어가는 문재(文才)가 없으면 출간하기 어렵습니다. 글재주를 가지고 태어났거나 훈련받은 사람조차, 언어의 위력을 발휘케 하는 수식어를 최대한 절제해야 하는 법학을 하면서 사라지는 것이 문재인데도 말입니다. 대학에 근무하는 사람이 "대학이 망해야"라는 말을 공개적으로 과감히 한다는 것 쉽지 않은 일입니다. 더구나 그 출간 시점에는 아직 정년 보장을 받았을 리 없었는데도 말입니다. 대학에서 쫓겨나면 먹고 살 길이 막연한 교수가 말입니다. 기상과 절개가 없이는 그렇게 하지 못합니다. 선비, 요즘 말로 학자라면 그러한 기개를 가져야 하지만 어디 그런 학자가 흔한가 말입니다.

이러한 호감에서 저는 김 교수님의 학술논문에도 관심을 가지게 되었습니다. 우선 문장이 첫인상과 같았습니다. 뚱하니 툭 던지는 말투처럼 글도 그러했습니다. 글은 쓴 이의 성품을 느끼게 합니다. 성품이 솔직하면 글의 논리와 구성도 솔직합니다. 종래 안 읽고 읽은 척하는 각주의 성찬을 많이 봐왔습니다. 안 읽어도 되는 문헌을 잔뜩 달아 놓은 글을 보면 버릴 줄 모르는 성품이라 여겨집니다. 1978년 대학 1학년 교양과정의 일반논리학에서 배운 '숭경(崇敬)의 오류'가 그로부터 사십여 된 지금도 우리 학문에 남아 있는 듯합니다. 구미나 일본의 문헌을 통해 비로소 새로운 주제나 쟁점을 떠올리어 쓰게 된 논문이 있음은 물론입니다. 그러나 우리의 문헌이나 판례에서 논의가 얽혀 있는 주제에 대한 창의적 해법을 외래 문헌에서 베낀 것이 아니라 스스로 발상해 제시하는 논문조차도 그 해법과 무관한 구미나 일본의 문헌을 각주에 달지 않으면 게재를 하지 쉽지 않은 학술지 심사 풍토입니다. 그래서인지 여러 논문에서 소화를 제대로 하지 못한 듯한 괴리가 본문과 각주 사이에 있음을 자주 봅니다. 일본의 학설과 판례를 우리의 그것들과 섞어 놓아서 마치 내선일체(內鮮一體) 일제강점기의 그것처럼 느껴지게 하는 글들도 종종 봅니다. 이러한 안타까운 상황에서 김 교수님의 논문들은 그 주제 선정이 실질적이기도 하고 창의적이며 그 논지가 명료하고 논리가 분명하며 각주의 문헌 인용이 솔직해서 좋았습니다.

실익 없는 논구(論究)를 어느 정도 즐겨도 되는 것이 학자의 특권입니다. 현실에 아직 나타나지 않은 가상의 쟁점을 논구하여도 좋습니다. 어쩌면 미래에 나타날 개연성이 있는 쟁점들을 미리 떠올리고 논구하는 일은 역시 학자의 역할입니다. 이러한 학자의 특권이자 역할에 일정한 틀을 제시하는 것이 바로 이 논문집 서문에서 강조하신 "논리와 효용"입니다. 이는 김 교수님의 기본 성품이자 그간 행보의 표현이라 여겨집니다. 그런데 저는 거기에 '겸손'이 담겨 있음을 느낍니다. 실무계에 대하여 한 수 가르친다는 오만한 자세에서는 나올 수 없는 겸손의 모습입니다. 가끔 보이는 동키호테형 광인도 아니고 햄릿형 룸펜도 아닌, 원숙한 법학자의 겸손한 자세야말로 "논리와 효용"의 관점을 놓치지 않는 논자의 자세일 것입니다.

교수로서 그야말로 '한' 곳에 가서 오래 머물다가 퇴임한다는 것은 복된 일입니다. 옮겨간 새 학교의 체질과 문화 그리고 새 사람들에 적응하는 소모의 과정을 거치지 않고, 처음 그곳에서 삼십여 년 지내 오신 것은 복입니다. 평생 머물 그곳에서 일찌감치 부름을 받은 행운도 있겠지만, 그야말로 무엇에 그리 크게 집착하지 않고 집착에 따른 타협도 없이 가볍게 소풍하는 듯한 행보의 모습입니다. 그러한 행보의 가벼움은 몇 학기 남기고 떠나시는 모습에서도 보입니다. 정년을 다 채워도 아쉬움과 집착을 못 버릴 것만 같은 저에게는 많은 생각을 하게 하는 대목입니다. 가난한 시절 홀로 받으신 상에서 밥을 남기시는 아버지의 모습은 낭비가 아니라 절제와 배려임을 우리는 압니다.

십여 년 전 뉴욕 맨하탄에서 우리 두 가족은 만난 적이 있습니다. 그로부터 우리는 가족 간 교류하는 관계가 되었습니다. 그때부터 종종 만나는 신은영 박사님은 제가 보기에 김 교수님에게 절묘한 배우자이십니다. 전통과 현대의 절묘한 조화를 이루시는 배우자이십니다. 현대 여성의 요람인 이화여대에서 그것도 기개 넘치는 분들이나 하실 듯한 정치학 박사를 하신 신 박사님은 역시 여러모로 김 교수님보다 한 수 위이십니다. 그래서 기울 듯한 두 분의 관계가 다시 평형을 잡는 데는 신 박사님의 전통적 여성상이 큰 몫을 합니다. 그러한 전통과 현대의 조화를 때로는 거칠게 때로는 유연하게 이루시는 신 박사님의 품에서 김 교수님의 교수 삼십여 년은 행복하였으리라 믿습니다. 이제 가신다는 몽골에서 건강하고 지내시다가 무사히 신 박사님 품으로 돌아오시어 아들 세종의 효도를 받으시면서 여생을 함께 오래오래 행복하게 보내시길 기원하며, 명예로운 퇴임에 축하드리는 글을 마칩니다.

2023. 1. 8.

김 천 수 드림

하 서

안 경 희 (국민대학교 법과대학 교수)

- 김동훈 교수님의 새로운 시작을 응원하며 -

지난 주에 김동훈교수님으로부터 퇴임기념 민법학 논문집 [민법학의 주요문제]의 하서를 부탁받고도 며칠 동안 글을 시작하지 못했습니다. 어쩌면 마음 한 구석에 김교수님의 퇴임을 축하하고 싶지 않다는 생각이 자리하고 있었는지도 모르겠습니다. 사실 저는 꽤 오래 전부터 명예퇴직 이야기를 들었었습니다. 처음에는 '정말 이 계획을 실행에 옮기실까'라는 생각을 했었답니다. 그런데 제가 법학연구소 소장으로 있으면서 2020년에 작고하신 강구철 교수님을 추모하는 콜로키움을 준비하겠노라고 말씀드렸더니, 본인도 강교수님의 유지를 받들어 명예퇴직을 한 후 몽골 국립법대에서 봉사할 계획이라고 하셨습니다. 그 때 '아, 정말 실행에 착수하시겠구나'라는 느낌을 받았었습니다. 2022년 2학기 초반에는 명예퇴직을 공식화하셨는데, 그럼에도 불구하고 제게는 동료이자 멘토셨던 김교수님의 부재가 너무나 커서 이번 학기 중반까지도 그 계획을 조금 늦추실 것을 부탁드렸었습니다. 이러한 사정 때문에 김교수님의 명예퇴직을 축하해야 된다고 생각을 하면서도, 마음 한편에 저의 '간곡한 만류'를 받아들이지 않으신 결정에 대한 서운함이 남아있었나 봅니다.

저는 2007년 2학기부터 김교수님과 함께 국민대에서 근무했습니다. 그 전에는 민사법학회에서 간단한 인사를 나누었을 뿐 별다른 교류는 없었습니다. 그런데 법학관 4층 '연구실 이웃'이 되고 난 후 연구실이나 구내식당에서 이런 저런 사담을 나누면서 김교수님과 저의 몇몇 공통점을 발견했습니다. 가령 김교수님 사모님께서 제 친구와 배화여고·이화여대 절친이셨습니다. 이 사실을 알았을 때 '친구의 친구'라는 생각에 정말 반가웠고, 오랫 만에 대학 졸업 앨범을 꺼내 봤었습니다. 그리고 알고 봤더니 김교수님과 저는 독일 쾰른대 동문이기도 했습니다. 물론 유학시기가 겹친 것은 아니어서 김교수님과 쾰른에서 만난 적은 없었지만 유학시절에 저혈압으로 고생한 이야기, 김교수님의 Doktorvater에게 3명의 한국인 박사과정생이 있었는데 3명이 모두 김씨 성을 가지고 있어서 Drei Kim으로 불렸다는 이야기를 들으면서 크게 웃기도 했었습니다. 이러한 소소한 사담과 상당한 기간 동안 함께 한 시간이 쌓이면서 제가 김교수님을 의지하고 믿을 수 있는 '선배'로 여기게 된 것 같습니다.

연구실 이웃으로 지근거리에서 15년 이상 김교수님의 생활을 지켜본 바에 따르면 김교수님께서는 '선비스러움'을 갖춘 학자셨습니다. 저 같은 경우에는 학기 중과 방학 때 싸이클이 다르게 생활하는데, 김교수님께서는 방학 때도 '인적이 드문 법학관이 절간 같다'는 말씀을 하시면서 학기 중과 마찬가지로 일정한 시간에 출퇴근을 하셨습니다. 제가 김교수님의 바로 옆 연구실을 사용할 때에는 예의 그 정해진 출근시간에 연구실 문을 여는 소리가 들리지 않으면 '무슨 일이 있으신가'라고 걱정도 되었었고, 저녁에 연구실 유리창을 닫는 소리가 들리면 '나도 이제 서서히 퇴근 준비를 해야겠다'라는 생각을 하기도 했었습니다. 언젠가는 이런 제 모습을 보면서 'Kant의 이웃들이 이런 느낌이었지 않았을까'라는 생각에 혼자 웃기도 했었답니다. 어쩌면 지난 30여년 동안 이렇게 꾸준하게 연구실에서 생활해 온 그 성실함 덕택에 김교수님께서 민법, 특히 채권법 분야에서 좋은 논문들을 많이 발표하신 것 같습니다. 그런가 하면 김교수님께서는 학내에서 중요한 이슈가 발생했을 때 교수회의에서 또는 정교한 문구로 작성된 이메일로 본인의 목소리를 내는 데 주저함이 없으셨습니다. 김교수님의 이러한 올곧은 성품을 보면서 가끔은 '조선시대 사대부 같다'는 느낌을 받기도 했었습니다.

작년 초에 같은 4층이기는 하나 조금은 떨어진 위치에 있는 연구실로 이사한 후에도 별다른 일 없이 그냥 김교수님 연구실을 방문하곤 했습니다. 사실 오랫 동안 연구실 이웃사촌으로 지내온 터라 김교수님 연구실 책장에 어떤 책들이 어느 위치에 꽂혀 있는지를 거의 파악하고 있었기 때문에, 간혹 논문을 작성하다가 필요한 책이 있으면 도서관이 아니라 김교수님 연구실로 달려가

고는 했었습니다. 그런데 이번 학기에 그 책장, 그 위치에 놓여 있던 책들이 조금씩 정리되어가는 모습을 보면서 마음이 그리 편치는 않았습니다. 2학기 중반에 필요한 책이 있으면 가져가라고 말씀하셨는데 '김교수님의 Notiz가 담겨 있는 책들을 물려받아야지'라는 생각이 들면서도, '이렇게 하나씩 정리되는구나'라는 쓸쓸함이 느껴졌었나 봅니다. 올해 초에는 필요한 가구도 있으면 가져가라고 제안하셨는데, 고민 없이 제가 연구실을 방문할 때 마다 사용했던 소파를 달라고 말씀드렸습니다. 그 순간, 국민대에 입사해서 처음으로 김교수님의 연구실을 방문했을 때 그 소파에 앉아서 책장에 있는 책들의 제목을 일견했던 기억이 떠올랐기 때문입니다. 앞으로 김교수님께 물려받게 될 책, 소파 등을 사용하면서 김교수님과 나누었던 대법원 판례, 특정 논문 주제에 대한 이야기들 그리고 소소한 담화가 떠오를 것 같습니다. 어쩌면 중요한 결정을 내려야 할 선택의 순간이 다가오면 김교수님께 물려받게 될 소파에 앉아서 '김교수님이라면 지금 어떠한 선택을 하실까?'라는 질문을 던지게 될지도 모르겠습니다.

김교수님께서는 이제 국민대 캠퍼스에서의 교수생활을 뒤로 하고 2월부터 몽골 국립법대에서 새로운 출발을 시작하시게 됩니다. 못난 후배는 아직도 別離에 대한 섭섭함을 거두지 못하고 있기는 하지만, 그 누구보다 김교수님의 앞날을 응원하고 있기도 합니다. 저는 딱 한 번 몽골을 방문했었는데, 대자연의 호연지기와 더불어 학생들의 순수한 모습이 인상적이었습니다. 그 낯선 곳에 가서도 국민대에서와 마찬가지로 김교수님의 그 선비스러운 모습이 진가를 발휘하게 되기를 바랍니다.

다시 한 번 김동훈 교수님의 새로운 시작을 진심으로 응원합니다!

하 서

서 종 희 (연세대학교 법학전문대학원 교수)

얼마 전 존경하는 김동훈 교수님으로부터 퇴임하신다는 이야기를 들었을 때 저는 순간 김동훈 교수님과의 인연이 파노라마처럼 펼쳐지면서 교수님과의 국민대학교에서의 첫 만남과 교수님의 주옥같은 논문들을 보면서 공부하였던 대학원 시절을 반추하게 되었습니다.

저는 10년 전 국민대학교에서 첫 교수생활을 시작하면서 김동훈 교수님을 처음 만났습니다. 모든 것이 어색하던 시절 교수님께서 따뜻하게 격려해주시고 반겨 주셔서 안정적으로 강의와 연구에 집중할 수 있었습니다. 그 당시 마음속에 가지고 있던 감사함을 이번 기회에 글월을 통해서라도 전할 수 있어 정말 다행이라고 생각합니다.

김동훈 교수님을 직접 뵙기 전부터 저는 대학원 재학 시절에 교수님의 글을 읽으면서 많은 것을 배웠습니다. 특히 제가 관심을 가지고 연구하였던 분야가 채권법이었던 이유로 교수님의 글은 저에게 배움과 사유의 기회를 제공해 주었습니다. 교수님께서는 제가 학생일 때부터 교수가 되어서도 높은 어깨를 빌려주셔서 부족한 제가 더 멀리 그리고 더 높게 볼 수 있게 해 주셨습니다. 이러한 이유 때문인지 처음 뵈었을 때부터 지금까지 김동훈 교수님은 저에게 지도교수님처럼 느껴집니다. 제가 다른 학교로 이직한 이후에도 교수님을 찾아뵙고 싶었지만 부끄러움이 많은 성격이라 직접 그 마음을 표현하지 못하고 있었으나, 교수님께서 먼저 저에게 이런 저런 만남의 기회를 제공해 주셨고 그로 인하여 저는 김동훈 교수님과의 소중한 인연을 계속 유지할 수 있었습니다.

제가 김동훈 교수님의 정년기념논문집의 지면을 할애받아 글을 쓰게 된 것은 매우 큰 영광입니다. 아마 이는 저에게 김동훈 교수님께서 이룩하신 많은 학문적 업적 중에 후학에게 귀감이 되는 부분을 소개하는 역할을 주신 것이라 생각합니다. 이에 저는 그 소임을 다하고자 교수님의 판례를 바라보는 관점 및 논문을 작성하는 자세에 대해서 제 나름의 이해를 기초로 두 가지를 소개하고자 합니다.

먼저 김동훈 교수님의 논문에는 항상 판례에 대한 분석이 선행합니다. 그 선행에서 판례사실관계 등을 일목요연하게 정리하고 판례의 기본적인 태도와 그 의미, 그리고 판례가 가지는 한계 등이 포함되어 있습니다. 저는 판례는 과거에 있었던 사안에 대한 결론이면서도 미래의 사건의 결론을 도출할 예언의 조각이 내재되어 있다고 생각합니다. 이런 이유에서 미국 연방대법관이었던 올리버 웬델 홈즈(Oliver Wendell Holmes, Jr.)는 그의 저서 '법의 길'에서 판례를 예언의 잎새(sibylline leaves)라고 표현하였는데, 이는 김동훈 교수님의 판례를 바라보는 시각과 매우 흡사하다고 생각됩니다.

다음으로 김동훈 교수님께서는 소위 "판례실증주의"의 위험과 그것을 극복하기 위한 방법론으로 비교법적인 고찰을 강조하셨습니다. 즉 김동훈 교수님께서는 법관이 오답의 불안 때문에 당면한 사안과 관련성이 떨어지는 판례를 억지로 끌어와 해당사안에 적용하기 위하여 실제 사건의 사실관계를 왜곡하는 소위 "판례실증주의"를 멀리해야 한다고 주장하셨습니다. 이는 김동훈 교수님의 법학교육에 대한 가치관과도 밀접한 연관을 가지고 있습니다. 요즘의 법학교육은 실무가를 양성하기 위한 교육이 중심으로 되면서 "판례가 정답"이라는 공식화로 흐리고 있는 것 같습니다. 김동훈 교수님께서는 오래전부터 이러한 문제의식을 가지고 법학교육의 나아갈 방향에 대해 고민을 하셨습니다. 대법원 판례가 잘못 되었을 것이라는 생각을 애당초 차단하고 그대로 답습하는 것은 법학교육 등을 통해 신화적 의제가 돼버린 무오류의 법관이나 무흠결의 법률에 대한 법형식주의자들의 기본적 사고의 부산물이라고 할 수 있습니다. 요컨대 판례실증주의의 출현은 법학교육과 무관하지 않습니다. 최근의 법학교육은 의도와 관계없이 맹목적으로 판례를 추종하는 경향을 보입니다. 그리고 그러한 교육을 받은 법률가들은 판례와 다른 사안(예컨대 선례나 전형적인 예상답안이 적용될 수 없는 새로운 유형의 사안)의 등장에 두려움을 가지게 됩니다. 그런데 아이러니하게도 그들은 그러한 두려움의 해결 또한 선례를 통해 해결하고자 하기 때문에 "판례실증주의"가 나타났다고 볼 수 있습니다. 김동훈 교수님께서는 여러 논문에서 판례실증주의를 극복하고 다른 사유를 위한 용기를 낼 필요가 있으며 이를 위해서는 다양한 접근방법을 시도해야 한다는 점을 직·간접적으로 보여주고 계십니다. 이는 칸트가 <계몽이란 무엇인가에 대한 답변>에서 제공한 조언 '너 자신의 지성을 사용할 용기를 가져라!(Sapere aude!)'를 다시 한번 생각해 보게 합니다.

역사적인 경험에서 알 수 있듯이 혁명은 과거의 역사속에서 시나브로 준비된 일격이라고 할 수 있습니다. 이런 의미에서 법철학자인 드워킨(Dworkin)은 법관의 판단에 대하여 연작소설(chain novel)을 쓰는 참여자에 비유한 바 있습니다. 김동훈 교수님의 업적은 퇴임 이후에도 후학들에게 큰 귀감을 줄 것이며, 저를 포함한 후배교수들의 연작을 통해 계속 남아 있을 것입니다. 퇴임 이후에도 계속 그 연작을 지켜보시고 때로는 그 연작에 참여해 주시기를 부탁드립니다.

30년 이상의 시간을 민법에 대한 열정과 성실함으로 후학들에게 배움의 기회를 주신 김동훈 교수님에 대한 존경과 감사의 마음을 제가 대신 전합니다. 김동훈 교수님 감사하고 존경합니다.

2023. 1.

【연보】

- 1959. 5. 29. (호적상 생년 1959. 4. 6.) 서울 성북구 종암동 96번지에서 부 고 김창주, 모 송을범의 3남 1녀 중 장남으로 출생
- 1992. 10. 24. 부 고 신영섭, 모 고 백삼례의 차녀 신은영과 혼인하여 남 세종을 두다.

1. 학력 및 경력

1977. 2. 영훈고등학교를 졸업하고 1977. 3. 경희대학교 법과대학 법률학과에 입학하여 1981. 2.에 졸업하였다. 학부 재학 중 1980. 3.에 제14회 외무고등고시에 합격(최연소)하여 졸업 후 1년간 외무사무관으로 외무부에 근무하기도 하였다. 이후 학문에 뜻을 두고 서울대학교 대학원 법학과에 민법전공으로 입학하여 1984. 8.에 <보통거래약관의 해석론 – 독일의 판례를 중심으로>라는 주제로 고 이호정 교수님의 지도하에 법학석사학위를 취득하였다. 그 후 1985. 4.에 독일 쾰른대학에 유학하여 1988. 2.에 H. Wiedemann 교수의 지도아래 <Koreanisches AGB-Gesetz – unter Berücksichtigung der Rechtsvergleichung mit dem deutschen AGB-Gesetz>라는 제목으로 법학박사학위를 취득하였다.

학위취득 후 귀국하여 1년간 경희대 등에서 강사생활을 거쳐 1989. 3. 국민대학교 법과대학에 조교수로 임용되어 1993. 3. 부교수, 1998. 3. 정교수로 승진하였고, 2023. 2. 까지 만 34년간 봉직하고 정년까지 3학기를 남기고 명예퇴직을 하게 되었다. 재직기간에 법과대학 학장(2003-2004)을 비롯하여 법학연구소장 등 법대의 보직을, 또 대학평의회 의원(2017-2018), 대학생활협동조합 이사장(2013-2014) 등 학교의 여러 보직을 맡아 봉사하였다. 또 재직 중 연구년을 이용하여 미국 버클리대학 로스쿨의 방문학자(1995.7-1996.7), 미국 노스 캐롤라니아대학 로스쿨의 방문학자(2014.9.-2015.2.)를 역임하였다.

2. 저작활동

1) 학위취득 후 35년간의 강단생활동안 주로 민법 중 채권법 분야와

약관법 분야에 관하여 약 100여편의 학술논문을 발표하였는데, 이러한 논문의 대부분은 순차적으로 간행된 4권의 논문집에 수록되었다.
  - 2000. 8.에 <계약법의 주요문제>(국민대 출판부),
  - 2005. 8.에 <채권법연구>(국민대 출판부),
  - 2014. 8.에 <채권법연구(II)>(동방문화사),
  - 2022. 12.에 퇴임기념논문집으로 <민법학의 주요문제>(동방문화사)
  2) 또 주된 관심분야였던 약관분야와 관련하여 민법주석 시리즈(한국사법행정학회 간)에서 약관규제법 부분을 맡아 집필하였다.
  - 제4판 (2016) 주석 민법 [채권각칙(1)] [약관의 규제에 관한 법률]
  3) 학생용 교재로서
  - <민법의 이해(재산법 부분 집필)>(동방문화사)가 2014. 8.에 초판, 2019. 2. 제3판이 간행되었다.
  - 강의보조교재로서 <민법판례노트>(동방문화사)가 2019. 8.에 초판, 2022. 8.에 제2판이 간행되었다.
  4) 연구보고서로서는
  - 2005년 공정거래위원회의 위탁을 받아 <업종별 불공정약관 규제 관련 판례·심결례 연구 및 외국 약관사용실태 연구 및 사용실태 조사>
  - 2006년 (재)한국기원의 위탁을 받아 <기보의 저작권 관련 연구> (공동수주)
  - 2011년 법무부 민법개정위원회의 위탁을 받아 <계약해제의 요건에 관한 민법 규정의 개정방향>
  - 2012년 법무부 민법개정위원회의 위탁을 받아 <원시적 불능에 관한 민법 규정의 개정방향>

  3. 국제학술회의 참석 및 발표
  - 2004. 12. 중국 해남도에서 열린 한중일법과대학장회가 주최한 한중일법학교육 비교토론회에 참석하여 동아시아의 법학교육에 관하여 토론함
  - 2006. 2. 일본 오사카에서 열린 한일법학교수 연찬회에 참석하여 "한국에서 로스쿨 도입논의의 쟁점"에 관하여 발표함
  - 2007. 2. 중국 상하이에서 열린 국민대-화동정법대 학술대회에서 "한국에서 토지거래와 관련한 사법적 쟁점"에 관하여 발표함

- 2008. 11. 독일 함부르크 소재 Max-Planck 외국 및 섭외사법연구소에서 열린 한국민법 제정 50주년기념 한-독학술대회에서 "한국법에서 채권관계의 종료"(독문)에 관하여 발표함 (동 논문은 <50 Jahre Koreanisches Zivilgesetzbuch – Ein Deutsch-Koreanisches Symposium, herg. von Y. Shin und R. Zimmermann, Bobmunsa 2011>에 수록됨)
- 2014. 4. 몽골 울란바타르에서 열린 몽골 집행부서 공무원 연찬회에서 "한국의 민사집행제도"에 관하여 강의함
- 2015. 11. 몽골 울란바타르에서 열린 국립몽골법과대학설립 55주년기념 국제학술대회에서 "The Comparison and Tendency of the Civil Law of Mogolia and Korea"로 발표함
- 2016. 10. 몽골 울란바타르에서 열린 몽골국회, 몽골법무부, 한스 자이델재단이 주최한 국제학술대회에서 "Conflict and Harmony of Civil and Commercial Ideas in Korean Private Law"로 발표함

4. 대외활동
- 한국민사법학회에서 학술이사, 부회장(2008 – 현재) 등으로 봉사
- 법무부 민법개정위원회(2009-2013)의 채권법 분과위원으로 참여
- 공정거래위원회 산하 약관심사위원회 위원으로 활동(2008-2011)
- 공정거래조정원의 약관분쟁조정분과위원으로 활동(2015-2018)
- 대한변호사협회의 변호사등록심사위원으로 활동(2016-2017).

5. 기타 사회활동
교육개혁운동에 관심을 가져 시민단체 운영, 헌법소원 제기 등 다양한 활동을 하였으며 4권의 교육관련 칼럼집을 간행하였다.
- <대학이 망해야 나라가 산다>(바다출판사, 1999),
- <한국의 학벌, 또 하나의 카스트인가>(책세상문고, 2001),
- <서울대가 망해야 나라가 산다>(더북, 2004),
- <대한민국의 진실 – 교육을 말하다>(21세기북스, 2010).

차 례

사적 자치의 원칙의 헌법적 · 민사법적 의의 ·································· 1
  - 헌재 결정례와 대법원 판례의 비교·분석을 중심으로 -

민법 중 재산법 조문들에 대한 헌법재판소 결정의 민사법적 평가 ············ 39

민사거래와 상사거래의 구별 및 적용법조의 판단기준 ···················· 71

제3자에 의한 채권침해와 공정한 경쟁 ···································· 99

민법상 위약벌 제도의 운용방향 ·· 125

채권양도금지특약에 관한 민법 규정의 운용방향 ·························· 155

채권양도금지특약의 효력과 채무자의 보호 ································ 181
  - 대법원 2019.12.19. 선고 2016다24284 전원합의체 판결에 대한 평석 -

약관규제법 시행 이후의 대표적 판결과 그 의의 ·························· 215

민법상 계약상의 과실책임제도의 운용방향 ································ 245

민법의 해약금 규정의 운용방향 ·· 273
  - 대법원 2008.3.13. 선고 2007다73611 판결과 대법원 2015.4.23.
    선고 2014다231378 판결의 분석을 중심으로 -

강행규정 위반의 거래와 불법원인급여 ···································· 297

사적 자치의 원칙의 헌법적·민사법적 의의

– 헌재 결정례와 대법원 판례의 비교·분석을 중심으로 –

> I. 들어가는 말
> II. 사적 자치의 원칙의 민사법적 의의
> III. 사적 자치의 원칙의 헌법적 의의
> IV. 개별적 사례의 검토
> V. 맺는 말

I. 들어가는 말

민법전에서 용어나 명문의 규정은 없지만 사적 자치의 원칙은 민법 전체를 관통하는 근본적이고 최고의 원리로서 인정되고 있고 이로부터 법률행위의 자유나 계약의 자유 등 구체적인 원칙들이 도출되고 개별 규정의 해석론에서도 항시적인 지침이 되고 있다. 또한 헌법에서도 역시 명문의 규정은 없지만 사적 자치의 원칙은 때로는 사적자치권이라는 기본권의 하나로서 또는 시장경제질서의 선언에서 유출되는 당연한 원칙으로서 인정되고 있고 헌법재판에서도 빈번하게 판단의 기준이 되어왔다.

이 글은 민사재판과 헌법재판이 밀접한 관계에 있음을 보여주는 가장 대표적인 매개개념으로서 사적 자치의 원칙을 택하여 살펴보고자 한다. 먼저 사적 자치의 원칙이 대법원의 판례와 학설에서 어떤 모습으로 나타나는지를 개관해보았고, 이어서 동 원칙이 헌법재판소의 결정례와 헌법학에서는 어떤 위상을 갖는지를 요약해보았다. 이를 기초로 대법원이 다룬 주제중 헌법재판에서도 심도있게 다루어진 개별 사례들을 검토해보고 이를 통해 양자가 어떻게 서로 영향을 주고 받으면서 사적 자치의 원칙과 그 한계의 설정이라는 우리 사회의 근본적인 질문에 대응해왔는가를 정리해보고자 한다.

II. 사적 자치의 원칙의 민사법적 의의

1. 학계의 논의

1) 학설의 흐름

60-70년대의 국내의 교과서들에는 민법의 기초이념을 논하면서 "우리 민법은 자유인격의 원칙과 공공복리의 원칙을 최고원리로 하며, 공공복리라는 최고의 실천원리 내지 행동원리로서 신의성실·사회질서·거래안전 등 여러 기본원칙이 있고, 다시 그 밑에 이른바 계약자유의 원칙·소유권절대의 원칙·과실책임의 원칙 등의 3대원칙이 존재한다"고[1] 설명되기도 하였다.

이에 대해서는 80년대 후반부터 많은 비판이 이루어지게 되었다. 공공복리를 최고의 존재원리로 전제하는 것은 제한의 법리가 원칙화되어 남용의 우려가 있으며[2] 근본적으로 자유민주적 기본질서라는 헌법적 질서에 반한다는 것이다.[3] 우리 헌법이 선언하고 있는 개인의 존엄과 가치(10조)를 보장하기 위한 유일한 수단은 사적 자치의 원칙이며, 신의성실이나 사회질서 등은 이러한 사적 자치의 원칙에 대한 예외적인 제한규정에 불과하다는 것이다.

사적 자치의 중요성을 강조하는 것은 특히 1970년대 이후 독일 학계의 흐름이었다. 19세기 자유주의적 경제질서를 기초로 성립한 독일민법을 지배하는 사상은 자유의 원칙이었고 이것의 구체화된 표현으로서 사적 자치(Privatautonomie)가 논의되기 시작하였다. 사법에서 자유란 법적인 행동의 자유를 말하고 이것은 개별 행위자가 어떠한 국가의 규제나 명령이 아니라 자율적으로 타인과의 법률관계를 형성해 나갈 수 있다는 것이다. 사적 자치가 정당화되는 근거는 개별 행위자의 자기결정(Selbstbestimmung)이다. 법원에 의한

---

1) 곽윤직, 민법총칙(1986) 79면
2) 백태승, 민법총칙(2003) 43면
3) 이영준, 민법총칙(1995) 16-17면

포괄적인 내용통제나 실질적 정의에 기한 심사는 허용되지 않으며, 다만 법관은 소극적으로 사적 자치의 내용이 개별법규나 헌법적 가치에 충돌하는지 심사할 수 있을 뿐이다. 예컨대 재화나 용역에 대한 '정당한 가격'이란 기준은 존재하지 않는다. 이러한 사적 자치의 주요한 발현형식은 계약의 자유나 단체자치, 유언의 자유 등으로 나타나는데 물론 이 중 가장 중요한 것은 당사자자치로서의 계약의 자유이다.[4] 사적 자치의 강조와 더불어서 또 한편으로는 사적 자치에 대한 통제의 정당화를 어디에서 구할 것인가에 대해 치열한 논의가 전개되었다. 예컨대 슈미트-림플러는 '정당성보증'(Richtigkeitsgewähr)이란 개념을 도입하였다. '계약기구'에는 원칙적으로 정당성보증이라는 질서기능이 내재하는데, 당사자 간의 힘의 균형이 깨어져서 경제적 열등자의 자기결정이 침해되는 경우에는 계약기구의 내적통제가 작동하지 못하므로 계약공정은 법적 통제라는 외적 영향에 의하여 보장되어야 한다. 다만 법적 안정성을 위하여 이러한 간섭은 '정당성보증'이 일반적이고 지속적으로 좌절되는 전형적인 사안에 한하여야 한다는 것이다.[5]

이러한 독일의 학설의 흐름을 받아들인 새로운 이론적 흐름속에서 사적 자치의 원칙은 우리 학계에서도 '민법의 최상의 이념·원리'[6]로서 받아들여지게 되었다. 사적 자치라는 개념은 자기결정에 의하여 자기책임(Selbstverantwortung)하에 자기지배(Selbstherrschaft)하도록 하는 것으로서 이는 인간의 존엄과 가치를 보장하는 자유민주주의의 기본질서의 이념과 동일시된다고 하였다. 민법적 개념으로 표현하면 개인이 자기결정에 의하여 자기의 의사에 따라 법률관계를 스스로 형성한다는 것이다. 이것도 세분하면 개인이 자기의 의사에 따라 법률관계를 형성할 수 있다는 즉 개인의 의사를 강조하는 견해와 법질서가 그러한 의사표시를 가능케 한다는 점 즉 법질서를 강조하는 견해로 나뉘지만 사적 자치는 '법질서에 선재(先在)하면서도 이에 의하여 실현되는 것'이라고 요약된다.[7]

민법의 기본원리로서 사적 자치의 원칙의 위상에 대하여는 이것을 전통적

---

4) Wolf/Neuner, Allgemeiner Teil des Bürgerlichen Rechts(2016) 100-101면
5) 이 문제에 대해서는 권오승, 계약자유와 계약공정, 민법특강(1994) 449면 이하
6) 김증한/김학동, 민법총칙(1995) 30면
7) 이영준, 민법총칙(1995) 98면

인 계약자유의 원칙의 확장태로 보아 사유재산권 존중의 원칙과 과실책임의 원칙과 더불어 민법의 3대원리의 하나로 보는 입장도 있고,8) 사적 자치의 대원칙으로부터 법률행위 자유의 원칙 내지 계약자유의 원칙, 소유권절대의 원칙 및 과실책임의 원칙이 도출된다고 보는 견해도 있다.9) 이에 따르면 소유권절대의 원칙은 소유자가 그 소유물을 자유로이 사용·수익·처분할 수 있다는 점에서 사적 자치의 원칙이 소유권에 적용되어 나타나는 것이고, 과실책임의 원칙도 개인이 자기의 행위에 대하여만 책임진다는 점에서 사적 자치의 원칙이 불법행위나 채무불이행에 적용될 때 나타나는 원칙에 불과하다는 것이다.10)

이처럼 사적 자치를 민법의 최고원리로서 모든 것을 이로부터 끌어내려는 주장에 대하여 사적 자치의 한계를 강조하는 측면에서 비판이 일어나기도 하였다. 사적 자치는 법률제도의 철학적 기초에 불과하고 직접적으로 개개의 법률제도의 취지를 설명해 줄 수 있는 것은 아니라는 점, 또 자기의 의사에 기하지 않고 의무를 부담하는 법률제도 등이 발전하여 원칙자체가 쇠퇴하고 있다는 점, 사적 자치의 원칙은 법정채권관계를 설명하는데 부족함이 있다는 점 등이 지적되었고,11) 이에 대해서는 다시 이를 '사적 자치의 퇴화론'라고 비판하면서 이른바 '사적 자치의 공동화(空洞化)'를 우려하는 반론이 제기되기도 하였다.12)

2) 입법적 논의

1990년대 후반에 들어 이러한 사적 자치의 이념적 중요성은 많은 지지를 얻어 결국 이것을 우리 민법의 최고원리로 인정하여야 한다는 주장이 힘을 얻게 되었고,13) 마침내 2001년의 민법개정시안에는 제1조의2(인간의 존엄과 자

---

8) 송덕수, 신민법강의(2017) 21면; 곽윤직·김재형, 민법총칙(2013) 38면; 김상용, 민법총칙(2003) 79면
9) 이은영, 민법총칙(2005) 67면; 백태승, 민법총칙(2003) 43면, 명순구, 민법학원론(2015) 20면
10) 이영준, 민법총칙(1995) 12면
11) 고상룡, 민법총칙(1999) 28-33면
12) 이영준, 민법총칙(1995) 12면
13) 이영준, 민법총칙의 개정방향, 민사법학 제17호(1999) 41면

유)라는 제목하에 제1항에서 "사람은 인간으로서의 존엄과 가치를 바탕으로 자신의 자유로운 의사를 좇아 법률관계를 형성한다."라고 성문화되었다.14) 헌법의 이념을 구체화하고 자유로운 경제활동을 보장하기 위하여 사적 자치의 원칙이 민법의 최고원리임을 선언하는 것은 그 의미가 매우 크다고 하였다.

그러나 이에 대하는 학계에서 많은 비판이 행하여졌다.15) 그 이유로는 한편에서는 위의 사적자치에 대한 비판적 논의가 보여준 것처럼 사적자치사상이 실질적으로 쇠퇴하고 있다거나(고상룡) 이러한 가치관을 규정하는 것은 우리 민법의 사상적·가치관적 기초 내지 우리 민법이 지향하여야 할 바에 대한 자유로운 논의를 방해할 수 있다는 점을 강조하는 견해(안춘수)도 있었고, 다수의 견해들은 사적 자치의 원칙이 민법상 가장 중요한 대원칙이라는 점을 인정하지만 그러한 규정 신설의 실익에 대해서 회의적인 태도를 보였다. 구체적으로는 개정안의 인간의 존엄과 가치는 헌법에 규정된 헌법상의 원칙이며(10조) 사적 자치도 인간의 존엄과 가치를 실현하는 수단이 되고 있는 행복추구권에 포함된다고 본다. 이러한 헌법상의 가치와 원칙은 민법에도 당연히 적용되는 것이기에 민법에서 이를 다시 규정할 실익이 없다는 것이다. 또한 당연히 인정되는 원칙을 단순히 강조하기 위하여 명문으로 교시적인 내용을 두는 것은 바람직하지 않다고 한다(송덕수). 이러한 논의가 영향을 미쳐 결국 2013년도에 완성된 민법개정안에는 이러한 사적자치에 관한 일반규정은 입법화되지 않았다.

2. 대법원 판례의 분석

1) 의의와 근거

사적 자치의 원칙이란 "자신의 법률관계를 스스로의 자유로운 의사에 따라 형성할 수 있다"는 것이 핵심이다. 사적 자치의 원칙의 근거는 법원도 이

---

14) 1999.2. 법무부가 민법개정특별분과위원회를 구성한 후 3년간의 연구를 거쳐 2001.11. 개정시안을 발표하였다.
15) 법무부의 민법개정안에 대하여 비판적인 견해를 모은 자료집으로 민법개정안연구회에서 발간한 '민법개정안의견서' (2002) 3면-10면

를 우선 헌법 제119조 제1항의 자본주의적 경제질서에서 찾고 있다. 우리 헌법은 제23조 제1항의 재산권 보장의 원칙 내지 사유재산제도와 제119조의 경제활동에 관한 사적 자치의 원칙을 양대 기초로 하는 자본주의 시장경제질서를 기본으로 하고 있음을 선언하고 있다고 한다.[16] 사적 자치로 개인의 자유스러운 경제활동이 보장되고 재산권보장으로 사유재산의 자유로운 이용·수익과 그 처분 및 상속을 보장해 주는 것이다. 즉 사적 자치로 취득한 재화를 재산권으로 보장해주고 또 재산권 보장의 핵심인 소유재화의 자유로운 처분은 사적 자치를 통하여 이루어진다. 또한 사적 자치의 원칙은 헌법 제10조의 행복추구권에 내재된 것으로 보고 있으며[17] 이는 사적 자치가 개인의 인격체로서 자기 발현의 토대가 된다는 점을 선언하고 있는 것으로 보인다.

사적 자치의 원칙에서 우선적으로 중요한 가치는 당사자의 자유이다. 즉 당사자들은 계약에 의하여 채권의 목적인 급부의 종류나 내용을 자유롭게 정할 수 있다. 심지어 당사자의 재산상이나 신분상의 권리관계에 아무런 영향이 없는 급부를 하기로 정하는 것도 가능하고 이것은 법적 보호의 대상이 된다고 한다.[18] 소극적으로는 이것은 개인은 자기에게 귀책사유가 있는 행위에 대하여만 책임을 지고 그렇지 아니한 타인의 행위에 대하여는 책임을 지지 아니한다는 자기책임의 원칙을 근간으로 한다.[19] 예컨대 다른 주체에 의하여 체결된 계약에 대하여 자신은 그 체결 여부나 내용의 형성에 관여하지 못한 계약에 따른 권리·의무에 대하여도 자신의 의사에 반하여 이를 승계하여야 한다면 이는 사적 자치의 원칙에 어긋난다고 한다.[20] 또한 원하지 않는 계약의 체결을 거절할 수 있는 계약불체결의 자유를 의미하기도 한다.

2) 일반조항에 의한 통제와 그 한계

사적 자치의 원칙의 또 다른 측면은 자기책임의 원칙이다. 자유롭게 결정

---

16) 대법원 2003.7.22. 선고 2002도7225 판결
17) 대법원 2007.7.12. 선고 2006두4554 판결
18) 대법원 1998.2.24. 선고 97다48418 판결
19) 대법원 2016.8.24. 선고 2014다9212 판결
20) 대법원 2016.2.18. 선고 2012다119450 판결

한 결과에 대하여 책임을 져야한다. 이는 계약의 구속력으로 나타난다. 그런데 계약체결 후에 당사자들이 신의칙 등의 일반조항, 또는 민법상의 개별 규정 등을 근거로 하여 그 내용의 조정을 구하는 즉 법원의 사후적이고 후견적인 간섭을 요청하는 경우들이 자주 발생한다. 여기에서 사적 자치의 원칙의 적용에서 가장 중심적인 갈등으로서 신의성실의 원칙이나 공서양속의 원칙 등과 같은 일반원칙과의 관계이다. 즉 사적자치의 한계의 문제이다.

초기의 판례는 일반조항에 의한 사적 자치의 제한에 대하여 비교적 너그럽게 대한 듯하다. 판례는 "제2조가 천명한 신의성실의 원칙은 사적 자치의 원칙이 지배하는 특정 개인간의 거래에 있어서 그 권리의 행사와 의무의 이행에 관하여 사회공동체의 일원으로서 상호간 신뢰를 저버리지 않는 성실성을 요구하는 것"이라고 선언하고 있다.[21] 그리하여 사적 자치의 내용이 신의성실의 원칙이나 형평의 원칙에 반한다고 볼 사정이 있거나, 공공질서를 위하여 공익적 요구를 선행시켜야 할 사안에서는 사적 자치의 원칙은 뒤로 물러나고 그 한도내에서 일부 제한될 수 밖에 없는 것은 당연하다. 예컨대 전문직의 보수약정에 대하여 신의칙에 따라 일부만이 유효하고 나머지 과도한 부분은 효력을 인정할 수 없다고 본 초기의 판례들이 있다.[22] 물론 초기에도 법원은 단순히 매매계약에서 대금이 시세에 비하여 너무 비싸니 신의칙에 반한다는 주장을 받아들이지 않았고[23] 공서양속의 원칙은 사적 자치를 규율하는 경매절차에는 적용될 수 없다는 판시를 한 적도 있다.[24]

점차로 판례는 사적 자치의 이념을 중요시하는 방향으로 꾸준히 나아가고 있는 것으로 보인다. 근래의 판례들에서는 사적 자치에 따라 당사자가 유효하게 성립시킨 계약상의 책임을 법원이 간섭하여 공평의 이념이나 신의칙과 같은 일반원칙에 의하여 제한하는 것은 사적 자치의 원칙을 중대하게 위협하는 것이라는 취지의 판시가 자주 등장하고 있다.[25] 예컨대 위약벌 약정에 대한

---

[21] 대법원 1985.4.23. 선고 84다카890 판결
[22] 대법원 2002.4.12. 선고 2000다50190 판결
[23] 대법원 1985.4.23. 선고 84다카890 판결
[24] 대법원 1985.2.4. 선고 80마2 판결
[25] 대법원 2016.12.1. 선고2016다240543 판결; 대법원 2015.10.15. 선고 2012다64253 판결

통제에 있어 이러한 사적 자치의 영역을 일반조항인 공서양속을 통하여 제한적으로 해석할 때에는 매우 신중을 기하여야 한다고 하였다. 즉 당사자들이 정한 위약벌의 액수에 관해 법원이 구체적인 내용에 개입하여 약정의 전부 또는 일부를 무효로 선언하는 것은 사적 자치에 대한 중대한 제약일 뿐 아니라 스스로 한 약정을 이행하지 않겠다며 계약의 구속력에서 이탈하고자 하는 당사자를 보호하는 결과가 될 수 있으므로 가급적 자제하여야 한다고까지 설시하고 있다.26)

또 다른 예로 특정채무를 보증하는 일반보증계약에 기한 채권자의 권리행사에 대하여 신의칙에 기해 보증책임의 제한을 주장하는 보증인에게 법원은 유효하게 성립된 보증계약에 기한 책임을 신의칙과 같은 일반원칙에 기하여 제한하는 것은 사적 자치의 원칙에 대한 중대한 위협이 될 수 있어 신중을 기하여 극히 예외적으로 인정하여야 한다고 한다.27) 또 물품공급계약에서 계약체결 직후에 급격한 환율상승으로 인해 신의칙의 하부원칙인 사정변경의 원칙에 의해 계약금액의 증액을 요구하는 사안에서 법원은 계약금액을 조정하지 않기로 한 당사자 간의 합의는 사적 자치의 영역에 속하는 것이어서 합의대로 지켜져야 한다며 이를 받아들이지 아니하였다.28) 이처럼 '매우 신중히', '극히 예외적으로' '중대한 위협' 등의 표현은 판례가 사적 자치에 대하여 일반조항을 통한 법원의 간섭에 대해 매우 소극적이고 부정적인 인상을 표현하는 것으로 보이기도 한다.

3) 강행법규와의 관계

우선 거래 영역의 성격상 사적 자치의 원칙과 친하지 않는 즉 공익성이 더 강조되어야 할 영역이 있음도 인정되어야 한다. 판례는 이러한 곳은 법률에 의한 규제 즉 법정주의 또는 이른바 '합법성의 원칙'이 강하게 작용하는 곳이어서 사적 자치의 원칙이 후퇴할 수 있음을 말하고 있다. 예컨대 농지매매법에서 농지매매시 소재지관서의 증명을 받도록 규정한 것은 헌법의 '경자유전'

---

26) 대법원 2016.1.28. 선고 2015다239324 판결
27) 대법원 2004.1.27. 선고 2003다45410 판결
28) 대법원 2003.8.22. 선고 2003다318 판결

의 원칙을 구체적으로 실천하기 위한 것으로서 사적 자치의 영역을 넘어 그 합법성의 원칙을 존중해야 한다고 한다.[29] 또 조세실체법과 관련한 분쟁에 있어서도 조세법률주의에 의하여 합법성의 원칙이 강하게 지배하므로 사적 자치의 원칙이 지배하는 사법에서보다는 제약을 받을 수밖에 없다는 점을 강조하고 있다.[30]

그러나 국가기관과의 계약이나 또는 다른 이유로 법령의 제한을 받는 계약에 있어서도 관련된 강행법규에 저촉하지 않는 한 당사자들이 계약조건을 자유로이 부가할 수 있는 것이어서 이러한 계약내용을 함부로 부인하여서는 안된다고 한다.[31] 또 민법상의 상린관계에 관한 규정은 대체로 강행규정성을 갖지만 상린관계 규정에 의한 수인의무의 범위를 넘는 토지이용관계의 조정은 사적 자치의 원칙에 맡겨야 한다고 한다.[32] 다른 예로 온천공 발견신고자의 명의를 변경하기로 하는 당사자 사이의 계약에 대하여 법원은 온천법에서 신고의 명의변경이나 지위승계 등에 대하여 규정이 없는 바, 이에 관한 계약은 사적자치의 원칙에 따라 이를 금지하는 강행규정이 없는 이상 보호되어야 하고 해당 법규에서 이에 관한 근거규정이 없다해서 이 계약이 탈법행위로서 무효가 되지 않는다고 판단하였다.[33]

또 부동산실명법상 명의신탁약정과 그에 기한 물권변동을 무효로 하는 규정의 해석에 관하여서도 이것이 사적 자치의 본질을 침해하는 것은 아니라고 보고 신탁자가 등기회복 등의 권리행사를 할 수 있는 길을 열어주고 있으며[34] 이는 실질적으로 명의신탁약정의 사적 자치적 효력을 부인하지 않는 결과를 열어주고 있다. 즉 강행법규에 의한 사적 자치의 제한은 가능한 한 엄격하게 해석하여 사적 자치의 범위를 넓혀가고자 애쓰고 있다. 예컨대 토지거래허가구역 지정의 해제에 관하여 이는 사적 자치에 대한 공법적인 규제를 해제하여 당사자들이 달성하고자 한 사적 자치를 실현할 수 있도록 한 것이므로 기존의

---

29) 대법원 2000.8.22. 선고 99다62609 판결
30) 대법원 2001.6.15. 선고 2000두2952 판결
31) 대법원 2014.12.24. 선고 2010다83182 판결
32) 대법원 2012.12.27. 선고 2010다103086 판결
33) 대법원 2004.8.20. 선고 2002다20353 판결
34) 대법원 2003.11.27. 선고 2003다41722 판결

토지거래계약은 확정적 유효가 되고 유동적 무효의 상태에 있는 것이 아니라는 적극적인 해석은 이러한 법원의 의지를 잘 보여주고 있는 판결이다.35) 반면에 공공계약에서는 사적 자치의 원칙을 강조하는 것이 때로는 그 상대방인 사인의 위치를 열악하게 만드는 경우도 있음을 유의할 필요가 있다. 최근의 판결에서 대법원은 공기업과의 계약서에 부가된 물가변동에 따른 계약금액 조정을 배제하는 특약의 효력에 대하여, 국가계약법과 저촉하지 않으며 사적 자치와 계약자유의 원칙상 그러한 계약내용이나 조치의 효력을 함부로 부인할 것이 아니라고 한다.36) 이에 대하여 국가계약법상의 관련 법령은 공공계약에 대하여 사적 자치와 계약자유의 원칙을 제한하는 것으로서 강행규정에 해당한다고 보아 물가변동에 따른 조정을 배제하는 특약은 효력이 없다는 소수의견도 있다.

4) 사적 자치의 다양한 쟁점들

사적 자치의 원칙의 소극적인 면으로는 자기 책임의 원칙상 행위자에게 책임을 묻기 위하여는 스스로 판단하고 결정할 능력이 있어야 한다. 이런 점에서 행위무(제한)능력자 제도는 이러한 사적 자치의 원칙 특히 자기책임의 원칙의 구현을 가능케 하는 도구로서 인정되는 것이고, 그에 따라 거래 안전이 희생되더라도 행위무능력자를 보호하고자 하는 입법취지를 갖는다. 따라서 미성년자가 법정대리인의 동의없이 스스로 체결한 계약을 후에 동의없음을 이유로 취소하는 것이 신의칙에 반하지 않는다고 한다.37)

사적자치와 약관과의 관계가 자주 문제되는데, 약관에 의해 계약을 체결하는 것은 그 자체로는 사적자치의 영역에 속한다고 본다. 즉 약관이 계약내용으로 되는 것에 상대방 즉 고객의 동의가 있었기 때문이다. 그러나 판례는 약관거래의 특성 즉 약관이 사업자에 의해 일방적으로 작성되고 체결시 그 구체적인 내용을 검토하거나 확인할 충분한 기회를 가지지 못한 채 계약의 내용이 되는 점에서 일정한 통제가 필요하며 이를 위해 약관규제법의 규율대상이 된

---

35) 대법원 1999.7.9. 선고 97누11607 판결
36) 대법원 2017.12.21. 선고 2012다74076 판결
37) 대법원 2007.11.16. 선고 2005다71659 판결

다고 한다. 사적 자치의 한계를 벗어나는 약관조항을 무효로 선언하는 것은 사적 자치의 원칙에 반하는 것이 아니라고 한다.[38]

나아가 사적 자치는 법정채권관계에서도 문제된다. 예컨대 사무관리의 경우 이것의 성립을 넓게 인정하고 특히 보수청구권을 인정하게 되면 이는 관리자가 타인의 생활관계에 지나치게 개입함으로써 사적 자치의 원칙을 훼손시킬 수 있다는 것이다.[39] 사적 자치는 또한 단체자치를 포함한다. 개인이 일정한 목적을 위하여 단체를 만들고 구성원의 자격이나 가입조건 등을 정하는 것은 민법적으로는 사적 자치의 원칙의 발현이고 또한 이것은 헌법상의 결사의 자유의 영역에 속하는 것이기도 하다. 따라서 단체의 규약 등에 대하여 쉽게 일반조항 예컨대 제103조 등에 근거하여 무효라고 판단하는 것은 조심스러워야 한다.[40]

3. 평가

오늘날 민법학에서 사적 자치의 원칙이 가장 중요한 기본원리라는 점에는 대개 일치하고 있다. 한때는 사적 자치의 원칙이 새롭고 혁신적인 사조로까지 인식되어 민법 제1조에 이 원칙의 입법화를 시도하는 데까지 나아가기도 했지만 이는 민법이 '사법의 일반법'으로서 정의되는 속에 내재되어 있는 당연한 원리라고도 할 수 있다. 판례도 꾸준히 사적 자치의 원칙을 강조하고 그 의미와 외연을 확대하는 노력을 해왔다고 평가할 수 있다. 계약에 대해 일반조항에 의한 통제를 자제하고 강행법규와의 충돌 시 가능한 한 약정의 효력을 살리려는 시도들을 볼 수 있다.

반면에 사적 자치의 원칙이란 이른바 약정의 세계를 지도하는 대원칙이라고 할 수 있다면 민법은 그에 못지않게 법정의 영역을 다루고 있다는 점도 소홀히 할 수 없다. 총칙의 법률행위론, 채권총칙, 계약으로 이어지는 약정의 세계를 다룸과 동시에 법정채권관계, 법정주의가 지배하는 물권법과 가족법의

---

[38] 대법원 2005.2.18. 선고 2003두3734 판결
[39] 대법원 2010.1.14. 선고 2007다55477 판결
[40] 대법원 2011.2.24. 선고 2009다17783 판결

영역도 있다. 후자의 영역에서 사적 자치의 원칙이란 상대적으로 제한적일 수밖에 없다. 오히려 이곳에서는 법정의 질서를 피해가는 탈법행위 등을 적절히 통제하여 거래의 질서를 세우는 것이 중요한 경우도 적지 않다.

III. 사적 자치의 원칙의 헌법적 의의

1. 학계의 논의

1) 기본권으로서의 사적자치권

헌재는 후술하듯이 행복추구권을 하나의 구체적이고 독자적인 포괄적 기본권으로 인정하면서 이 속에 '일반적 행동자유권'과 '개성의 자유로운 발현권' 등이 포함되어 있다고 한다. 그리고 사적자치권 내지 계약의 자유는 일반적 행동자유권에서 파생된다고 설명하기도 한다. 그러나 이러한 헌재의 견해에 대하여는 비판이 있다. 우선 행복추구권을 독자적인 기본권으로 볼 수 있는 것인가에 대해서도 논의가 있다. 행복을 추구할 권리란 너무나 당연한 사항을 규정하여 불필요한 의문만을 생기게 한다거나 행복이라는 본능의 문제를 규범적으로 파악하기 어렵다는 점, 그리고 행복추구권의 이러한 확대해석은 인간의 존엄과 가치를 공동화(空洞化)시킬 위험이 있다는 것이다. 이런 맥락에서 행복추구권의 독자적인 기본권성을 부인하기도 한다.[41] 반면에 행복추구권은 독자적인 기본권으로서의 성격과 더불어 다른 기본권과 결합하여 헌법에 열거되지 아니한 새로운 기본권을 도출하는 근거가 되며 한편으로 다른 기본권에 대한 보충적 기본권으로서의 성격을 가진다는 견해도 있다.[42]

사적 자치를 강조하는 견해는 '사적 자치는 개인의 존엄과 가치를 보장하기 위한 유일무이한 수단' 또는 '사적 자치는 개인의 존엄과 가치 그 자체'라며[43] 이를 인간의 존엄성과 동일시한다. 그러나 인간의 존엄과 가치는 기본권 보장의 종국적인 목적 내지 기본이념을 천명하는 것이므로, 사적 자치를 기본

---

41) 허영, 한국헌법론(2016) 346면
42) 성낙인, 헌법학(2014) 991면
43) 이영준, 민법총칙(2005) 12면

권의 하나로 파악하기 위해서는 구체적인 근거가 필요하다고 생각된다. 명문의 규정이 없는 현행 헌법하에서 행복추구권과 그로부터 유출되는 행동자유권으로부터 다시 사적자치권이 도출된다는 해석은 다소 도식적이긴 하지만 수긍할 만하다. 독일에서도 사적 자치는 "누구나 인격의 자유로운 전개의 권리를 갖는다"고 행동의 자유(Handlungsfreiheit)를 규정한 독일기본법 제2조, 나아가 인간의 존엄과 이를 존중하고 보호할 국가의 의무를 정한 제1조에서 헌법적 근거를 찾을 수 있다고 한다.[44]

사적자치권이 기본권의 하나로서 인정된다면 그것의 제한의 문제도 기본권의 일반법리에 따라 헌법 제37조 제2항에 의한 제한 및 그 한계가 정해진다. 즉 기본권에 관한 일반적인 법률유보가 가능하지만 거기에는 국가안보나 공공복리 등 목적상의 한계, 법률로써만 제한될 수 있다는 형식상의 한계, 본질적 내용은 침해할 수 없다는 내용상의 한계, 필요한 경우에 한하여야 한다는 방법상의 한계 등이 적용된다.[45]

2) 헌법상의 경제질서와 사적 자치

사적 자치가 제도적으로 보장되는 헌법상의 근거는 바로 개인과 기업의 경제상의 자유와 창의의 존중을 선언한 헌법 제119조 제1항에서 찾을 수 있다. 우리 헌법은 기본권분야에서 인간의 존엄과 가치라는 기본지표아래 국민의 경제활동을 보호하는 여러 기본권을 두고 있다. 거주·이전의 자유, 직업의 자유, 재산권보장, 근로활동권 등이다. 그러나 개인의 경제활동은 합리적인 경제질서 아래서 가능한 것이므로 헌법이 경제질서의 대원칙을 선언한 것은 그 의미가 크다.

물론 헌법은 같은 조 제2항에서 경제의 민주화 등을 위하여 경제에 관한 규제와 조정의 권한을 국가에 부여하고 있으며 제120조-제126조에서 경자유전의 원칙, 국토의 이용·개발제한, 소비자보호, 사영기업의 국공유화 등 구체적인 규제와 조정의 영역과 내용에 대하여 정하고 있다. 학계에서는 이로써 우리 헌법이 수정자본주의원리 내지는 사회적 시장경제질서를 채택한 것을

---

44) Wolf/Neuner, Allgemeiner Teil des Bürgerlichen Rechts(2016) 100면
45) 허영, 한국헌법론(2016) 299면

선언한 것이며 그 핵심은 경제활동의 자유와 국가적 규제의 조화에 있다고 한다.46) 사회적 시장경제질서는 시장경제나 사유재산보장, 국가의 규제와 조정 등의 개념을 포괄하는 종합적·상위개념이라는 견해도 있다.47) 결국 사적자치의 원칙과 그 한계라는 문제도 헌법적 차원에서는 이러한 경제상의 자유와 창의의 존중이라는 원칙과 사회적 시장경제의 원리에 따른 국가적 규제라는 이념적·제도적 틀 속에서 고민되어야 함을 말해준다.

2. 헌재 결정례의 분석

1) 사적 자치의 원칙의 의미

'사적자치의 원칙'이란 '인간의 자기결정 및 자기책임의 원칙에서 유래된 기본원칙으로서, 법률관계의 형성은 고권적(高權的)인 명령에 의해서가 아니라 법인격자 자신들의 의사나 행위를 통해서 이루어짐'을 뜻한다.48) 사적자치는 계약의 자유·소유권의 자유·결사의 자유·유언의 자유 및 영업의 자유를 그 구성요소로 하고 있으며, 그 중 계약의 자유는 사적자치가 실현되는 가장 중요한 수단으로서, 이는 계약체결의 자유·상대방선택의 자유·방식의 자유·계약의 변경 또는 해소의 자유를 포함한다. 그러나, 개인들은 사적 자치적 형성의 자유가 인정되는 범위 내에서 자신들의 이익추구만을 위하여 노력할 것이기 때문에, 이러한 사적자치의 원칙 내지는 사적자치권이라도 공동체의 전체질서와의 관계에서 제약을 받을 수밖에 없다고 한다.49)

2) 사적 자치의 헌법적 근거

헌법 제119조 제1항은 사유재산제도와 사적자치의 원칙 및 과실 책임의 원칙을 기초로 하는 자유 시장경제질서를 기본으로 하고 있음을 선언하고, 헌법 제10조는 국민의 행복추구권과 여기서 파생된 일반적 행동자유권 및 사적

---

46) 허영, 한국헌법론(2016) 171면
47) 성낙인, 헌법학(2014) 275면
48) 헌재 2011.2.24. 2008헌바87
49) 헌재 2001.5.31. 99헌가18

자치권을 보장하고 있다고 한다.

즉 헌법상 제도보장으로서의 사적 자치의 원칙은 자유 시장경제질서를 선언하고 있는 제119조 제1항을 근거로 삼고 있다. 자유민주주의국가에서는 각 개인의 인격을 존중하고 그 자유와 창의를 최대한으로 존중해 주는 것을 그 이상으로 하고 있는 만큼 기본권주체의 활동은 일차적으로 그들의 자결권과 자율성에 입각하여 보장되어야 하고 국가는 예외적으로 꼭 필요한 경우에 한하여 이를 보충하는 정도로만 개입할 수 있고, 이러한 헌법상의 보충의 원리가 국민의 경제생활영역에도 적용됨은 물론이므로 사적자치의 존중이 자유민주주의국가에서 극히 존중되어야 할 대원칙임을 강조하고 있다.50)

한편 사적자치의 원칙이란 자신의 일을 자신의 의사로 결정하고 행하는 자유뿐만 아니라 원치 않으면 하지 않을 자유로서 우리 헌법 제10조의 행복추구권에서 파생되는 일반적 행동자유권의 하나라고 한다.51) 즉 사적 자치의 원칙 또는 사적자치권을 국민의 자유권적 기본권의 하나로 인정하고 있다. 이러한 사적자치의 원칙은 법률행위의 영역에서는 계약자유의 원칙으로 나타난다.

3) 사적 자치의 제한과 그 한계

제도로서의 사적 자치의 원칙의 제한은 헌법 제119조 제2항에서 근거를 찾는다. 헌법 제119조 제2항은 우리 헌법이 자유 시장경제질서를 기본으로 하면서 사회국가원리를 수용하여 실질적인 자유와 평등을 아울러 달성하려는 것을 근본이념으로 하고 있다는 것이다.52) 따라서 국가는 이러한 거시적인 경제에 대한 규제와 조정의 과정에서 광범위한 입법적 형성의 자유가 인정되고 이에 따라 경제주체들의 사적 자치적 영역에 간섭하여 이를 제한할 수 있다. 다만 제1항과 제2항은 원칙과 예외의 관계이니만큼 사적 자치에 대한 제한은 가능한 한 억제되어야 하고 간섭하는 경우에 있어서도 최소한에 그쳐야 한다는 보충성의 원리, 과잉금지의 원칙 등 그 내재적 한계가 자주 거론된다. 국민경제

---

50) 헌재 1989.12.12. 88헌가13
51) 헌재 2010.5.27. 2008헌바61; 헌재 2009.10.26. 2007헌바135 등
52) 헌재 2008.4.24. 2006헌바68

의 균형적 발전이라는 정당한 공익을 실현하기 위한 것이더라도 국가가 국민의 사적 자치영역(私法관계)에 개입하여 법률관계의 형성에 조건이나 의무를 부과하거나 자치의 결과로 형성된 법률관계를 사후에 수정·변경하는 것은 되도록 자제되어야 한다. 또한 국가의 개입이 불가피한 경우라도 입법자는 국민의 사적 자치권이 되도록 덜 침해되는 방법을 선택하여야 한다는 것이다.[53]

한편 사적 자치의 원칙을 개인의 행동자유권으로부터 나오는 기본권으로 파악하는 경우에는 역시 기본권제한에 관한 일반규정의 적용을 받게 된다. 즉 계약의 자유를 제한하더라도 헌법 제37조 제2항에 따라 입법목적의 정당성과 그 목적달성을 위한 방법의 적정성, 피해의 최소성, 그리고 그 입법에 의해 보호하려는 공공의 필요와 침해되는 기본권 사이의 균형성을 모두 갖추어야 하며, 이를 준수하지 않은 법률 내지 법률조항은 기본권제한의 입법적 한계를 벗어난 것으로 헌법에 위반된다고 한다.[54] 특히 계약의 자유는 사회적 약자의 보호, 독점방지, 실질적 평등, 경제정의 등의 관점에서 법률상 제한될 수 있는데, 그 제한이 계약의 자유나 소유의 자유 등을 전면적으로 부인하는 결과를 초래한다면, 이는 곧 사적자치의 본질적 내용 침해가 되어 헌법에 위반된다고 한다.[55]

3. 평가

헌법학에서 사적 자치의 원칙은 한편으로는 사적자치권이라는 기본권의 하나이자 경제질서로서 시장경제를 선언하는 경제상의 자유의 법적 표현이다. 사적지치권의 상위개념으로 개인의 일반적 행동자유권을 전제하고 이것은 다시 헌법상의 행복추구권에서 나온다는 헌재의 법리가 적절한 것인지는 더 논의가 필요한 부분이다. 개인이 자유로이 자신의 법률관계를 형성해 나갈 수 있다는 의미를 갖는 사적 자치는 모든 자유권적 기본권의 토대가 되는 기본권이며, 또한 인간으로서의 존엄과 가치의 실현이라는 명제의 사법적 표현이라고 할 것이다.

---

53) 헌재 2003.5.15. 2001헌마98
54) 헌재 1999.5.27. 97헌바66
55) 헌재 2001.5.31. 99헌가18

한편 헌재는 사적 자치의 원칙이란 헌법상 보장된 주관적 권리가 아니라 제도보장의 일종으로서 입법자의 형성의 자유가 광범위하게 인정되는 분야라고 한다.56) 일반 국민의 인식속에는 아직도 '경제상의 자유와 창의'라는 개념보다는 '경제민주화'라는 개념이 더 설득력있게 다가오고 있는 것이 현실이다. 이런 점에서 입법자의 형성의 영역이라는 사고가 개인의 활동영역을 보장하는 사적 자치의 원칙을 약화시키게 되지 않을까 염려되기도 한다.

IV. 개별적 사례의 검토

1. 부동산중개보수의 법정

1) 헌재의 결정

헌재는 일찍이 부동산중개인들이 중개서비스의 대가로서 일정 한도를 넘는 수수료를 받지 못하도록 한 구 부동산중개업법상의 법정보수제도가 자신들의 직업수행의 자유를 침해하여 위헌이라는 주장에 대하여 이를 받아들이지 아니하였다.57) 부동산중개를 시장원리에 따라 오로지 중개인과 의뢰인 사이의 계약에 따라 자유로이 정하게 한다면 어떻게 되는가? 그리되면 중개인이 더 높은 수수료를 제시하는 자에게만 거래를 알선할 수 있고 일반서민들이 부동산 거래시장에 접근할 기회가 위축될 수 있다는 우려를 표하였다. 그리하여 이 부분에서는 사적 자치의 원칙이 아니라 부동산시장에 대한 접근기회의 보장이라는 공익적 가치가 더 중요하다고 보았다. 그리고 법정중개보수를 초과하여 금품을 받은 공인중개사에 대하여 형사처벌을 하도록 규정한 것도 입법목적 달성을 위한 적합한 수단이며 비례의 원칙에 반하지 않는다고 하였다.

법정중개보수제도는 최근에도 다시 헌재의 문을 두드렸으나 헌재는 초과보수를 받는 폐단이 여전하고 관련 분쟁이 빈발하는 현실, 그리고 법원에서 초과중개보수 약정을 강행법규로서 무효라고 선언한 점 등을 고려하여 2002년의 선례를 그대로 유지하였다.58) 이번에는 추가로 중개보수의 지급시기를

---

56) 헌재 1999.4.29. 선고 96헌바55
57) 헌재 2002.6.27. 2000헌마642 등

대통령령에 위임한 조항(공인중개사법 32조 3항)의 위헌여부도 쟁점이 되었는데,[59] 이것도 사적자치의 원칙을 존중하면서 계약의 진행에 따라 구체화될 것을 예측할 수 있다며 기본권의 침해가 아니라고 판단하였다. 다만 이 결정에서는 중개보수 위임조항이나 중개보수 지급시기조항이 포괄위임금지원칙에 반하여 위헌이고 법정보수 위반행위에 대해 형사처벌까지 하는 것은 과도하다는 반대의견들이 있었다.

2) 대법원 판례의 흐름

대법원은 일찍이 '소개영업법'(1983년도 폐지)에서 시도의 조례로 정한 기준과 한도액을 초과하여 소개영업의 요금을 정하지 못하게 하고 소정 요금 이외의 금품을 수수하는 것을 금지하는 규정에 대하여 "이들 조문들은 강행법규에 속하는 것으로서 위 조문 소정의 최고액을 초과하는 소개비 약정부분은 무효이다"라고 선언하여 왔다.[60] 그런데 2001년도 대법원 판결에서[61] "부동산중개업법상의 금지규정은 단속규정에 불과하고 효력규정은 아니다"라고 설시하고 따라서 "중개업자는 한도를 초과한 수수료를 반환할 의무가 없다"고 원고패소 판결을 내렸는데 이는 1987년의 판결과 상반된 것임에도 소부(小部)에서 판결이 이루어졌다.

2002년도의 대법원 판결에서는[62] 다시 전 해의 판결과 정반대의 결론이 내려지게 되었다. 중개업자가 8억5천만원 상당의 거래를 성사시켜주고 2천여만원의 중개수수료를 받았는데, 후에 의뢰인이 관련법규정을 근거로 법정수수료인 127만원을 초과하는 금액의 반환을 구하였다. 이에 대해 대법원은 관련 법규정들이 강행법규에 속하는 것으로서 그 한도액을 초과하는 부분은 무

---

58) 헌재 2016.5.26. 2015헌마248
59) 실제로 시행령에 규정된 지급시기에 관한 규정은 민법의 법리에 비추어 문제는 없어 보인다. : "법 제32조제3항에 따른 중개보수의 지급시기는 개업공인중개사와 중개의뢰인간의 약정에 따르되, 약정이 없을 때에는 중개대상물의 거래대금 지급이 완료된 날로 한다." [신설 2014.7.28]
60) 대법원 1987.5.26. 선고 85다카1146 판결; 대법원 1977.11.22. 선고 76다984 판결; 대법원 1976.11.23. 선고 76다405 판결
61) 대법원 2001.3.23. 선고 2000다70972 판결
62) 대법원 2002.9.4. 선고 2000다54406 판결

효라고 보아야 한다라고 하며 단속규정이라고 보아 반환청구를 기각한 원심을 파기하였다. 이 판결도 2001년도의 판결과 정반대의 결론을 내리면서 마찬가지로 전원합의체에 회부하지 않고 소부에서 선고함에 따라 상반된 2개의 대법원판결이 존재하게 되어 혼란을 초래하게 됐다.

그리하여 대법원은 2007년 전원합의체 판결에서[63] 2000다70972 판결을 변경하고 2002년도의 판결의 취지를 재확인하였다. "고액의 수수료를 수령한 부동산 중개업자에게 행정적 제재나 형사적 처벌을 가하는 것만으로는 부족하고 구 부동산중개업법 등 관련 법령에 정한 한도를 초과한 중개수수료 약정에 의한 경제적 이익이 귀속되는 것을 방지하여야 할 필요가 있으므로, 부동산 중개수수료에 관한 위와 같은 규정들은 중개수수료 약정 중 소정의 한도를 초과하는 부분에 대한 사법상의 효력을 제한하는 이른바 강행법규에 해당하고, 따라서 구 부동산중개업법 등 관련 법령에서 정한 한도를 초과하는 부동산 중개수수료 약정은 그 한도를 초과하는 범위 내에서 무효이다"라고 선언하였다. 이로써 의뢰인이 중개수수료를 이미 지급하였더라도 법정수수료를 초과한 부분을 부당이득금으로 반환청구할 수 있다는 것은 확립된 법리가 되었다.

3) 평가

일반적으로 대부분의 금지규정은 일정한 행정목적을 달성하기 위한 수단으로 만들어진 것이어서 *私法*상의 판단에 있어서는 이러한 기준에 얽매이지 않고 독자적인 기준에 입각하여 판단하여야 한다. 즉 일정한 행정목적의 달성을 위하여 사인간의 법률행위를 금지하거나 제한하는 행정편의적인 발상에 대하여 민사법원이 일정한 제동을 걸 필요도 있다. 우리 민사법원이 금지규정을 상당부분 단속규정으로 처리하고 있는 것은 바로 민사거래에 있어 사적자치의 원칙을 고양하려는 의지로 볼 수 있다.[64]

---

[63] 대법원 2007.12.20. 선고 2005다32159 전원합의체 판결
[64] 최근에 개업공인중개사가 중개의뢰인과 직접 거래를 하는 행위를 금지하는 공인중개사법 제33조 제6호의 규정에 대하여, 대법원은 이에 위반하여 한 거래행위가 사법상의 효력까지도 부인하지 않으면 안 될 정도로 현저히 반사회성, 반도덕성을 지닌 것이라고 할 수 없고, 이를 효력규정으로 보아 이에 위반한 거래행위를 일률적으로 무효라고 할 경우 중개의뢰인이 직접 거래임을 알면서도 자신의 이익

부동산중개보수의 법정화에 대하여는 부동산중개업무의 공익성을 고려할 때 이것을 완전히 시장원리 즉 사적 자치의 원리에 맡길 수 없다는 입장은 수긍될 수 있다. 대법원은 이러한 방향을 택하고 초과수수료를 금지하는 관련규정을 단속규정이 아니라 효력규정으로 해석하고 초과부분의 일부무효 및 부당이득반환의 법리를 적용하여 왔다. 헌재는 최근에 이러한 대법원의 적극적인 태도에 힘입어 법정중개보수제도와 위반시 형사처벌 조항을 다시 합헌으로 보는 입장을 유지하였다. 일정한 정책방향의 확립을 위하여 대법원과 헌재가 서로 영향을 주는 모습을 보여주는 점에서 의미가 있다.

한편으로는 대법원의 입장과 같이 이미 거래가 종료된 상황에서 의뢰인의 반환청구를 허용하는 것은 법적 안정성을 해칠 우려가 있다는 점도 유의하여야 한다.[65] 이 경우에 반환의무자의 불법원인급여의 항변이 인정될 수 있을 것인가가 별도의 논점이 될 수 있을 것이다. 반면에 효력규정에 위반한 법률행위를 무효로 선언하면서도 전부 무효가 아니라 초과부분에 한한 일부무효의 법리를 적용하는 것은 신중할 필요가 있다. 사회질서 위반으로 인한 무효의 경우 쉽게 일부무효의 법리를 적용하면 반사회질서의 행위를 한 자에게 부분적 효력이 돌아가는 결과가 되고 또 사적 자치가 부인된 곳에 법원의 자의적인 형성이 대신할 우려가 있기 때문이다.[66]

2. 부동산실명법과 명의신탁제도

1) 헌재의 태도

헌재는 사적 자치의 원칙과 재산권 보장의 본질에 대해 장문의 설시를 한

을 위해 한 거래도 단지 직접 거래라는 이유로 효력이 부인되어 거래의 안전을 해칠 우려가 있다며 동 규정은 단속규정이라 하였다(대법원 2017.2.3. 선고 2016다259677 판결).
65) 고율의 금전대차계약에서 허용한도를 넘는 초과하는 부분의 이자약정을 무효로 보고 기지급한 초과이자의 반환을 인용한 대법원의 견해에 대하여, 설사 그 약정이 제103조에 반하여 무효로 평가된다 하더라도 임의로 지급된 이자의 반환청구는 법적 안정성의 측면에서 허용될 수 없다는 대법원의 반대의견도 있다(대법원 2007.2.15. 선고 2004다50426 전원합의체 판결).
66) MünchKomm/Mayer-Maly(2002) § 138 Rz. 158-161

후에 명의신탁약정을 무효로 선언하는 부동산실권리자명의등기에관한법률(이하 부동산실명법)이 이들 원칙들의 본질을 침해하는 것이 아니라고 변호하고 있다.[67] 특히 명의신탁약정의 무효선언은 사적 자치를 제한한다는 측면보다는 재산권보장의 헌법상 원칙이 침해받는가 하는 점에 중점을 두고 있다. 헌재는 명의신탁약정을 무효로 함과 동시에 그로 인한 물권변동도 무효로 하고 있다는 점을 강조하는데, 명의신탁약정만을 무효로 하고 그에 기한 물권변동은 유효하다면 명의신탁으로 부동산에 관한 권리가 명의수탁자에게 확정적으로 귀속하는 결과가 되고 명의신탁자는 권리를 상실하여 재산권의 본질적 부분을 침해할 수 있다고 한다. 그러나 물권변동도 무효가 되기 때문에 신탁자가 그 부동산에 대한 소유권을 회복할 가능성이 열려 있고 따라서 재산권에 대한 본질적 침해가 되기 어렵다고 한다.

헌재는 명의신탁자의 소유권의 회복가능성에 대하여 대법원이 형성해온 해석론을 소개하고 있다. 명의신탁의 유형에 따라 2자간 등기명의신탁에서는 직접 수탁자에게, 3자간 등기명의신탁에서는 명의신탁자에게 원소유자를 대위하여 말소등기를 청구할 수 있고, 계약명의신탁에서는 부당이득의 법리에 의하여 매매대금에 상당하는 금원을 반환받을 수 있다는 법리를 서술하면서 기본권의 제한의 정도가 과한 것이 아니고 법익균형성이 달성되었다고 평가하는 근거로 삼는다.

또한 헌재는 부동산등기특별조치법에 의한 명의신탁의 금지와 벌칙만으로는 실효성이 없다는 경험위에 명의신탁의 사법적 효력을 부인한 현 부동산실명법의 태도를 긍정적으로 평가면서 현재의 등기제도 전반의 한계를 지적한다. 즉 아직도 많은 수의 부실등기가 존재하고 등기원인서류의 공증제도나 실질심사주의, 나아가 등기의 공신력 인정 등이 인정되지 못하는 현 시점에서 명의신탁효력을 부인하는 방법이 불가피하다는 점을 강조하고 있다.

부동산실명법에서는 명의신탁의 금지를 선언하면서(3조 1항) 또한 양도담보 즉 채무의 변제를 담보하기 위하여 채권자가 부동산에 관한 물권을 이전받는 경우에 등기신청시 채무변제를 위한 담보라는 점을 밝히도록 강제하고 있

---

[67] 헌재 2001.5.31. 99헌가18

다(3조 2항). 이것이 사적 자치의 원칙에 위배되는 가도 문제되었다. 헌재는 등기제도를 이용하는 한 진실한 원인관계를 밝히도록 하는 것은 당연한 것이라고 일축하였지만 이에 대해서는 반대하는 소수의견도 있다. 즉 당사자가 선택한 법률적 외관에 따라 법적 효과를 부여하여 사적 자치와 거래안전을 보장하는 것이 마땅하며, 법률이 거래당사자의 내면에 들어가 내심의 목적을 드러내도록 강제하고 위반시 고액의 이행강제금을 부과하는 것은 계약의 내용을 자신의 자유의사로 결정할 자유, 즉 헌법 제10조의 일반적 행동자유권의 한 내용인 사적자치권(계약체결의 자유)에 대한 중대한 제한이라는 것이다.[68]

2) 대법원 판례의 동향

헌재가 지적한 바와 같이 명의신탁을 단순히 금지하는 금지규정만을 두는 것으로는 부족하다고 하여 입법적으로 명의신탁의 등기를 금지하는 데에서 나아가 "명의신탁약정은 무효로 한다"(4조 1항)하고 "명의신탁약정에 따른 등기로 이루어진 부동산에 관한 물권변동은 무효로 한다"(4조 2항)라고 선언하였는데, 이를 구체적으로 어떻게 해석하고 적용해나가야 하는 가는 법원에 어려운 과제가 되었다.

우선 명의신탁약정에 따라 수탁자의 명의로 등기가 이루어진 후에 명의신탁자가 수탁자에게 진정명의회복을 원인으로 한 소유권이전등기를 청구하는 경우에 이것을 인용할 것인가? 즉 명의신탁약정이 무효라면 그에 기해 이루어진 등기는 원인무효의 등기가 되는데 이의 반환을 청구하는 경우에 명의수탁자가 불법원인급여의 항변을 하면서 이를 거절할 수 있는가의 쟁점으로 부각되었다. 법의 시행초기에 하급심에서는 조세회피나 투기 등의 불법적인 목적을 위해 명의신탁을 하였다가 후에 등기의 회복을 구하는 경우에 동 법의 입법목적 등을 고려하여 이를 거절하여야 마땅하다며 그 근거로서 수탁자의 불법원인급여의 항변을 인정하기도 하였다. 그러나 대법원은 무효인 명의신탁약정에 기해 등기가 행하여졌다는 이유만으로 불법원인급여로 볼 수 없다고 하였다.[69] 명의신탁약정만으로는 제746조의 불법원인에 해당하는 선량한

---

[68] 헌재 2012. 4. 24. 2011헌바62 김종대의 반대의견

풍속 기타 사회질서에 위반하는 경우에 해당하지 않는다는 것이다. 무엇보다 동 법이 명의신탁약정에 대하여 행정정 제재나 형벌을 부과하는 대신에 무효인 명의신탁약정과 그 등기에 기한 물권변동을 다른 법률관계에 기하여 신탁자가 회복하는 것을 금지하지 않음으로써 사적 자치 및 재산권보장의 본질을 침해하지 않고자 한다고 보았다.

명의신탁자의 권리회복에 관하여 대법원은 등기유형에 따라 복잡한 법리를 발전시켜왔다. 3자간 등기명의신탁에 대하여는 명의신탁약정과 그에 기한 등기가 무효로 되므로 명의신탁된 부동산은 매도인 소유로 복귀하고 매도인은 명의수탁자에게 그 명의 등기의 말소를 구할 수 있고, 반면 매도인과 명의신탁자 사이의 매매계약은 여전히 유효하므로 명의신탁자는 매도인에 대하여 매매계약에 기한 소유권이전등기를 청구할 수 있고 그 청구권을 보전하기 위하여 매도인을 대위하여 명의수탁자에게 그 명의 등기의 말소를 구할 수 있다는 것이다.[70] 또 계약명의신탁에서는 명의신탁약정의 무효에도 불구하고 명의수탁자는 당해 부동산의 완전한 소유권을 취득하게 되고 다만 명의수탁자는 명의신탁자에 대하여 부당이득반환의무를 부담하게 될 뿐이고, 명의신탁약정의 무효로 인하여 명의신탁자가 입은 손해는 당해 부동산 자체가 아니라 명의수탁자에게 제공한 매수자금이며 결국 명의수탁자는 당해 부동산 자체가 아니라 명의신탁자로부터 제공받은 매수자금을 부당이득하였다는 것이다.[71]

3) 평가

명의신탁의 효력에 관하여는 일찍부터 그 유효성에 관하여 견해의 대립이 있어왔다. 명의신탁은 '가장적 외관의 법적 효력을 부인하는 데 관한 당사자의 합의'가 있는 것이므로 허위표시로서 무효라고 주장되어왔다.[72] 이에 대하여 명의신탁은 양도담보에서와 마찬가지로 일정한 경제적 목적을 가지고 등기만을 타인에게 넘기기로 하는 유효한 합의이며 다만 사회질서에 반하는 경

---

69) 대법원 2003.11.27. 선고 2003다41722 판결
70) 대법원 2011.9.8. 선고 2009다49193 판결
71) 대법원 2005.1.28. 선고 2002다66922 판결
72) 곽윤직, 물권법(1992) 138면; 이은영, 물권법(2000) 270면

우에만 무효로 될 뿐이라는 반대설도 있다.73) 부동산실명법은 단순히 명의신탁약정을 무효로 선언하였으며 위에서 본 바와 같이 헌재는 이 규정이 사적 자치의 원칙 및 재산권보장의 원칙의 본질을 침해하였다고 볼 수 없다고 하였다. 대법원은 이러한 헌재의 결정의 테두리내에서 불합리한 결과를 피하기 위하여 고심하여왔다. 기본적으로 명의신탁등기를 무효로 하더라도 궁극적으로 명의신탁자가 등기를 회복하거나 최소한 금전반환의 방법으로 구제받는 길을 보장하고 있다.

반면에 사적 자치의 원칙상 모든 사람은 사회질서에 반하지 않는 한 자기 소유의 부동산을 타인 명의로 등기할 수 있는 것을 원칙으로 해야 한다는 점에서 헌재의 판단에 반대하는 견해도 있다. 사회질서에 반하지 않는 명의신탁까지 무효로 하는 것은 비례의 원칙에도 맞지 않으며 바로 헌법조항(37조 2항)에 부합치 않는 것이라 한다.74) 그리하여 모든 명의신탁이 무효라는 전제 하에서 부당한 결과를 배제하려는 대법원의 판례의 논리는 자기모순에서 헤어나지 못하고 있다고 한다. 예컨대 명의수탁자 앞으로의 등기가 불법원인급여가 되지 않는다는 판시는 종래의 판례의 입장에 따르면 당연히 반환청구를 할 수 없는 불법원인급여가 되어야 한다는 것이다. 또 명의신탁자의 수탁자에 대한 말소등기청구권의 행사도 신의칙에 반하여 허용되지 않는 것이라고 한다. 결국 대법원의 해석은 법 제4조를 잠탈하는 해석에 불과한 것이 되고 이를 근본적으로 해결하기 위해서는 사회질서에 반하는 명의신탁만을 무효로 해석하여야 한다는 것이다.75)

생각건대 공적으로 관리되는 명부를 유지하면서 이에 배치되는 명의활용의 문제를 법적으로 어떻게 취급할 것인가는 비단 부동산등기부에 한하지 않는다. 최근의 대법원 전원합의체 판결에서는 실질주주가 타인의 명의를 빌려 주주명부에 등재한 경우 여전히 주주권을 행사할 수 있는 것인가가 격론의 대상이 되었다.76) 대법원은 이른바 실질설에서 형식설로 일대 전환을 하여 명부

---

73) 이영준, 물권법(2009) 144면 이하
74) 이영준, 물권법(2009) 179면
75) 이영준, 물권법(2009) 181면
76) 대법원 2017.3.23. 선고 2015다248342 전원합의체 판결

상 주주만이 주주권을 행사할 수 있다고 판례변경을 하였다. 그러나 이에 대해서는 실질주주의 주주권행사의 봉쇄가 헌법상의 재산권보장에 위배되며 또한 사적자치의 원칙에 반한다는 비판이 거세다.77) 부동산등기에 관한 명의신탁의 유효성에 관해서도 이를 근본적으로 어떻게 볼 것인가는 계속 논의의 대상이 될 수 있다. 그러나 현재의 법규정의 해석론으로서 법원은 명의신탁약정 자체는 그 자체로 사회질서에 위반된다고 볼 수 없다고 선언함으로써 법 제정 이전의 판례의 흐름을 이어가는 것으로 보인다. 그리하여 명의신탁을 사회질서에 반하는 것과 그렇지 않은 것으로 나누어 전자의 경우에는 불법원인급여로 해석하여 반환을 봉쇄할 수 있는 가능성을 열어놓고 있으며 이로써 사적 자치의 본질적 침해라는 평가를 피해가고 있다고 보인다.

3. 토지거래허가제

1) 헌재의 견해

토지거래허가제78)는 여러 법적인 측면에서 그 위헌성이 다투어졌으나 그 중 이것이 사적 자치의 원칙에 대한 중대한 침해라는 점도 중요한 쟁점으로 대두되었다. 헌재는 1989년의 판결에서 치열한 찬반논쟁 끝에 합헌으로 결론내면서(4인의 위헌의견), 사적 자치의 존중이 자유민주주의 국가에서 극히 존중되어야 할 대원칙임은 당연하나 토지투기와 같이 외견상으로도 사회공동체에 유해한 경우 사적자치가 인정될 수 없음 또한 당연하다고 하였다.79) 국민의 양심과 양식에 따른 자율적 규제로 토지투기를 억제하는 것이 어렵다는 현실에서 헌법 제119조 제2항의 정신에 입각하여 정부가 이를 규제하는 것은 불가피한 것이며 사적 자치의 원칙이나 헌법상의 보충의 원리에 위배되지 않는다고 선언하였다. 즉 토지거래허가제는 사적 자치의 원칙의 부정이 아니라 헌

---

77) 김교창, 실질주주, 형식주주 및 회사 사이의 법률관계(2015다248342 판결에 대한 평석), 법률신문 2017.12.7.자 12면
78) 토지거래허가제는 구 '국토의 계획 및 이용에 관한 법률' 제118조에 규정되었다가 같은 내용으로 2016.1.19. 제정된 '부동산 거래신고 등에 관한 법률' 제11조에 규정되었다.
79) 헌재 1989.12.22. 88헌가13

법의 명문(122조)에 의거한 재산권 제한의 한 형태라는 것이다. 그 후 토지거래허가제와 관련하여 허가를 받지 아니하고 체결한 토지거래계약의 사법적 효력을 부인하는 조항에 대한 헌법소원에서 헌재는 처벌만으로는 입법목적 달성이 어려워 사법적 효력을 부인하는 것은 필요한 일이며, 이로써 침해되는 당사자자의 사적 이익(사용·수익·처분의 자유)과 투기적 토지거래를 억제하려는 공익과의 비교 교량에서 공익이 훨씬 크다고 하였다.[80] 반면 헌법학계에서는 토지거래허가제에 대하여 토지소유권을 형해화하고 사유재산제도의 본질적 내용을 침해하며, 거래의 효력 자체를 부인하는 것이 되어 과잉금지의 원칙에 위배된다는 비판도 있다.[81]

2) 대법원의 견해

1989년 헌재가 토지거래허가제에 관하여 위헌논란을 잠재운 후에 1991년의 대법원 전원합의체 판결[82]을 통하여 그 구체적 운용에 관한 법리를 전개하였다. 즉 국토이용관리법의 "허가를 받지 아니하고 체결한 토지거래계약은 그 효력을 발생하지 아니한다"라는 규정을 어떻게 해석할 것인가이다.

토지거래허가구역 내의 토지에 관하여 매매계약이 체결된 후에 소유권이전등기의 이행을 구하는 매수인이 청구에 대하여 채권계약인 매매계약 자체까지도 무효로 돌아가는 것은 아니므로 관할관청의 허가가 있으면 소유권이전등기절차를 이행할 조건부이전등기의무를 인정한 원심에 대하여, 대법원은 허가를 받기 전에는 물권적 효력은 물론 채권적 효력도 발생하지 아니하고 무효로 보아야 한다고 하였다. 이와 관련하여 대법원은 "허가를 받기 전의 거래계약이 처음부터 허가를 배제하거나 잠탈하는 내용의 계약일 경우에는 확정적으로 무효로서 유효화될 여지가 없으나 이와 달리 허가받을 것을 전제로 한 거래계약일 경우에는… 일단 허가를 받으면 그 계약은 소급하여 유효한 계약이 되고 이와 달리 불허가가 된 때에는 무효로 확정되므로 허가를 받기까지는 유동적 무효의 상태에 있다"는 유동적 무효의 법리를 설시하였다. 이에 근거

---

80) 헌재 1997.6.26. 92헌바5
81) 성낙인, 헌법학(2014) 1272면; 허영, 한국헌법론(2016) 174면
82) 대법원 1991.12.24. 선고 90다12243 전원합의체 판결

해서 판례는 "허가가 규제지역 내의 모든 국민에게 전반적으로 토지거래의 자유를 금지하고 일정한 요건을 갖춘 경우에만 금지를 해제하여 계약체결의 자유를 회복시켜 주는 성질의 것이라고 보는 것은 위 법의 입법취지를 넘어선 지나친 해석이고, 규제지역 내에서도 토지거래의 자유가 인정되나 다만 위 허가를 허가 전의 유동적 무효 상태에 있는 법률행위의 효력을 완성시켜 주는 인가적 성질을 띤 것이다"라고 설시한다.

나아가 허가구역 지정기간 중에 허가구역 안의 토지에 대하여 토지거래허가를 받지 아니하고 토지거래계약을 체결한 후 허가구역 지정해제가 이루어진 경우에는 그 계약이 유동적 무효상태에서 확정적 유효로 바뀌는 것이고 더 이상 토지거래허가를 받을 필요가 없다고 하였다.[83] 토지거래구역지정의 해제는 "사적자치에 대한 공법적인 규제를 해제하여 거래 당사자들이 당해 토지거래계약으로 달성하고자 한 사적자치를 실현할 수 있도록 함에 있다"는 점을 강조하고 있다.

3) 평가

대법원이 무효의 법리에 충실하게 채권적 효력을 부인하면서도 유동적 무효의 법리를 밝힌 것은 허가제하에서 최대한의 사적 자치의 공간을 끌어내고자 하는 데에 있다. 토지거래허가제를 통하여 사적 자치에 제한을 가하는 것은 투기억제라는 목적을 위한 최소한에 그치는 것이고 그 사법적 효력의 발현도 일시적인 유예상태에 있다는 점을 강조한 것이다. 이로부터 계약체결의 당사자들은 계약이 완성되도록 허가를 신청할 의무가 있고 신청절차에 관한 협력의무가 나온다. 토지거래구역지정의 해제시 이것을 잠시 유보되었던 사적 자치가 자동적으로 회복되는 것으로 해석하여 당사자 간의 계약이 즉시 확정적 유효가 된다는 해석도 이러한 사적 자치의 의미를 고양시키려는 대법원의 노력으로 이해될 수 있다.

---

83) 대법원 1999.6.17. 선고 98다40459 전원합의체 판결; 대법원 1999.7.9. 선고 97누11607 판결

4. 임대차 최장존속기간 조항의 해석

1) 민법의 규정과 판례

구 민법은 제651조에서 임대차의 최장존속기간을 정하고 있었다. 즉 "석조, 석회조, 연와조 또는 이와 유사한 견고한 건물 기타 공작물의 소유를 목적으로 하는 토지임대차나 식목, 채염을 목적으로 하는 토지임대차의 경우를 제한 외에는 임대차의 존속기간은 20년을 넘지 못한다. 당사자의 약정기간이 20년을 넘은 때에는 이를 20년으로 단축한다"(1항). 갱신하는 경우에도 10년을 넘지 못하게 하였다(2항).

동 규정이 적용된 대법원 판결을 보면, 우선 2003년도의 판결에서, 원고들이 피고(부천역사 주식회사)에게 30년간의 임차권을 확보하기 위해 스스로 30년간의 임대료를 선납하였는데, 원고들이 20년을 초과한 임대차기간의 무효를 주장하면서 임대료의 반환청구의 소를 제기하였다. 이에 대해 대법원은 "민법 제651조 제1항은 그 입법취지가 너무 오랜 기간에 걸쳐 임차인에게 임차물의 이용을 맡겨 놓으면 임차물의 관리가 소홀하여지고 임차물의 개량이 잘 이루어지지 않아 발생할 수 있는 사회경제적인 손실을 방지하는 데에 있는 점 및 약정기간이 20년을 넘을 때는 그 기간을 20년으로 단축한다는 규정형식에 비추어 볼 때, 위 규정은 개인의 의사에 의하여 그 적용을 배제할 수 없는 강행규정이다"라고 선언하고 원고의 청구를 인용하였다.[84] 그러면서 민법 제651조 제1항이 제정될 당시에 비하여 현재 건축기술이 발달하여 건물이 훨씬 견고해졌다든가, 위 규정이 제652조(강행규정)에 포함되지 않아 강행법규로 볼 수 없다든가, 설사 강행법규라도 임대인을 위한 편면적 강행법규로 보아야 한다든가 하는 피고의 항변을 다 배척하였다.

그 후 2009년의 판결에서도[85] 당사자들이 임대차계약서에서 "이 사건 임대차계약 후 30년 임대차기간 종료 전에 원고가 계약기간을 단축시키기 위하여 20년 이상의 임대차기간을 인정하지 않는 대법원판례를 근거로 삼아 해약을 요구할 경우에는 피고는 일시불 임대료의 반환을 책임지지 않는다"고 한

---

84) 대법원 2003.8.22. 선고 2003다19961 판결
85) 대법원 2009.12.24. 선고 2009다40738 판결

약정에 대하여, 이러한 임대료반환책임 면제약정은 강행규정인 민법 제651조 제1항에서 정하고 있는 규정의 취지에 반하는 임대차기간 약정의 무효를 주장할 수 없게 함으로써 위 조항의 적용을 배제하는 결과를 가져오게 되므로 이를 무효라고 보아야 한다라고 판시하였다. 즉 대법원은 동 규정을 엄격하게 강행규정으로 해석하고 이에 기한 임차인의 20년 초과분의 임대료반환청구를 인정하였다.

이러한 대법원의 입장은 그 후 2013년의 '신촌민자역사사건'에서도 반복되었다.[86] 민자역사를 신축하고 이에 대해 기간 30년, 임대료 750억원의 임대차계약을 체결하였는데, 임차인이 20년이 넘는 부분은 강행법규에 위배되어 무효라며 이 부분에 상응하는 임대료의 반환을 청구한 사안에서 항소심 계속 중에 피고는 민법 제651조 제1항에 대하여 위헌법률심판제청신청을 하였으나 항소심법원에서 기각되었고 피고는 다시 헌법소원심판을 청구하였다. 항소심은 금반언의 원칙에 위반된다며 원고의 청구를 배척하였으나 원고가 상고하였고 대법원은 원심을 파기하였다.[87]

2) 헌재의 결정례

민법 제651조에 관한 헌법소원 심판에서 2013.12.26. 헌재는 동 조항에 대해 위헌결정을 내렸고[88] 2016.1.6. 민법에서 삭제되었다. 재산법 분야에서 헌재에 의하여 위헌판정을 받아 삭제된 유일한 조문이 되었다.

헌재는 동 조항이 계약의 자유를 침해하는지에 대하여 대법원의 논리를 조목조목 상세히 비판하고 있다. 우선 임차물의 관리와 개량이라는 목적에 대하여 임대차계약을 통하여 당사자들이 효과적인 방식을 설정할 수 있음에도 법원이 임대인이 가장 적절한 관리자라는 전제하에 임대차의 존속기간을 강제하는 것은 침해의 최소성에 반한다고 지적한다. 특히 동 규정을 강행규정으로 보는 것에 대하여, 헌재는 계약당사자가 경제적 득실을 고려하여 자율적으

---

86) 대법원 2013.2.15. 선고 2011다77344 판결
87) 자세한 경과에 대하여는 김영주, 임대차의 존속기간에 대한 고찰, 민사법학 제72호(2015.9.) 137면
88) 헌재 2013.12.26. 선고 2011헌바234 결정

로 판단할 수 있는 영역인데도 당사자를 보호한다는 명분으로 국가가 후견적으로 개입하여 사적 자치를 제한하는 것은 정당화될 수 없다고 매섭게 비판하고 있다. 임대차법상의 해지권보류약정(636조)이나 차임증감청구권(628조) 등 현재의 법제의 장치들만으로도 충분하다고 본다.

나아가 헌재는 이 조항으로 인한 거래계의 부작용에 대하여 자세히 지적한다. 건축주가 임차인으로부터 장기간의 임대료를 선납받아 건축비 등에 충당하고 임차인은 일정기간 임차권을 안정적으로 확보하기를 원하는 현대의 거래유형 등을 고려하면 동 조항이 사적 자치에 의한 자율적 거래관계 형성을 심하게 왜곡하고 있다는 것이다. 또한 당사자들이 동 조항을 악용하여 임차인이 영업전망에 따라 20년이 경과한 후 이를 묵인하거나 무효주장과 부당이득반환을 청구할 수 있다. 반면에 임대인도 영업전망이 좋을 경우 동 조에 근거하여 임대차의 무효를 주장할 수 있다. 요컨대 임대차기간에 관한 당사자의 의사가 분명한데도 법이 당사자의 의사를 배제하고 20년을 강제함으로써 당사자가 이를 악용할 여지를 만들어 주는 것을 볼 때, 동 조항은 제한을 통하여 얻는 공익적 성과와 제한이 초래하는 부정적 효과가 합리적인 비례관계를 일탈하여 법익균형성 요건을 충족시키지 못하고 결국 과잉금지원칙을 위반하여 계약의 자유를 침해하는 것으로 보아야 한다는 것이다.[89]

3) 평가

사적 자치의 원칙의 의미와 관련하여 이 주제를 고찰해보면, 지속적으로 당사자들이나 하급심에서 제기된 논의에도 불구하고 종래의 입장을 고수해온 대법원 판례에 대해 헌법재판소가 나서서 사적 자치의 원칙을 중대하게 침해하는 것으로서 대법원 판례의 모순을 지적하고 결국 동 조항에 대해 사망선고를 내렸다는 점에서 주목할 만하다. 특히 주목되는 부분은 사회경제적 상황의 변화에 누구보다 민감하게 예측하고 대응할 수 있는 당사자들의 자율을 믿지 못하고 계약당사자를 보호한다는 명분으로 법원이 후견적으로 개입하여 사적

---

[89] 임대차계약기간의 상한을 정하는 것은 입법형성의 영역이며 10년의 범위안에서 횟수에 제한없이 임대차계약을 갱신할 수 있다는 점에서 법익균형성 원칙을 위반한 것이라 보기 어렵다는 3인의 반대의견이 있다.

자치를 제한하는 것이 용납될 수 없음을 선언한 것이다. 이러한 개입이 정작 당사자를 보호하기 보다는 사적 자치에 의한 자율적 거래의 형성을 심하게 왜곡한다는 점도 지적하고 있다. 민법의 해석과 입법에 있어 나아가야 할 방향을 제시한 점에서 선도적인 판결이라고 생각한다. 이런 점에서 사적 자치를 제한하는 현행 민법규정들에 대한 입법론적 검토, 그리고 개별조항의 해석론에서 강행법규성 여부 등에 있어 자신의 이익의 최대의 수호자인 당사자들의 판단과 능력을 믿어주는 전향적인 접근이 필요하다고 생각된다.

5. 이른바 '알박기 사안'과 폭리행위의 제한

1) 헌재의 결정례

아파트단지 등을 조성하기 위한 토지개발구역에 소규모의 토지를 매입하고 사업주체가 이를 시가보다 매우 고가에 매입토록 하여 이득을 취하는 이른바 '알박기'가 자주 사회문제화 되었다. 이 문제에 대해 형사적 제재가 자주 가해지게 되었는데 그 근거가 된 형법상의 부당이득죄(349조)의 위헌여부가 문제되었다. '사람의 궁박한 상태를 이용하여 현저하게 부당한 이득을 취할 것'이라는 매우 추상적인 구성요건이기 때문이다.

헌재는 주택의 안정적인 공급을 해치고 투기적 거래행위를 조장하여 시장질서를 어지럽히는 속칭 '알박기'의 폐해를 방지하고 경제주체 간 부조화를 방지하며 거래질서의 공정성을 확보하기 위하여 이 조항이 규제하고 있는 대상인 폭리행위에 대한 제한이 필요하다고 한다. 이 조항은 사회적 비난가능성이 높은 방법을 사용하여 사회통념에 비추어 지나치게 부당하게 많은 이익을 얻은 경우에 한하여 극히 예외적으로 국가가 개입하도록 하고 있고 행위의 불법정도에 상응한 형벌을 과할 수 있도록 하고 있으므로 사인 간의 계약의 자유를 합리적 근거 없이 필요 이상으로 지나치게 제한한다거나 사적자치의 원칙에 위반된다고도 할 수 없다고 선언하여 폭리행위에 대한 단호한 입장을 보여주고 있다.[90]

---

90) 헌재 2006.7.27. 2005헌바19; 이에 대해 일관성있는 기준을 찾기 어렵다는 점에

이러한 알박기를 막기 위하여 주택법 등에서는 사업자에게 매도청구권 즉 수용권한을 부여하고 있다(주택법 22조). 고가 매수에 대한 기대감으로 적정한 가격에 의한 매각을 거부하고 버티는 알박기 등의 폐해를 방지할 수 있는 최소한의 범위 내에서만 매도청구권을 행사하도록 규정해야 하는바 이는 과잉금지원칙상 피해의 최소성 원칙에서 유래하는 규범적 요청이라 한다.[91] 최근 지역단위계획구역 결정고시일 3년 이전에 당해 대지의 소유권을 취득하여 계속 보유하고 있는 자에 대해서 매도청구권을 행사하지 못하도록 하다가 그 기간이 10년으로 연장되었는데, 다수의견은 대상의 범위를 확대할 필요성을 인정한 것에 대해, 알박기라 불리는 투기세력과 관계없는 사람들에게도 매도청구권의 행사를 필요 이상으로 인정할 우려가 커서 과잉금지원칙의 정신에 부합하지 않는다는 소수의견이 있음을 유의해야 할 것이다.[92]

2) 대법원의 판결례

근래의 아파트재건축 단지내의 알박기 사례에 대한 대법원의 태도는 매우 관대하다.[93] 알박기와 같은 지분매수과정에서의 어려움은 사업자가 당연히 부담하는 위험이고 통상 예견될 수 있는 것이어서 사업자의 과실에 대한 면책사유로 삼기도 어렵다고 한다. 재건축사업부지 내의 땅을 평당 1천5백만원에 매입하여(13평) 이를 사업자에게 평당 7천만원에 매도하였고, 후에 사업자가 이 계약이 폭리행위로서 무효라며 부당이득금의 반환을 구하는 소송에서 대법원은 조합원에 대한 보상가격인 평당 2,200만원이 아니라 법원의 조정과정에서 제시되었던 금액인 5천만원이 정당하다고 하였다. 일반적으로 폭리행위에 대하여 대법원은 일부무효의 법리(137조)를 적용하여 초과부분의 반환을 인정하고 있다. 그런데 위 사안에서는 대법원은 무효행위 전환(138조)의 법리

    서 위헌요소가 있다는 반대의견도 있다.
91) 헌재 2009.11.26. 2008헌바133
92) 이와 관련하여 '도시 및 주거환경정비법' 상의 재건축조합의 매도청구권에 대하여 헌재는 최근 주거환경개선이라는 공공목적, 개발이익까지 포함하는 정당한 가격보상 등을 이유로 전원일치로 합헌으로 판정하였다(2016헌바301; 2008헌바571의 선례를 따름).
93) 대법원 2010.7.15. 선고 2009다50308 판결

를 적용하여 당사자들이 무효임을 알았더라면 합의하였을 다른 대금액으로 계약이 성립하는 것인데, 이 때 법원이 가정적 의사를 함부로 추단하여 당사자가 의욕하지 아니하는 법률효과를 강요하여서는 아니된다는 점을 강조하고 있다. 일부무효의 법리와 무효행위의 전환은 다 가정적 의사를 전제로 하는 것이고 양자의 관계는 매우 난해한 이론적 문제들을 제기하고 있지만, 대법원이 가정적 의사에 기대어 문제의 해법을 찾고자 하는 것은 사적 자치의 원칙의 확대를 추구한다는 점에서 헌재의 단호한 태도와 대조를 이루고 있다.

6. 종합적 평가

대부분 부동산의 거래나 이용과 관련한 위의 사례들은 특히 이 부분이 사적 자치의 원칙과 공익적 요청이 교차하는 영역임을 보여준다. 당사자 간의 거래에 대하여 그 과정이나 결과에 대하여 공익적 고려에 의해 입법적 간섭이 이루어지는 모습은 다양하다. 여러 행정적 법령들이 주로 문제되고 그 외에도 민사특별법이나 형사법 또 민·상법상의 강행규정이 관련된다. 이러한 법률들이 사인간의 거래에 간섭하는 경우에 당사자들은 그러한 법률들이 헌법에 위반되는 것인가에 대하여 위헌법률심판이나 헌법소원 등을 통하여 헌법재판소에 문의하게 되고 이로써 더 이상 사법내의 문제가 아니라 헌법적 문제가 된다.

헌법에 문제제기를 하는 경우에 이러한 사인간의 거래를 제한한다고 하여 바로 사적 자치의 원칙을 근거로 하는 것은 아니다. 많은 헌법재판에서 사적 자치의 원칙은 항상 최후적 또는 보충적 근거로 제시되는 경우가 많다. 마치 민사법에서 일반조항과 같은 역할을 하고 있다고 볼 수 있다. 당사자들은 예컨대 직업선택의 자유나 재산권 보장 같은 구체적인 기본권 침해의 문제로 다루거나 경제제도와 관련되는 경우에도 경자유전이나 소비자보호 등 구체적인 헌법상의 규제규정 들을 근거로 삼기도 한다. 그럼에도 헌재는 당사자들의 사적 자치의 원칙의 침해에 관련한 주장에 대하여 충실한 판단들을 하여왔고 이를 통하여 헌법상의 명문의 규정도 없는 사적 자치의 원칙에 관한 헌재의 법리와 방향들이 축적되어왔다. 그 요지는 사적자치의 원칙은 우리 헌법적 가치가 요구하는 중요하고 기본적인 대원칙이며 이에 대한 제한은 가능한 한 신중하게 이루어져야 한다는 것이다. 여기에 사용된 헌법적 개념은 과잉금지의 원칙이나 최소침해성, 법익균형성, 비례성 등이다. 결과적으로만 보면 토지거래허가제나 부동산명의신탁의 무효선언, 부동산중개수수료의 법정화 등이 다 사적 자치의 원칙에 대한 불가피한 제한이라고 보았다. 다만 민법의 임대차 최장존속기간조항을 사적 자치에 반하는 것으로 위헌선언한 것은 주목할 만하다.

같은 사안이 대법원에서 다루어질 경우에 대법원은 일차적으로 일반조항에 의한 통제를 시도할 수 있다. 신의칙이나 사회질서 위반 등이 활용될 수 있다. 그러나 대법원은 일반조항에 의한 통제가 사적 자치의 원칙 그리고 법적 안정성 등을 훼손할 수 있다는 점을 충분히 우려하고 있으며 이에 신중을 기하고 있다. 또 금지규정에 위반되는 경우에는 당해 규정을 단속규정으로 보는 것으로 충분한 것인지에 대해서 검토하고 있으며 현실적으로도 많은 금지규정이 단속규정으로 인정되어 사법상의 효력이 유지되고 있다. 부득이 효력규정으로 보는 경우에도 사회질서에 반하는가를 구분하여 그에 해당하지 않는 경우에는 불법원인급여의 법리를 적용하지 않아서 당사자들이 계약체결 이전의 상태로 돌아가는 것을 막지 않는다. 또 무효로 판정된 경우에도 유동적 무효의 법리를 적용하여 무효효과의 잠정성을 부각하였고, 일부무효의 법리나 무효행위의 전환의 법리를 활용하여 당사자들의 가정적 의사를 추정하여서라도 사적 자치를 부분적으로라도 인정하기 위한 노력을 보여주고 있다.

본 글과 관련하여 중요한 것은 헌재와 법원의 판례는 서로 간에 긴밀한 영향을 주고 받는다는 점이다. 부동산실명법과 관련한 헌재의 결정에서 헌재는 대법원 판례가 확립해온 판례이론을 상세히 소개하면서 헌재의 판단의 정당성의 근거로 삼고 있다. 부동산중개수수료에 관한 헌재의 판결에서도 법원의 판단을 긍정적으로 판단하는 기초에서 결정을 내리고 있다. 토지거래허가제 사례는 헌재가 이를 합헌으로 판정하여 방향을 제시하는 가운데 법원은 유동적 무효의 법리를 동원하여 사적자치의 최소한을 확보하고자 하는 노력을 보여주고 있다. 무엇보다 임대차 최장존속기간조항에 관한 헌재의 판결에서는 헌재가 전향적으로 대법원의 관행을 답습하는 법리의 문제점을 지적하고 과감히 위헌을 선언함으로써 법원 및 민법학계에 자극을 주고 있다.

V. 맺는 말

사적 자치의 원칙은 생각보다는 빈번하게 헌재의 판결에서 판단의 기초로 논의되었지만 헌재는 동 원칙을 기본권으로 구성하는 경우에는 기본권 제한의 한계의 문제로서, 또 경제질서의 기초로 볼 경우에도 폭넓은 입법적 형성을 인정하는 입장에 있는 것으로 보인다. 또한 사적 자치의 원칙은 개별적 기본권이나 제도보장 등의 논의에 이어 보충적으로 다루어지는 경우가 많다. 그리하여 사적 자치에 대한 부당한 제한이라는 항변이 헌법해석의 수준에서 인용되는 것은 쉬운 일이 아닌 것처럼 보인다.

한편 민사법원에서는 사적 자치적 영역을 공익적 요청에서 간섭하고 규제하는 많은 입법들에 대처하여 나름대로 사적 자치를 확대하려는 노력들을 보여주고 있다. 금지규정을 가능한 한 단속규정으로 해석한다거나, 사회질서 위반의 기준을 엄격히 하고 불법원인급여 제도를 탄력적으로 운영하기도 하고, 무효로 판정되는 경우에도 유동적 무효나 상대적 무효 등의 법리를 통해 시기나 대상을 한정하기도 하고, 또 일부무효의 법리나 무효행위의 전환 등을 통해 당사자의 가정적 의사를 적극적으로 해석함으로써 역시 사적 자치의 범위를 넓히고자 한다.

앞으로 헌재에서도 사적 자치에 보다 적극적인 의미를 부여하고 개인의 활동영역을 넓혀가는데 선도적인 역할을 할 것이 기대된다. 이론적으로는 사적자치권이 막연한 행복추구권 내지 행동자유권의 하나라는 무명의 기본권이 아니라 동 원칙은 인간의 존엄과 가치의 본질적 구성부분을 이루는 것으로 파악하는 것이 요청된다. 또한 경제질서에 관하여도 개인의 경제상의 자유와 창의를 존중하는 것이 원칙이며 경제민주화 등을 위한 규제와 조정은 예외적인 것이고 항시 예외는 엄격하게 해석되어야 한다는 법원리를 고민하여야 한다. 4차산업혁명의 물결이 밀려오는 지금 개인의 자유와 창의를 적극적으로 존중해주고 이를 위해 불필요한 규제를 과감히 혁파해나가야 하는 시대적 흐름속에서 사적 자치의 원칙 속에 내재된 자유의 정신을 고양시키는 것은 헌법재판과 민사재판 양자에 공히 주어진 시대적 과제가 될 것이다.

【참고문헌】

[국내문헌]

1) 교과서

고상룡, 민법총칙(1999)

곽윤직, 민법총칙(1986), 물권법(1992)

곽윤직·김재형, 민법총칙(2013)

김상용, 민법총칙(2003)

김증한/김학동, 민법총칙(1995)

명순구, 민법학원론(2015)

백태승, 민법총칙(2003)

성낙인, 헌법학(2014)

송덕수, 신민법강의(2017)

이영준, 민법총칙(1995), 물권법(2009)

이은영, 민법총칙(2005), 물권법(2000)

허영, 한국헌법론(2016)

2) 논문 등

권오승, 계약자유와 계약공정, 민법특강(1994)

김교창, 실질주주, 형식주주 및 회사 사이의 법률관계, 법률신문 2017.12.7.자

김영주, 임대차의 존속기간에 대한 고찰, 민사법학 제72호(2015.9.)

민법개정안연구회, '민법개정안의견서'(2002)

이영준, 민법총칙의 개정방향, 민사법학 제17호(1999)

[외국문헌]

Münchener Kommentar zum BGB, Allgemeiner Teil, 4. Aufl. (2002)

Wolf/Neuner, Allgemeiner Teil des Bürgerlichen Rechts, 11. Aufl. (2016)

<Abstract>

The Principle of Private Autonomy in the Constitutional and Civil Law

Kim, Dong Hoon

The principle of private autonomy has been acknowledged as the supreme principle penetrating the whole civil code, from which are drawn the freedom of contract and freedom of making wills and etc, although private autonomy has any terminological grounds in text of civil code. In the Constitution the private autonomy is not expressly stipulated in the text either, but it is accepted as a kind of human rights and a natural principle deducted from the declaration of market economy. And it has been used as criteria in constitutional trial.

The supreme court has shown efforts to enlarge the private autonomy, confronting with many legislations which intervene and regulate the domain of private autonomy under title of public interest. It has tried to interpret a prohibition clause as a pure enforcement or to judge strictly the standard of public order. In case of voidness it used the so-called 'fluid voidness' or 'relative voidness' to limit the scope or object of voidness. Besides, through the partial voidness or transformation of void contract it interpreted positively the meaning of hypothetic will of parties.

In the future it is expected that the constitutional court put the positive meaning on the private autonomy and enlarge the scope of individual's act. Theoretically the right of private autonomy should not be classified as a vague and nameless right deducting from the right of pursuit of happiness, but as a essential part of human dignity. In terms of economic order we should put stress more on the freedom and creativeness of individual, which means that regulation of economy should consist a exception and be interpreted strictly. In the trend of the 4th industrial revolution, to enhance the spirit of freedom immanent in the private autonomy will meet the demands of the times for constitutional and civil court both.

[이 글은 한국민사법학회가 헌법재판연구원 및 국민대 법학연구소와 공동으로 '헌법재판과 민사재판의 만남'이란 주제로 개최한 2017년도 추계학술대회(2017.10.21.)에서 발제된 것으로서, 국민대 법학논총 제30권 제3호(2018.2)에 게재되었다.]

민법 중 재산법 조문들에 대한 헌법재판소 결정의 민사법적 평가

```
I. 들어가는 말
II. 총칙과 물권
III. 채권총칙과 계약
IV. 불법행위
V. 침해되는 기본권의 분류에 따른 분석
VI. 맺는 말
```

I. 들어가는 말

 본 글에서는 그 간 헌법재판소(이하 헌재)에서 민법 중 재산법(총칙, 물권, 채권)의 규정이 위헌심판의 대상이 되었던 결정들을 망라적으로 소개하고 분석하고자 한다.[1] 그 간 가족법 분야의 규정들은 여러 조문들이 위헌판정을 받아 민법개정이 이루어지곤 했으나 합리적인 거래법이 중심인 재산법 분야에서는 그에 대한 관심이 크지 않았다. 그러나 본 글에서 소개하듯이 그 간 생각보다는 다수의 재산법 조문들이 헌재에서 그 위헌성 여부가 쟁점이 되어왔고 극히 일부는 위헌판정을 받기도 하였다. 본 글에서는 먼저 분야별로 심판대상이 된 조문 내지 제도에 대하여 심판에 이르기까지의 사안과 과정 그리고 헌재의 법리를 소개하고 약간의 평가를 덧붙였다. 그리고 종합적으로 침해되

---

[1] 헌재에서 합헌, 위헌, 헌법불합치, 한정위헌, 한정합헌의 위헌여부 심사를 받은 판결을 망라하였으며, 다만 재산법 조항의 위헌성이 다루어졌으나 본 글에서 제외된 것으로는 사단법인 해산의 정족수에 관한 민법규정(제78조), 또 구 회사정리절차와 관련된 보증관련조항(제440조), 파산절차와 관련된 임대차 관련 조항(제637조)이 있다.

는 헌법상의 기본권을 중심으로 한 번 더 요약·정리해보았다. 개별적인 많은 쟁점들에 대한 구체적인 분석보다는 헌재 결정들의 큰 흐름을 개관해보면서 민법적인 그리고 헌법적인 사고와 논리가 서로 어떻게 경합하고 조화되고 있으며 이를 바탕으로 앞으로의 민법학에 있어 헌법적 가치를 어떻게 확대해 나갈 것인가에 대한 단서를 얻어보고자 한다.

II. 총칙과 물권

1. 권리남용 금지의 원칙

1) 사안의 개요

청구인이 소유하는 토지를 A시가 통행로로 사용하고 있던 중 청구인이 토지인도를 구하는 소를 제기하였는데, 법원은 이를 권리남용에 해당한다고 보아 기각하였다. 이에 청구인은 민법 제2조 제2항이 청구인의 재산권을 침해한다며 위헌법률심판제청을 하여 기각되었고 다시 헌법소원 심판을 청구하였다.[2]

2) 헌재의 법리 및 평가

동 조항이 토지소유자의 재산권을 침해하는지 여부에 대한 판단에서 헌재는 선행적인 쟁점으로 이른바 명확성의 원칙을 위배하였는가의 논점에 대해 다루고 있다. 즉 재산권을 제한하는 근거로 사용되는 동 규정이 너무 추상적이고 광범위하여 헌법상 명확성원칙에 위배되었다는 주장에 대하여 헌재는 그 불가피성을 인정하고 있다. 명확성원칙이란 모든 기본권제한 입법에서 요구되는 법치국가 원리의 한 표현이지만, 민사법규에서는 행위규범의 성격이 강한 형사법규와 달리 재판규범의 측면이 강조되는 점에서 추상성의 기준이 완화될 수 있다는 점, '남용'이라는 개념을 개별화하고 구체화하는 것이 불가능한 점, 법원의 재량적 판단의 여지가 필요한 점, 특히 권리남용의 행사요건을 대법원이 이른바 주관적 요건을 통하여 구체화하고 있는 점 등을 고려할

---

[2] 헌재 2013. 5. 30. 2012헌바335

때 명확성의 원칙을 어겼다고 볼 수 없다는 것이다.

재산권의 침해여부에 대한 심사에서 헌재는 재산권 침해에 관한 판단에서 일반적으로 언급해온 재산권의 기본권으로서의 특성에 대하여 설시한다. 즉 재산권은 그 내용과 한계가 법률에 의해 구체적으로 형성되는 기본권 형성적 법률유보의 형태를 띠고 있으며 이에 따라 입법자는 재산권의 내용과 한계를 형성함에 있어 광범위한 입법형성권을 가진다고 한다. 이러한 입법형성권의 한계를 일탈하였는가의 판단에서 헌재는 권리남용금지의 원칙이 재산권의 사회적 기속성을 구체화한 것으로 볼 수 있고 또 일반조항으로서 최후의 비상수단인 점, 대법원의 신중한 적용 등을 고려할 때 재산권을 침해하였다고 보기 어렵다고 하였다.

생각건대 '권리는 남용하지 못한다'는 간결하고 당연한 법원칙이 위헌성 논란의 대상이 될 수 있다는 것은 의외이다. 이를 헌법적 차원에서 위헌으로 판단하기는 어려울 것이다. 다만 이러한 헌재의 결정의 바탕에는 또한 법원에서 일반조항의 예외적, 최후적 적용이라는 과제를 잘 수행하는 것이 바탕이 되어 있다. 권리남용에 관한 엄격한 주관적, 객관적 요건의 정립이 일반조항의 헌법적 정당성의 기초가 되어있음을 보여주는 점에서 의미가 있다.

2. 점유취득시효

1) 사안의 개요

1971.3.경 X토지에 관하여 甲 앞으로 소유권이전등기가 경료되었고 甲이 1980.8. 사망하여 청구인이 X토지를 상속하였다. 그런데 乙이 X토지에 관하여 1965.6.경 丙으로부터 X토지를 매수한 이래 20년간 소유의 의사로 평온·공연하게 점유하였음을 이유로 청구인을 피고로 하여 1985.6.경 취득시효완성을 원인으로 한 소유권이전등기청구의 소를 제기하였다. 이에 청구인은 민법 제245조 제1항이 헌법에 위반된다고 주장하면서 위헌제청신청을 하였으나 기각되자 헌법소원심판청구를 하였다.[3]

---

[3] 헌재 1993. 7. 29. 92헌바20

2) 헌재의 법리와 평가

점유취득시효제도에 기하여 요건을 갖춘 점유자는 시효취득을 원인으로 하는 소유권이전등기청구를 할 수 있고 등기를 취득함으로써 그 부동산을 원시적으로 취득하게 되고, 그 반사적 효과로서 원소유자가 그 소유권을 상실하게 된다. 이 경우 원소유자가 국가를 상대로 어떤 배상이나 보상이나 부당이득반환도 청구하지 못하는데 이는 국가가 등기까지 갖춘 부동산 소유자의 소유권을 박탈하여 점유자에게 이전하여 주는 것이라 할 수 있으며 이것이 진정한 소유자의 재산권을 침해하는 것이 아닌가에 대한 청구인의 문제제기에 대하여 헌재는 상세히 답변하고 있다.

진정한 소유자이지만 오랫동안 권리행사를 태만히 한 자와 무권리자이지만 장기간 목적부동산을 점유한 자 사이의 실질적 이해관계를 비교형량하면 점유자의 이해관계가 더 두텁다고 판단하여 점유자에게 소유권을 인정하고 그 반사적 효과로 원소유자가 소유권을 잃는 것은 불가피한 것이라는 점을 원론적으로 설시하고 있다. 그리고 원소유자의 보호에 관하여도 적어도 사전적으로 충분한 배려가 있다고 본다.

몇 가지 의미있는 논점은 첫째로 점유취득시효 제도가 등기제도의 안정을 해친다는 청구인의 주장이다. 즉 등기부상 소유자로 등기되어있어도 점유자에게 소유권을 내어놓아야 한다는 것이다. 그러나 헌재는 실질과 부합하지 않는 등기를 배제하는 것이어서 실질과 등기를 일치시키는 점에서 등기제도의 이상에 부합하는 것이라는 역논리를 내세운다. 또 하나는 청구인은 시효완성자가 시효기간 만료전의 등기취득자에 대하여는 시효완성의 효과를 주장할 수 있고 시효기간 만료 후의 소유권이전등기 취득자에 대하여는 이를 주장할 수 없다는 것은 양자를 차별하는 평등권의 침해가 아닌가 반문한다. 이는 평등권이라는 기본권의 침해라는 근거를 대고 있지만 실은 우리의 점유취득시효제도가 갖는 이론적이고 실제적인 모순점을 날카롭게 지적하고 있다.

이에 대해 헌재는 민사판례와 학계에서 수용되어 온 이른바 '이중양도론'이라는 해석의 틀을 제시하고 있다. 즉 민법 규정상 시효완성후 등기함으로써 소유권을 취득한다고 되어있는바, 시효가 완성된 후 소유자가 제3자에게 등기를 이전하는 경우에는 마치 부동산의 이중양도 즉 매도인이 제2매수인에게 등기를 이전하는 경우와 법률관계가 같아진다고 볼 수 있다는 것이다.[4] 대법원은 시효완성후에도 원소유자는 점유자 명의로 소유권이전등기가 마쳐지기까지는 소유자로서 그 토지에 관한 적법한 권리를 행사할 수 있다고 하며 이에는 제한물권의 설정은 물론 목적부동산을 제3자에게 처분하는 것도 포함된다고 한다.[5] 다만 이에 제한을 두어 원소유자가 취득시효완성사실을 알면서도 점유자의 권리취득을 방해하려고 하는 등 특별한 사정이 있는 경우에는 이러한 처분행위가 시효취득자에게 불법행위가 되고 부동산을 취득한 제3자가 원소유자의 이러한 불법행위에 적극 가담하였다면 이는 사회질서에 반하는 행위로서 무효가 된다고 한다.[6] 즉 부동산의 이중양도시의 적극가담이론을 동일하게 적용하고 있다.

이처럼 이중양도론이라는 예외가 있지만 그 요건은 엄격한 것이고 기본적으로 시효기간이 경과되기 전에 처분이 있으면 시효취득이 가능하나, 시효기간이 경과된 후에 처분이 이루어지면 시효취득을 할 수 없게 되는 모순적 상황이 해결되는 것은 아니다. 이에 대해서는 기본적으로 점유취득시효에 등기를 요구한 민법 규정이 있는 한 마땅한 해석론을 찾기도 어렵다. 이를 잘못된 입법으로 보고 심지어는 이를 무시하는 해석을 해야 한다는 설도 있다.[7] 민법학에서 수용되기 힘든 이른바 사실상의 소유권 개념을 차용하여 등기 이외의 요건이 갖추어지면 사실상 소유권을 취득하고 등기함으로써 법률상 소유권을 취득한다는 것이다. 생각건대 점유취득시효에서 등기에 관한 규정은 입법당

---

[4] 대법원은 이미 매도된 부동산에 관하여 체결한 매도인의 매매나 저당권 설정 등의 처분행위가 반사회적 법률행위로 무효가 되기 위하여는 매도인이 배임행위와 제3자가 매도인의 배임행위에 적극 가담한 행위로 이루어진 것으로서 그 적극 가담하는 행위는 제3자가 다른 사람에게 그 목적물이 매도된 것을 알고도 처분을 요청하거나 유도하여 계약에 이르는 정도가 되어야 한다고 한다(대법원 2002.9.6. 선고 2000다41820 판결). 최근의 판결은 이를 조금 더 일반화하여 제2양도계약이 공서양속에 반한다고 하려면 상대방에게 그러한 무효라는 제재 즉 의도한 권리취득 자체의 좌절을 정당화할 만한 책임귀속사유가 있어야 한다고 한다(대법원 2013.10.11. 선고 2013다52622 판결).
[5] 대법원 2006.5.12. 선고 2005다75910 판결
[6] 대법원 2002.3.15. 선고02001다77352,77369 판결
[7] 송덕수, 물권법(2017) 322면

시부터 그 의도가 명료하지 않다는 점이 지적되었으며 법률의 규정에 의한 물권변동이면서 등기를 요한다는 모순적 입법이라는 점이 지적되어 왔다.8) 이제는 입법적으로 해결되어야 할 문제이다.9)

3. 등기부취득시효

1) 사안의 개요

X토지에 관하여 1932.3. 청구인의 부(父) 명의로 소유권이전등기가 경료되었다가, 1974.12. 甲 명의로 매매를 원인으로 한 소유권이전등기가 경료되었다. X토지는 순차로 전매되다가 최종적으로 乙 명의로 소유권이전등기가 경료되었다. 청구인의 부가 1962.5. 사망하자 그의 공동상속인이 된 청구인은 甲 명의의 소유권이전등기는 甲이 청구인의 부 명의의 부동산매매계약서 등을 위조하여 이루어진 것으로서 원인무효의 등기라고 주장하면서, 乙을 상대로 진정명의회복을 원인으로 한 소유권이전등기절차의 이행을 구하는 소를 제기하였다. 2심은 위 등기가 원인무효의 등기에 해당하지만 등기부취득시효가 완성되었다는 이유로 항소를 기각하였다. 청구인은 상고심 계속 중 민법 제245조 제2항이 위헌이라며 위헌법률심판제청신청을 하였고 기각되자 헌법소원심판을 청구하였다.

2) 헌재의 법리

등기부취득시효도 점유취득시효와 같이 10년의 시효기간의 경과시 점유자 내지 등기명의자에게 소유권을 취득하게 하고 원소유자는 그 반사적 효과로서 아무런 보상없이 소유권을 상실하게 된다는 점에서 청구인은 재산권의 침해여부를 묻고 있으며 특히 헌법 제37조 제2항에 반하여 재산권의 본질적인 침해가 되는지를 쟁점으로 다루고 있다. 헌재는 재산권의 기본권적 특성과 시효제도 일반의 의의에 대하여 설시한 후에 등기부취득시효는 점유자의 등기

---

8) 이영준, 물권법(2009) 506면
9) 2013년도의 민법개정안은 점유취득시효의 요건으로서 무과실요건을 추가하면서 등기요건은 그대로 존속시키는 절충적 입장을 제시하고 있다.

및 선의·무과실이라는 엄격한 요건, 소멸시효 중단규정의 준용(민법 제247조 제2항), 등기부취득시효 완성자의 시효이익 포기의 인정[10] 등을 통해 원소유자와 시효취득자의 이익의 상호조정이 잘 이루어져 있고, 물권변동에 관하여 성립요건주의를 취하는 법제하에서 타인의 점유 및 등기보유를 10년간 방치한 자와 선의·무과실로 타인의 부동산을 점유하면서 등기한 자의 보호필요성을 교량할 때 등기부취득시효제도는 입법형성권의 한계를 일탈하였다고 보기 힘들다고 결론지었다. 부가적인 논점으로 등기부취득시효는 점유취득시효보다 시효기간을 짧게 정하여 평등원칙에 위배된다는 주장도 있었으나 헌재는 성립요건주의하에서 등기를 신뢰하여 부동산을 취득한 자를 보호하고 등기를 기초로 구축된 법률관계를 유지할 필요가 있어 이는 합리적인 이유가 있다고 하였다.

3) 종합적 평가

점유취득시효이든 등기부취득시효이든 간에 헌재는 결국 원소유자와 20년의 점유 또는 10년간의 등기보유와 점유를 한 점유자 간에 누구를 더 보호해야 하는가에 대한 가치판단을 기초로 하고 있으며 이에 대해 누가 더 목적 부동산에 대한 실질적인 이해관계를 가지고 있는가를 묻고 있다. 그리고 양자에 있어 점유자가 더 두터운 이해관계자가 되며 현행 법제와 판례이론은 원소유자에 대하여 충분한 배려를 하고 있다고 설시하고 있다. 생각건대 부동산에 관한 점유취득시효는 등기를 공시방법으로 하고 성립요건주의를 취하는 우리 법제에서 비정상적인 것이라는 학계의 비판은 경청되어야 한다.[11] 비교법적으로도 독일민법은 이러한 제도를 두고 있지 않고 스위스민법에도 이와 유사한 제도가 있으나(같은 법 662조) 비판의 대상이 되고 있다고 한다.[12] 특히 점유취득시효는 등기부취득시효와는 반대로 등기제도의 안정을 저해하는 모순

---

[10] 대법원도 취득시효 완성 후의 포기를 인정한다(대법원 1998.3.10. 선고 97다53304). 나아가 시효완성 후에 그 사실을 모르고 목적토지에 관하여 어떠한 권리도 주장하지 않기로 하였더라도 이에 반하여 시효주장을 하는 것은 신의칙상 허용되지 않는다고 한다(대법원 1998.5.22. 선고 96다24101).
[11] 송덕수, 물권법(2017) 310면
[12] 송덕수, 물권법(2017) 310면

적 측면이 있다. 물론 헌재는 이를 등기와 실질의 모순을 해소하는 제도라는 논리를 내세웠지만 점유취득시효가 널리 인정될수록 점유자를 위하여 등기부에서 물러가야 하는 원소유자가 생긴다는 점에서 가치의 충돌이 불가피하다. 대법원도 오래전에 이른바 악의의 무단점유가 증명된 때에 요건인 자주점유의 추정이 번복된다고 하였듯이13) 점차로 이 제도의 요건을 엄격히 정립해나가야 할 과제를 민법에 제시한다고 볼 것이다. 1993년의 합헌판정 이후에도 3차례나 점유취득시효에 대하여 위헌여부를 묻는 헌법소원이 제기되어 왔다는 것은14) 이 제도의 문제점을 보여주는 한 징표가 될 것이다.

III. 채권총칙과 계약

1. 계약해제시 금전반환과 이자

1) 사건의 개요

청구인은 무주택자 요건을 갖추고 지역주택조합 조합원이 되어 2000.3. 지역주택조합이 건설하게 될 아파트 1세대를 분양받기로 하는 계약을 체결하였다. 청구인은 2004년 2월경 이 아파트에 관한 권리를 甲에게 양도하는 계약을 체결하고, 2004.2. 甲으로부터 양도대금 1억 8백만 원을 받았다. 청구인은 조합원 명의가 甲으로 변경될 때까지 지역주택조합 조합원 자격을 유지하기로 약정하였는데, 주택건설사업이 계속 지연되자 2011.12. 아파트 1채를 구입하고 소유권이전등기를 마쳐 무주택자 요건을 갖추지 못하게 되어 2014.9. 청구인은 조합원 자격을 상실하였다. 甲은 청구인이 조합원 지위를 상실하였기 때문에 계약이 이행불능 되었음을 이유로 계약을 해제하며 양도대금 1억 8백만 원 및 이에 대하여 청구인이 이를 받은 날로부터 민법 제379조와 제548조 제2항에 따른 연 5%의 비율에 의한 이자, 그리고 계약 해제로 인한 손해배상액

---

13) 대법원 1997.8.21. 선고 95다28625 전원합의체 판결
14) 후속결정(헌재 2013. 5. 30. 2012헌바387; 헌재 2014. 3. 27. 2013헌바242; 헌재 2015. 6.2 5. 2014헌바404)에서 헌재는 1993년의 결정을 번복할만한 사정의 변경이 없다며 이를 유지하였다.

1,500만 원을 청구하였고, 1심 법원은 그 청구를 일부 인용하였다. 청구인은 이 판결에 불복 항소한 뒤 민법 제379조와 제548조 제2항에 대하여 위헌법률심판제청신청을 하였다가 기각되자, 헌법소원심판을 청구하였다.

2) 헌재의 법리와 평가

이 사안에는 민법의 두 조문이 위헌심판의 대상이 되고 있다. 계약해제시 원상회복으로서 금전을 반환하는 경우에는 그 받은 날로부터 이자를 반환하여야 하고(제546조 제2항) 이 경우에 적용되는 이율은 당사자 간에 다른 약정이 없다면 법정이율을 연 5분으로 정한 민법규정(제379조)가 적용된다. 청구인은 먼저 연5분이라는 법정이율을 정한 민법규정이 과잉금지원칙에 반하여 채무자의 재산권을 침해한다고 주장한다. 즉 당사자 사이에서 적용이율에 관한 약정이 없는데도 민법이 일방적으로 현재의 저금리상황에서 상당히 고이율이라고도 볼 수 있는 연5%의 이율을 정하는 것이 지나친 것이고 재산권의 본질적인 침해가 된다는 것이다. 헌재는 법정이율조항이 이율에 관한 표준규범을 사회에 제공하는 면에서 그 공익적 가치를 인정해야 한다고 한다. 그리고 그 기준을 이처럼 고정제로 하는 것도 명확한 행위지침의 제시라는 점에서 불가피한 면이 있다고 한다. 나아가 연5%라는 기준도 현재 다소 시장이율보다 높다고 하여도 그 격차가 과도하지는 않다는 것이다. 따라서 법정이율 조항이 과잉금지원칙에 반하여 채무자의 재산권을 침해하는 것으로 볼 수 없다고 결론지었다.

나아가 청구인은 계약해제시 원상회복조항이 부당이득반환의 성질을 갖는데 그 반환범위에 관하여 제748조와 달리 선의의 수익자인 자신에게도 동일하게 이자를 붙여 반환하도록 하는 것은 근거가 없다고 주장한다. 역시 과잉금지에 반하는 재산권의 침해라는 것이다. 헌재는 우선 금전의 특수성을 거론한다. 금전을 인도받아 보유하고 있는 자체로 금전에 대한 운용이익을 얻고 있다고 보아야 한다는 것이다. 이러한 사고는 금전채무의 불이행시 채권자가 손해의 증명없이 최소한 법정이율에 의한 손해배상을 청구할 수 있도록 하고 있는 민법 제397조의 바탕을 이루고 있다고 본다. 또한 계약해제시 원상회복에서 해제의 경위나 당사자의 귀책사유는 고려사항이 아니라는 것이다. 이것은 해제시 별도의 손해배상청구의 길이 열려있음을 선언하는 규정으로 잘 나타나 있다(제551조). 즉 계약해제시 원상회복은 계약이 체결되지 않았을 경우에 나타났을 가정적 상황을 회복하는 것이고 이러한 목적달성의 과정에서 선의의 금전수익자에게 법정이율에 따른 이자가산의무를 부과하는 것은 과도한 부담이라고 볼 수는 없다고 한다.

생각건대 헌재의 법리는 민법학에서의 논의를 충분히 반영한 것으로서 수긍할 만하다. 특히 문제된 규정들은 기본적으로 임의규정으로서 당사자 간에 다른 약정이 없는 경우에 보충적으로 적용되는 것인데, 이러한 경우 분쟁의 해결기준으로서 제시되는 내용이 다소 어느 한 쪽에 부담을 주는 것이 될 수는 있을 것이다. 문제는 그것이 더 나은 그리고 효율적인 기준제시가 가능함에도 그러한 것이 아니라 헌재가 자주 쓰는 표현대로 다른 적절한 수단이나 기준이 명백히 존재하기 어려운 상황이라면 이는 감내되어야 할 범위에 속한다고 볼 것이다. 예컨대 대법원도 무효가 된 매매계약에서 매수인이 매매대금을 반환하는 경우에 정기예금 이자 상당액은 반환범위에 속한다고 하였다. 금전을 정기예금에 예치하는 것은 특별한 노력이나 비용이 드는 것이 아니라는 점을 지적하였다.[15]

2. 채권자취소권

1) 사안의 개요

A사는 B보증기금으로부터 신용보증서를 발행받아 이를 담보로 하여 C은행으로부터 20억원을 대출받았고, 甲은 A사의 대표이사로서 A사의 B기금에 대한 신용보증약정에 따른 구상금채무에 관하여 연대보증하였다. B기금은 A사가 자금사정 악화로 어음거래 정지처분을 받자, C은행에 A사의 대출금을 대위변제하고 A사에 대하여 3억5천만원의 구상금채권을 갖게 되었다. 한편 甲은 A사가 거래정지처분을 받기 직전에 청구인에게 매매를 원인으로 자기 소유의 아파트에 관한 소유권이전등기를 경료하였다. 이에 B기금은 구상금채

---

15) 대법원 2008.1.18. 선고 2005다34711 판결

권을 피보전채권으로 하여 청구인을 상대로 甲과 청구인 사이에 체결된 매매계약을 취소하고 청구인은 甲에게 소유권이전등기의 말소등기절차를 이행하라는 소송을 제기하였다. 청구인은 소송 계속중 법원에 사해행위취소권 행사의 법률상의 근거인 민법 제406조 제1항에 관하여 위헌심판제청신청을 하였다가 기각되자 그 위헌확인을 구하는 본 헌법소원을 제기하였다.[16]

2) 헌재의 법리

채권자취소권의 행사가 인정되는 경우에 헌재는 채권자의 재산권과 채무자와 수익자의 일반적 행동의 자유, 그리고 수익자의 재산권이 서로 충돌하게 되는 상황에 대해 고민하고 있다. 이러한 대등한 가치를 갖는 기본권들이 충돌할 때 상충하는 기본권 모두가 최대한 효능을 발휘할 수 있도록 규범조화적으로 해석하고 법익형량의 원리를 고려하여야 한다는 방향을 제시하고 있다. 그리하여 대법원의 판결을 꼼꼼히 분석한 기초위에 헌재는 채무자의 사해행위의 부도덕성, 채무자의 사해의사와 수익자의 악의를 요하는 점, 취소의 범위가 책임재산의 보전을 위하여 필요한 범위로 제한되는 점, 취소의 효과가 수익자에게만 상대적으로 미치는 점, 단기의 제척기간을 둔 점 등을 종합적으로 고려할 때 기본권들 사이에 합리적인 조화를 이루고 있고 그 제한에 있어 적절한 비례관계가 유지되어 기본권 침해로 보기 어렵다고 결론지었다.

흥미있는 것은 1인(조대현)의 한정위헌 의견에서 수익자·전득자가 받은 이익의 한도를 넘어서 적용하는 것은 헌법 제37조 제2항 즉 재산권의 본질적 침해가 된다고 하였다. 채무자의 재산권 행사를 예외적으로 제한하는 채권자취소권 제도의 본질에 비추어 그 수단은 필요한 경우에 최소한의 한도에서만 제한적으로 허용되어야 하고 즉 채무자의 재산감소행위로 인하여 수익자가 받은 이익의 한도에서만 허용되어야 한다는 것이다. 그리하여 수익자가 채무자의 재산을 정당한 시세로 취득한 경우라면 수익자가 이익을 받았다 볼 수 없어 민법 제406조의 적용대상이 아니라는 것이다. 만약 수익자가 취득한 재산의 전부를 반환하도록 해석한다면 이는 수익자의 재산권을 필요한 한도를 넘

---

16) 헌재 2007.10.25. 2005헌바96

어 과도하게 침해하는 것이어서 위헌이라고 한다.

채권자취소권에 대하여는 별개의 헌법소원이 제기되어 동조 제2항에서 "사해행위 취소의 소는 법률행위가 있은 날로부터 5년내에 제기하여야 한다"는 조항의 위헌성이 논의되었다.[17] 이것이 청구인 즉 채권자의 재판청구권과 재산권을 침해하는 것이라는 주장이다. 특히 일반적인 취소권의 제척기간은 10년인데 비해(제146조) 그 절반에 해당하는 제척기간의 정당성이 문제되었다. 헌재는 양자의 제도의 취지가 다른 점, 일반적인 취소권행사와는 달리 채권자취소는 유효하게 성립되는 법률행위를 취소하는 것이어서 보호가치가 더 적고 수익자 등이 영향을 받는 점에서 거래안전에 대한 고려가 요청되는 점 등을 고려할 때 차이를 두는 것이 합리성이 있다고 판단하였다.

3) 평가

로마법에까지 거슬러 오르는 역사를 가지고 또 비교법적으로 널리 수용된 채권자취소권 제도 자체를 위헌적으로 판단할 수는 없을 것이다. 그러나 그 운용에 있어 관련된 당사자들 즉 채권자, 채무자, 수익자 내지 전득자의 이해관계가 잘 조화되도록 해석하는 것은 민법학에 주어진 어려운 과제이다. 그리고 헌재는 동 제도가 재산권 침해의 문제이면서 또한 채무자 및 수익자의 일반적인 행동의 자유를 침해하였는가를 논하고 있다. 일반적 행동의 자유란 사적 자치의 원칙으로 구체화되고 이는 헌법 제10조의 행복추구권에서 파생되는 것이며 제119조의 자유경제질서의 기초라는 점을 언급하고 있다. 재산권 내지 사유재산권의 보호와 사적 자치 내지 계약자유의 보호는 동전의 양면임을 잘 보여주고 있다.

3. 보증제도

1) 사안의 개요

청구인이 대표이사로 재직하던 A사는 1997.4.경 B사와 거래한도액을 735

---

17) 헌재 2006. 11. 30. 2003헌바66

억 원으로 하는 어음거래약정을 체결하였고, 청구인은 A사가 B사에 대하여 부담하는 채무를 연대보증하였다. 그 후, B사는 청구인을 상대로 약정에 따른 보증채무의 이행을 구하는 소송을 제기하였고 법원은 2007.1. B사의 청구를 전부 인용하는 판결을 선고하였다. 이에 청구인은 항소를 제기하고 항소심 계속중 민법 제428조 제1항 및 제429조 제1항이 사적자치권과 재산권을 침해한다고 주장하면서 위헌법률심판제청신청을 하였으나 모두 기각되자, 2008.6. 헌법소원심판을 청구하였다.[18]

2) 헌재의 법리와 평가

사안이 제시하는 바와 같이 보증제도란 보증인에게 주채무자가 이행하지 아니하는 채무를 이행할 의무를 지우고(제428조 제1항) 보증인이 이행할 채무에는 주채무에 종속한 채무를 포함하는데(제429조 제1항), 보증채무를 부담하게 된 청구인이 이러한 보증책임의 부과가 사적자치의 원칙과 보증인의 재산권을 침해한다는 주장을 하고 있다. 헌재는 보증의 정의나 범위에 관한 규정이 보충적인 의사해석규정임에 비추어 사적자치의 원칙의 침해라는 주장을 가볍게 일축하고 있다. 또한 재산권의 침해에 관한 주장에 대하여도 민법의 부종성의 원칙, 보충성의 원칙 및 사전·사후의 구상권 인정 및 대법원 판례에 따른 신의칙의 고려 등을 종합적으로 고려할 때 피해의 최소성요건을 충족하고 있다고 판단하였다.

생각건대 보증제도는 헌재가 지적하듯이 채권확보를 통한 신용거래의 안전, 무담보자의 자금차용기회의 제공 등 자본주의 경제의 핵심적인 기능을 담당하는 제도이므로 보증제도 자체에 대한 위헌성 논란은 그 의미가 크지 않고 또 현행 보증에 관한 규정도 비교적 합리적으로 3당사자 사이의 이해관계를 조정하고 있다고 보인다. 특히 2015년의 민법개정으로 보증인의 보호를 위한 여러 규정이 신설됨으로 인해 보증인에 대한 배려가 강화되었다.[19] 일방적으

---

18) 헌재 2010. 5. 27. 2008헌바61
19) 제428조의2에서 보증의 서면주의가 도입되었고, 제428조의3에서는 근보증과 그 최고액의 서면특정요건이 규정되었으며, 제436조의2에서 채권자의 정보제공의무와 통지의무가 규정됨으로써 보증인의 보호에 큰 진전이 있게 되었다. 이에 관해

로 의무를 부담하는 보증계약의 특성에 비추어 현 민법상의 보증규정이 채권자의 이익보호에 치우쳐있다는 비판도 있지만, 특별법20)이 아닌 민법상의 보증은 유무상의 보증을 포괄하여 보증의 일반원리를 규정하는 의미가 있으며 그 바탕에는 판례가 강조하듯이 자발적인 위험의 인수라고 하는 보증의 사적자치적 본질이 바탕에 있음을 잊어서는 안 될 것이다.

4. 변제자대위제도

1) 사안의 개요

청구인은 A보증사에 대하여 A사와 보증보험계약을 체결한 B사의 채무를 A사가 이행한 경우 B사가 상환해야할 구상금 채무를 연대보증하였다. 그리고 청구인은 이를 담보하기 위하여 甲, 乙과 함께 공동소유인 C사의 주식 12,500주에 관하여 A사에 질권을 설정하여 주었다. 그 후 B사가 부도나자 A사는 32억원을 B사의 채권자들에게 지급하고 구상권을 행사하여 청구인 소유 주식 1,600주에 대한 질권을 실행하여 구상금채권의 만족에 충당하였다. 그 후 공동 물상보증인인 甲과 乙이 A사를 피고로 하여 주식인도청구소송을 제기하였는데, 청구인도 이에 참가하여 자신의 변제자대위권을 주장하면서 甲과 乙에게 주권인도청구를 하였다. 甲과 乙은 피공탁자를 청구인으로 하여 구상금을 변제공탁하였고 이를 이유로 법원은 청구인의 주권인도청구를 기각하였다. 이에 청구인은 상고하여 상고심 계속 중 민법 제482조 제2항 제5호 제1문이 평등원칙에 위배된다고 하며 위헌법률심판제청을 하였으나 기각되자 헌법소원심판을 청구하였다.

2) 헌재의 법리와 평가

변제자대위에서 주채무자에 대하여 복수의 보증인이나 물상보증인이 있는

서는 이상영, 보증계약상 채권자의 정보제공의무, 민사법학 46호(2009), 538면 이하
20) 2008년 제정된 '보증인의 보호를 위한 특별법'에서는 아무런 대가없이 호의로 이루어지는 보증에 관하여 보증인 보호를 위한 몇 가지 특별규정을 두고 있다.

경우 그들 사이에는 주채무를 일정비율로 나눈 금액만 변제할 책임이 있는 것이어서 어느 1인의 변제로 주채무를 면한 경우 변제자는 자신의 부담부분을 초과한 변제분에 대하여 나머지 보증인이나 물상보증인을 상대로 구상권을 행사하게 된다. 이에 대하여 민법 제482조는 변제자대위비율조항을 두어 대위의 순환을 방지하고 대위관계를 공평하게 처리하고자 한다. 문제가 되는 조문에서 민법은 물상보증인과 보증인 간에는 그 인원수에 비례하여 채권자를 대위한다고 하였다. 청구인은 인적 무한책임을 지는 보증인과 타인의 채무를 위하여 자신의 재산을 담보로 제공할 뿐인 물상보증인은 서로 다른 집단임에도 이를 형식적으로 인원수에 비례하여 평등하게 취급하는 것은 평등권의 침해라고 주장하고 나선 것이다. 평등이란 본질적으로 같은 것은 같게, 다른 것은 다르게 취급할 것을 요하기 때문이다.

변제자대위비율을 정하는 기준으로는 물상보증인 상호간처럼 '담보로 제공하는 재산의 가액에 비례하는 방식'(동조 3호, 4호)와 보증인 상호간처럼 '인원수에 비례하는 방식'이 있는데, 헌재는 물상보증인과 보증인 사이에서 재산가액을 기준으로 하는 것은 보증인의 재산이 계속 변동하기 때문에 변제자대위비율을 명확하게 정하기 어려우므로 인원수에 비례하는 것이 불가피하다고 한다. 또한 물상보증인이 물적 유한책임을 진다는 것은 그 책임의 한도를 담보로 제공한 재산에 국한시킨다는 것일 뿐 보증인에 비하여 보충적인 지위에서 주채무를 변제하여야 한다는 것을 의미하지 않는다는 점을 강조하고 있다. 그 외에도 동 조항이 임의규정이어서 당사자 간에 변제자대위권의 내용을 자유롭게 정할 수 있는 점 등을 고려할 때 대상 조문은 평등원칙에 위배된다고 볼 수 없다고 하였다.

헌재의 의견에 동의한다. 비교법적으로 보면 변제자대위에 있어 우리 법이 모법으로 삼는 프랑스민법에서는 물상보증인과 보증인 간에 원칙적으로 차별 없이 각 인원수에 비례하여 대위할 수 있도록 하고 있으나, 물상보증인이 채무액에 미달하는 물적 담보를 제공한 경우에는 물상보증인의 책임범위가 보증인의 그것보다 더 줄어들도록 해석하고 있다한다.[21] 독일법에서는 보증인과 물

---

21) 백경일, 변제자대위에 관한 비교법적 고찰, "계약과 책임"(하경효교수 정년기념

상보증인 그리고 제3취득자를 거의 차별하지 않는다는 입장이라고 한다.[22] 덧붙인다면 물상보증인은 '책임'만 지는 자이고 보증인은 '채무'를 부담한다는 점에서 양자의 본질적인 차이를 강조할 수도 있으나, 채무자에 대하여는 둘 다 동일한 변제의무를 부담하는 점에서 차이가 없다고 보아야 할 것이다.

5. 증여계약

1) 사안의 개요

청구인은 아들 甲에게 X부동산에 대해 가진 2분의 1 지분을 증여하고 X부동산을 甲의 명의로 등기하여 주었다. 그 후 甲이 부양의무를 이행하지 아니하자 청구인은 증여계약을 해제하고 甲이 X부동산을 처분한 대가의 2분의 1의 반환을 구하는 소를 제기하였다. 그러나 법원은 이행이 완료되어 제558조에 따라 증여계약을 해제할 수 없다고 보아 청구인의 청구를 기각하였다. 이에 청구인은 민법 제556조 제2항 및 제558조에 대하여 위헌법률심판 제청신청을 하고 이것이 기각되자, 동 조항들이 청구인의 재산권과 사적 자치권 등의 기본권을 침해한다고 주장하면서 헌법소원심판을 청구하였다.[23]

2) 헌재의 법리와 평가

우선 헌재는 제556조에서 증여계약 후에 증여자의 이른바 망은행위가 있는 경우에 법정해제권을 인정하는 것은 우리 입법자가 선택한 길이며, 이미 완료된 부분에 대하여는 망은행위가 있더라도 증여를 제한하는 것은 이미 이행된 증여부분은 증여자의 의사가 분명히 드러나서 증여가 신중하게 이루어졌다는 증거이며 또한 증여자의 일방적 의사에 의하여 법률관계가 불안정하게 되는 것을 막고자 하는 것이어서 이러한 제한이 입법자가 재산권 형성에 있어 그 재량을 넘었다고 보기 힘들다고 판단하였다. 그 외 부양의무의 불이행에 대하여는 가족법상 별도의 구제절차가 있다는 점도 고려하고 있다.

논문집 2017) 180면
22) 백경일(주 21), 186면
23) 헌재 2009. 10. 29. 2007헌바135

청구인은 부가적인 논점으로 제556조에서 망은행위시 증여자가 해제원인 있음을 안 날로부터 6월을 경과하거나 용서의 의사를 표시하면 해제권이 소멸된다고 정한 이 조항도 증여자에게 지나치게 짧은 숙려기간을 허용하거나 용서라는 모호한 의사표시를 요건으로 함으로써 역시 증여자의 재산권을 침해한다고 주장하였다. 그러나 헌재는 법정해제권을 장시간 존속시키면 거래의 동적 안전을 해할 뿐 아니라 안 날로부터 6월 이라는 제척기간은 다른 권리행사기간과 비교하여도 지나치게 단기간이라 볼 수 없어 기본권 제한의 입법적 한계를 벗어났다고 볼 수 없다고 하였다. 그리고 사적자치권의 침해에 대하여는 법정해제권의 제한이므로 계약자유와 직접 관련되는 것이 아니어서 문제되지 않는다고 하였다.

전체적으로 헌재의 견해에 동조하고 특히 거래안전에 대한 고려상 불가피성을 인정하면서도 헌재가 증여의 이행 자체가 증여가 경솔히 이루어지지 않았다는 것을 보증하는 증거라는 논리는 납득하기 어렵다. 이것은 서면에 의하지 아니하였으나 증여가 이루어진 경우에는 비교적 타당한 이유가 될 수 있으나, 다른 경우에는 적절한 근거가 되기 어려워 보인다. 수증자의 망은행위나 증여자의 재산상태악화라는 증여 후의 사정변경을 고려하는 것이기 때문이다. 다만 이행된 부분의 해제가 법률관계를 복잡하게 하고 수증자에게 예측치 못한 피해를 입힐 수 있다는 점에서 검토할 필요가 있다.[24]

6. 임대차 최장존속기간 조항

1) 사안의 개요

청구인은 2004.2.25. A건설사와 사이에 신촌민자역사의 신축에 관하여 공사도급계약을 체결하면서 B사와 신촌민자역사 건물 중 지상 1층부터 5층 판매 및 업무시설 4,420평을 기간 30년, 임대료 750억 원으로 정하여 임대하는 내용의 임대차계약을 체결하였고, B사는 임대료 750억을 지급하였다. 그 후 B사는 임대차계약 기간 중 20년이 넘는 부분은 강행법규인 민법 제651조 제1항

---

[24] 주석민법 제4판(2016) 채권각칙(2) 286면

에 위반되어 무효라고 주장하며, 2009.3. 청구인을 상대로 위 임대료 중 20년이 넘는 기간에 해당하는 부분인 250억 원 중 175억 원의 부당이득금반환청구의 소를 제기하여 승소하였다. 이에 대해 청구인이 항소하였고, 항소심 계속 중 민법 제651조 제1항에 대하여 위헌법률심판제청신청을 하였으나 기각되자 헌법소원심판을 청구하였다.[25]

2) 헌재의 법리

본 헌법소원 심판에서 헌재는 민법 제651조 제1항에 대해 위헌결정을 내렸고 동 조항은 2016.1.6. 민법에서 삭제되었다. 재산법 분야에서 헌재에 의하여 위헌판정을 받아 삭제된 유일한 조문이 되었다.

헌재는 동 조항이 계약의 자유를 침해하는지에 대하여 그 간 대법원이 반복해온 논리를 조목조목 상세히 비판하고 있다. 우선 임차물의 관리와 개량이라는 목적에 대하여 임대차계약을 통하여 당사자들이 효과적인 방식을 설정할 수 있음에도 법원이 임대인이 가장 적절한 관리자라는 전제하에 임대차의 존속기간을 강제하는 것은 침해의 최소성에 반한다고 지적한다. 특히 동 규정을 강행규정으로 보는 것에 대하여, 헌재는 계약당사자가 경제적 득실을 고려하여 자율적으로 판단할 수 있는 영역인데도 당사자를 보호한다는 명분으로 국가가 후견적으로 개입하여 사적 자치를 제한하는 것은 정당화될 수 없다고 매섭게 비판하고 있다. 임대차법상의 해지권보류약정(제636조)이나 차임증감청구권(제628조) 등 현재의 법제의 장치들만으로도 충분하다고 본다.

나아가 헌재는 이 조항으로 인한 거래계의 부작용에 대하여 자세히 지적한다. 건축주가 임차인으로부터 장기간의 임대료를 선납받아 건축비 등에 충당하고 임차인은 일정기간 임차권을 안정적으로 확보하기를 원하는 현대의 거래유형 등을 고려하면 동 조항이 사적 자치에 의한 자율적 거래관계 형성을 심하게 왜곡하고 있다는 것이다. 또한 당사자들이 동 조항을 악용하여 임차인이 영업전망에 따라 20년이 경과한 후 이를 묵인하거나 무효주장과 부당이득반환을 청구할 수 있다. 반면에 임대인도 영업전망이 좋을 경우 동 조에 근거

---

25) 헌재 2013. 12. 26. 선고 2011헌바234 결정

하여 임대차의 무효를 주장할 수 있다. 요컨대 임대차기간에 관한 당사자의 의사가 분명한데도 법이 당사자의 의사를 배제하고 20년을 강제함으로써 당사자가 이를 악용할 여지를 만들어 주는 것을 볼 때, 동 조항은 제한을 통하여 얻는 공익적 성과와 제한이 초래하는 부정적 효과가 합리적인 비례관계를 일탈하여 법익균형성 요건을 충족시키지 못하고 결국 과잉금지원칙을 위반하여 계약의 자유를 침해하는 것으로 보아야 한다는 것이다.[26]

3) 민법의 규정과 판례

구 민법은 제651조에서 임대차의 최장존속기간을 정하고 있었다. 즉 "석조, 석회조, 연와조 또는 이와 유사한 견고한 건물 기타 공작물의 소유를 목적으로 하는 토지임대차나 식목, 채염을 목적으로 하는 토지임대차의 경우를 제한 외에는 임대차의 존속기간은 20년을 넘지 못한다. 당사자의 약정기간이 20년을 넘은 때에는 이를 20년으로 단축한다"(1항). 갱신하는 경우에도 10년을 넘지 못하게 하였다(2항).

동 규정이 적용된 대법원 판결을 보면, 우선 2003년도의 판결에서, 원고들이 피고(부천역사 주식회사)로부터 30년간의 임차권을 확보하기 위해 스스로 30년간의 임대료를 선납하였는데, 원고들이 20년을 초과한 임대차기간의 무효를 주장하면서 임대료의 반환청구의 소를 제기하였다. 이에 대해 대법원은 "민법 제651조 제1항은 그 입법취지가 너무 오랜 기간에 걸쳐 임차인에게 임차물의 이용을 맡겨 놓으면 임차물의 관리가 소홀하여지고 임차물의 개량이 잘 이루어지지 않아 발생할 수 있는 사회경제적인 손실을 방지하는 데에 있는 점 및 약정기간이 20년을 넘을 때는 그 기간을 20년으로 단축한다는 규정형식에 비추어 볼 때, 위 규정은 개인의 의사에 의하여 그 적용을 배제할 수 없는 강행규정이다"라고 선언하고 원고의 청구를 인용하였다.[27] 그러면서 민법 제651조 제1항이 제정될 당시에 비하여 현재 건축기술이 발달하여 건물이 훨씬

---

[26] 임대차계약기간의 상한을 정하는 것은 입법형성의 영역이며 10년의 범위안에서 횟수에 제한없이 임대차계약을 갱신할 수 있다는 점에서 법익균형성 원칙을 위반한 것이라 보기 어렵다는 3인의 반대의견이 있다.
[27] 대법원 2003.8.22. 선고 2003다19961 판결

견고해졌다든가, 위 규정이 제652조(강행규정)에 포함되지 않아 강행법규로 볼 수 없다든가, 설사 강행법규라도 임대인을 위한 편면적 강행법규로 보아야 한다든가 하는 피고의 항변을 다 배척하였다.

그 후 2009년의 판결에서도[28] 당사자들이 임대차계약서에서 "이 사건 임대차계약 후 30년 임대차기간 종료 전에 원고가 계약기간을 단축시키기 위하여 20년 이상의 임대차기간을 인정하지 않는 대법원판례를 근거로 삼아 해약을 요구할 경우에는 피고는 일시불 임대료의 반환을 책임지지 않는다"고 한 약정에 대하여, 이러한 임대료반환책임 면제약정은 강행규정인 민법 제651조 제1항에서 정하고 있는 규정의 취지에 반하는 임대차기간 약정의 무효를 주장할 수 없게 함으로써 위 조항의 적용을 배제하는 결과를 가져오게 되므로 이를 무효라고 보아야 한다라고 판시하였다. 즉 대법원은 동 규정을 엄격하게 강행규정으로 해석하고 이에 기한 임차인의 20년 초과분의 임대료반환청구를 인정하였다. 이러한 대법원의 입장은 본 헌법소원의 대상이 된 '신촌민자역사 사건'에서도 반복되었다. 즉 항소심은 금반언의 원칙에 위반된다며 원고의 청구를 배척하였으나 원고가 상고하였고 대법원은 원심을 파기하였다.[29]

4) 평가

헌재의 이 결정은 오랫동안 지속적으로 당사자들이나 하급심에서 제기된 논의에도 불구하고 종래의 입장을 고수해온 대법원 판례에 대해 헌법재판소가 나서서 사적 자치의 원칙을 중대하게 침해하는 것으로서 대법원 판례의 모순을 지적하고 결국 동 조항에 대해 사망선고를 내렸다는 점에서 주목할 만하다. 특히 주목되는 부분은 사회경제적 상황의 변화에 누구보다 민감하게 예측하고 대응할 수 있는 당사자들의 자율을 믿지 못하고 계약당사자를 보호한다는 명분으로 법원이 후견적으로 개입하여 사적 자치를 제한하는 것이 용납될 수 없음을 선언한 것이다. 이러한 개입이 정작 당사자를 보호하기 보다는 사적 자치에 의한 자율적 거래의 형성을 심하게 왜곡한다는 점도 지적하고 있

---

[28] 대법원 2009.12.24. 선고 2009다40738 판결
[29] 대법원 2013. 2. 15. 선고 2011다77344 판결, 자세한 경과에 대하여는 김영주, 임대차의 존속기간에 대한 고찰, 민사법학 제72호(2015.9.) 137면

다. 민법의 해석과 입법에 있어 나아가야 할 방향을 제시한 점에서 선도적인 판결이라고 생각한다. 이런 점에서 사적 자치를 제한하는 현행 민법규정들의 해석론에서 강행법규성 여부 등에 있어 자신의 이익의 최대의 수호자인 당사자들의 판단과 능력을 믿어주는 전향적인 접근이 요망되고 나아가 필요하면 입법론적인 검토까지 나아갈 수 있을 것이다.30)

IV. 불법행위

1. 태아의 손해배상청구권

1) 사안의 개요

청구인 甲과 乙은 부부이고 청구인 丙과 丁은 이들의 자녀이다. 청구인 乙은 셋째 아이를 임신한 후 戊가 근무하는 산부인과의원에서 정기적으로 검진을 받았다. 乙이 양수검진을 받는 과정중에 戊가 적절한 의료조치를 취하지 않아 태아는 임신 19주인 상태에서 태내에서 사망하였다. 청구인들은 태아도 권리능력이 인정되어 손해배상청구권을 가질 수 있고 태아가 사산할 경우 태아의 손해배상청구권은 정상적으로 태어났다면 친권자가 되었을 부모에게 상속된다고 주장하며 법원에 戊를 피고로 한 손해배상청구소송을 제기하였으나 기각되었고, 대법원에 상고심 계속중 민법 제3조와 제762조에 대하여 위헌법률심판 제청신청을 하였으나 상고와 같이 기각되었고, 청구인은 위 조항들이 태아의 기본권을 침해한다고 주장하면서 헌법소원심판을 청구하였다.31)

2) 헌재의 법리와 평가

우선 대법원은 그간 제762조를 제3조와 함께 적용하여 살아서 출생하지 못한 태아의 손해배상청구권은 부정되는 것으로 해석해왔다.32) 즉 태아가 살

---

30) 김동훈, 사적자치의 원칙의 헌법적·민사법적 의의, 국민대 법학논총 제30권 3호 (2018.2.) 74면
31) 헌재 2008. 7. 31. 2004헌바81
32) 대법원 1976.9.14. 선고 76다1365 판결

아서 출생한 경우에만 손해배상청구권을 취득하되 다만 그 청구권의 발생시기만 태아당시로 소급하는 것을 의미한다는 것이다. 이는 태아의 법률상 지위에 대하여 정지조건설을 취하든 해제조건설을 취하든 마찬가지이다. 청구인은 이러한 대법원의 확립된 입장에 따를 경우 동 조항들이 태아의 생명권을 침해하고 있다고 주장하고 있다. 이에 대해 헌재는 법적 안정성의 요청에 따라 인간의 권리능력이 언제부터 시작되는 가에 대하여 가능한 한 명확하게 그 시점을 확정할 필요가 있으므로 법적으로 사람의 시기를 출생의 시점으로 잡은 것은 헌법에 반하지 않는다고 한다. 생명의 발전과정을 단계별로 구분하여 각각 상이한 법적 효과를 부여하는 것은 가능하며 '살아서 출생하지 못한 태아'에 대해서 손해배상청구권이 부정됨으로써 불이익을 받는 면이 있으나 이는 사법(私法)관계에서 법적 안정성의 요청에 따라 정당화될 수 있다고 판시하였다.

이에 대하여는 2인의 각각의 반대의견이 상세히 개진되고 있다. 제1 반대의견은 태아가 살아서 출생할 경우에만 제762조가 적용된다고 해석하는 것은 헌법 제10조에 위반된다고 한다. 태아의 존엄과 가치를 보호하기 위하여 특별히 마련된 예외규정의 적용범위를 축소시켜 해석해서는 안된다는 것이다. 그리하여 태아의 배상청구권은 태아시에 이미 취득하여 보유하다가 태아가 출생 전에 사망하는 경우에는 사망을 원인으로 상속되는 것으로 해석되어야 한다는 것이다. 제2의 반대의견도 태아의 생명권을 강조하면서 태아가 상해를 입어 출생한 경우에는 가해자는 배상책임을 지는데 더 큰 가치인 태아의 생명권을 침해한 자는 아무런 사법상의 책임도 지지 않는다는 것의 모순을 지적하고 있다.

생각건대 태아가 살아서 출생할 것을 조건으로 손해배상청구권을 인정하는 것은 비교법적으로도 널리 수용되고 있고 권리능력의 취득시기를 명확히 하는 것은 불가피한 점이 있다. 그러나 반대의견들이 개진하는 것처럼 태아의 생명권을 강조하는 입장에서의 전향적인 해석도 상당한 근거를 가지고 있다고 보인다. 앞으로 민법의 해석론에서 더 논구되어야 할 과제라고 생각한다.

2. 명예훼손시 원상회복과 사죄광고의 위헌성

1) 사안의 개요

청구인은 A신문사 및 동 신문사의 발행인 甲과 소속 기자인 乙인데, 丙은 A사가 발행한 잡지에 게재된 기사가 자기의 명예를 훼손하였다는 이유로 청구인들을 상대로 법원에 손해배상 및 민법 제764조에 의한 사죄광고를 청구하는 소송을 제기하였다. 청구인들은 민법 제764조가 명예훼손의 경우에 사죄광고를 명할 수 있도록 한 것이라면 이는 헌법에 위반된다는 이유로 위헌제청을 신청하였으나 기각되자 헌법소원을 청구하였다.[33]

2) 헌재의 법리와 평가

민법 규정에 관한 최초의 위헌시비의 대상이 된 것이 본 결정이다. 이때까지 법원은 침해된 명예를 회복하기 위한 적당한 처분의 대표적 예로서 사죄광고의 게재를 인정해왔고 이러한 판결은 대체집행 등의 방법으로 강제집행을 할 수 있다고 보았다. 헌재는 한마디로 이러한 해석이 헌법상의 정신적 기본권의 하나인 양심의 자유를 침해한다고 선언하고 있다. 즉 사죄광고의 게재는 양심도 아닌 것을 양심인 것처럼 표현할 것을 강제함으로써 양심을 왜곡·굴절시키고 침묵의 자유의 파생인 양심에 반하는 행위의 강제금지에 저촉된다고 한다. 또한 사죄광고는 인격형성에 분열을 수반하게 되어 헌법에서 보장된 인격의 존엄과 가치 및 그를 바탕으로 한 인격권에도 큰 위해를 가한다고 한다.

기본권 제한의 한계의 문제와 관련하여서도 헌재는 사죄광고가 일종의 응보적 보복이라며 '현대판 탈리오'라고 명명한다. 민사책임의 목적과 본질에 어긋난 불필요한 효과의 추구라고 한다. 민사나 형사판결문을 게재하는 등으로 명예회복에 필요한 다른 처분도 충분히 가능하다는 점에서 결론적으로 제764조가 사죄광고를 포함하는 취지라면 헌법에 위반된다는 한정위헌의 의견을 만장일치로 선언하였다.

생각건대 우리 민법이 불법행위에 대해 금전에 의한 손해배상만을 인정하

---

[33] 헌재 1991. 4. 1. 89헌마160

면서 유일한 예외로 명예훼손의 경우 그 특수성을 인정하여 원상회복적 조치로서 적당한 회복처분의 길을 열어놓은 것은 그 의미가 크다고 할 수 있다. 그리고 판례와 학설은 큰 문제의식 없이 가해자에게 사죄광고를 명하는 판결을 내려왔다. 헌재는 예리한 인권적 감수성을 가지고 이러한 관행과 해석이 가장 근본적인 기본권인 양심의 자유를 침해한다는 결정을 내렸다. 민법 규정의 해석과 운용에 있어서 기본권 존중이라는 인권적 가치가 선도적 역할을 하여야 한다는 것을 보여준 사례로서 그 의의가 크다고 할 것이다.

3. 손해배상청구권의 단기소멸시효

1) 사안의 개요

청구인은 2002.10. 법원에 자신을 조사한 경찰관인 甲과 乙을 상대로 이들의 편파수사, 불법감금 등의 불법행위를 원인으로 한 손해배상청구소송을 제기하였다. 이에 대하여 법원은 2003.12. 청구인이 그 손해 및 가해자를 안 날로부터 3년이 경과된 후에야 이 사건 손해배상청구소송을 제기하여 이미 손해배상청구권이 민법 제766조 제1항에 의하여 시효로 인하여 소멸하였다는 이유로 원고의 청구를 모두 기각하였다. 청구인은 대법원에서 상고심이 계속 중에 민법 제766조 제1항에 대하여 피해자의 재산권이 침해된다며 위헌법률심판제청신청을 하였으나 기각되었고 이에 헌법소원심판을 청구하였다.[34]

2) 헌재의 법리와 평가

제766조 제1항이 정하고 있는 불법행위로 인한 손해배상청구권에 대한 3년이라는 단기소멸시효가 피해자의 재산권을 침해하고 있는 것인가가 논점이 되고 있다. 헌재는 소멸시효의 일반적 관점에서 단기소멸시효를 정한 것은 불가피하며 입법적 정당성이 인정된다고 한다. 문제는 그 기간의 적정성인데 3년의 단기소멸시효는 일반채권의 소멸시효와는 달리 그 기간이 단기이되 기산점은 손해 및 가해자를 안 날로부터 잡고 있다. 양자를 같이 고려하면 손해

---

34) 헌재 2005. 5. 26. 2004헌바90

와 가해자를 안 피해자는 언제든지 손해배상청구권을 행할 수 있는 것이므로 단기소멸시효를 통해 법적 안정성을 추구할 필요성이 있고 또 피해자는 손해배상청구의 소를 통해 시효를 중단시키고 판결을 받아 10년으로 시효기간을 연장할 수 있는 길이 있어 충분히 보호되고 있다고 보았다. 그리하여 기본권 제한의 한계를 넘은 것이 아니라는 것이다.

생각건대 제766조에서는 불법행위로 인한 손해배상청구권에 대하여 행위가 있은 날로부터 10년, 안 날로부터 3년이라는 이중적 시효기간을 규정하고 있으며 이 중 먼저 시효기간이 만료되는 것에 의하여 청구권이 소멸한다. 문제는 일반소멸시효기간에 비추어 매우 짧은 3년의 단기시효가 문제되는데, 헌재의 논리처럼 가해자를 알고 있다는 사실만으로 이러한 단기의 시효기간이 충분히 정당화될 수 있는가는 논의의 여지가 있다. 가해자를 알면서도 피해자는 여러 사정 예컨대 가해자의 부탁에 따른 온정적 태도라든가 손해의 정확한 범위에 대한 파악이 안되어 있다든가 하는 다양한 이유로 기간을 경과할 수 있다. 손해의 성격이나 정황에 비추어 3년의 기간이 과도히 짧다고 판단되는 경우도 적지 않고 이것이 피해자구제의 길을 막는 경우도 드물지 않다. 이를 위해 대법원이 손해 및 가해자를 알았다는 요건을 엄격히 해석하는 등의 노력을 하는 것만으로는 충분치 않다고 생각된다.[35] 이런 점에서 이중적 시효기간은 인정한다 하더라도 단기시효의 기간을 늘리는 것은 입법적으로 고려될 수 있을 것이다. 2013년도의 민법개정안에는 이러한 흐름을 반영하여 손해 및 가해자를 안 날로부터 5년, 손해가 발생한 날로부터 20년으로 시효기간을 대폭 늘리었다.

---

[35] 대법원은 3년의 소멸시효 기간의 기산점에 관하여, 손해의 발생은 물론 가해행위가 불법행위인 것까지 알 것, 손해 및 가해자를 현실적이고 구체적으로 인식할 것, 후유증 등 새로운 손해가 발생하거나 확대된 때에는 그 때부터 시효가 진행되고, 계속적 불법행위는 날마다 새로운 불법행위로서 별개로 시효가 진행된다는 등의 법리를 설시하고 있다.

V. 침해되는 기본권의 분류에 따른 분석

1. 재산권

1) 침해여부에 관한 헌재의 판단기준

재산법 규정 중 헌법소원심판에서 위헌여부가 문제되는 것은 대부분 헌법상의 기본권침해여부가 쟁점이 되고 그 경우 문제되는 기본권은 압도적으로 재산권이다. 이는 민법이 재산법의 기본법인 이상 자연스런 현상이다. 헌재는 재산권이라는 기본권이 본질적으로 다른 기본권과 차이가 있음을 강조하고 있다. 우선 헌법상의 재산권 규정인 제23조는 '모든 국민의 재산권은 보장된다'(제1항 제1문)고 하여 재산권의 보장을 선언하고 제2문에서 '그 내용과 한계는 법률로 정한다'고 하여 기본권의 내용과 한계 자체가 법률로 구체화되는 이른바 기본권 형성적 법률유보의 형태를 띠고 있다고 한다. 법질서에 의한 구체화를 필요로 하지 않고 원래부터 존재하는 '자연적인' 자유공간이 아니라 법적인 형성을 필요로 하며 법질서의 매개 없이는 재산에 대한 단순한 사실적 지배만이 있을 뿐이라고 한다.36) 뿐만 아니라 제2항에서는 '재산권의 행사는 공공복리에 적합하도록 하여야 한다'라고 하여 이른바 재산권의 사회적 기속성을 선언하고 있다. 이로부터 입법자는 재산권을 구체화하는 입법과정에서 광범위한 입법형성권을 가진다고 한다. 이로부터 재산권의 침해여부는 이러한 입법형성권의 한계를 일탈하였는가 하는 것이 쟁점이 되고 헌법적으로는 재산권의 본질적인 내용을 침해하였는가 하는 것이 기준이 된다.37)

이것은 일반적으로 과잉금지의 원칙 또는 비례성의 원칙으로도 표현되는데 이것의 판단요소로는 크게 3가지 기준이 제시된다. 첫째 목적의 정당성과 수단의 적절성이다. 양자는 상호 보완관계에 있다. 목적이 정당하더라도 수단이 매우 부적절하다면 다른 적절한 대체수단을 사용하지 않은 점에서 기본권의 침해로 인정될 수 있다. 둘째 침해의 최소성이다. 같은 목적 달성을 위하여

---

36) 한수웅, 헌법학(2017) 851면; 헌재 1998. 12. 24. 89헌마214
37) 헌법학에서는 사유재산제에 관한 헌법적 결정의 핵심은 사적 유용성과 임의적 처분권이라고 한다. 한수웅, 헌법학(2017) 865면

가능한 한 기본권의 침해를 최소화하는 수단을 사용하여야 한다. 셋째로 법익의 균형성이다. 기본권의 침해로 달성하려는 공익적 가치와 침해 내지 제약되는 재산권의 가치를 교량하여 적어도 전자가 후자보다 큰 경우에 한하여 이러한 균형성이 인정될 수 있다.

2) 개별 규정들에 대한 판단

이러한 기준에 비추어볼 때 헌재가 재산권의 침해라고 판단한 규정은 없다. 취득시효제도는 특히나 부동산에 관한 것인데 부동산은 그 사회적 기속성이 강하게 요구된다는 점이 고려되어 이로 인해 원소유자가 재산권의 손해를 보는 것이 입법형성권의 한계를 일탈한 것으로 보기 힘들다 하였다. 채권자취소권 제도도 채권자와 채무자와 수익자 간의 상충하는 기본권들 사이의 합리적인 조화를 추구하는 점에서 입법형성의 영역내에 있다고 하였다. 보증제도를 판단하면서는 보증에 관한 민법의 다른 규정들을 종합적으로 보아야 하며 특히 법원의 실무 즉 재판례 등도 참고하였고 다른 덜 침익적인 수단이 존재한다고 보기 힘들며 보증제도를 통한 신용거래의 안전이라는 공익이 훨씬 더 중요하다고 보아 재산권 침해논의를 일축하였다. 대체로 오랜 역사와 비교법적으로 검증되고 재산법의 근간을 이루는 제도들에 대하여 헌재는 입법자의 자의라고 볼만한 사정이 없는 한 그 위헌성 논란을 받아들이지 않고 있다.

2. 사적 자치의 원칙

사적 자치의 원칙은 때로 계약자유의 원칙으로도 표현되는데 재산권의 보장과 더불어 헌법이 규정하는 시장경제질서의 양대 기둥을 이룬다. 사적 자치의 원칙은 헌재는 그 헌법적 근거를 제10조의 행복추구권에서 찾는다. 여기에서 일반적인 행동자유권이 나오고 그것이 사법의 영역에서 사적 자치로 나타난다고 한다. 이것은 다른 한편으로는 취득시효가 사적 자치를 침해한다는 논의에서 보듯이 사적 자치의 원칙의 근거인 행복추구권이 다른 개별적 기본권이 적용되지 않는 경우에 한하여 보충적으로 적용되는 기본권이라는 논리가 나오기도 한다.[38] 그리고 판단대상이 되는 민법 규정이 임의규정의 성질을 갖는 경우에는 당사자에게 달리 정할 선택의 자유가 있으므로 예컨대 보증에 관한 규정들은 당사자의 명시적 또는 묵시적 의사가 없는 경우에 적용되는 보충적인 의사해석규정인 점에서 이를 사적자치에 위반되는 규정이라 할 수 없다는 것이다.

주목할 것은 재산법에서 유일하게 위헌판정을 받고 민법에서 삭제된 민법 제651조의 규정을 판단하면서 헌재는 이 규정이 과잉금지원칙을 위반하여 계약의 자유를 침해하였다고 판정하였다. 물론 그 전제로서 이 규정이 대법원에 의해 강행규정으로 해석됨을 밝히고 있다. 헌재는 이 규정이 목적의 정당성과 수단의 적절성은 인정될 수 있다고 하나, 개인들의 자율적 판단을 무시하고 국가의 후견적 개입을 조장하고 자율적 거래관계의 형성을 왜곡하는 점에서 침해의 최소성 원칙에 반하고 나아가 공익적 성과보다 과도한 제한과 사회경제적 손실을 가져오는 등 제한의 부정적 효과가 훨씬 더 큰 점에서 법익균형성도 파괴되었다고 보아 과감히 위헌판정을 하였다.

3. 명확성의 원칙

기본권을 제한하는 법령은 그 내용이 명확하여야 하는 것은 법치국가 원리의 한 표현으로서 심사의 기준이 될 수 있다. 헌재는 그러나 민사법규에 있어서는 행위규범의 측면이 강조되는 형벌법규와는 달리 재판법규의 측면이 강한 것이어서 추상적 표현을 사용하는 것이 보다 넓게 허용되어야 한다는 점을 강조한다. 학설도 명확성의 원칙이 모든 법률에 있어 동일한 정도로 요구될 수 없다는 점을 인정한다.[39] 특히 권리남용 금지의 원칙과 같은 일반조항을 사용하는 것은 입법기술상 불가피한 것이어서 어느 정도 추상적이고 광범위한 개념과 규정은 용인될 수 밖에 없을 것이다. 예컨대 채권자취소권에 관한 판단에서도 그 규정의 추상성이 문제되었으나 다른 규정과 연관성 속에서 해석상 법원의 자의적 해석의 위험성이 없다면 명확성 원칙에 반한다고 보기

---

38) 성낙인, 헌법학(2014) 991면; 반면에 행복추구권의 독자적인 기본권성을 부인하는 견해도 있다. 허영, 한국헌법론(2016) 346면
39) 정종섭, 헌법학원론(2016) 171면

어렵다고 하였다.

4. 기타의 권리

그 외에 민법 규정이 침해하고 있다고 논의된 기본권으로는 간혹 평등의 원칙이 보충적인 쟁점으로서 거론된다. 평등원칙이란 헌재가 표현하듯이 '본질적으로 같은 것은 같게, 다른 것은 다르게' 취급하여야 한다는 것인데 결국 그 차별에 합리적인 이유가 있는가가 문제될 것이다. 특히 헌재는 평등권 심사에 있어 이른바 이중적 심사척도를 내세우고 있다. 재산권의 내용과 한계를 정하는 경우에는 입법자의 입법형성권이 인정되므로 완화된 심사척도가 적용될 수 있다고 한다. 또 불법행위로 인한 태아의 손해배상청구권을 인정할 것인가에 대한 논의에서는 이른바 태아의 생명권의 침해와 국가의 생명권 보호의무가 쟁점이 되었으며 이러한 생명권은 헌법 제10조에서 태아의 존엄과 가치가 도출된다고 한다. 명예훼손시 원상회복조치로서 사죄광고를 인정하는 것은 개인의 양심의 자유, 구체적으로는 그 한 내용으로서 침묵의 자유와 이로부터 도출되는 양심에 반하는 자유의 강제금지에 해당된다고 하였다. 동시에 이것은 인격의 존엄과 가치에서 나오는 이른바 인격권을 침해하는 것이라고 판단하였다. 그 외에도 위 사례에서는 다루지 않았지만 법인에 관한 민법 제78조가 총사원 4분의 3 이상의 동의가 있으면 사단법인을 해산할 수 있도록 한 것이 결사의 자유를 침해하는가가 논의되기도 하였다.[40]

VI. 맺는 말

생각보다 많은 수의 민법 중 재산법 규정과 제도들이 헌재의 위헌심사의 대상이 되었음은 흥미롭다. 결과만 놓고 보면 대부분의 규정은 합헌판정을 받았고 유일하게 민법의 임대차에 관한 한 규정(제651조)가 위헌판정을 받고 퇴출되었으며 제764조가 한정위헌판정을 받았다. 재산법의 기본법적 성격으로 인해 비교적 추상적인 조항이 많고 또 임의규정이 주종을 이루는 점, 또 대부

---

[40] 헌재 2017. 5. 25. 2015헌바260

분 오랜 역사를 거쳐 검증되고 또 법원에 의해 현실에 맞게 해석론이 전개되는 점을 고려하면 민법 중 재산법의 규정이 헌재에 의해 위헌판정을 받는 것은 쉽게 일어나기는 어려운 것으로 예상된다. 이것은 관습적인 요소가 많이 남아있는 가족법 영역에서 드물지 않게 위헌 내지 헌법불합치 판결이 나오고 민법의 개정의 촉매가 되었던 것과 비교가 된다.

그러나 종래 당연하게 생각되었던 민법의 여러 제도와 규정들이 위헌논쟁의 대상이 된다는 것만으로도 큰 의미가 있으며 민법학자들도 헌법적 관점에서 다시 살펴보는 계기를 만들어주고 있다. 현재의 규정 자체의 위헌성에 관한 판단뿐 아니라 규정의 해석론의 방향이 헌법정신에 부합하여야 한다는 관점을 새롭게 하는 계기가 될 수 있다. 본 글은 이러한 방향의 연구에 대하여 시론적인 논의와 자료를 제공하는 의미를 담아 작성되었다.

끝으로 첨언할 것은 민법전의 규정은 아니지만 이와 밀접한 관련이 있는 다수의 민사특별법 들의 규정이 헌재에서 위헌여부가 논의되어왔다.[41] 이것도 민사법의 연구의 중요한 부분이 되어야 할 것이다. 또 하나는 그간 대법원의 판결에서 재산법과 관련되는 관습법에 대한 위헌논의가 있었다. 최근에는 관습법상의 물권인 분묘기지권에 대한 대법원의 논의에서 재산권에 관한 헌법규정과의 부합여부가 한 쟁점이 되었고,[42] 종중의 구성원을 남자로 제한하는 관습법에 대한 대법원의 판례변경에서도 최상위규범인 헌법의 가치에 부합하지 않는다는 것이 핵심적인 근거가 되었다.[43] 이처럼 민법전의 규정은 물론 민사특별법 나아가 민사관습법에 이르기까지 헌법적 가치의 구현이라는 과제를 고민해 나가야 할 것이다.

---

[41] 예컨대 토지거래허가제를 담은 구 국토이용관리법, 부동산실명등기를 의무화한 부동산실명법, 부동산중개보수를 법정화한 구 부동산중개업법의 해당 조항들이 위헌심사의 대상이 되었다.
[42] 대법원 2017.1.19. 선고 2013다17292 전원합의체 판결
[43] 대법원 2005.7.21. 선고 2002다1178 전원합의체 판결

【참고문헌】

주석민법 제4판 채권각칙(2) (2016) 한국사법행정학회
김동훈, 사적자치의 원칙의 헌법적·민사법적 의의, 국민대 법학논총 제30권 제1호(2018.2.)
김영주, 임대차의 존속기간에 대한 고찰, 민사법학 제72호(2015.9.)
백경일, 변제자대위에 관한 비교법적 고찰, "계약과 책임"(하경효교수 정년기념논문집 2017)
성낙인, 헌법학(2014)
송덕수, 물권법(2017)
이상영, 보증계약상 채권자의 정보제공의무, 민사법학 46호(2009)
이영준, 물권법(2009)
정종섭, 헌법학원론(2016)
한수웅, 헌법학(2017)
허영, 한국헌법론(2016)

<Abstract>

A Review of Decisions of Constitutional Court on Provisions of Civil Code Book I-III

This article introduced and analyzed the decisions of constitutional court comprehensively over provisions of civil code book I-III, namely on property law. Since the opening of constitutional court more than twenty decisions have been disputed over their unconstitutionality. I introduced the facts, theories of court and my critics on each decision. I tried to overview how the civil and constitutional thoughts and theories are in clash or harmony with each other.

As a result most provisions were proved as constitutional and the only one over lease contract was ousted as unconstitutional and another one was decided limitedly unconstitutional. We cannot forecast provisions of civil code to be sentenced as unconstitutional because they have mostly abstract and non-mandatory character and long historical backgrounds and are interpreted realistically by courts. It presents a contrast with provisions of family law in which not infrequently some provisions are declared as unconstitutional.

Anyway it has significant meaning that the provisions and institutions of civil code are examined over their constitutionality and it serves as a momentum that civil law scholars reconsider the civil code in view of constitutional value. We should not only concern on the constitutionality of the present provisions of civil code, but also their interpretation according to the constitutional perspectives.

[이 글은 경희법학 제53권 제1호(2018.3.)에 게재되었다]

민사거래와 상사거래의 구별 및 적용법조의 판단기준

> I. 들어가는 말
> II. 민·상법의 법전화와 양 영역의 구분
> III. 개별 제도들에 있어 민법과 상법규정의 적용여부의 판단
> IV. 민법과 상법상의 특칙의 적용의 판단기준
> V. 맺는 말

I. 들어가는 말

사법상의 거래와 관련하여 실무상으로도 자주 부딪히는 문제는 당해 거래가 민사거래인가 상사거래인가 또 그와 관련하여 민법상의 규정을 적용할 것인가 아니면 상법상의 특칙을 적용할 것인가를 판단하는 것이다. 상법 중 특히 상행위법은 민법에 대한 특칙이라고 볼 수 있는데, 해당 거래가 이러한 특칙 적용의 대상이 되는가가 자주 쟁점이 되고 있다. 이러한 판단은 형식적으로 당해 거래가 민사적 법률행위인가 아니면 상행위인가에 따라 정해지기 보다는 다수의 판례가 보여주듯이 당해 거래가 상사적 특질을 갖고 있는가 또는 상사적 취급이 요청되는가라는 실질적 판단을 하고 있다. 본 글은 이러한 쟁점에 관한 다수의 판례의 분석을 중심으로 그러한 판단 기준을 개관해봄으로써 이에 관한 개별적 제도에 관한 연구의 기초를 제공하고자 한다.

글의 전개로는 먼저 기초적 언급으로서 민법규정과 상법상의 특칙의 이원적 구조에 대하여 간단히 기술하고 시효, 유치권, 매매시 담보책임 등 재산법 전반에 걸치는 다수의 제도에 대하여 민법규정 및 상법상의 특칙 그리고 판례의 법리에 대하여 정리해본다. 그리고 전체적인 관점에서 민사와 상사거래를

구별하는 몇 가지 중요한 이념과 기준에 대해 분석해본다.

II. 민·상법의 법전화와 양 영역의 구분

1. 민·상법의 법전화와 통일론 논쟁

전통적인 민·상법 통일론에 관한 논의는 일반 사인 간에 적용되는 민법과 상인들 간의 특별사법으로서 상법의 독자성을 인정하는 기초위에서 양자를 별도로 법전화할 것인가 아니면 하나의 법전에 통일적으로 규정할 것인가가 하는 점에 집중되어 왔다. 유럽의 민법전에서 일반민법전과 상법전을 양분하는 이른바 이원체계(dualistisches System)는 프랑스민법의 모범을 따라 독일, 오스트리아 등 다수의 국가에 의해 채택되었다. 별도의 상법전을 가지고 있다해도 그 상법전에 포함되는 범위에 관하여는 나라별로 상이하다. 독일은 일찍이 회사법을 별도의 법률로 제정하였고 상법전은 상법총칙과 상행위에 관한 것만을 다루고 있다. 우리나라는 일본의 예를 따라 상행위와 회사법 그리고 보험법 및 해상법을 아우르는 방대한 상법전을 만들었으나 최근 일본은 회사편을 상법전에서 분리하여 별도의 법전으로 만들었다.

이에 비해 대표적으로 스위스민법은 양분론을 거부하고 상법전의 편찬을 포기하였다. 즉 1883년 프로이센일반민법전(ALR)의 선례를 따라 민·상법 일원체계(monistisches System)를 취하여 스위스채무법(Obligationenrecht)은 민법과 상법을 다 포섭한다. 스위스와 같이 민사거래와 상사거래를 통합하는 방식은 후에 1942년 이탈리아 신민법전(Codice civile)의 모범이 되었고 그 외 네덜란드 신민법전이나 다른 여러 민법전에도 영향을 주었다. 스위스식 단일법전(code unique)의 이점으로는 이론적으로 또는 실제적으로 어려운 통상적인 민사거래로부터 상행위를 구별하는 어려움을 덜어주었다는데 있다고 한다. 특히 대량계약과 약관의 확대, 거래계에서 끊임없이 다양해지는 기술성(Vertechnisierung)의 증대는 오히려 단일체제의 장점이 되고 있다는 평가도 있다.[1]

---

1) Guhl, Das Schweizerische Obligationenrecht(2000) S. 6

2. 민·상법의 실질적 구분과 적용

역사적으로 보면 현재의 민법전 특히 독일법계 즉 판텍텐체계는 중세시대의 주석학파와 주해학파로 거슬러 올라가는 로마법의 연구에서 출발한 학문법이며 대학에서의 강의와 연구를 통해 체계화된 법이다. 민법(ius civile)은 로마법과 동의어로서 로마법의 전통을 이어받아 보편적 학문법으로서 발전하여 왔고 법계수와 계몽시대의 사상을 통하여 조직되었다. 이에 비해 상법의 제도들은 철저히 실무적 필요성에 입각하여 자생적으로 발전해온 것이며 19세기까지 이렇다할 학문적 체계화의 대상도 되지 아니하였다. 그리하여 철저히 자율적으로(autonom) 발전해온 상법의 제도들이 19세기에 들어와 입법화되면서 민법과의 관계성 속에서 여러 특칙들이 마련되었다. 이 과정에서 상법적인 제도들은 민법의 규범적인 것들과 때로 충돌하기도 하고 또 유치권제도에서 보듯 서로 이질적인 것들이 관계성 속으로 자리잡기도 하였다.[2] 이러한 양 영역의 법전통의 상이함은 법리적 또는 방법론적 구분을 정당화하고 있다.

이처럼 실질적인 양 영역의 구분은 일원주의 또는 이원주의의 채택과 관련하여 상이하게 나타나고 있다. 일원주의를 택한 스위스법에서는 기본적으로 상인을 통상적인 민법에 종속시키고 상인의 영업적 거래와 민사적 거래를 동일한 법적 원칙에 따라 규율한다. 그러면서 민법을 상거래의 필요에 적합하게 하기 위하여 민사거래를 위한 원칙적 규정에 부가하여 상인이나 상인간의 거래에 관한 예외규정을 두는 방식을 취한다. 예컨대 스위스채무법 제313조에서는 "소비대차는 통상적 거래에서는 이율을 합의한 경우에만 이자부로 된다. 상사적 거래에서는 합의없이도 이자를 지급하여야 한다"라고 정한다.[3] 또 한 가지는 법제도가 처음부터 상행위의 필요성에 의하여 만들어진 것이다. 회사제도 등이 대표적인 예이다. 또 각론에 규율된 계약유형들의 대부분은 전적으로 또는 압도적으로 상사거래에 적용된다. 결국 상사거래의 특칙이 적용되어야 하는 가를 판단함에 있어 당사자가 상거래에 익숙한 상인으로 참여하는지

---

[2] Bucher, Der Gegensatz von Zivilrecht und Handelsrecht, Festschrift von Meier-Hayoz(1972) Nr. 15, S. 4-5

[3] 우리 상법에서는 "상인이 그 영업에 관하여 금전을 대여한 경우에는 법정이자를 청구할 수 있다." (55조 1항)라고 별도의 규정을 두고 있는 것과 대비된다.

또는 일반인으로서 거래에 참여하는지가 해석에 있어 고려되어야 한다.[4]

이원주의 즉 별도의 상법전을 두고 그 곳에 상행위에 관한 규정을 둔 체제에서도 마찬가지로 민사거래와 경합하는 상사거래의 특칙을 적용할 것인가가 문제된다. 우리 상법전의 상행위편에서도 상행위에 해당할 경우 직접 민법규정의 적용을 배제하거나 - 예컨대 유질계약의 금지에 관한 민법규정의 적용을 배제하는 제59조 - 또는 민법상의 규정과는 다른 내용의 특칙을 정하는 방식을 취한다. 결국 이원주의 체제에서도 핵심은 문제되는 거래에서 상법상의 특칙을 적용할 것인가 아니면 민법의 일반규정을 적용할 것인가의 문제로 되며, 이는 민사거래와 상사거래의 구분으로 귀결되는 점에서 일원주의와 본질적 차이는 크지 않을 것이다.

국내상법학계에서도 형식적으로 민법과 상법을 통일적으로 규율하는 일원주의에 대해서는 민법과 상법의 분리론을 지지하거나[5] 또는 입법기술상 정책적 판단의 문제라고 한다.[6] 핵심은 상법의 실질적 자주성 여부로서 이는 형식적인 상법전의 존재유무와는 구별된 문제라고 본다. 이에 관하여도 기업적 경제상황을 다루는 상법의 고유성을 강조하여 상법의 특수성과 독자적 해석론을 인정하는 입장도 있으나,[7] 특히 상행위법을 중심으로 한 협의의 상법에 관해서는 민법에 대한 상법의 독자적인 법역설정의 근거가 미약하며 어느 정도의 특이성을 가질 뿐이라는 급진적인 견해도 있다.[8]

III. 개별 제도들에 있어 민법과 상법규정의 적용여부의 판단

1. 민사시효와 상사시효

1) 민법과 상법의 규정

상행위로 인한 채권은 5년간 행사하지 아니하면 소멸시효가 완성한다(상

---

4) Schwenzer, Schweizerisches Obligationenrecht AT(2006) S. 6
5) 이철송, 상법총칙·상행위법(2016) 11면
6) 임중호, 상법총칙·상행위법(2015) 15면
7) 임중호, 16면
8) 이기수·최병규, 상법총칙·상행위법(2016) 26면

법 제64조). 민법상 일반채권의 소멸시효는 10년이다. "채권은 10년간 행사하지 아니하면 소멸시효가 완성한다"(민법 제162조). 상법적 법률관계를 신속히 종결시켜 주기 위하여 민사채권에 비해 절반에 불과한 단기의 소멸시효 기간을 정하고 있다. 한편 민법은 민사채권에 관하여는 단기소멸시효의 규정을 두고 있어 각각 3년 또는 1년의 단기소멸시효 채권을 열거하고 있다(163조, 164조). 예컨대 이자채권이나 상인이 판매한 상품의 대가에 대하여는 3년의 단기소멸시효가 적용된다(163조 1호, 6호). 또 불법행위로 인한 채권에는 3년의 단기소멸시효가 적용된다(766조). 상법에서도 일반상사시효 외에 단기소멸시효 규정을 두고 있다. 운송주선인의 책임은 수하인이 운송물을 수령한 날로부터 1년을 경과하면 소멸시효가 완성하며(121조 1항), 운송주선인의 위탁자나 수하인에 대한 채권도 1년의 소멸시효가 적용된다(122조). 그 외 해상운송인의 채권 등(814조 1항). 아울러 민법은 여러 곳에 제척기간으로 해석되는 기간에 관한 규정을 두고 있어 소멸시효와의 관계가 문제될 수 있다. 예컨대 상행위인 도급계약에 대하여 민법 제670조 또는 제671조의 제척기간 규정으로 인하여 상사소멸시효의 규정의 적용이 배제되지 않는다고 한다.[9]

2) 판례의 개관

시효기간에 관하여 상사시효기간이 적용될 것인가 또는 민사시효기간이 적용될 것인가는 사법적 법률관계에서 민법과 상법의 가장 치열한 영역갈등이 일어나는 주제가 되고 있다.

우선 기본적 상행위에서 파생되는 채권도 일정 부분은 상사채권으로 취급된다. 상행위로 인하여 생긴 채무의 불이행에 기하여 성립한 손해배상채권도 상사채권이 된다.[10] 나아가 상행위인 계약의 해제로 인한 원상회복청구권도 상사시효의 대상이 된다고 보아 매매계약 해제일로부터 5년이 지난 소제기에 대하여 계약해제로 인한 계약금반환청구권을 인정하지 않았다.[11] 또 전기수용가들과 한전 사이에 체결되는 전기공급계약은 영업으로 행해지는 것이므로

---

[9] 대법원 2012.11.15. 선고 2011다56491 판결
[10] 대법원 1997.8.26. 선고 97다9260 판결
[11] 대법원 1996.1.23. 선고 95다39854 판결

당연히 상법상 기본적 상행위에 해당하는데 이에 근거한 위약금 지급채무는 역시 상행위로 인한 채권이 되고 상법에 따라 5년의 소멸시효기간이 적용된다.12) 또 건설공사 도급계약이 상행위에 해당한다면 이에 기한 수급인의 하자담보책임도 5년의 상사소멸시효에 걸리고 하자보수에 갈음한 손해배상채권도 상사채권으로서 역시 5년의 상사시효에 걸린다고 한다.13) 은행이 영업행위로서 한 대출금에 대한 변제기 이후의 지연손해금도 원본채권과 마찬가지로 상사소멸시효가 적용되고 민법상의 단기소멸시효나(163조 1호)나 불법행위로 인한 3년의 단기소멸시효(766조 1항)가 적용되지 않는다.14) 반면에 상행위가 아닌 불법행위로 인한 손해배상채권에는 상사시효가 적용되지 아니한다. 예컨대 운송인의 운송계약상의 채무불이행으로 인한 손해배상청구에만 상사시효에 관한 규정이 적용되고 일반불법행위로 인한 손해배상청구에는 적용되지 않는다.15)

상인이 영업을 위하여 하는 보조적 상행위(상법 47조 1항)로 인한 채권도 당연히 상사시효가 적용된다. 차용금채무의 연대보증인이 채권자의 금융기관에 대한 대출금을 변제함으로써 차용금채무를 변제한 것으로 채권자와 약정한 경우 이는 상사채권에 해당한다.16) 특히 개업준비행위는 영업을 위한 행위로서 최초의 보조적 상행위가 되는데, 상행위를 개시하기 전에 영업을 위한 준비행위의 일환으로서 영업자금을 차입한 행위에 대하여 판례는 그 자체로는 준비행위라고 할 수 없지만 행위자의 주관적 의사가 영업준비행위였고 상대방도 그것이 영업준비행위라는 점을 인식하였던 경우에 한하여 상행위에 관한 상법 규정이 준용되고 상사소멸시효가 적용된다고 한다.17)

한편 상사시효의 적용에 대한 당사자의 주장을 물리치고 일반민사시효를 적용할 것을 설시한 판례도 많다. 한 판례는 상법 제64조의 상사시효제도는

---

12) 대법원 2013.4.11. 선고 2011다112032 판결
13) 대법원 2011.12.8. 선고 2009다25111 판결
14) 대법원 2008.3.14. 선고 2006다2940 판결; 대법원 1979.11.13. 선고 79다1453 판결
15) 대법원 1985.5.28. 선고 84다카966 판결
16) 대법원 2005.5.27. 선고 2005다7863 판결
17) 대법원 2012.4.13. 선고 2011다104246 판결

대량·정형·신속이라는 상거래 관계 특유의 성질에 기인한 제도임을 선언한다. 따라서 상행위나 이로부터 파생한 채권이라고 하더라도 정형적으로나 신속하게 해결할 필요가 없다면 상사시효가 아니라 일반민사시효를 적용하는 것이 옳다고 한다. 예컨대 주식회사인 부동산 매수인이 의료법인인 매도인과의 부동산매매계약이 이사회결의 부존재로 무효로 되어 기지급한 매매대금을 부당이득으로 반환청구하는 경우에 판례는 상거래와 같은 정도로 신속하게 해결할 필요성이 없어 상법 제64조가 적용되지 않는다고 한다.[18]

같은 유형의 계약이나 유사한 법적 성질을 갖는 채권이라고 하더라도 그 실질에 들어가 상거래의 특성 특히 분쟁의 신속한 해결이라는 목적이 중요한 의미를 갖는 사안인가를 판단하여 반대의 결론을 내린 사례는 적지 않다. 몇 가지만 보면, 보험계약상의 부당이득반환청구권에 대하여 보험사업자가 이중으로 보험금을 수령한 피해자에 대해 부당이득반환청구권을 행사하는 경우에 이는 피해자에 대한 신속한 보상을 주목적으로 하고 있는 것이 아니어서 민사소멸시효인 10년이 적용된다고 하였다.[19] 반면에 중복보험에 따라 한 보험자가 다른 보험자에 대하여 구상권을 행사하는 경우에는 상인들 사이의 거래이고 가급적 신속하게 해결할 필요가 있는 점에 비추어 상사소멸시효를 적용한다.[20] 또 다른 부당이득반환청구권에 관한 사례에서 가맹사업자와 가맹본부 사이의 거래에서 발생한 부당이득반환채권에는 상사소멸시효를 적용한 반면[21], 아파트 분양계약상 강행규정에 위반하여 무효인 부분에 대한 부당이득반환청구에 대하여는 상거래관계와 같은 정도로 거래관계를 신속하게 해결할 필요성이 없으므로 상법 제64조가 적용되지 않는다고 한다.[22] 또 근로계약에 관한 사례에서 근로계약이나 단체협약에 기한 근로자의 유족들의 회사에 대한 위로금채권에 5년의 상사소멸시효기간을 적용한 반면에,[23] 근로자의 근로계약상의 주의의무 위반으로 인한 손해배상청구권은 상거래관계에서와 같이

---

18) 대법원 2003.4.8. 선고 2002다64957, 64964 판결
19) 대법원 2010.10.14. 선고 2010다32276 판결
20) 대법원 2006.11.10. 선고 2005다35516 판결
21) 대법원 2018.6.15. 선고 2017다248803, 248810 판결
22) 대법원 2016.9.28. 선고 2016다20244 판결
23) 대법원 2006.4.27. 선고 2006다1381 판결

정형적으로나 신속하게 해결할 필요가 없어 10년의 민사소멸시효가 적용된다고 한다.24)

3) 평가

이상의 민사와 상사시효의 적용을 둘러싼 복잡다기한 판례의 흐름이 보여주는 바와 같이 상인들 또는 상인과 비상인과의 거래에서 발생한 다양한 채권에서 시효가 관건이 되고 일반시효가 문제될 경우 10년의 장기의 민사시효를 적용할 것인가 또는 그 절반인 상사시효를 적용할 것인가는 간단한 문제가 아닙니다. 형식적으로 기본적 상행위에 해당하는가 또 그로부터 파생된 연장선상에서 파악될 수 있는 채권인가 또는 거래행위로 발생한 채권인가 아니면 부당이득반환채권이나 불법행위채권과 같은 법정채권인가 또는 보조적 상행위인가 일방적 상행위인가 하는 판단보다는 판례가 말해주듯이 당사자 간의 거래가 상행위로서 취급되어야 할 특질을 갖고 있는가 하는 실질적 판단이 중요함을 보여주고 있다. 대량·정형·신속이라는 상거래의 특질이 반영된 거래인가를 판단하는 것이다. 시효와 관련하여서는 이 중에서도 특히 신속성의 요구가 가장 중요한 판단기준이 될 것이다. 채권 발생 후 5년에서 10년 사이에 걸치는 채권들의 시효소멸여부를 판단함에 있어 권리의 실체성에 대한 보호와 신속한 획일적 처리의 필요성 사이에서 어려운 판단이 내려져야 함을 보여주고 있다. 상거래의 신속한 해결이란 기준 자체가 적용범위를 정하는 기준으로서 명확성을 결여하는 것이어서 거래계의 예측가능성을 해한다는 측면이 있음을 유의해야 할 것이다.

근본적으로는 민법에서 현행 소멸시효제도의 근본적인 개정의 흐름을 반영하여야 한다. 현재 국회에 제출된 민법개정안에 따르면 급변하는 현대거래의 특성을 감안하여 일반소멸시효를 5년으로 감축하였고 그 외 3년 또는 1년의 복잡한 단기소멸시효도 폐지하여 소멸시효체계를 단순화하였다.25) 이를 감안한다면 적어도 일반소멸시효에 관하여는 민사채권과 상사채권의 구별을

---

24) 대법원 2005.11.10. 선고 2004다22742 판결
25) 권영준, 2014면 법무부 민법개정시안 해설(2018) 242면, 254면

없애는 것이 바람직하고 양자의 적용구분에 관한 소모적 분쟁을 억지할 필요가 있다.

2. 민사유치권과 상사유치권

1) 민·상법의 규정

민법은 담보물권의 하나로서 유치권을 인정하고 있다. 그 내용은 타인의 물건 등을 점유한 자가 그 물건에 관하여 생긴 채권의 변제를 받을 때까지 이를 유치할 수 있는 권리이다(320조 1항). 물권에 관한 채권을 담보하고 유치권자에게 채권의 변제를 받기 위해 경매권을 인정하는 점에서 담보물권이지만(322조 1항) 동시에 점유한 물건에 대하여만 성립하고 점유의 상실로 인하여 소멸하는 점에서 특수한 물권이다(328조). 이에 대비하여 상법은 상사유치권에 대하여 정하고 있다. 상행위로 인한 채권에 대하여 채권자는 변제를 받을 때까지 그 채무자에 대한 상행위로 인하여 자기가 점유하고 있는 물건을 유치할 수 있다(58조). 상사유치권은 당사자 간의 특약으로 배제할 수 있다.[26]

2) 판례의 개관

판례는 우선 채권과 목적물의 견련관계에 관한 양자의 차이점에 주목하고 있다. 민사유치권의 경우에는 객관적으로 점유자의 채권과 그 목적물 사이에 특수한 관계, 이른바 '물건과 채권과의 견련관계'가 있는 경우에 한해 인정되는데 비해, 상사유치권은 단지 상인 간의 상행위에 기하여 채권을 가지는 사람이 채무자와의 상행위에 기하여 - 그것도 그 상행위가 채권 발생의 원인이 된 상행위일 것이 요구되지 아니한다 - 채무자 소유의 물건을 점유하는 것만으로 바로 성립하는 점이다. 즉 상사유치권은 그 인정범위가 현저하게 광범위

---

[26] 판례는 이러한 상사유치권 배제의 특약은 묵시적 약정에 의해서도 가능하기는 하나, 은행거래에서 상사유치권을 인정하는 약관조항에 우선하여 상사유치권을 행사하지 아니하기로 하는 상사유치권 배제의 특약이 인정되기 위해서는 당사자 사이에 약관조항에 우선하는 다른 약정이 있었다는 점이 명확하게 인정되어야 한다고 한다(대법원 2012.9.27. 선고 2012다37176 판결).

해지고 피담보채권의 보호가치라는 면에서 좀 더 세밀한 검토가 필요하다는 점을 지적하고 있다.27) 특히 상사유치권은 민사유치권과 달리 피담보채권이 '목적물에 관하여' 생긴 것일 필요는 없지만 유치권의 대상이 되는 물건은 '채무자 소유'일 것으로 제한되어 있는데,28) 이는 상사유치권의 경우에는 목적물과 피담보채권 사이의 견련관계가 완화됨으로써 피담보채권이 목적물에 대한 공익비용적 성질을 가지지 않아도 되므로 피담보채권이 유치권자와 채무자 사이에 발생하는 모든 상사채권으로 무한정 확장될 수 있고, 그로 인하여 이미 제3자가 목적물에 관하여 확보한 권리를 침해할 우려가 있어 상사유치권의 성립범위 또는 상사유치권으로 대항할 수 있는 범위를 제한한 것으로 볼 수 있다고 한다.29) 예컨대 채무자 소유의 부동산에 관하여 이미 선행저당권이 설정되어 있는 상태에서 채권자의 상사유치권이 성립하였다면 상사유치권자는 선행저당권자 또는 선행저당권에 기한 임의경매절차에서 부동산을 취득한 매수인에 대한 관계에서는 상사유치권으로 대항할 수 없다고 한다. 즉 상사유치권이 채무자의 소유의 물건에 대하여서만 성립한다는 것의 의미를 판례는 성립당시 채무자가 목적물에 대하여 보유하고 있는 담보가치만을 대상으로 하는 제한물권이라는 의미로 해석하고 있다.

민사유치권과 상사유치권을 아울러서 가장 빈번한 문제는 유치권 제도의 남용을 어떻게 통제할 것인가 하는 점이다. 특히 부동산에 관한 민사유치권에 관하여는 그 적용범위를 합리적으로 제한하려는 해석상 시도들이 있어왔고, 민법개정시안에서는 마침내 과감히 등기된 부동산에 대한 유치권을 폐지하고 대신 채권자보호를 위해 저당권설정청구권을 신설하기로 하였다.30) 최근에는 상사유치권의 남용에 관여도 이를 제한하는 판례가 선고되었다. 채무자의 소유건물에 대하여 2순위 저당권을 갖고 있는 채권자가 선순위저당권자에 의한 경매가 개시되리라는 사정을 인식하면서 채무자와 동 건물에 관한 임대차계

---

27) 대법원 2011.12.22. 선고 2011다84298 판결
28) 민사유치권은 목적물이 타인의 소유이면 족하고 그 타인은 채무자가 아니고 제3자여도 무방하다는 것이 통설이다. 판례는 유치권의 발생 후 유치물의 소유자가 변동되어도 유치권은 존속한다고 한다(대법원 1975.2.10. 선고 73다746 판결 등)
29) 대법원 2013.2.28. 선고 2010다57350 판결
30) 권영준, 2014 법무부 민법개정시안해설 550면

약을 체결하고 건물의 점유를 개시하였고 선순위저당권자에 의해 개시된 경매절차에서 유치권을 주장한 것이다. 이에 대해 대법원은 임대차계약의 체결 경위와 그 간의 사정 등을 고려할 때 상사유치권의 주장은 신의칙상 허용될 수 없다고 하였다.31)

3) 평가

민사 및 상사유치권은 채권자가 채권의 담보를 위하여 물건을 유치할 수 있다는 점에서는 같으나 본질적으로 다른 제도라고 볼 수 있다. 즉 민사유치권은 로마법에서 발달했으며 형평의 원칙에 입각한 인도거절의 권리이나, 상사유치권은 중세의 상관습에서 유래한 것으로 상거래채권의 신속하고 편리한 담보방법으로서 발달한 것이다.32) 따라서 그 운용에 있어서도 양자의 차이점에 유의하여야 함과 아울러, 상거래에 있어 상인의 보호라는 가치도 중요하지만 유치권도 담보물권인 이상 담보제도의 근본원칙을 정한 민법의 큰 질서아래서 운용되어야 한다는 것을 잘 잘 보여주고 있다.

3. 상사매매의 특칙 - 매수인의 검사의무

1) 민·상법의 규정

민법은 매매계약에서 매도인의 물건의 하자에 대한 담보책임에 대하여 규정하고 있다. 목적물의 하자가 있는 때에는 매수인은 손해배상을 청구할 수 있고 하자로 인하여 계약의 목적을 달성할 수 없는 때에는 계약을 해제할 수 있다(580조, 575조 1항). 목적물이 종류물인 경우에는 매수인은 하자없는 물건의 인도를 청구할 수 있다(581조 2항). 이러한 매수인의 권리행사는 매수인이 그 사실을 안 날로부터 6월내에 행사하여야 한다(582조). 상사매매 즉 상인간의 매매의 경우에 상법은 이에 관하여 특칙을 두고 있다. 매수인에게 하자 검수 및 통지의무를 부과하고 있다. 매수인은 목적물을 수령한 후 지체없이 이

---

31) 대법원 2011.12.22. 선고 2011다84298 판결
32) 이철송, 344면

를 검사하고 하자(또는 수량의 부족)를 발견한 때에는 즉시 매도인에게 그 통지를 발송하여야 하고 이를 하지 아니하면 하자담보책임 즉 계약해제나 대금감액이나 손해배상을 청구하지 못한다(69조 1항 1문). 특히 계약목적물에 즉시 발견할 수 없는 하자가 있는 경우에 매수인이 6월내에 이를 발견한 때에도 같다고 한다(동항 2문). 이 문언의 의미는 불명확하지만 즉시 발견할 수 없는 하자라도 적어도 6월내에는 발견하여 통지하여야 한다는 뜻으로 해석될 수 있다.

2) 판례의 개관

우선 상사매매에서 담보책임의 특칙을 둔 취지에 관하여 판례는 "상인간의 매매에 있어 그 계약의 효력을 민법규정과 같이 오랫동안 불안정한 상태로 방치하는 것은 매도인에 대하여는 인도당시의 목적물에 대한 하자의 조사를 어렵게 하고 전매의 기회를 잃게 될 뿐만 아니라, 매수인에 대하여는 그 기간 중 유리한 시기를 선택하여 매도인의 위험으로 투기를 할 수 있는 기회를 주게 되는 폐단 등이 있어 이를 막기 위하여 하자를 용이하게 발견할 수 있는 전문적 지식을 가진 매수인에게 신속한 검사와 통지의 의무를 부과함으로써 상거래를 신속하게 결말짓도록 한 것"이라고 한다.[33] 하자담보책임에서 권리행사기간이 중요한데 민법은 '안 날로부터 6월내'란 기준을 제시한다. 무엇보다 기산점이 하자를 안 날로부터이므로 이론적으로는 매수인이 하자를 알지 못하는 한 무한정 권리행사기간이 지속된다고 볼 수 있다. 판례는 이러한 민법상의 기준을 상사매매에 적용하면 계약관계가 오랫동안 불안정한 상태에 놓이게 되고 이는 상거래의 신속한 결말이라는 이념에 반하기에 이러한 특칙을 두게 되었다는 것이다. 또한 상사매매에서는 대개 매수인이 전문적 지식을 가진 자로서 물건을 검사하여 하자를 용이하게 발견할 수 있는 능력이 있는 것이 일반적이라는 점을 전제로 하고 있다.

상법 제69조의 해석론상 다툼이 되는 쟁점으로서 매매의 목적물에 상인에게 통상 요구되는 객관적인 주의의무를 다하여도 즉시 발견할 없는 하자가 있

---

33) 대법원 1987.7.21. 선고 86다카2446 판결

는 경우에 대하여, 판례는 그 경우에도 매수인이 그 하자를 발견하여 늦어도 6월내에 통지하지 아니하면 매수인은 과실의 유무를 불문하고 매도인에게 하자담보책임을 물을 수 없다고 해석한다.34) 이른바 '숨은 하자'에 대하여도 최장 6개월의 권리행사기간만이 인정된다는 것이다. 이러한 해석은 기본적으로 상거래의 신속한 처리라고 하는 상법의 이념에 충실한 해석이라고 판단된다. 즉 모든 상사거래는 인도 후 6개월내에 문제가 제기되지 않으면 그로써 물건의 하자여부에 관해서는 종결된 것으로 보겠다는 것이다. 이는 매도인이 입장에서는 하자담보책임으로부터 완전히 자유로와지므로 매도인을 보호하는 측면도 있게 된다. 이외에 동 규정에 대한 해석론으로서 판례는 하자담보책임의 전제요건인 물건의 검사 및 하자 통지, 나아가 즉시 발견하기 어려운 하자에 관한 6월내의 통지 요건 등에 관한 입증책임은 매수인에게 있다고 한다.35) 그리고 동 규정은 문언상 '상인간의' 매매에 관한 것이 명백하므로 매수인이나 매도인만이 상인인 경우에도 당연히 이 규정이 적용되는 것은 아니라고 하였다.36)

또 하나 어려운 해석론은 담보책임으로서의 상법 규정과 민법상의 채무불이행책임과의 관계이다. 판례는 상법 제69조가 기본적으로 민법상 매도인의 담보책임의 특칙이므로 채무불이행에 해당하는 불완전이행으로 인한 손해배상책임을 묻는 청구에는 적용되지 않는다고 한다. 이것은 상법상의 문제이기보다는 민법상의 담보책임과 채무불이행책임이라는 기본적인 쟁점에 관한 것이 된다. 이 점에 대해서는 판례는 양자는 그 근거를 달리하는 것으로 병존하는 것임을 여러 차례 선언해왔다.37) 그리하여 상인 간에 오염된 토지가 매매되었고 매수인이 토지를 인도받은 후 6개월이 훨씬 경과한 후에 하자를 통지한 경우에, 상법상의 하자담보책임에 기한 청구는 인정될 수 없으나 매도인의 오염된 토지의 인도 그 자체가 불완전이행에 해당하므로 그에 기한 채무불이행책임으로서 오염된 토지의 정화에 필요한 비용을 손해배상으로 청구할 수 있다고 하였다.38)

---

34) 대법원 1999.1.29. 선고 98다1584 판결
35) 대법원 1990.12.21. 선고 90다카28498, 28504 판결
36) 대법원 1993.6.11. 선고 93다7174, 7181 판결
37) 대법원 2004.7.22. 선고 2002다51586 판결; 대법원 2004.8.20. 선고 2001다70337 판결 등

3) 평가

민법상의 하자담보책임을 기초로 하여 그에 관하여 상사매매에서의 특칙을 정한 상법규정은 기본적으로 상거래의 신속한 처리를 위한 배려임은 당연하다. 상인이라면 수령한 물건에 대하여 합당한 주의의무를 다하여 이상이 없는지 점검해보고 이상이 발견되면 즉시 이의를 제기하는 행동이 기대될 수 있다. 수령시 바로 발견치 못하더라도 사용 중 발견된 하자가 있다면 신속히 매도인에게 통지하는 것도 요구될 수 있는 행동수준이라고 할 수 있다. 다만 하자의 성격상 상당기간 즉 법이 정한 6개월이라는 시한이 지나 발견된 경우에는 어떠한가? 이 경우 기계적으로 매수인의 하자담보에 관한 권리를 부인하는 해석론은 수긍되기 어렵다. 상거래의 신속보다 정당한 매수인의 권리보호라는 이념이 더 중요한 가치를 가진다고 본다.39)

동 규정이 상거래의 신속한 결말이라는 가치의 실현을 위한 것이라는 점에서 이러한 가치와 직접 결부되지 않는 거래에까지 이 특칙을 확대적용할 필요는 없다고 보아야 한다. 이런 점에서 판례가 매수인의 주문에 따른 공급물품에 하자가 있는 경우 당해물건이 부대체물이고 달리 매각처분하기도 어려운 물품인 점에서 이 거래관계를 신속하게 결말지을 필요가 절실치 않고 따라서 상법 제69조의 적용대상이 아니라고 한 것은40) 시사하는 바가 크다.

이와 관련하여 더 근본적인 쟁점은 민사이든 상사이든 하자담보책임은 물건의 하자를 둘러싼 분쟁을 조기에 해결하여 거래의 안전을 기한다는 사고가 중요한 축을 이루는 것이므로 비록 상사거래라고 하더라도 그 쟁점이 이러한 상사거래의 특성이 아니라 근본적인 채무의 불이행과 그에 대한 책임이라는 문제에 해당하는 것일 때에는 원칙으로 돌아가 민법적 원리가 적용되어야 한다.

---

38) 대법원 2015.6.24. 선고 2013다522 판결
39) 물건의 성질에 따라 매도인의 담보책임을 면제하는 결과가 되고 이유없이 매도인을 보호하는 결과가 되므로, 동조 1항 1문을 유추적용하여 6월이 경과하여도 발견될 수 없는 하자는 발견 후 매수인이 즉시 통지하면 권리를 상실하지 아니하는 것으로 해석해야 한다는 견해가 타당성이 있어 보인다. 이철송, 396면; 임중호 351면
40) 대법원 1987.7.21. 선고 86다카2446 판결

4. 민사법정이율과 상사법정이율

1) 민·상법의 규정

민법은 이자있는 채권의 이율은 법률의 규정이나 당사자의 약정이 없으면 연 5%로 정하고 있다(379조). 그리고 금전채무의 불이행시 그 손해배상액도 약정이율이 없는 한 동일한 법정이율에 의하도록 하고 있다(397조 1항). 다만 후자의 경우에 약정이율이 법정이율보다 낮은 경우에는 법정이율에 따르는 것이 옳다는 판례의 해석론이 제시되었다.[41] 상법에서는 상행위로 인한 채무의 법정이율은 이보다 조금 높은 연 6%로 정한다(54조). 상인이 그 영업을 위하여 금전을 대여한 경우에는 약정이 없더라도 상사법정이자를 청구할 수 있다(55조 1항). 상인 간에서 금전소비대차가 있는 경우에 주장하는 약정이자의 지급이 인정되지 아니한다면 상사법정이자의 지급이 인정되어야 한다는 것이다. 민사이율인가 상사이율인가의 적용문제보다 더 중요한 것은 실은 현재의 고정된 법정이율이 적절한 것인가 하는 공통의 문제라고 생각된다.[42]

2) 판례의 개관

상사법정이율은 상행위로 인한 채무에 적용된다. 상행위로 인한 채무에는 상행위로 인하여 직접 생긴 채무뿐만 아니라 그와 동일성이 있는 채무 또는 그 변형으로 인정되는 채무도 포함되고, 당사자 쌍방에 대하여 모두 상행위가 되는 채무는 물론 당사자 일방에 대하여 상행위가 되는 채무도 포함된다.[43] 예컨대 운송계약 등 상사계약상의 채무불이행으로 인한 손해배상으로서 지연손해금에는 상사법정이율인 연 6%가 적용된다.[44] 분양계약에서 아파트 건설

---

41) 대법원 2009.12.24. 선고 2009다85342 판결
42) 민사법정이율을 연 5%로 정한 것에 대하여 현재의 저금리상황을 고려하면 과중하여 재산권의 침해라고 볼 수 있다는 주장에 대하여 헌재가 일단 불가피성을 고려하여 합헌판정을 내린 바 있으나(헌재 2017.5.25. 2015헌바421), 현재 국회에 이를 3%로 낮추거나 또는 공시이율에 1.75%를 가산하는 등의 개정안이 제출되어 있으며, 또한 법정이율변동제의 도입도 주장되고 있다. 권영준, 법정이율변동제, 비교사법 20권 1호(2013) 87면
43) 대법원 2016.6.10. 선고 2014다200763, 200770 판결
44) 대법원 2014.11.27. 선고 2012다14562 판결

업자의 입주 지연에 따른 지체상금은 상행위인 분양계약의 불이행으로 인한 손해배상채권이므로 상사법정이율이 적용된다.[45]

반면에 상행위가 아닌 불법행위로 인한 손해배상채무에는 상사법정이율의 적용이 없다.[46] 즉 사기대출에 의하여 받은 대출원금의 반환에 대하여 손해배상금 원금에 민사법정이율인 연 5%가 아닌 상사법정이율인 연 6%의 법정이자를 가산한 것은 잘못이라고 한다.[47]

5. 분할채무와 연대채무

1) 민·상법의 규정

민법은 분할채권관계를 원칙으로 정하고 있다. 즉 채무에 관하여서 채무자가 수 인인 경우에 다른 약정이 없으면 각 채무자는 균등한 비율로 의무를 부담한다(408조). 이와 대립하는 연대채무가 성립하기 위하여는 채권자와 수인의 채무자간에 연대의 특약이 있어야 한다. 이는 민사거래에 있어 자기책임의 원칙에 충실하게 규정한 것이다. 예외적으로 개별거래의 특성을 참작하여 사용대차나 임대차에 있어 공동차주나 공동임차인의 연대의무를 규정하고 있다(616조, 654조). 이에 대비하여 상법은 수 인이 그 1인이나 전원에게 상행위가 되는 행위로 인하여 채무를 부담한 때에는 연대하여 변제할 책임을 지우고 있다(57조 1항). 판례는 이 규정의 취지를 상사거래에 있어 인적 담보를 강화하여 거래의 안전을 도모함으로써 상거래의 원활을 기하려는 것으로서 민법상의 분할채무 원칙에 대한 특별규정이라고 한다.[48] 학설도 채무자들의 '신용의 총화'를 믿고 거래한 채권자의 신뢰를 보호함으로써 거래의 안전을 기하고자 하는 것이라고 설명한다.[49] 그러나 당사자들이 필요에 의해 연대의 특약을 할 수 있는 것이므로 일률적으로 상행위를 연대채무로 하는 것은 바람직하지

---

45) 대법원 2000.10.27. 선고 99다10189 판결
46) 대법원 2018.2.28. 선고 2013다26245 판결; 대법원 1985.5.28. 선고 84다카966 판결
47) 대법원 2004.3.26. 선고 2003다34045 판결
48) 대법원 1987.6.23. 선고 86다카633 판결
49) 이철송, 376면

않다는 비판이 있다.50)

　아울러 보증채무의 경우에도 민법상의 보증은 보증인이 주채무자가 이행하지 아니하는 채무를 이행할 의무가 있으며(428조 1항), 보증인에게 최고·검색의 항변권을 인정함으로써(437조) 보증채무의 보충성을 인정하고 있다. 따라서 이러한 보충성이 부정되는 연대보증이 성립하기 위하여는 보증인이 주채무자와 연대하여 채무를 부담한다는 연대의 특약이 있어야 한다(448조 2항). 상법은 보증이 상행위이거나 주채무가 상행위로 인한 것인 때에는 주채무자와 보증인은 연대하여 변제할 책임이 있다고 정한다(57조 2항).

2) 판례의 개관

　수 인이 동일채무에 대하여 채무를 부담하는 전형적인 경우가 조합채무를 부담하는 경우이다. 조합의 법리에 따르면 조합의 채권자는 각 조합원에게 지분의 비율에 따라 청구하여야 하고 이를 알지 못할 때에는 균분하여 그 권리를 행사할 수 있다(712조). 판례는 이 경우에 조합채무가 조합원 전원을 위하여 상행위가 되는 행위로 인하여 부담하게 된 것이라면 상법 제57조 제1항을 적용하여 연대책임을 인정하고 있다.51) 예컨대 상가건물을 갖고 숙박업을 공유하는 자들이 건물의 관리를 담당한 단체와 체결한 숙박사업장에 대한 관리계약은 상행위에 해당하여 공유자들은 연대하여 관리비 전액의 지급의무를 부담한다.52) 공동경영자들이 상행위로서 물품대금채무를 부담한 경우 이를 연대하여 부담하는 것이 당연하나,53) 계열회사들이 그룹내 조달본부에 공동으로 구매요구를 하여 납품업체와 계약을 체결한 사안에서 이는 각 거래는 계열회사와 물품공급회사 사이에 이루어진 것이어서 당사자에게만 효력이 미치는 것으로 보아 상행위로 인하여 부담하는 공동구매라고 볼 수 없어 계열회사들 사이에 연대채무관계의 성립을 부인하였다.54)

---

50) 임중호, 313면
51) 대법원 2018.4.12. 선고 2016다39897 판결
52) 대법원 2009.11.12. 선고 2009다54034, 54041 판결
53) 대법원 1991.3.27. 선고 90다7173 판결
54) 대법원 1987.6.23. 선고 86다카633 판결

6. 그 밖의 쟁점들

1) 대리에서 현명주의의 적용

민법상 원칙적으로 대리행위는 본인을 위한 것임을 표시하여야 직접 본인에 대하여 효력이 생기는 것이다(114조 1항). 이른바 현명주의를 선언하고 있다. 이에 대해 상법은 상행위의 경우에 대리인이 본인을 위한 것임을 표시하지 아니하여도 그 행위가 본인에 대하여 효력이 있다고 현명주의의 예외를 인정하고 있다(48조 1문). 판례는 상인인 갑과 을을 조합원으로 한 조합이 그 영업을 위하여 하는 행위로서 을이 유류공급계약을 체결하면서 그 상대방에게 조합을 위한 것임을 표시하지 아니하였다 하더라도 상법 제48조에 따라 그 유류공급계약의 효력은 본인인 조합원 전원에게 미친다고 하였다.[55] 또 상가건물 분양업체에게 그 소유자를 대리할 권한이 있고, 그 점포의 분양행위가 그 규모, 횟수, 분양기간 등에 비추어 볼 때 본인인 상가건물 소유자의 상행위가 되는 경우, 분양업체가 수분양자와 분양계약을 체결하면서 건물 소유자의 대리인임을 표시하지 않았다 하더라도 상법 제48조에 의하여 유효한 대리행위로서 그 효과는 본인인 건물 소유자에게 귀속된다고 하였다.[56]

이미 민법에 있어서도 규정상 제115조에서 현명이 없었더라도 상대방이 대리인으로서 한 것임을 알았거나 알 수 있었을 때에는 본인에게 효력이 생기는 것으로 현명주의의 예외를 인정하고 있다. 나아가 해석론으로서 현명은 명시적으로뿐만 아니라 묵시적으로도 할 수 있다고 함으로써 현명주의는 더욱 완화될 수 있다. 이에 비해 상법은 현명이 없어도 본인에게 효력이 있는 것을 원칙으로 선언하고 예외로서 상대방이 본인을 위한 것임을 알지 못한 때에 대리인에 대하여 책임을 물어 이행의 청구를 할 수 있게 하고 있다. 민사대리와 관련하여 동 조항은 상법학계에서 매우 복잡다기한 해석론을 야기하고 있는데 그 실익은 크지 않다고 보인다. 오히려 상행위의 대리에서도 민사대리에 관한 일반원칙으로 상대방을 충분히 보호할 수 있어 상법상의 동 조항을 삭제하고 민법의 원리에 따른 일원적인 규율이 바람직하다는 주장이 설득력이 있다.[57]

---

[55] 대법원 2009.1.30. 선고 2008다79340 판결
[56] 대법원 1996.10.25. 선고 94다41935, 41942 판결

2) 유질계약의 허용여부

　채권의 동산담보에 대하여 유질계약을 허용할 것인가에 대한 민법과 상법의 대립은 두 영역의 특성을 잘 보여주는 사례 중의 하나이다. 민법 제339조는 '유질계약의 금지'라는 제목하에 질권설정자가 채무변제기 전의 계약으로 질권자에게 변제에 갈음하여 질물의 소유권을 취득하도록 하는 것 이른바 유질계약을 금지하고 있는데 비해, 상법 제59조는 '유질계약의 허용'이라는 제목하에 상행위로 인하여 생긴 채권의 담보를 위하여 설정한 질권에는 민법의 규정이 적용되지 않는다고 규정하고 있다.58) 민법상의 유질계약 금지는 이를 허용하면 궁박한 상태에 있는 채무자가 소액의 채무로 인하여 고가의 질물을 잃을 염려가 있다는 점을 고려한 폭리행위 금지의 정신의 구체적 모습이라고 보고 있다. 그러나 이에 대해서는 획일적으로 이를 금지하는 것은 금융을 경색하게 할 수 있고 민법 제104조의 정신에 따라 폭리성이 강한 유질계약만을 무효로 하는 것으로 충분하다는 학계의 비판이 제정당시부터 이어져왔다.59) 이에 반해 상행위로 인한 채권에 유질계약을 허용하는 것은 상행위 당사자의 경제적 지위의 차이가 크지 않고 따라서 당사자의 자율성의 폭을 넓힘으로써 거래의 자유를 촉진하자는 의미가 담겨있다. 상거래에서 주로 문제되는 질권은 권리질권 그 중에서도 주식질권이다. 금융거래에서 채권담보조로 주식에 질권을 설정하는 것은 흔한 일이고 이 경우에 채권자에게 질물인 주식을 처분하여 대출금에 충당할 수 있다는 약정을 하는 경우가 많다. 은행대출은 상행위이므로 이러한 주식에 대한 유질의 설정이 가능하다는 것은 당연하다. 나아가 피담보채권이 상행위로 인한 발생한 채권이면 충분하고 질권설정자가 꼭 상인일 필요는 없으며 일방적 상행위로 인한 채권담보에도 유질이 허용된다.60) 다만 상사질권설정계약이라도 유질계약의 성립을 위하여서는 명시적인 약정이 있어야 함은 물론이다.61)

---

57) 임중호, 299면
58) 독일민법은 제1229조에서 유질약정의 금지조항을 두고 제1259조에서 영업상 질물의 환가에 관하여는 위 금지조항의 적용을 배제하고 있다.
59) 이영준, 물권법(2009) 820면
60) 대법원 2017.7.18. 선고 2017다207499 판결

3) 계약의 성립에서 청약에 관한 특칙

상법 제53조는 청약의 상대방에 대하여 이른바 낙부통지의무를 부과하고 있다. 민법의 청약과 승낙의 일반이론에 비추어 보면 매우 강한 제약을 가하는 특칙이다. 승낙은 청약에 대한 동의의 표시인데 이는 명시적 의사표시에 의할 수도 있지만 승낙자의 행태 예컨대 일부이행의 시작이나 대금의 일부 지급 등에 의하여 묵시적으로 행해질 수 있으며 민법 제532조는 의사실현에 의한 계약도 인정하고 있다. 그러나 청약자의 상대방에게 승낙여부에 관한 어떠한 표시의무를 인정하는 것은 불가하다. 피청약자는 승낙을 할 것인가 말 것인가를 결정할 자유뿐만 아니라 단순히 그것을 무시할 자유도 있다고 보아야 한다. 피청약자가 청약에 대해 단순히 침묵하는 것은 그 자체로 결코 승낙이 되지 않으며 다만 신의칙에 따라 청약에 동의하지 않는 경우에 그가 이의를 제기할 것이 기대될 수 있는 경우에 한해서만 승낙으로 볼 수 있다. 유엔매매법도 "침묵이나 부작위 그 자체로는 승낙이 되지 않는다"고 선언하고 있다.[62] 판례도 청약의 상대방에게 청약을 받아들일 것인지 여부에 관하여 회답할 의무가 있는 것은 아니므로, 청약자가 미리 정한 기간 내에 이의를 하지 아니하면 승낙한 것으로 간주한다는 뜻을 청약시 표시하였다고 하더라도 이는 상대방을 구속하지 아니하고 그 기간은 경우에 따라 단지 승낙기간을 정하는 의미를 가질 수 있을 뿐이라고 한다.[63]

상사거래에 있어서도 이러한 민법의 대원칙은 그대로 유지되어야 한다.[64] 즉 상법 제53조는 매우 엄격한 요건의 충족하에서만 가능한 법리라고 보아야 한다. 즉 상거래관계에 있는 자로부터 그 영업부류에 속한 계약의 청약을 받은 경우라는 법문은 당해 거래의 상거래적 특성의 반영보다는 오히려 위에서 말한 신의칙의 정신을 구체화한 것이라는 인상을 준다. 예컨대 판례는 금융거래에서 연대보증인에서 제외시켜 달라는 채무자측의 요청에 대하여 금융기관

---

61) 대법원 2008.3.14. 선고 2007다11996 판결
62) 유엔매매법 제18조 제1항 2문
63) 대법원 1999.1.29. 선고 98다48903 판결
64) 상법학계에서도 승낙의 의제의 범위가 지나치게 확대되지 않도록 동 조항을 축소해석해야 한다는 견해가 주장된다. 임중호, 287면

이 승낙여부의 통지를 하지 않았다하여 상법 제53조를 근거로 금융기관이 승낙을 한 것으로 보아야 한다는 주장에 대하여, 채권자의 입장에서 볼 때 연대보증을 대신하는 다른 담보의 제공도 없는 채무자의 요청 즉 청약에 대하여 승낙이 예상되는 상황이 아니므로 상인인 채권자의 낙부통지의무와 해태시 승낙간주라는 법리는 적용될 여지가 없다고 하였다.[65]

4) 사무관리와 보수청구

민법상의 사무관리란 법률상의 의무도 없이 타인의 사무를 관리하는 것을 말하며(734조), 사무관리의 효과로서 관리자가 본인에 대하여 필요비나 유익비의 상환청구권을 인정하고 있다(739조 1항). 사무관리자가 사무관리 본인에 대하여 보수를 청구할 수 있는가에 대하여 명문의 규정이 없으나 학설은 대체로 이를 부인하고 있다.[66] 그 근거에 대하여 판례의 다음 지적은 적절하다. 사무관리 제도는 사회생활에서의 상호부조의 이상에 터잡은 것으로서, 특히 관리자가 본인의 사무를 관리하게 된 주된 의도나 목적이 사무관리에 따른 보수를 지급받아 자신의 경제적 이익을 추구하고자 하는 데 있는 것으로 볼 수 있는 경우에는, 위와 같은 경제적 이익의 추구라고 하는 동기 때문에 관리자가 타인의 생활관계에 지나치게 개입함으로써 사적 자치의 원칙을 훼손시키고 오히려 사회적 상호부조의 이상에도 반할 우려가 있다는 것이다.[67] 즉 사회생활상 상호부조의 정신에서 자신이 한 선의의 행위에 대한 대가지급청구의 권리를 도출하기는 어려우며 최소한의 비용상환청구에 만족해야 한다는 것이다.

반면에 상법 제61조는 상인이 그 영업범위내에서 타인을 위하여 행위를 한 때에는 이에 대한 상당한 보수의 청구권을 인정하고 있다. 이는 상인의 소비대차시 이자약정이 없어도 법정이자를 청구할 수 있는 것과 같이(55조 1항) 상인의 영리성을 보장한다는 이념에 기초하고 있다.[68] 판례는 이에 대해 직업

---

65) 대법원 2007.5.10. 선고 2007다4691,4707 판결
66) 김형배, 사무관리・부당이득(2003) 44면. 다만 의사나 변호사같은 직업적 노동력에 대해서는 보수가 지급되어야 한다는 견해도 유력하다.
67) 대법원 2010.1.14. 선고 2007다55477 판결

또는 영업의 일환으로 제공한 용역은 그 자체로 유상행위로서 보수 상당의 가치를 가지고 따라서 관리자는 통상의 보수를 기대하고 관리하는 것으로 보는 것이 거래관념에 부합한다는 것이다. 여기에서도 보수청구의 인정여부에 관하여 중점은 민사거래인가 상사거래인간 하는 영역구분보다는 신의칙에 입각한 신뢰보호의 사고가 더 우선하는 것으로 보인다. 사무관리의 성립은 원칙적으로 엄격하고 신중하게 판단하되 일단 성립이 인정된 경우의 효과에 관하여는 거래의 상황을 반영하여 당사자들 특히 관리자가 정당하 가지게 된 신뢰를 보호해 주어야 한다는 점에서 보아야 할 것이다.

IV. 민법과 상법상의 특칙의 적용의 판단기준

1. 상거래의 신속성과 정형성

기업의 영업활동으로서 상거래의 가장 중요한 특색의 하나는 신속성에 있다. 상거래의 신속은 자금의 순환속도를 빠르게하고 상인의 이윤획득기회를 증대시킨다.[69] 신속성의 요구는 상거래가 대량적이고 반복적 계속적으로 이루어지는 것과 불가분의 관계에 있으며 또한 이를 위해 거래를 정형화시키는 것도 필요하다. 이러한 상거래의 신속성의 요청이 반영된 가장 전형적인 사례가 상사채권의 일반소멸시효를 민사거래의 절반인 5년으로 감축한 것이다. 판례는 이러한 점을 고려하여 비록 형식적으로는 상행위나 이로부터 파생한 채권이라도 정형적으로 또는 신속하게 해결할 필요가 없다면 상사시효가 아니라 일반민사시효를 적용해야 한다는 것이다. 또 상사매매에서 매수인에게 신속한 검사와 통지의무를 부과한 것도 상거래를 신속하게 결말짓도록 하기 위한 것이라고 한다. 부대체물의 하자에 관하여 신속한 처리의 필요성이 떨어지므로 상사매매의 특칙의 적용대상이 아니라고 한 것은 이를 잘 보여준다.

---

68) 이철송, 363면
69) 이철송, 315면

2. 거래안전의 확보

집단적이고 반복적으로 이루어지는 상거래는 신속히 처리되므로 특히 거래안전에 대한 필요성이 민사거래보다 더 크다. 특히 상대방이 비상인일때에는 거래상대방에 대한 고려가 더 필요하다. 거래안전에 대한 필요성은 상사거래에 있어 외관을 신뢰하고 거래한 자를 보호하는 외관주의를 더 강화시키고 있다. 다수인이 상행위에 가담할 경우에 연대책임을 지움으로써 민법상의 분할채무에 대한 특칙을 정한 규정도 판례는 상사거래에 있어 인적 담보를 강화하여 거래의 안전을 도모함으로써 상거래의 원활을 기하려는 것이라고 설명한다. 거래안전에 대한 요구가 잘 드러난 것은 특히 대리제도에 관한 것이다. 대리제도에 관하여 현명주의를 완화한 것은 거래안전을 확보하여 상인과 거래한 상대방을 보호하기 위한 필요에 부응하는 것이다.

3. 당사자의 자율

상거래에서는 원칙적으로 대등한 능력을 갖춘 당사자들을 상정하므로 경제적 약자의 보호라는 사고는 민사거래보다는 뒤로 물러나게 된다. 또한 상거래에서는 거래계의 변화에 따른 빠른 적응이 요청되어 그만큼 당사자들이 자율적으로 활동할 수 있는 영역이 보장되어야 한다. 그리하여 상사거래에 있어서는 민사거래보다 사적 자치의 원칙 또는 당사자자치의 원칙이 더 강하게 작용하며 상행위에 관한 규정은 임의법규성이 강하게 된다. 유질계약의 허용에 관한 상법의 특칙과 이를 구체화하는 판례들이 이를 잘 보여준다.

4. 영리성의 보장

기업의 영업활동은 영리의 추구를 본질로 하고 있다. 따라서 이러한 상법은 이러한 영리성 내지 유상성을 보장하기 위한 여러 특칙을 두고 있다. 이를 잘 나타내는 규정으로는 상인의 보수청구권(61조)을 들 수 있다. 판례는 상인이 영업의 일환으로 제공한 용역은 그 자체로 유상행위가 되고 보수를 기대하는 것이 거래관념에 부합한다며 보수청구권을 인정하고 있다. 상사이율을 민사이율보다 다소 높게 정한 것도 이러한 상거래의 유상성을 고려한 것임은 물론이다.

5. 상인적 의무의 부과

상사거래에 있어 상인들은 이를 전문적으로 하는 자들이므로 그에 따른 일정한 행태를 요구하고 또 그에 따른 책임을 묻는 경우가 자주 있다. 이는 이들과 거래하는 상대방인 상인이나 일반인을 보호하는 의미도 가짐으로써 거래안전을 높이는 역할도 한다. 상사매매에서 매수인에게 검사의무를 부과하는 것에 대해서 판례는 상사매매의 매수인이 대개 전문적 지식을 가진 자로서 물건을 검사하여 하자를 용이하게 발견할 수 있는 능력이 있다는 점을 지적한다. 또 계약의 청약에 대하여 민사거래와는 달리 상대방의 낙부통지의무를 부과한 것도 반복적으로 이루어지는 상거래에서 부과되는 상인적 의무라고 할 수 있다.

6. 민법의 일반규정과의 관계

상사거래에 관한 규율은 기본적으로 민사거래를 기초로 하여 그 위에서 상거래의 특성을 반영한 것이어서 문제되는 사항이 상거래적 특성과 관련된 것보다는 민사와 상사를 떠나 당해 거래의 기본원칙에 관계된 것이라면 민법의 일반규정이 적용될 것이다. 이를 잘 보여주는 사례가 상사매매에서 하자담보책임과 민법상의 채무불이행책임과의 관계이다. 즉 상사매매시의 하자담보책임은 민사매매의 그것에 관한 특칙이므로 하자담보책임법과 일반채무불이행법의 관계가 문제되는 경우라면 이것은 채무불이행법의 핵심적 주제가 된다. 또 다른 예로 상사유치권은 민사유치권과 대비할 때 상거래의 특성을 반영하여 쉽게 성립하고 그 범위가 넓게 인정될 수 있으나 유치권제도가 갖는 고유한 담보목적을 일탈하여 부당한 채무회수의 도구로 이용되는 남용적 행사의 경우의 통제문제는 신의칙 내지 일반 담보물권법의 법리가 적용된다.

V. 맺는 말

이 글에서는 민사거래와 상사거래의 특성이 착종하는 거래에 있어 양 영역의 적용영역을 판정하는 실질적인 기준이 어떠한가를 다수의 판례를 통하여 개관해보고자 하였다. 상법상의 특칙이 적용되는 상거래로 보아야 하는가의 판단에 부딪히는 경우에 법원은 형식적인 상인이나 상행위의 개념보다는 당해거래를 민사거래와 구별해서 다루어야 할 필요성이 인정되는가라는 실질적 기준을 중시하였다. 민(民)에 대한 상(商)의 특성과 그에 따른 별도의 법적 취급의 필요성은 불가피한 일이며 실무의 요구에 부응하는 것이기도 하다. 민사거래와 상사거래에서 추구하는 가치와 본질이 무언인지를 고민하고 합리적인 해결책을 제시하기 위한 민법과 상법의 역할의 분담과 협업은 현대 사법의 중심적인 과제가 될 것이다.

이것은 현행 법령의 해석과정에서뿐만 아니라 제도의 운용 및 입법과정에서도 고려되어야 한다. 예컨대 근래 민법개정안에서 논의가 되었던 채권양도금지특약의 사례를 본다. 채권자와 채무자가 양도금지특약을 한 경우에 선의의 양수인에게는 이를 가지고 대항할 수 없도록 한 현행규정에 대하여, 일부 논의는 채권의 양도성은 확대되어야 하므로 양수인의 선의요건도 필요치 않고 양도금지특약은 양수인에 대해서는 주장할 수 없도록 하여야 한다고 한다. 그러나 상거래적 성격을 갖지 않는 민사채권에 대하여는 양도금지특약을 통하여 본래의 채권자와의 관계를 유지하기를 원하는 채무자의 의사도 역시 중요한 가치로 고려되어야 할 것이다.[70] 즉 채권의 양도라는 문제도 그 채권의 민사적 또는 상사적 성격에 대한 이해가 없이 획일적인 법리를 적용하는 것은 부당한 결과를 가져오기 쉽다는 것을 잘 보여준다.

---

[70] 이에 대해서는 김동훈, 채권양도금지특약에 관한 민법규정의 운용 방향, 국민대 법학논총 제29권 제1호(2016.6.) 참조

【참고문헌】

[국내문헌]

권영준, 2014면 법무부 민법개정시안 해설(2018)

권영준, 법정이율변동제, 비교사법 20권 1호(2013)

김동훈, 채권양도금지특약에 관한 민법규정의 운용 방향, 국민대 법학논총 제29권 제1호(2016.6.)

김형배, 사무관리·부당이득(2003)

이기수·최병규, 상법총칙·상행위법(2016)

이영준, 물권법(2009)

이철송, 상법총칙·상행위법(2016)

임중호, 상법총칙·상행위법(2015)

[외국문헌]

Bucher, Der Gegensatz von Zivilrecht und Handelsrecht, Festschrift von Meier-Hayoz(1972)

Guhl, Das Schweizerische Obligationenrecht(2000)

Schwenzer, Schweizerisches Obligationenrecht Allgemeiner Teil(2006)

<Abstract>

The Distinction and Legal Treatment of Civil and Commercial Transactions

Kim, Dong-Hoon Professor of Law, Kookmin University

One of the legal issues in the private transactions is if the transaction has civil or commercial character and regulations of civil or commercial code is to be applied. Regulations of commercial code are mostly special rules to the ones of civil code.

Formally there are two kinds of system on how to regulate of civil and commercial transactions. One is that like swiss or italian code civil and commercial regulations are ruled in one code(code unique) and the other is dual system, which means civil and commercial law have their own codes separately. But it has no decisive meaning and it is inevitable to treat differently civil and commercial trades according to their characters.

Historically the civil code originates from roman law which is received in the Middle Ages and researched in the universities. In contrast the commercial law has autonomically been developed by practical necessity and not dealt as a object of academic studies for a long time. These commercial ideas and institutions are legislated in the 19th century and it's relation to civil law has emerged as a important legal issue.

The analysis of cases reveals that the court has put stress on the judgement if the transaction has the characteristics of commercial transactions distinguished to civil ones, not the fact that the transactions is formally civil or commercial according to the codes. The important criteria are speed of trade, security of trade, enlargement of party autonomy, guarantee of profit etc. In addition we have to distinguish the cases which is to be dealt by principles of civil law rather than the special rules of commercial code.

[이 글은 국민대 법학논총 제31권 제2호(2018.10.)에 게재되었다. 이 글은 2016.10. 몽골국립대학이 개최한 국제학술회의에서 발제한 논문 <한국의 사법에서 민법과 상법원리의 충돌과 조화 (Conflict and Harmony of Civil and Commercial Ideas in Korean Private Law)>를 보완한 것이다.]

제3자에 의한 채권침해와 공정한 경쟁

```
I. 들어가는 말
II. 판례의 분석
III. 비교법적 고찰
IV. 제3자에 의한 채권침해의 기초이론
V. 제3자에 의한 채권침해의 판단기준
VI. 맺는 말
```

I. 들어가는 말

채권관계의 당사자가 아닌 제3자가 채무자에게 영향을 미치는 등으로 채권관계에 개입하여 채권자의 이익을 침해한 경우에 채권자는 직접 그 제3자를 상대로 법적 책임을 물을 수 있는가? 이는 강학상 제3자에 의한 채권침해 또는 채권의 대외적 효력으로서 다루어지고 있다. 이것을 쟁점으로 하는 약간의 대법원의 판결도 축적되어 있다. 특히 최근에 선고된 몇 건의 판결을 계기로 하여 그 간의 판례이론을 종합적으로 분석해보고 약간의 비교법적 고찰을 한 후에 이를 기초로 동 주제에 관한 새로운 민법적 시각을 제공해보고자 한다. 그 간 민사거래에서 그 내용의 공정성을 판별하는 일이 주된 과제였다면 채권침해론은 경쟁의 바다에서 다수의 당사자들이 채권관계를 만들어가는 과정에서 역시 공정성의 문제가 제기되고 있음을 보여주고 있으며 근래의 관련 판례들이 공정한 경쟁을 모토로 내세우는 것은 이러한 흐름을 나타내고 있다. 본 글의 제목에 '공정한 경쟁'이라는 표현을 덧붙인 이유이기도 하다.

II. 판례의 분석

1. 개관

제3자에 의한 채권침해와 관련된 판결로서 가장 오래된 것은 구민법하의 1953년 판결로서 비록 채권침해라는 용어는 쓰지 아니하였으나, 제3자가 채무자에게 채권자에 대한 지불을 보류해 줄 것을 통지한 것에 대하여 채권자가 그러한 제3자의 행위가 채무이행을 방해하는 행위로서 이를 배제해 줄 것을 청구한 사안에서, 대법원은 이를 부인하며 단순히 제3자가 채무자에 대하여 지급보류를 청구한 것과 같은 행위만으로는 원칙적으로 제3자에 대한 방해배제의 청구가 허용될 수 없다고 하였다.[1] 그 후 제3자에 의한 채권침해가 처음으로 언급된 판결로는 1975년의 판결에서 "제3자에 의한 채권침해가 불법행위를 구성할 수 있으나, 그 성립여부는 각 태양에 따라 구체적으로 검토할 것"이라는 원론적 법리를 설시하였다.[2] 그 이후 2000년대 들어오면서 최근에 이르기까지 다양한 유형의 사례에서 제3자에 의한 채권침해의 법리가 구체화되어오고 있다.

2. 판례의 유형적 고찰

1) 채무자의 책임재산을 감소시키는 행위

기본적으로 판례는 제3자가 채무자의 책임재산을 감소시킴으로써 채권자의 만족이 방해되는 경우에 이러한 제3자의 행위를 불법행위로 인정하는데 소극적인 태도를 보여왔다. 1975년의 판결에서도 제3자가 채무자에게 돌아갈 돈을 가로챈 행위에 대하여 그러한 사실행위로 채무자의 책임재산이 감소되었더라도 이는 채권자의 간접적 손해에 불과하다며 불법행위 성립을 부인하였다. 또 제3자가 채무자에게 원채권자 이외의 다른 채권자에게 지급하도록 지시한 사안에서도 채권자의 추심을 방해한 행위로서 제3자에 의한 채권침해

---

[1] 대법원 1953.2.21. 선고 4285민상129 판결
[2] 대법원 1975.5.13. 선고 73다1244 판결

라는 주장에 대하여 이를 부인하면서 채무자의 변제는 정당한 법률행위임을 강조하였다(2006년 판결).3) 또 제3자가 강제집행면탈 목적을 가진 채무자와 명의신탁약정을 맺고 소유권이전등기를 하여 정당한 배당을 받지 못한 채권자가 제3자에게 불법행위책임을 묻는 사안에서, 법원은 "제3자가 채무자의 책임재산을 감소시키는 행위를 함으로써 채권자로 하여금 채권의 실행과 만족을 불가능 내지 곤란하게 한 경우 채권의 침해에 해당한다고 할 수는 있겠지만, 그 제3자의 행위가 채권자에 대하여 불법행위를 구성한다고 하기 위하여는 단순히 채무자 재산의 감소행위에 관여하였다는 것만으로는 부족하고 제3자가 채무자에 대한 채권자의 존재 및 그 채권의 침해사실을 알면서 채무자와 적극 공모하였다거나 채권행사를 방해할 의도로 사회상규에 반하는 부정한 수단을 사용하였다는 등 채권침해의 고의·과실 및 위법성이 인정되는 경우라야만 할 것"이라며 채권자의 청구를 거절하였다(2007년② 판결).4)

최근의 판결에서는 위에서 설시한 요건 즉 채무자와의 적극 공모나 부정한 수단의 사용이라는 요건이 충족되었다고 보아 제3자의 채권침해의 불법행위 성립을 인정하면서도 그 손해액은 제3자의 채권침해로 인하여 직접적으로 회수하지 못하게 된 손해에 한정할 것이라고 하였다(2019년 판결).5) 대체로 보건대 제3자의 행위가 채무자의 책임재산을 감소시켜 결국 채권자의 채권만족이 저해된 경우에는 그러한 채권침해는 간접적인 것이고 또 채권자에게는 채권자대위권이나 채권자취소권 등의 책임재산 보전수단이 있으며, 이런 경우 대부분 채무자의 거래는 정당한 것이어서 결국 채무자의 채무불이행책임으로 충분한 것이라고 보는 듯 하다. 다만 이러한 유형에도 채무자와의 적극 공모나 부정한 수단의 사용 등이 인정될 수 없다는 한계는 존재한다.

2) 일방당사자로 하여금 계약을 파기토록 하는 행위

제3자가 계약의 일방에게 압력을 행사하여 상대방과의 기존의 계약을 파기하도록 하는 행위에 대하여 상대방이 제3자에게 채권침해를 근거로 손해배

---

3) 대법원 2006.6.15. 선고 2006다13117 판결
4) 대법원 2007.9.6. 선고 2005다25021 판결
5) 대법원 2019.5.10. 선고 2017다239311 판결

상을 청구할 수 있는가라는 쟁점을 다룬 몇 개의 판례도 보인다. 공연기획사가 외국가수의 내한공연을 준비하면서 시중은행과 체결한 입장권판매대행계약에 대하여 공연을 반대하는 시민단체가 은행불매운동을 벌일 것을 알리며 계약을 파기하도록 압력을 행사하였고 결국 은행이 이에 굴복하여 판매대행계약을 파기한 사안에서, 대법원은 시민단체의 행위는 공연기획사가 은행과의 대행계약에 기해 갖고 있는 채권을 침해하는 것으로서 위법하다고 판시하고 그로 인한 손해를 배상할 것을 명하였다(2001년② 판결).6) 법원은 기획사가 합법적인 허가를 받아 추진하는 사안에 대해 시민단체의 불매운동이라는 경제적 압박수단의 고지가 위법하다고 판단하였다. 또 제3자가 계약의 일방 당사자에게 성립여부가 불분명한 자신의 특허권침해를 이유로 고소하고 고소를 취하하는 조건으로 계약을 해제하도록 압박을 가한 사안에서, 이러한 제3자의 행위는 정당한 권리행사를 벗어난 위법행위로서 불법행위가 되며 상대방이 입은 손해를 배상할 것을 명하였다(2001년③ 판결).7)

그 후 중계유선방송사업자와 아파트의 입주자대표회의 간에 방송공급재계약의 협상 중 유사업자가 방송법에 위배되는 방식으로 입주자에게 영향을 미쳐 방송사업자의 재계약체결이 무산된 사안에서, 방송사업자는 유사업자의 재계약방해행위로 인하여 입은 수신료수입 상실의 손해의 배상을 청구하였다. 법원은 유사업자의 개입과 같이 제3자가 위법한 행위를 함으로써 다른 사람 사이의 계약체결을 방해하거나 유효하게 존속하던 계약의 갱신을 막아 그 다른 사람의 정당한 법률상 이익이 침해된 것으로 보아야 한다며 손해의 배상을 인정하였다(2007년① 판결).8) 이처럼 제3자가 기존의 계약의 파기 또는 계약의 체결이나 갱신의 무산에 영향을 주는 것은 제3자에 의한 채권침해의 중요한 유형이며 이 경우 위법성 판단은 많은 요소를 고려하여야 한다.

3) 채권자가 계약상 취득한 권리를 침해하는 행위

계약상 보장된 일방의 권리가 독점적 권리이거나 배타성이 있는 경우 제3

---

6) 대법원 2001.7.13. 선고 98다51091 판결
7) 대법원 2001.10.12. 선고 2000다53342 판결
8) 대법원 2007.5.11. 선고 2004다11162 판결

자가 이와 양립할 수 없는 행위를 하는 경우 채권자의 권리가 침해될 수 있다. 한국도로공사가 정유사와의 사이에서 특정 구간의 주유소에 그 정유사의 석유제품공급권을 인정하는 계약을 체결하였는데 주유소측이 다른 정유사로부터 제품을 공급받은 사안에서, 원래의 정유사는 주유소측의 행위가 자신의 계약상의 제품공급권을 침해하였다며 불법행위로 인한 손해의 배상을 구하였다. 법원은 본래의 계약을 경쟁적 계약관계로 보아 원칙적으로 기존의 계약과 충돌하는 내용의 계약을 체결하였다는 것만으로 제3자에 의한 채권침해가 성립한 것으로 보기 어렵다고 하였다(2001년① 판결).9) 또 C는 A로부터 물품의 제작을 주문받아 이를 A에게만 공급하기로 약정하고, A는 공급받은 물품에 대하여 B에게 독점판매권을 부여하였는데, C가 이를 알면서도 그 물품을 다른 곳에 유출한 사안에서, 그러한 C의 불법유출행위는 B가 계약상 취득한 독점판매인으로서의 지위 내지 이익을 직접 침해하는 것이 되어 B에 대한 관계에서 불법행위로 된다고 하였다(2003년 판결).10)

최근의 판례는 부동산 선분양 개발사업에서 시행사가 분양계약을 해제한 자에게 해약금을 지급하기 위하여 시공사에게 분양수입금 관리계좌로부터의 인출동의를 요청하였으나 이를 거부하고 오히려 시공사가 자신의 공사대금채권을 변제받기 위하여 금원을 인출하여 결국 해약금을 반환받지 못한 분양해제자가 시공사를 상대로 손해배상을 청구한 사안에서, 이러한 시공사의 행위가 시공사에 앞서 변제받을 수 있는 해제자의 채권을 침해하는 행위가 된다고 보아 손해배상 청구를 인용하였다(2021년 판결).11) 이러한 몇 개의 판례들은 비록 계약상의 채권일지라도 특히 독점적 또는 우선적 성격을 갖는 경우에 이러한 채권은 특별한 보호의 대상이 됨을 보여주고 있다.

3. 판례의 법리분석

판례는 제3자의 채권침해의 법리를 처음 언급한 1975년의 판결에서 매우

---

9) 대법원 2001.5.8. 선고 99다38699 판결
10) 대법원 2003.3.14. 선고 2000다32437 판결
11) 대법원 2021.6.30. 선고 2016다10827 판결

단순하면서도 원론적인 입장을 표시하였다. 즉 "제3자에 의한 채권침해가 불법행위를 구성할 수 있다 함은 시인되지만 제3자의 채권침해가 반드시 언제나 불법행위가 되는 것은 아니고 채권침해의 태양에 따라 그 성립여부를 구체적으로 검토하여 정하여야 한다." 즉 제3자에 의한 채권침해는 불법행위가 되고 그에 따른 손해배상이 인정될 수 있지만 개별적으로 그 침해의 양태를 보고 구체적으로 정하여야 한다는 것이다. 이어지는 판례들에서 침해양태에 대한 위법성 판단의 기준으로 제시되는 것은 채권자의 존재 및 채권의 침해사실을 알면서 채무자와 적극 공모하였다거나 채권행사를 방해할 의도로 사회상규에 반하는 부정한 수단을 사용하였는가이다. 우선 제3자가 단순한 채권의 존재나 침해에 대한 인식하는 것만으로는 부족하고 채무자를 끌어들여 공모에 이를 정도라고 한다. 이는 기존에 판례가 부동산의 이중매매나 명의수탁자의 처분 또는 취득시효완성자의 처분 등에 관한 반사회성의 판단기준으로 제시한 '적극 가담'의 요건과 상통하는 듯이 보이나 '적극 공모'라는 표현은 그 불법의 강도를 더 높게 책정하고 있는 인상을 준다. 또한 부정한 수단의 사용으로는 대표적으로 제3자의 기망이나 강박 등을 들 수 있다. 특히 제3자가 강박을 가하는 것은 채무자의 자유로운 의사결정의 기회를 빼앗는 것이므로, 비록 제3자가 압력을 행사하더라도 채무자의 자유로운 의사결정의 기회가 보장된다면 제3자의 행위의 위법성은 인정되기 힘들 것이다.

또 하나의 판례의 흐름은 채권관계에 있어 자유경쟁과 공정경쟁에 관한 관점의 도입이다. 주로 계약상 확보된 채권자의 권리가 침해되었다고 하는 경우에 그러한 채권의 보호가치가 문제되고 그에 대한 판단기준으로 제시되고 있다. 즉 제3자가 채권자의 계약상 독점판매권을 침해하였다는 주장에 대하여 판단하면서 판례는 "일반적으로 채권에 대하여는 배타적 효력이 부인되고 채권자 상호간 및 채권자와 제3자 사이에 자유경쟁이 허용되는 것이어서 제3자에 의하여 채권이 침해되었다는 사실만으로 바로 불법행위로 되지는 않는 것이지만, 거래에 있어서의 자유경쟁의 원칙은 법질서가 허용하는 범위 내에서의 공정하고 건전한 경쟁을 전제로 하는 것이므로, 제3자가 채권자를 해한다는 사정을 알면서도 법규에 위반하거나 선량한 풍속 또는 사회질서에 위반하는 등 위법한 행위를 함으로써 채권자의 이익을 침해하였다면 이로써 불법행위가 성립한다."고 설시하였고(2003년 판결) 이러한 관점은 그 후의 여러 판결에서 반복적으로 언급되고 있다. 판례에 의하면 채권관계는 기본적으로 물권과 달리 배타성이 없고 따라서 자유경쟁이 원칙이나 이것은 또한 공정한(fair) 경쟁이어야 한다는 한계를 갖는다는 것이다. 이는 바로 사적자치가 대원칙이나 이것의 한계를 정하여 사회질서에 반한 법률행위는 그 효력을 인정할 수 없다는 구조와 궤를 같이 한다. 그리하여 자유경쟁보다 공정경쟁이 우선하는 그 한계로서는 역시 마찬가지로 선량한 풍속 또는 사회질서에 위반하는 방식으로 채권자의 이익을 침해한 경우를 말한다고 한다. 즉 전자가 내용의 공정성이라면 후자는 과정의 공정성을 말하며 그 기준은 동일함을 보여준다.

III. 비교법적 고찰

1. 독일법

물권과 채권을 엄격히 구별하는 판덱텐체계의 원조인 독일민법에서 제3자에 의한 채권침해는 결국 이것이 불법행위로 인한 손해배상을 통한 구제의 대상이 되느냐의 문제가 핵심에 오게된다. 그런데 독일의 불법행위법은 우리법과 달리 3개의 교차하는 개별적 책임규정들로 되어있어 어려운 해석론의 문제를 안고 있다. 우선 제823조 제1항에서 "고의나 과실로 타인의 생명·신체·건강·자유·소유권 또는 그 밖의 권리를 위법하게 침해한 경우"에 이에 대한 손해의 배상책임을 가해자에게 부담시키고 있는데, 여기에 열거된 보호법익들은 귀속내용(Zuweisungsgehalt)과 배타적 기능 그리고 사회정형적 공시성을 갖고 있는 절대적 권리라고 해석되고 있다.[12] 따라서 채권은 이 조항의 '그 밖의 권리'로서의 절대권으로 보지 않는다. 채권에는 사회적 공시성이 없고 채권에

---

12) 윤형렬, 불법행위법상 신뢰이익의 협소성과 계약체결상의 과실책임, 민사법학 20호(2001) 23면 이하; 이하의 비교법적 소개는 필자의 과거의 글(제3자의 계약침해와 불법행위의 성부, 정보와 법 연구, 2002.2. ; 채권법연구(2005) 328면 이하에 전재)에서 발췌한 부분에 약간의 최근 문헌을 보완한 것이다.

대한 불가침성의 인정은 모든 사람에 대하여 행위위험을 부담케 하기 때문이라고 한다.13) 그러나 이러한 통설적 입장에 대하여 꾸준히 채권침해 자체에 대하여 불법행위법적 보호를 하여야 한다는 주장이 있어왔고 그 내용으로서 제3자가 채권의 귀속을 침해하는 경우에는 그 재화로서의 채권이 귀속내용과 배타적 기능을 보유하고 있다고 한다. 또 사회적 공시성의 문제도 채권을 의도적으로 침해하는 자에게는 물권에 못지 않게 인식가능성이 있는 것이라고 한다. 그리하여 일정한 유형의 채권의 침해는 '기타의 권리'에 해당할 가능성이 열려 있다는 것이다.

이에 비해 기존의 계약관계에 대한 제3자의 침해는 주로 제826조의 유형에 포섭되고 있다. 동 조는 "선량한 풍속에 반하는 방법으로 타인에게 고의로 손해를 가한 자는 그 손해를 배상할 의무를 부담한다"고 되어 있는데, 선량한 풍속이란 사회적 도덕을 지칭하는 광범위한 의미이고 특히 가해자의 고의를 책임의 성립요건으로 하고 있다. 그리하여 이중매매의 경우에 제2양수인이 이미 채권적 구속관계가 존재한다는 것을 아는 것만으로는 동 조의 적용에 충분하지 않고 그의 행태가 이른바 '법윤리적 최소한'(rechtsethisches Minimum)에 반하는 것이어야 하고 동시에 계약적 보호메카니즘을 무력하게 하는 경우를 들고 있다. 판례가 특히 의미를 두는 사정은 제2양수인이 양도인에게 기존 계약의 파기로부터 발생하는 불이익을 전보해줄 것을 약속함으로써 계약파기로 유도하는 경우이다. 손해배상은 목적물의 인도에 대한 채권자의 유일한 담보인데 그러한 약정은 계약책임의 예방적 효과를 무력화하기 때문이다.14) 그 외에도 제3자가 계약파기를 유도하는 수단이 위법한 위협이나 특별한 이익의 약속에 해당되거나, 파기자와의 계획적 공모 등과 같은 경우에는 동 조의 적용이 고려될 수 있고, '과정의 전체형상이 명백하게 일반인들 사이의 신의있는 거래의 기본관점에 거스르는'15) 경우, 또 계약파기로의 유인이 다른 당사자에 대한 가해를 일차적 목적으로 삼을 경우 등에도 동 조가 적용될 수 있다.

요약하면 독일법은 채권의 귀속이 침해되는 경우에는 제823조 제1항의 '기

---

13) 김형배, 채권총론(1998) 323면
14) MünchKomm/Wagner(2017) § 826 Rd. 71-77
15) BGH LM(B) Nr. 8 = NJW 1981, 2184

타의 권리'의 개념을 확장하여 포섭하고자 하고, 또 제3자의 행태와 관련하여서는 제826조의 '양속위반의 고의적 가해' 조항을 적용하여 제3자에 의한 채권침해로부터 채권자를 보호하고자 한다. 다만 계약파기 등의 경우에 채무자는 일차적으로 채무불이행법에 의한 보호가 원칙이며 불법행위법에 의한 보호는 자제되어야 하는 것이 민법의 상정하는 사법질서의 모습이라고 보고 있다.

2. 영미법

영미법에서는 기존의 계약관계에 대하여 제3자가 개입하는 계약침해(interference with contract)의 법리를 중심으로 발전해왔다. 전통적인 컴먼로에서는 일반적인 제3자의 계약침해를 알지 못하고 고용관계에서 제3자가 피용자를 유인하여 채무를 불이행하게 한 경우에 사용자의 제3자에 대한 배상청구를 허용하는 소권이 인정되는 정도였다. 그 후 19세기에 들어와 영국법은 타인의 계약에 대한 침해를 독자적인 불법행위로 인정하기 시작하였다.16) 그 주된 법리는 제3자가 고의로 기존의 계약에 개입하여 일방에게 계약을 파기하도록 설득하거나 위법한 방식으로 채무이행을 막는 것은 그 상대방에 대한 불법행위를 구성한다는 것이다. 미국법에서는 더 나아가 일반적으로 타인의 경제적 이익, 그것이 장래의 이익이라도 이를 위법하게 침해하는 '경제적 침해'라는 불법행위 유형이 인정되어 왔다. 이러한 확장에 대해서는 '경쟁은 우선적이다(priviliged)'라는 전통적인 자유경쟁의 옹호사상에 기한 반론도 많다.17)

제3자의 계약침해가 성립하기 위한 주요한 요건으로는 첫째로 유효한 계약이 존재하여야 한다. 따라서 교섭상대방과 계약을 체결하지 말도록 유인한다든가, 불법적인 계약을 파기하도록 하는 것은 아무런 책임을 발생시키지 않는다.18) 둘째로 유인자에게 고의가 있어야한다. 과실에 의한 침해는 성립하지 않으나, 반면에 유인자의 악의(malice)까지는 요구되지 않는다. 셋째로 침해의 수단과 목적이 고려되어야 한다. 침해의 수단이 반드시 독자적으로 불법행위

---

16) 이은영, 제3자의 채권침해와 경쟁질서, 김형배화갑(1994) 348-349면
17) 이은영, 위의 글, 350-356면
18) 엄동섭, 영미법상 제3자의 계약침해, 민사법학 제27호(2005.3.) 180면

가 되어야 하는 것은 아니며, 침해가 불법행위가 되기 위하여는 '부적절한'(improper) 목적을 추구하는 것이어야 한다. 침해행위의 정당성 여부에 대하여는 침해자가 자신의 행위를 정당화할 책임을 진다고 한다.

판례는 침해의 다양한 양태에 관한 법리를 발전시켜왔는데, 가장 전형적인 경우는 침해자가 상대방에게 타방과의 계약을 파기하도록 설득하는 것이다. 단순한 조언은 책임을 발생시키지 않으나 파기에 이른 경우 침해자가 단지 조언이었을뿐 설득이 아니라는 항변이 인정되기는 쉽지 않다. 또 침해자가 상대방이 타방과의 계약을 이행하지 못하도록 직접적으로 불법적인 행동을 하는 경우이다. 계약의 목적물을 절취하거나 계약이행에 필요한 도구를 탈취하거나 이행당사자를 감금하는 등의 행위이다. 계약파기 이외에도 제3자가 이미 확립된 계약당사자의 권리를 침해하는 경우들에 대하여 영미법은 세부적인 불법행위 유형을 정립해오고 있다. 대표적인 것으로 우선 협박(intimidation)을 들 수 있다. 제3자가 계약의 일방당사자에게 위협을 가해 상대방에게 손해를 끼치도록 하는 경우 협박불법행위가 성립한다. 또 하나의 유형은 공모(conspiracy)로서 이는 제3자와 일방당사자가 그 타방에게 손해를 끼치려는 것을 목적으로 결합하는 것을 말한다.

IV. 제3자에 의한 채권침해의 기초이론

1. 물권침해와 채권침해의 비교

판덱텐체계에서 제3자에 의한 채권침해라는 주제는 물권의 침해와 대비되어서 이해되어야 한다. 물권은 목적물을 직접적이고 배타적으로 지배하는 권리이므로 이것에 대해서는 절대적 보호를 주어야 하며 제3자가 이러한 직접적·배타적 지배를 침해하는 때에는 물권자는 이의 배제를 청구할 수 있어야 한다. 이것이 물권적 청구권이고 이는 물권의 효력을 관철하고 그 내용을 실현하는 수단이 된다.[19] 즉 물권이란 권리에 대한 침해가 있으면 민법은 1차적인 구제수단으로서 물권자에게 반환청구권, 방해배제청구권, 방해예방청구권

---

19) 이영준, 물권법(2009) 44면

이라는 트리오로 구성된 물권적 청구권을 인정한다. 물권의 침해에 대하여 그 침해행위를 불법행위로 구성하여 손해배상청구권을 인정하는 것은 2차적인 구제수단이다. 물권적 청구권과 달리 침해가 현실적으로 존재하여야만 하고 고의·과실을 요건으로 하며 효과에 있어서도 손해배상청구권은 침해로 인한 손해를 금전으로 환가해서 그 지급을 청구할 수 있을 뿐이고 침해의 제거와 같은 원상회복을 청구할 수는 없다. 판례도 물권적 청구권의 내용으로서 현재 지속되고 있는 침해인 '방해'의 개념과 침해가 일어나서 이미 종결된 경우를 말하는 '손해'의 개념을 명확히 구별하고, 후자는 손해배상의 영역에 해당한다는 것을 밝히고 있다.[20]

이에 비해 채권은 채권자가 채무자에게 일정한 행위 즉 급부를 이행할 것을 청구하는 청구권이고 이것은 채무자의 성실한 그리고 내용에 좇은 이행으로 만족을 얻게된다. 채권자의 모든 불만족은 채무자에 대한 이행청구권으로 최종적으로 완전하게 담보되는 것을 원칙으로 한다. 그런데 채무의 불이행을 포함한 채권자에 대한 침해가 채무자가 아니라 채권관계의 외부에 있는 제3자에 의해 이루어진 경우 채권자는 채무자를 통한 간접적 구제가 아니라 직접 그 침해자인 제3자를 상대로 권리의 구제를 구할 수 있는가라는 문제가 제기된다.

초기에는 채권은 상대권이어서 제3자에 의한 침해가능성이 없다든지 제3자에 대한 불가침성이 없으므로 침해를 하여도 불법행위가 되지 않는다는 주장도 있었다.[21] 그러나 이러한 설은 비판을 받고 채권이 비록 상대권일지라도 법질서에 의하여 승인되고 보호받는 이상 이러한 권리가 제3자에 의하여 침

---

[20] "소유권에 기한 방해배제청구권에 있어서 '방해'라 함은 현재에도 지속되고 있는 침해를 의미하고, 법익 침해가 과거에 일어나서 이미 종결된 경우에 해당하는 '손해'의 개념과는 다르다 할 것이어서, 소유권에 기한 방해배제청구권은 방해결과의 제거를 내용으로 하는 것이 되어서는 아니 되며(이는 손해배상의 영역에 해당한다) 현재 계속되고 있는 방해의 원인을 제거하는 것을 내용으로 한다"(대법원 2003.3.28. 선고 2003다5917 판결) ; 동지의 최근 판결로 대법원 2019.7.10. 선고 2016다205540 판결
[21] 현행 민법의 구조하에서는 채권의 성질은 채권침해의 위법성을 판단하는 단계에서 비로소 고려될 것이라는 비판은 타당하다. 서광민, 제3자에 의한 채권침해, 한봉희화갑(1994) 1008-1013면

해되고 방해받는다면 채권자에게 적절한 법적 보호가 이루어지는 것은 당연한 법의 요청이라고 한다.22) 그리고 그 보호수단으로서는 불법행위법이 적용된다. 그러나 학설은 제3자의 침해일반에 대하여 폭넓게 보호하는 것은 자유경쟁을 위축시킬 수 있는 것이어서 그 위법성 판단에 있어 신중하여야 한다는 소극적 태도를 보인다.

생각건대 물권과 채권을 단순히 이분법적 또 대립적으로 본다면 물권은 절대권이어서 그 침해가 절대적으로 보호되고 채권은 상대권이어서 채무불이행이 아닌 제3자에 의한 채권의 침해라는 개념의 성립 자체가 될 수 없다는 극단적 주장이 나오기까지 한다. 그러나 물권과 채권은 분리된 대립적 개념이라기보다 현실거래에서는 하나의 연속성의 관점에서 파악하여야 한다. 즉 일방이 상대방과의 관계에서 채권관계를 만들거나 그러한 관계에 돌입함으로써 장래의 완전한 물권적 보호를 받는 권리의 상태를 향하여 나아가는 첫 발을 띠게 되는 것이다. 때로는 채권관계가 형성 중 예컨대 상대방과의 계약체결과정에서도 일정한 보호가 문제되는 경우도 있고, 채권인 상태에서 그 보호를 강화함으로써 물권적 상태에 가깝게 하는 이른바 '물권화'라는 현상도 있다. 또 채권인 상태에서 물권의 본질적 특성인 공시방법을 덧입힘으로써 예컨대 청구권을 가등기함으로서 물권에 준하게 취급하는 즉 채권과 물권을 이어주는 가교역할을 하는 장치도 있다. 그러므로 권리의 침해에 대한 보호라는 점에서 보면 채권과 물권은 그 보호의 강약이나 필요성의 대소 등에 관한 정도의 문제일 뿐 공통의 기반을 가지고 있다. 즉 채권의 경우에는 본질상 물권으로 향해가는 진행 중의 권리로서 물권적 보호를 덧입기에는 한계가 있으나 그 진행 상의 위치에 상응하는 법적 보호를 받을 수 있고 받아야한다는 점에서는 이론이 있을 수 없다. 그리고 그 구제의 방법은 물권적청구권과 같은 1차적 보호가 아니라 2차적 보호인 불법행위에 의한 보호 즉 채권자가 침해자인 제3자를 상대로 불법행위에 기한 손해배상을 청구할 수 있는 것을 원칙으로 한다.

나아가 채권의 침해에 대한 구제로 채권자가 물권자와 같이 제3자에게 침해 자체의 제거를 청구할 수 있는가. 생각건대 침해로부터의 구제를 인정하는

---

22) 김형배, 채권총론 319면

한 그 구제방법의 효율성이 문제되는 것이며 어떤 개념적인 법적 구분이 중요한 것은 아니다. 구법하의 판례(1953년 판결)도 "정당한 이유없는 제3자의 행위로 인하여 채무의 이행이 방해될 우려가 있을 때에는 그 제3자에 대하여 방해행위의 배제를 청구할 수 있다"고 밝히고 있다. 특히 채권침해와 관련하여서는 사전적·예방적 구제수단이 중요한 의미가 있다. 판례는 인격권의 침해에 대한 구제에 대하여 손해전보의 실효성을 위하여는 사전(예방적) 구제수단으로 침해행위 정지·방지 등의 금지청구권이 인정된다며 비방광고의 중지청구를 인정하였다. 또한 이러한 부작위채무를 명하는 판결의 실효성있는 집행의 보장을 위해 그 부작위채무에 관한 판결절차에서 장차 채무자가 그 채무를 불이행할 경우에 일정액의 배상을 명할 수 있다고 설시함으로써 부작위채무와 간접강제의 관계에 관한 효시적인 법리를 설시한 바 있다.[23] 채권침해에 대한 실효성있는 보호를 위해서도 손해배상 외에 채권자가 제3자를 상대로 장래의 침해행위의 중지를 청구하고 나아가 이를 보장하기 위하여 위반시를 대비한 조건부 간접강제금의 지급판결도 가능하다고 보인다.

2. 자유경쟁과 공정경쟁

제3자의 채권침해에 대한 판례의 또 하나의 관점은 채권관계에 있어서 자유경쟁과 공정하고 건전한 경쟁 사이의 대립에 관한 것이다. 채권에는 물권과 같은 배타적 효력이 없다는 것을 단순히 다수의 채권자 상호간이나 채권자와 제3자 사이에서 완전한 자유경쟁이 허용되는 것으로 새긴다면 그 결과 채권이 침해되고 원래의 채권자가 손해를 입게 되어도 그것은 당연한 결과이므로 불법행위가 될 수 없다는 것이 한 쪽의 논리가 될 수 있다. 그러나 판례는 자유경쟁은 동시에 공정하고 건전한 경쟁 즉 공정경쟁을 전제로 한다고 한다.

---

[23] 대법원 1996.4.12. 선고 93다40614 판결은 부작위채무에 대한 판결절차에서 간접강제금을 부과하기 위하여는 단기간 내에 위반할 개연성과 미리 적정한 배상액을 산정할 수 있어야 한다고 설시한다. 이러한 법리에 대하여 최근의 대법원 전원합의체 판결(2021.7.22. 선고 2020다248124)은 종래의 판례의 법리의 타당성을 재확인하였다. 동 판결은 명시적인 금지규정이 없는 상태에서 집행의 효율성과 분쟁의 종국적 해결을 위하여 이를 적극적으로 해석하고 있다.

법규에 위반하거나 선량한 풍속 또는 사회질서에 반하는 등 위법한 행위를 함으로써 채권자의 이익을 침해하는 것은 바로 이러한 공정경쟁이라는 전제를 깨뜨리는 것이고 이러한 경우엔 불법행위가 성립하는 것이다.

사실 자유경쟁과 공정경쟁이란 대립하는 이념은 채권법의 근본적이고 철학적인 주제이다. 자유경쟁과 불가분을 이루는 사적자치의 이념은 당사자들이 합의하여 결정한 즉 자기결정이 이루어지면 그 자체가 내용의 정당성을 보증하는 근거가 된다고 하였고 그럼에도 불구하고 그 내용을 문제삼아 법원이 간섭할 수 있는 근거가 무엇인가 대한 많은 철학적 논의가 이루어져 왔다. 이에 비해 다수의 채권자 또는 제3자와의 경합이 문제되는 사안에서는 그 경쟁과정의 정당성이 문제된다. 달리기경주에서 비록 앞서서 들어왔더라도 추후 그 과정에서 반칙을 사용한 것이 드러난다면 메달을 박탈하고 차순위자에게 메달을 넘겨주는 것과 같다. 판례가 말하듯이 사회질서 위반의 행위로서 채권자의 이익을 침해하는 것이 문제라는 것은 과정의 정당성을 판단하는 기준이 곧 내용의 정당성을 판단하는 것과 동일한 것임을 말해준다. 즉 사회질서에 위반한 사항을 내용으로 하는 법률행위는 무효로 판정되듯이, 사회질서에 반하는 행위를 함으로서 채권자의 이익을 침해한다면 이는 채권자에 대하여 불법행위가 성립한다. 법률관계의 형성에 있어 결과물인 내용의 공정성과 그에 이르는 과정의 공정성은 양 날개와 같은 것이다.

이런 맥락에서 보면 우리 판례가 반사회질서의 행위로서 비중있게 다루는 이중매매라는 유형은 그 실질에 비추어서는 내용의 공정성이라기 보다는 과정의 공정성의 문제로 보는 것이 더 적합하다. 부동산의 이중매매가 이루어진 경우에 그 내용은 단지 당사자 간의 부동산소유권의 이전과 대금의 지급에 관한 합의이다. 이 내용이 사회질서 위반에 해당한다고 할 수 없다는 지적은 타당하다.[24] 즉 제2매수인의 적극가담은 계약의 내용이 아니라 계약의 성립과정이나 체결경위에 해당하는데, 매도인의 배신행위에 가담하는 제2매수인의 행위가 공서양속에 반한다고 하는 것은 논리모순이라는 지적을 피할 수 없다. 앞으로 이러한 이중매매는 비교법적 고찰이 보여주듯이 제3자에 의한 채권침

---

24) 김신, 부동산 이중매매와 제1매수인의 보호, 법률신문 2019.10.7.자

해의 중요한 유형으로서 다루어져야 하며 그럴 때에 비로소 제3자의 행태에 대한 법적 평가가 제대로 이루어질 수 있다. 제1매수인을 무리하게 보호하기 위하여 제2매수인의 행위를 제103조 위반으로 다루는 우회로를 택하는 한 이중매매와 그 처리에 관한 일관된 민사법리의 구축은 해결하기 어려운 난제로 남을 것이다.

V. 제3자에 의한 채권침해의 판단기준

1. 피침해채권의 양태에 따른 보호

1) 간접적 침해 - 책임재산의 감소행위 등

판례에서 제3자의 채권침해가 문제되는 주요한 유형으로서 이른바 채무자의 책임재산을 감소시키는 행위가 거론된다. 채권이란 최종적으로 채무자의 책임재산에 의하여 담보되는 것인데 제3자의 행위가 이를 감소시킨다면 이는 채권자의 만족가능성을 저해하는 것이 되는데, 채권자가 제3자의 이러한 행위를 불법행위로 보아 손해배상을 청구할 수 있는 것인가. 판례는 앞의 판례분석에서 본 바와 같이 이에 대하여 상당히 신중하게 접근하고 있다. 생각건대 제3자가 채무자와 거래하거나 접촉을 통하여 채무자의 재산이 감소한다하여도 이것이 바로 제3자의 채권침해로 인정되어 구제된다는 것은 채권법의 전체체계를 혼란에 빠뜨리게 될 것이다. 채무자는 자유롭게 자기 재산에 관한 거래행위를 할 수 있으며 채권자는 요건이 충족되는 경우 민법이 마련한 책임재산의 보전제도를 활용할 수 있을 뿐이다.

2) 계약상의 권리의 침해

진행 중인 계약관계에 있는 일방에 대하여 제3자가 영향을 미쳐 상대방과의 계약을 파기하거나 불이행하도록 유도하는 유형은 제3자의 채권침해에서 중심되는 유형을 이룬다. 아직 진행중인 계약상의 권리 즉 상대방이 계약상의 의무이행에 대해 기대할 수 있는 권리는 이것이 실현되지 않는 경우 상대방은 원칙적으로 채무불이행법에 의해 구제될 수 있을 뿐이다. 이것은 판례가 말하는대로 계약법에서는 자유경쟁의 원칙이 적용되는 것이어서 제3자는 더 나은 계약조건 등을 제시함으로써 종래의 계약관계를 파기하고 자신과 계약체결로 유도하는 등의 행위를 할 수 있다. 즉 계약의 영역에서는 출발의 시점이 문제되지 않고 누가 물권적으로 보호되는 영역으로 먼저 진입하는가가 중요한 것이다.

그런데 판례에서 직접적으로 제3자의 계약침해가 쟁점이 된 사안에서는 판례는 자유경쟁보다 공정경쟁을 강조하며 제3자의 계약침해에 대하여 불법행위의 성립을 인정하기도 하였다. 공정경쟁의 여부를 판단하는데 있어서는 계약의 성격 즉 계약의 경쟁성, 계약에 내재하는 위험 등이 고려요소가 될 수 있다. 통상적인 계약에는 기본적으로 경쟁의 원리가 적용되므로 '거래자유 보장의 필요성'이 우선적인 고려사항이 될 것이다.[25] 반면에 당사자 간의 계속적인 관계성이 중요한 요소인 고용계약이나 계속적 공급계약과 같은 경우에는 경쟁성의 측면 뿐만 아니라 기존의 계약에 내재한 신뢰관계의 안정성도 충분히 고려되어야 한다. 따라서 부당한 스카우트 등에는 엄격한 통제의 기준이 적용되어야 한다. 또 계약에 내재하는 위험도도 여러 요소에 의해 영향을 받는다. 계약이 거의 이행단계의 완료에 이른 경우에는 외부의 침해에 대하여 강한 보호가 주어져야 하겠지만 반대로 계약의 교섭단계에서 제3자의 영향력 행사로 계약체결이 좌절된 경우라면 제3자에게 법적 책임을 묻기는 어려울 것이다. 또 계약 자체가 투기적 성격이 있거나 여러 조건적인 상황에 의존해 있는 경우라면 역시 제3자의 침해로부터의 보호에 한계아 있게 된다.

3) 독점적·우선적 효력을 가진 채권

피침해채권이 경쟁에 노출되어 있는 채권의 단계를 지나 어느 정도 우선적이거나 독점적인 보호를 누릴 수 있는 단계에 들어선다면 이러한 채권의 침해에는 더 강한 보호가 주어져야 한다. 판례의 분석에서는 제3자의 계약침해

---

[25] 판례도 "독립한 경쟁주체간의 경쟁적 계약관계에 있어서는 단순히 제3자가 고의로 채무자와 채권자 간에 체결된 계약에 위반되는 내용의 계약을 체결한 것만으로는 위법성을 인정하기 부족하다"고 하였다(2001년① 판결).

의 유형으로 분류한 2007년①의 판결에서도 중요한 평가기준은 기존의 중계유선사업계약상의 권리가 사실상 독점적 지위에서 영업할 수 있는 지역사업권의 성격을 갖고 있어 방송법에 의하여 보호되는 법률상 이익이라 보아 이를 침해한 제3자의 행위를 불법행위로 보았다. 채권인 상태에서 독점적 내지 우선적 효력을 갖고 있다는 것은 물권적 속성을 부분적으로 공유하고 있다고 볼 수 있어 물권에 가까운 강력한 보호가 이루어지게 되고 이것은 제3자에 의한 채권침해의 위법성 판단으로 나타나게 된다.

4) 직접적인 채무이행 방해행위

사실 제3자의 채권침해는 결과적으로 보면 채무자의 이행을 방해하는 요소가 되고 채권자의 만족을 침해하게 되는 것인데, 여기서 방해행위는 직접적으로 채무자의 이행과정에 간섭하여 이행을 방해하는 것을 말한다. 인도채무에서 제3자가 인도목적물을 유치한다거나 채무자의 행위가 필요한 채무에서 채무자의 자유를 구속하는 행위를 들 수 있다. 그 외에도 채권자의 채권추심행위를 방해한다든가 타인의 무기명채권증서를 훼멸한다거나 또는 제3자가 직접 채권을 처분 또는 행사하여 채권자로 하여금 그 채권 자체를 상실하게 한 경우를 들 수 있다. 학설상 이른바 채권의 귀속자체를 침해한 경우 들을 말한다.

학설중에는 채권의 귀속 자체를 침해하는 것의 범위를 넓혀, 제3자가 직접 채권을 행사하여 채권자로 하여금 그 채권자체를 상실하게 한 경우라고 설명하고 이 경우 제3자의 채권침해가 성립한다고 한다.[26] 그 한 예로써 채권의 이중양도를 들고 있다. 즉 채권을 양도하고 양수인이 대항요건을 갖추기 전에 그 채권을 이중으로 양도하고 제2의 양수인으로 하여금 대항요건을 갖추게 한 경우이다. 이 경우 제1양수인은 양도인 또는 제2양수인을 채권침해한 제3자로 보아 손해배상을 청구할 수 있는가? 생각건대 채권의 이중양도도 기본적으로 위에서 논한 물권의 이중양도에 준해서 생각하면 족할 것이다. 제1양수인은 원칙적으로는 양도계약상의 의무를 위반한 양도인에게 책임을 물을

---

26) 송덕수, 신민법강의(2020) 729면

수 있을 것이나, 제2양수인의 행태에 따라서는 그에게 불법행위책임을 묻는 것도 가능할 수 있다. 문제는 이러한 채권의 관념적 또는 법리적 장애를 만들어내는 것과 채권증서의 훼멸과 같은 물리적 방해를 동일하게 채권의 귀속침해라고 유형화하는 것은 적절치 않아 보인다.

 제3자가 채무이행을 직접적으로 방해하는 경우들은 마치 물권적 침해와 유사하게 채권이라는 권리의 존재양식 자체에 대한 침해라고 볼 수 있다. 채권은 원칙적으로 관념적 권리이지만 그 존재와 이행과정에 있어 일정한 물리적이고 구체적인 대상물과 불가분의 관계에 있는데 그러한 대상물이나 채무자 또는 채권자의 생활영역을 침해한다면 이는 본질적으로 물권적 침해와 같은 선상에서 볼 수 있고 그에 대해서는 절대적인 보호가 주어져야 할 것이다. 또한 이러한 유형의 채권침해에서는 불법행위에 기한 손해배상청구와 아울러 이러한 방해행위의 배제라는 구제수단도 중요한 의미를 갖는다(1953년 판결).

5) 소결

 제3자의 채권침해를 그 피침해권리의 측면에서 본다면 결국 당해 채권이 목적하는 바인 물권과의 거리에 따라 보호의 강도가 정해진다고 소박하게 말할 수 있을 것이다. 채무자와의 거래나 영향력 행사로 인해 채무자의 재산이 감소되어 채권자가 불안해진다는 책임재산감소와 같은 것은 가장 물권적 보호와 거리가 먼 유형이 된다. 진행 중인 계약상의 권리는 기본적으로는 자유경쟁의 원리하에서 그 보호에 한계가 있으며 다만 공정경쟁의 관점에서 과도한 경우에 일정한 통제가 이루어 질 수 있다. 채권단계이지만 그것에 관련법규나 당사자의 약정에 의해 독점적 또는 우선적 효력이 인정되는 채권이라면 물권에 가까운 강력한 보호까지 이루어져야 할 것이다. 그리고 채권의 귀속 자체를 침해하는 사안은 실질적으로 물권적 보호가 이루어져야 하고 그 일환으로 방해배제의 청구까지 인정될 수 있다.

2. 제3자의 행태와 관련된 쟁점

 우선 제3자에게 고의가 있어야 함은 당연하다. 즉 제3자의 침해행위는 고의를 요하는 이른바 고의불법행위이다. 자신의 행위가 채권자의 채권을 침해한다는데 대한 인식이 있어야 하며 구체적인 손해의 내용이나 범위까지 알 필요는 없다. 그러나 이러한 고의만으로 바로 제3자의 침해행위가 위법한 것이 아니고 위법성을 충족하는 다른 요소들이 가미되어야 한다. 판례도 "제3자가 채무자에 대한 채권자의 존재 및 그 채권의 침해사실을 알면서 채무자와 적극 공모하였다거나 채권행사를 방해할 의도로 사회상규에 반하는 부정한 수단을 사용하였다는 등 채권침해의 고의·과실 및 위법성이 인정되는 경우라야만 할 것"이라고 한다(2007년② 판결). 아울러 제3자가 고의 즉 침해사실에 대한 인식 즉 채권자에게 손해가 돌아가는 것을 용인하는 정도가 아니라 처음부터 채권자에게 불이익을 줄 것을 목적으로 하여 채권침해에 개입하였다면 이러한 제3자의 행위가 위법하다고 판단되는데 어려움이 없을 것이다. 물론 이 때 제3자의 해의(害意)는 채권자가 입증하여야 할 것이다.

채무자의 행태를 유형화한다면 우선 제3자와 채무자가 적극 공모하는 경우이다. 판례는 채권자가 구제를 받기 위하여는 제3자가 기존의 채권의 침해에 대한 인식을 넘어 채무자에 대한 권유, 설득, 유도 등의 적극적인 가담이 있을 것을 요구하고 있다. 예컨대 2007년②의 판결에서 "채무자와의 명의신탁으로써 채권자의 채권의 실현을 곤란하게 한다는 점을 알면서 채무자의 강제집행면탈행위에 공모 가담하였다는 등의 사정이 입증되어 위법성이 인정되는 경우라야"라든가, 2001년①의 판결에서 "제3자의 행위가 채권자의 석유제품 공급권을 침해하기 위해 채무자와 적극적인 공모에 의해 이루어진 것이 아니고" 등에 잘 나타나고 있다.

사실 적극 가담 내지 공모라는 기준은 판례가 부동산의 이중매매에 관한 다수의 판례를 통해 확립해온 기준이다. 부동산의 이중매매가 반사회적 법률행위로서 무효가 되기 위해 판례는 '매도인의 배임행위에 매수인이 적극 가담한 행위로 이루어진 매매"라 하고 그 적극 가담의 의미에 대하여는 '적어도 그 매도사실을 알고도 매도를 요청 또는 유도하여 매매계약에 이른 정도가 되어야"한다고 설시한다. 이러한 판례의 입장은 명의수탁자가 임의로 수탁재산을 제3자에게 처분한 경우에도 '제3자가 명의수탁자의 신탁자에 대한 배신행위에 적극 가담한 경우에는 반사회적 법률행위로서 무효'라고 설시하고, 또한 취득시효 완성사실을 알면서도 소유자가 시효완성자에 대한 등기이전의무를 회피하기 위하여 제3자에게 처분한 경우에도 "부동산을 취득한 제3자가 부동산 소유자의 이러한 불법행위에 적극 가담하였다면 이는 사회질서에 반하여 무효이다"라고 한다. 이중매매시 판단 기준으로 종래 판례가 써온 '적극 가담'이라는 표현에 비해 제3자에 의한 채권침해의 불법행위 성립요건으로서 판례가 사용하는 '적극 공모'라는 표현은 그 불법의 강도가 더 높다고 해석된다.

채무자의 행태에 관한 두 번째 유형은 판례의 표현으로는 '채권행사를 방해할 의도로 사회상규에 반하는 부정한 수단을 사용'하는 경우이다. 즉 제3자가 채권침해를 함에 있어 동원하는 수단이 위법한가이다. 위법한 수단의 대표적인 것으로는 기망과 강박이 있을 터이다. 제3자가 채무자를 기망하여 채권을 침해하였다면 위법성이 인정되는데 큰 어려움이 없을 것이다. 예컨대 2007①의 판결에서 제3자가 자신이 적법한 방송사업자인 것처럼 가장하여 계약일방당사자에게 접근하여 계약을 체결하여 기존의 당사자의 재계약체결을 무산시키었는 바, 제3자의 위법성을 인정하였다.

반면에 채권침해에 있어서 주로 문제되는 제3자의 채무자에 대한 강박여부는 섬세한 판단이 필요하다. 채무자가 비록 강한 영향력을 행사하더라도 채무자에게 자유로운 의사결정의 기회가 보장된다면 제3자의 행위가 위법성의 판단을 받기는 어렵다. 그런데 어느 정도의 영향력의 행사가 의사결정의 자유를 박탈하여 강박이라는 위법수단의 사용이 되는 가를 판단하는 것은 쉽지 않다. 첫째로 경제적 압박수단을 고지하는 경우이다. 2001년② 판결에서 보듯이 기존의 계약을 파기하지 않으면 불매운동에 들어간다거나 거래를 끊겠다고 하는 등의 압박이다. 이러한 경제적 압박은 특히 채무자가 제3자와의 관계에서 경제적으로 열등한 위치에 있거나 민감한 영향을 받는 관계에 있다면 실질적으로 의사결정의 자유를 박탈한다고 볼 수 있다. 둘째로 법적인 책임을 추궁하겠다고 협박하는 경우이다. 예컨대 형사고소나 민사소송의 제기, 보전처분의 집행 등이다. 2001년③의 판결에서 이미 제기된 고소취하의 합의조건으로 기존의 계약파기를 요구하는 경우도 이에 속한다. 원래 법적인 권리의 행사는 정당한 제3자의 권리이나 동시에 제3자가 이러한 권리행사를 주장하는 목적과의 상호관련성을 떠나서 단독으로 판단되기는 어렵다. 셋째로 언론공개 등 사회적인 압력의 행사이다. 이것도 역시 수단과 목적을 종합적으로 고려하여 판단하여야한다. 요컨대 정당한 권리행사라 할 지라도 부정한 이익을 얻으려는 등 위법한 목적을 추구할 때에는 위법성이 있으며 또 목적은 정당할 지라도 그 수단으로서의 행위가 현저히 부당한 경우에는 위법성이 있게 된다. 그러므로 강박에 의하여 달성하려고 하는 목적과 그 강박의 수단을 상관적으로 고찰하여 위법성의 유무를 판단하여야 한다.27)

VI. 맺는 말

이 글을 작성하면서 제3자에 의한 채권침해라는 주제에 대하여 새롭게 생각하게 된 것 몇 가지를 정리해보는 것으로서 글을 마친다.

첫째로 제3자에 의한 채권침해의 문제는 채권이라는 실체적 권리 자체를 외부의 침해로부터 보호해야 한다는 당위성을 인정하면서도 또한 경쟁이라는 속성에 노출되어 있는 채권을 보호함으로써 경쟁이라는 또 하나의 가치를 위축시키게 된다는 갈등상황이다. 이러한 대립적인 가치의 절충은 구체적으로는 피침해권리와 제3자의 침해행태라는 두 가지 측면에서 이루어진다. 이러한 이익형량은 다른 불법행위유형에서도 널리 인정되는 접근방식이다. 예컨대 판례는 소송상 증거자료 수집을 위한 개인의 사생활침해에 관하여 판시하면서 서로 다른 두 방향의 이익이 충돌하는 경우에 그 이익형량과정에서 하나는 침해행위의 영역에 속하는 고려요소와 또 하나는 피해이익의 영역에 속하는 고려요소 들을 열거하고 있다.28) 제3자에 의한 채권침해라는 불법행위유형에

---

27) 이 부분은 민법 제110조의 강박행위의 위법성의 판단에 관한 논의와 대체로 일치한다. 송덕수, 신민법강의(2020) 139면; 대법원 2010.2.11. 선고 2009다72643 등
28) 침해행위의 영역에 속하는 고려요소로는 침해행위로 달성하려는 이익의 내용 및 그 중대성, 침해행위의 필요성과 효과성, 침해행위의 보충성과 긴급성, 침해방법의 상당성 등이 있고, 피해이익의 영역에 속하는 고려요소로는 피해법익의 내용과 중대성 및 침해행위로 인하여 피해자가 입는 피해의 정도, 피해이익의 보호 가

서는 한편으로는 침해받는 채권이 어느 정도의 보호가치를 누려야 하는 것인지를 판단하여야 하고 본 글에서는 물권과의 거리에 따른 분류를 제시하여 보았다. 또 한편으로는 침해자의 편에서 그 행태가 얼마나 반사회적으로 평가되는가를 고려하여야 한다. 최근의 한 학설은 채권침해의 기존의 다양한 위법성 판단요소들을 행위자체의 악성과 관련되는 행위불법적 요소와 행위로 인한 결과의 중대성과 관련되는 결과불법적 요소로 분석하는 이른바 동적체계론을 제시하였는데[29] 위의 논의와 궤를 같이 하는 것으로 보인다.

둘째로 민사거래에 있어 과정의 공정성에 관한 고려이다. 현 정부의 출발시 내걸었던 모토가 '기회는 평등할 것이고 과정은 공정할 것이며 결과는 정의로울 것'이었다. 특히 과정의 공정성은 우리 사회의 가장 첨예한 화두가 되고 있다. 그 간 민법에서 공정의 문제는 주로 내용의 공정성에 관한 것이었다. 반사회질서의 내용의 연장으로서 법률행위의 불공정성이 규정되어 있기도 하다. 사적 자치에 따라 당사자 간의 자유로운 합의는 모든 법적 효력의 원천이지만 그 한계로서 그 내용이 공정의 관념에 심히 반할 때 법원의 간섭이 이루어질 수 있다. 제3자에 의한 채권침해에 관한 여러 판결에서 판례는 자유경쟁은 공정경쟁을 전제로 한다는 명제를 내세우고, 사회질서에 위반되는 행위로서 채권자의 이익을 침해하는 것은 허용될 수 없으며 곧 불법행위가 성립할 수 있다고 한다. 반사회질서적인 내용의 거래가 허용되지 않아 무효로 되는 것과 마찬가지로 반사회질서적인 행태가 개재된 경쟁의 결과는 허용되지 않고 그러한 행위자에 대한 법적 책임이 따른다는 것이다. 자유경쟁을 본질로 하는 거래에 있어 참가자의 행동양식에 관한 반사회질서의 기준이 무엇인가는 열려있는 개념이고 다양한 요소들이 고려되어야 할 것이다. 그 중 중요한 것은 경쟁에서 우위를 점하기 위한 거래의 참가자들의 행태에 대한 평가가 경쟁 자체를 제약하고 자유경쟁이 가져오는 거래의 활기를 위축시키지 않을 것인가에 대한 깊은 고민이다.

셋째로 물권의 보호에 대비해보는 채권의 보호의 보편성과 특수성이다. 판덱텐 체계하에서 배타적 지배권인 물권을 외부의 침해로부터 보호하는 것은

치 등을 거론하고 있다. 대법원 2006.10.13. 선고 2004다16280 판결
[29] 강혜아, 제3자에 의한 채권침해에 대한 연구, 민사법학 제95호(2021.6) 243면

본질적인 요소인데, 이에 비해 청구권인 채권이 침해되었을 때 채무자에 대한 책임을 넘어 직접적 침해자인 제3자에게 책임을 물을 수 있는가이다. 다 같이 재산권으로서 그 실체가 있는 권리이고 이것이 부당히 침해되었을 때 피침해자가 법적 보호를 받아야 한다는 것은 공통적이다. 그 보호의 기준과 방법에 있어서는 당해 채권이 물권적 상태에 어느 정도 근접해 있는가가 중요한 기준이 될 것이다. 채권은 결국은 안정상태의 권리인 물권을 향해 움직여가는 이동 중인 권리라고 볼 수 있다. 본 글에서 제3자가 채무자와의 거래를 통해 그의 재산을 감소시킨 행위로부터 시작하여 제3자가 계약관계에 있는 일방에게 영향을 끼쳐 계약을 파기하거나 하는 경우, 나아가 채권이 독점적 내지 우선적 성질을 가지고 있어 특별한 보호가 요청되는 경우, 나아가 채권의 물리적 실체 이른바 귀속을 침해하는 경우 등으로 나누어 본 것은 이러한 시각에 기한 것이다.

【참고문헌】

[국내문헌]

강혜아, 제3자에 의한 채권침해에 대한 연구, 민사법학 제95호(2021.6)

김동훈, 제3자의 계약침해와 불법행위의 성부, 정보와 법 연구(2002.2)

김신, 부동산 이중매매와 제1매수인의 보호, 법률신문 (2019.10.7.)

김형배, 채권총론(1998)

서광민, 제3자에 의한 채권침해, 한봉희화갑(1994)

송덕수, 신민법강의(2020)

윤형렬, 불법행위법상 신뢰이익의 협소성과 계약체결상의 과실책임, 민사법학 20호(2001)

엄동섭, 영미법상 제3자의 계약침해, 민사법학 제27호(2005.3.)

이영준, 물권법(2009)

이은영, 제3자의 채권침해와 경쟁질서, 김형배화갑(1994)

[외국문헌]

Münchener Kommentar zum BGB Band 6, 7. Aufl. 2017

<Abstract>

The Third Party's Interference with Contract and Fairness of Competition

If the third party who is not the party of contract, interfered with contract by influencing one party and fringed the interest of the other party, can the party call the third party to account directly? This article analyzes the theories of case law and makes a comparative research and shows some new perspectives on this issue.

Firstly, this issue accepts the necessity of protection of material right from external interference and at the same time it brings contraction of competition which is essential to contractual relation. The compromise of two confrontational values needs approach from two perspectives. One hand how strong the interfered right is protected, on the other hand how much the interfering party acts against good faith principle.

Secondly, what is the fairness in civil transaction? The case law declares that free competition is based on fair competition and it is not acceptable to fringe the interest of the party by unconscionable act. The unconscionable contents of contract lead to invalidity of contract and at the same way the result of unconscionable competition consists in legal responsibility.

Thirdly, the meaning of an obligational right and a real right is different. Under pandekten system the protection from other's interference of real right is substantial, but an obligational right which is a claim against someone can be expanded to a third party or not. If the latter is a substantial right, it needs to be protected in case of interference. The criteria and procedure will depend on how much the obligational right in point comes close to protection area of the real right.

[이 글은 국민대 법학논총 제34권 제3호(2022.2)에 게재되었다. 나의 논문 저작의 마지막을 장식하는 글이 되었다].

민법상 위약벌 제도의 운용방향

I. 들어가는 말
II. 최근 판례의 정리
III. 판례이론의 분석과 평가
IV. 판례에 나타난 위약금의 유형분석
V. 위약금 양분론과 위약벌 제도의 타당성에 대한 검토
VI. 민법개정시안과 위약금 약정으로의 통합
VII. 위약금 약정에 대한 통제의 개별적 판단요소
VIII. 맺는 말

I. 들어가는 말

근래들어 대법원에서 위약벌의 법리를 정면에서 다루는 다수의 판결이 연이어 선고되었다. 그 중에는 세간의 관심을 끌었던 한화그룹의 대우조선 인수 건도 있다. 일련의 판결들을 통해서 대법원은 종래의 판결에서 볼 수 없었던 위약벌에 대한 새로운 시각을 설파하고 있다. 본 글은 이러한 배경하에서 채권법상의 난제의 하나인 위약벌 나아가 위약금의 성질 논쟁에 대하여 판례의 흐름을 정리하고 이를 비판적인 시각에서 논구하여 근본적인 이론적 해결책을 모색해보고자 하는 시도이다. 근래의 판례의 위약벌에 대한 새로운 이론적 접근은 오히려 민법상 위약벌 제도의 근본적 모순을 더 확실히 드러내었다고 보이기 때문이다. 글의 순서는 먼저 다소 길지만 최근에(2015.12.~2016.7.) 연속으로 내려진 4개의 대법원 판결의 사실관계와 대법원의 논지를 정리하였고, 이러한 판례의 입장을 비판적으로 평가하면서 근본적으로 위약금 양분론의 한계와 문제점을 논구하였다. 그리고 위약금 통제를 위한 실질적인 판단기준

이 무엇인가를 정리하였다.

II. 최근 판례의 정리

① 대법원 2016.07.14. 선고 2013다82944 판결

[사실관계]

원고(방위산업체)는 2005년경부터 2009년경까지 피고(대한민국)와 물품공급계약을 체결하고, 피고에게 케이블조립체 등을 공급하고 그 대금을 지급받았는데, 계약체결시 허위의 원가계산자료를 제출한 사실이 인정되었다. 계약의 특수조건에는 "계약상대자가 허위 기타 부정한 자료를 제출하여 부당이득을 얻은 때에는 방위사업청은 부당이득금의 환수와 동시에 이에 더하여 부당이득금에 상당하는 가산금을 환수할 수 있다."고 되어 있다. 원고는 본소로써 계약특수조건에 따른 '부당이득금' 상당의 손해배상채무에 대하여 부존재확인을 구하는데 대하여, 피고는 반소로써 계약특수조건에 따라 피고가 자체적으로 산정하여 적정하다고 판단한 부당이득금 17억여원과 그 상당의 가산금을 청구한다.

[대법원의 판단]

당사자 사이에 채무불이행이 있으면 위약금을 지급하기로 하는 약정이 있는 경우에, 위약금은 민법 제398조 제4항에 의하여 손해배상액의 예정으로 추정되지만, 당사자 사이의 위약금 약정이 채무불이행으로 인한 손해의 배상이나 전보를 위한 것이라고 보기 어려운 특별한 사정, 특히 하나의 계약에 채무불이행으로 인한 손해의 배상에 관하여 손해배상예정에 관한 조항이 따로 있다거나 실손해의 배상을 전제로 하는 조항이 있고 그와 별도로 위약금 조항을 두고 있어서 그 위약금 조항을 손해배상액의 예정으로 해석하게 되면 이중배상이 이루어지는 등의 사정이 있을 때에는 그 위약금은 위약벌로 보아야 한다.

우선 계약특수조건의 근거가 되는 방위사업법 규정의 입법 취지가 '부당이득금과 이자 이외에 범칙금적 성격의 가산금을 환수할 수 있도록 근거규정을 두려는' 것이라고 명시되어 있다. 이는 방위산업체의 허위의 자료 제출을 예방하기 위하여 부당이득금 뿐만 아니라 제재적 성격을 지닌 가산금까지도 청구할 수 있도록 하는 것이다. 또 계약특수조건의 '부당이득금'은 그 자체로 계약상대자가 배상할 손해배상액을 의미하는 것인데 그와 병행하여 같은 금액의 가산금을 추가로 청구할 수 있도록 되어 있는 바, 가산금을 손해배상예정액으로 보게 되면 순수 손해액인 부당이득금에다 가산금까지 이중의 배상을 하는 결과가 된다. 결국 가산금은 손해의 발생을 염두에 두고 그 배상관계를 간편하게 처리하려는 손해배상액 예정으로서의 성격을 가지는 것이 아니라, 계약특수조건에 규정된 귀책사유가 있는 행위에 대하여 대한민국이 제재적 성격을 지닌 가산금까지도 청구할 수 있도록 함으로써 방위산업체로 하여금 정당한 원가계산자료를 제출하도록 강제하는 위약벌의 성격을 가진다고 보아야 한다. (계약특수조건의 가산금을 손해배상액의 예정으로 보아, 원고의 손해배상책임을 합산금액의 50%로 제한한 원심을 파기함)[1]

② 대법원 2016.07.14. 선고 2012다65973 판결
[사실관계]

원고(한화컨소시엄)는 2008.11.14. 피고(한국산업은행)와의 사이에 피고가 보유하고 있는 대우조선해양 주식회사(이하 '대상회사')의 인수를 위한 대상회사 발행의 주식 매매와 관련하여 양해각서를 체결하였다. 이 양해각서에는, 이 각서가 매도인들과 매수인들 사이에서 법적인 구속력이 있고, 원고 측은 매매대금의 5%에 해당하는 이행보증금(3,150억)을 납부한 다음 대상회사에 대한 확인실사를 할 수 있으나, 확인실사가 이루어지지 않는 경우에도 2008.12.29.까지 최종계약을 체결하기로 하는 대신, 거래종결시한으로 정한 2009.3.30.까지 원고 측에게 책임 없는 사유로 확인실사나 가격조정절차가 완료되지 아니하면 원고 측이 최종계약을 해제하고 계약금 원금 및 이자 전액을 돌려받을 수 있다고 규정하였다. 그 후 대상기업의 확인실사가 이루어지지 못

---

[1] 동 판결에 대하여는 이를 지지하는 평석이 있는데, 그 근거는 가산금 환수제도는 진정한 원가자료제출을 확보하기 위하여 상대방에게 압력을 가하는 제재로서의 성격이 강한 것이어서 본질상 이를 위약벌로 보아야 한다고 한다. 구정택, 부당이득 및 가산금 환수제도에서 가산금의 법적 성격, 법률신문 2016.10.13.자 12면

하자 원고는 시한까지 최종계약 체결을 거부하였다. 이에 피고는 "매수인들의 책임 있는 사유로 양해각서가 해제되는 경우에는, 매수인들이 기납부한 이행보증금 및 그 발생이자는 위약벌로 매도인들에게 귀속된다"는 조항에 의거하여 이행보증금을 몰취하였다. 그러나 원고는 제반 사정을 고려할 때 피고가 이행보증금 전액을 몰취하는 것이 부당하다며 몰취된 이행보증금의 반환을 청구하였다.

[대법원의 판단]

가. 각서상의 이행보증금 몰취약정이 위약벌 약정인지 아니면 손해배상액 예정인지는 구체적 사건에서 개별적으로 결정할 의사해석의 문제이다. 그런데 위약금은 민법 제398조 제4항에 의하여 손해배상액의 예정으로 추정되므로, 위약금이 위약벌로 해석되기 위해서는 특별한 사정이 주장·증명되어야 하며, 계약을 체결할 당시 위약금과 관련하여 사용하고 있는 명칭이나 문구뿐만 아니라 계약 당사자의 경제적 지위, 계약 체결의 경위와 내용, 위약금 약정을 하게 된 경위와 그 교섭과정, 당사자가 위약금을 약정한 주된 목적, 위약금을 통해 그 이행을 담보하려는 의무의 성격, 채무불이행이 발생한 경우에 위약금 이외에 별도로 손해배상을 청구할 수 있는지 여부, 위약금액의 규모나 전체 채무액에 대한 위약금액의 비율, 채무불이행으로 인하여 발생할 것으로 예상되는 손해액의 크기, 그 당시의 거래관행 등 여러 사정을 종합적으로 고려하여 위약금의 법적 성질을 합리적으로 판단하여야 한다.

나. 한편 민법 제398조가 규정하는 손해배상액의 예정은 채무불이행의 경우에 채무자가 지급하여야 할 손해배상액을 미리 정해두는 것으로서 그 목적은 손해의 발생사실과 손해액에 대한 증명 곤란을 배제하고 분쟁을 사전에 방지하여 법률관계를 간이하게 해결하는 것 외에 채무자에게 심리적으로 경고를 줌으로써 채무이행을 확보하려는 데 있다. 따라서 채무자가 실제로 손해발생이 없다거나 손해액이 예정액보다 적다는 것을 증명하더라도 이 점만으로 채무자는 그 예정액의 지급을 면하거나 감액을 청구하지 못한다. 여기서 민법 제398조 제2항에 의하여 법원이 예정액을 감액할 수 있는 '부당히 과다한 경우'란 손해가 없다든가 손해액이 예정액보다 적다는 것만으로는 부족하고, 계

약자의 경제적 지위, 계약의 목적 및 내용, 손해배상액 예정의 경위 및 거래관행 기타 여러 사정을 고려하여 그와 같은 예정액의 지급이 경제적 약자의 지위에 있는 채무자에게 부당한 압박을 가하여 공정성을 잃는 결과를 초래한다고 인정되는 경우를 뜻하는 것으로 보아야 한다.

다. ① 각서상으로 이행보증금 몰취를 유일한 '구제수단'으로 규정하면서 '기타'의 손해배상을 주장할 수 없다고 한 바와 같이, 매수인들의 귀책사유로 양해각서가 해제됨으로써 발생하게 될 모든 금전적인 문제를 오로지 이행보증금의 몰취로 해결하고 기타의 손해배상이나 원상회복청구는 명시적으로 배제하여, 매도인들에게 손해가 발생하더라도 매도인들은 이에 대한 손해배상청구를 할 수 없도록 하였다면, 당사자들의 의도는 이행보증금을 통하여 최종 계약 체결을 강제하는 한편 향후 발생할 수 있는 손해배상의 문제도 함께 해결하고자 하였던 것으로 보인다. ② 양해각서 단계에서 기업인수가 결렬될 경우 피고들이 입는 손해의 산정이 어려우므로 이행보증금에 손해배상에 관한 법률관계를 간편하게 처리하기 위한 기능이 있다는 점은 부정하기 어려우며, 막대한 금액이 걸린 계약을 체결하면서 오로지 사전적인 채무이행 확보에만 관심을 가지고 사후적인 손해의 처리는 전혀 고려의 대상에 두지 않았다고 당사자의 의사를 해석하는 것은 부자연스럽다. ③ 또한 손해배상액 예정의 목적은 손해의 발생사실과 손해액에 대한 증명 곤란을 배제하고 분쟁을 사전에 방지하여 법률관계를 간이하게 해결하는 것 외에도 채무자에게 심리적으로 경고를 줌으로써 채무이행을 확보하려는 데에도 있는 것이므로, 당사자가 채무이행의 확보에 중점을 두었다고 하여도 손해배상액의 예정으로서의 실질이 부정되지 아니한다. ④ 우선협상대상자로 선정되기를 원하는 원고 측으로서는 위 위약벌 몰취 조항에 대하여 별다른 이의를 할 수 있는 상황이 아니었던 것으로 보인다. ⑤ 양해각서에는 대상회사의 자산가치에 대한 진술 및 보장조항이 없고 매수인에 대한 편면적 위약금 규정만이 존재할 뿐이다.

위와 같은 사정들을 종합하여 볼 때, 이행보증금은 손해배상액의 예정으로서의 성질을 가지는 것으로 보아야 하고, 양해각서에서 '이행보증금 및 그 발생이자는 위약벌로 매도인들에게 귀속된다'고 규정하고 있다고 하여 달리 볼 것이 아니다. 또 양해각서에서 이행보증금 몰취조항을 두게 된 주된 목적이 최종계약의 체결이라는 채무이행을 확보하려는 데에 있었다고 하더라도, 3,150여억 원에 이르는 이행보증금 전액을 몰취하는 것은 부당하게 과다하다. (이행보증금을 위약벌로 보고 공서양속에 반하여 무효로 볼 수 없다고 한 원심을 파기함)

③ 대법원 2016.01.28. 선고 2015다239324 판결

[사실관계]

원고(시공사)와 피고(시행사)의 사업약정서에서 "상대방의 귀책사유로 인하여 본 계약이 해제 또는 해지되는 경우 위반한 당사자는 다른 당사자에게 손해배상과 별도로 위약벌로 5억 원을 지급하기로 한다."고 정하였다. 그 후 피고가 자금마련의무를 이행하지 못하여 사업이 무산되자, 원고는 사업약정은 피고의 귀책사유를 원인으로 하여 원고의 해제 의사표시에 따라 적법하게 해제되었다며 약정된 위약벌의 지급을 청구한다. 그러나 피고는 자신에게 5억 원의 위약벌을 부담시키는 것은 지나치게 과다하므로 위약벌 약정은 공서양속에 반하여 전부 또는 일부가 무효라고 주장한다. 그러나 원심은 ① 사업약정을 체결함에 있어 원고가 피고에게 위약벌 조항을 강요할 수 있는 우월적 지위에 있었다고 볼 수 없는 점, ② 위약벌 조항은 원고에 대한 위약벌만을 정하고 있는 것이 아니라 동등한 조건과 내용으로 피고에 대한 위약벌도 정하고 있는 점, ③ 사업약정이 해제되지 않았다면 원고는 시공사로서 목적부동산 지상의 건물 신축에 관한 설계, 감리, 공사를 수급하여 상당한 수익을 얻을 수 있었을 것으로 보이는 점 ④ 위약벌은 원칙적으로 손해배상과 관계없이 계약당사자가 약정의 이행에 나아가도록 압박을 가하고 위약하였을 때에는 사적인 제재를 가하는 데에 그 본질이 있는 점, ⑤ 사업약정은 귀책사유 있는 상대방에게 위약벌 이외에 손해배상까지 구할 수 있다고 정하고 있음에도, 원고가 피고를 상대로 위약벌과 별도로 손해배상을 청구하고 있지 않은 점 등을 고려하면, 위 약정에서 원고가 얻는 이익에 비하여 약정된 벌이 지나치게 무겁다고 볼 수 없다고 판단하였다.

[대법원의 판단]

위약벌의 약정은 채무의 이행을 확보하기 위하여 정해지는 것으로서 손해배상의 예정과 다르므로 손해배상의 예정에 관한 민법 제398조 제2항을 유추적용하여 그 액을 감액할 수 없고, 다만 그 의무의 강제에 의하여 얻어지는 채권자의 이익에 비하여 약정된 벌이 과도하게 무거울 때에는 그 일부 또는 전부가 공서양속에 반하여 무효로 된다는 것이 판례의 입장이다. 그런데 당사자가 약정한 위약벌의 액수가 과다하다는 이유로 법원이 계약의 구체적 내용에 개입하여 그 약정의 전부 또는 일부를 무효로 하는 것은, 사적 자치의 원칙에 대한 중대한 제약이 될 수 있고, 스스로가 한 약정을 이행하지 않겠다며 계약의 구속력으로부터 이탈하고자 하는 당사자를 보호하는 결과가 될 수 있으므로, 가급적 자제하여야 한다. 이러한 견지에서, 위약벌 약정이 공서양속에 반하는지를 판단함에 있어서는, 당사자의 일방이 그의 독점적 지위 내지 우월한 지위를 이용하여 체결한 것인지 등 당사자의 지위, 계약의 체결 경위와 내용, 위약벌 약정을 하게 된 동기와 경위, 계약 위반 과정 등을 고려하는 등 신중을 기하여야 하고, 단순히 위약벌 액수가 많다는 이유만으로 섣불리 무효라고 판단할 일은 아니다. (원심과 같이 원고의 주장을 배척하고 상고를 기각함)

④ **대법원 2015.12.10. 선고 2014다14511 판결**

[사실관계]

원고는 피고와의 동업관계를 정리하기 위하여 주식매매 등 계약을 체결하였지만 피고들의 계약상 의무 불이행을 이유로 한 원고의 해제통지에 의하여 적법하게 해제되었다며 동 계약에 따른 위약벌인 146억원의 지급을 청구한다. 이에 대하여 원심은, 동업자 사이의 의견 충돌로 아무런 결정을 할 수 없는 상황에서 신속하고도 확실하게 동업관계를 정리할 필요가 있었던 점, 관련자 사이에 불신이 심하여 계약의 이행을 확실하게 담보할 수단이 필요했던 점 등에 비추어 보면, 계약에 따른 위약벌인 146억 원은 공서양속에 반할 정도로 과도하게 무거운 것으로 보기 어렵다고 판단하였다.

[대법원의 판단]

가. 위약벌의 약정은 채무의 이행을 확보하기 위하여 정해지는 것으로서 손해배상의 예정과는 그 내용이 다르므로 손해배상의 예정에 관한 민법 제398조 제2항을 유추적용하여 그 액을 감액할 수 없으나, 그 의무의 강제에 의하여 얻어지는 채권자의 이익에 비하여 약정된 벌이 과도하게 무거울 때에는 그 일부 또는 전부가 공서양속에 반하여 무효로 된다. 다만 위약벌 약정과 같은 사적 자치의 영역을 일반조항인 공서양속을 통하여 제한적으로 해석함에 있어서는 계약의 체결 경위와 내용을 종합적으로 검토하는 등 매우 신중을 기하여야 한다.

나. ① 위약벌 약정에서 정한 146억원은 위 계약상의 대가인 58억 원의 3배 가까이 되는 점, ② 원고들이 피고들의 채무불이행을 이유로 계약을 해제하였으므로, 원고들은 계약에서 정한 의무를 이행하지 않아도 되는 점, ③ 원고들은 피고들로부터 위약벌과 별도로 피고들의 채무불이행으로 인하여 입은 손해의 전부를 배상받을 수 있는 점, ④ 피고들은 계약이 해제된 이후에 원고들의 동의를 얻어 주식 등 일체를 제3자에게 매각하여 그 손실을 만회하고자 노력하였던 점 등을 살펴보면, 원·피고들이 동등한 지위에서 그들 사이의 동업관계를 신속하고 확실하게 청산할 목적으로 위약벌 약정을 하고, 양도인 측인 원고들의 계약 위반 시에도 똑같이 적용되는 점을 감안하여 신중하게 판단하더라도, 위약벌 약정은 그 의무의 강제에 의하여 얻어지는 원고들의 이익에 비하여 약정된 벌이 과도하게 무거워 공서양속에 반한다고 볼 여지가 상당하다. (위약벌 약정이 전부 유효하다고 판단한 원심을 파기함)

III. 판례이론의 분석과 평가

1. 양자의 개념의 구별에 관하여

위약벌에 관한 판례의 기본 법리는 비교적 명확하다. "위약벌의 약정은 채무의 이행을 확보하기 위하여 정해지는 것으로서 손해배상의 예정과 다르므로 손해배상의 예정에 관한 민법 제398조 제2항을 유추 적용하여 그 액을 감액할 수 없고, 다만 그 의무의 강제에 의하여 얻어지는 채권자의 이익에 비하여 약정된 벌이 과도하게 무거울 때에는 그 일부 또는 전부가 공서양속에 반하여 무효로 된다."

판례는 위약벌과 손해배상의 예정을 엄격히 구별하고 있다. 물론 그 근거가 되는 것은 "위약금의 약정은 손해배상액의 예정으로 추정한다"라는 민법 규정(제398조④)이 될 것이다. 즉 상위의 개념으로서 채무불이행시 채무자가 채권자에게 지급하기로 한 금원을 가리키는 위약금을 전제하고 이 위약금이 통상적인 경우에는 손해배상액의 예정으로 추정을 받되, 예외적으로 그렇지 않은 위약금이 있는데 그것이 위약벌이라는 것이다. 위약금이 위약벌 약정인지 손해배상액의 예정인지는 개별적으로 결정할 의사해석의 문제라고 하면서, 위약금은 이처럼 손해배상액의 예정으로 추정을 받으므로 위약금이 위약벌로 해석되기 위하여는 특별한 사정이 주장·증명되어야 한다고 한다. 물론 입증책임은 위약금이 위약벌의 약정이라는 것을 주장하는 자가 부담하여야 함은 당연하다.

위약벌의 약정 여부를 판단하는데 있어 기본적인 출발점은 위약벌은 손해배상액의 예정과는 달리 채무의 이행을 확보하기 위한 것이라는 점이다. 즉 손해의 배상이나 전보를 위한 것, 더 구체적으로는 채무불이행의 경우에 채무자가 지급하여야 할 손해배상액을 미리 정해둠으로써 손해의 발생사실과 손해액에 관한 증명 곤란을 배제하고 분쟁을 사전에 방지하여 법률관계를 간이하게 해결하는 것이 목적인 경우라면 그것은 손해배상액의 예정이고, 이에 반하여 손해배상과 관계없이 계약당사자가 약정의 이행에 나아가도록 압박을 가하고 위약하였을 때에는 사적인 제재를 가하는 데에 그 본질이 있다면 위약벌이라는 점이다.

그러나 이러한 이분법은 매우 유동적인 것이어서 판례도 자인하듯이 손해배상액의 예정에도 손해배상의 간이화라는 주목적 외에 채무자에게 심리적으로 경고를 줌으로써 채무이행을 확보한다는 측면도 가진다는 것이다. 그리하여 예컨대 위약금에 대하여 그 중점이 채무이행의 확보에 있더라도 그것만으로 손해배상액의 예정으로서의 실질이 부정되지는 않는다고 한다. 반대로 위약벌로 정해진 금액도 많은 경우에 불이행으로 인한 손해전보의 의미를 가지게 된다. 그렇다면 위약금을 약정한 목적만을 가지고 손해배상액의 예정인가 위약벌인가를 구분하는 것은 어려운 경우가 많을 것이다. 즉 양자는 어떤 범주적 차이가 아니라 정도의 차이를 반영하는 것일 수도 있다. 심지어 판례 중에는 당해 위약금약정이 손해배상액의 예정과 위약벌의 성질을 아울러 가진다고 말하는 경우도 있다.[2]

그리하여 양자의 구별기준으로서 판례는 다양한 사정들을 종합적으로 고려할 것을 주문하고 있다. 우선 당사자들이 사용한 명칭이나 문구도 참고사항이지만 이에 절대적으로 구속될 필요는 없다는 것이다. 판례②에서도 계약서에는 '이행보증금은…위약벌로 매도인에게 귀속된다'라고 되었지만 판례는 이행보증금은 손해배상액의 예정으로서의 성질을 가지는 것으로 보아야 한다라고 하였다. 주된 기준은 당사자가 위약금을 약정한 주된 목적이 되겠지만 이를 판단하는 실제적인 기준으로서 판례는 '채무불이행이 발생한 경우에 위약금 이외에 별도로 손해배상을 청구할 수 있는지 여부'를 들고 있다. 이러한 약정이 있다면 이것은 그 위약금이 손해의 배상이나 전보로 보기 어려운 특별한 사정이 된다고 한다(판례①). 즉 이중배상이 이루어지는 셈이어서 수긍되기 어렵다는 것이다. 판례②에서는 이와 반대로 약정에서 별도의 손해배상청구를 명시적으로 배제함으로써 결국 손해배상의 문제도 함께 해결하자고 한 것으로 해석되어야 하고 따라서 위약벌이 아니라 손해배상액의 예정으로 보게 되는 중요한 근거가 된다.

2. 효과에 관하여

판례가 양자를 구별하는 중요한 이유는 양자의 법적 취급을 전혀 달리하기 때문이다. 손해배상액의 예정이나 위약벌이나 실제적인 것은 그 액수가 너무 과다하여 법적 간섭이 요청되는 경우이다. 손해배상액의 예정이라면 이는 비교적 간단하다. 즉 제398조 제2항에 따라 법원이 재량적으로 감액을 할 수 있다. 당사자 간의 위약벌 약정에도 불구하고 이를 손해배상액의 예정으로 본 판례②에서는 이를 '부당히 과다'하다고 보아 감액하여 한다고 보았으며 위약

---

[2] 대법원 2013.4.11. 선고 2011다112032 판결

벌이어서 동 조항을 적용할 수 없다는 원심을 파기하였다. 그리고 부당히 과다한 경우의 판단기준으로는 손해가 없다든가 손해액이 예정액보다 적다는 것만으로는 부족하고, 계약자의 경제적 지위, 계약의 목적 및 내용, 손해배상액 예정의 경위 및 거래관행 기타 여러 사정을 고려하여 그와 같은 예정액의 지급이 경제적 약자의 지위에 있는 채무자에게 부당한 압박을 가하여 공정성을 잃는 결과를 초래한다고 인정되는 경우라고 한다.

반면에 위약벌의 약정인 경우에는 손해배상액 예정의 감액조항이 유추적용될 수 없고, 그 의무의 강제에 의하여 얻어지는 채권자의 이익에 비하여 약정된 벌이 과도하게 무거울 때에는 그 일부 또는 전부가 공서양속에 반하여 무효로 된다고 한다. 즉 적용 법조는 제103조가 된다. 위약벌 약정 자체가 무효로 되어 동 조항이 없었던 것으로 될 수도 있겠지만 판례④에서 보듯이 위약벌 약정을 사회질서 위반으로 무효로 판정하는데 있어 그 핵심적인 요소는 그 액수의 과다함에 있는 것이므로 실제적으로는 과다한 부분을 제한 나머지 부분만이 유효하다는 일부무효의 법리로 귀결되기 쉽다. 근래의 연예인전속계약 상의 위약벌조항을 다룬 판결에서도 대법원은, 원고의 실손해는 별도의 손해배상으로 거의 전보받게 되는 점, 위약벌의 액수가 전속계약금의 4배나 되는 점, 전속계약이 4년 기간 중 3년이 경과한 시점에서 종료된 점 등을 종합적으로 고려하여 계약상 위약벌금 2억원은 과도하게 무겁고 따라서 1억5천만원의 범위내에서만 유효하고 이를 초과하는 나머지 부분은 선량한 풍속 기타 사회질서에 반하여 무효라고 판시하였다.[3] 이것은 실제적으로는 위약벌도 감액의 대상이 된다는 것이므로 그 결과에 있어서는 손해배상액의 예정과 결정적인 차이가 있다고 보기 어렵다.[4] 그러나 판례①에서 보듯이 판례는 위약벌 약정을 손해배상액의 예정과 같이 임의로 50%감액한 원심을 파기하면서

---

[3] 대법원 2013.7.25. 선고 2013다27015 판결, 그 외 대법원 2002.2.5. 선고 2001다62091 판결 등; 최근의 한 하급심판결에서도 "퇴직 후 경업금지약정의 위반시 연봉의 2배를 위약벌로 지급한다"라는 약정에 대하여 재판부는 위약벌이 과도하게 무겁다며 이를 연봉의 1.5배 범위에 해당하는 금액에 대해서만 유효하다고 하여 위약벌의 일부무효의 법리를 적용하여 실질적으로 감액결정을 하였다.(서울중앙지법 2016가합283) 법률신문 2016.10.17.자 4면

[4] 김재형, 「손해배상액의 예정」에서 「위약금 약정」으로, 비교사법 제21권 2호 (2014.5.) 643면

위약벌 약정에 의한 책임을 제한하는 법리와 손해배상 예정액의 감액에 관한 법리는 그 판단 방법이 전혀 다르다는 점을 강조하고 있다.

그렇다면 위약벌의 약정이 사회질서에 반하는 지를 판단하는 기준은 손해배상예정액의 공정성판단 기준과 다른 것인가? 판례③은 당사자의 일방이 그의 독점적 지위 내지 우월한 지위를 이용하여 체결한 것인지 등 당사자의 지위, 계약의 체결 경위와 내용, 위약벌 약정을 하게 된 동기와 경위, 계약 위반 과정, 위약벌의 액수 등을 고려하여야 한다고 한다. 여기에서 손해배상예정액의 감액여부의 판단기준과 실제적인 차이를 찾기 어려워 보인다. 즉 핵심적인 기준으로서 후자의 경우의 '경제적 약자인 채무자에게 부당한 압박을 가하였는가'라는 기준과 위약벌판정시 '채권자가 독점적 또는 우월한 지위를 이용하였는가'라는 기준은 거의 동어반복이라고 하여도 과언이 아니다.

여기에서 더 나아가 판례③과 판례④에서는 위약벌 약정에 관한 법원의 통제에 대하여 새로운 설시를 하고 있다. 즉 위약벌 약정과 같은 사적 자치의 영역을 일반조항인 공서양속을 통하여 제한적으로 해석함에 있어서는 계약의 체결 경위와 내용을 종합적으로 검토하는 등 매우 신중을 기하여야 한다는 것이다. 또 스스로가 한 약정을 이행하지 않겠다며 계약의 구속력으로부터 이탈하고자 하는 당사자를 보호하는 결과가 될 수 있으므로, 가급적 자제하여야 한다고 덧붙이고 있다(판례③). 즉 판례는 일반조항인 제103조를 적용하는 법적 간섭은 당해 영역의 구체적 조항인 제398조 제2항을 적용하여 통제하는 경우보다 매우 조심스러워야 한다는 것이다. 이러한 취지는 판례가 이미 여러 영역에서 반복적으로 표현해온 바이고 또 그 법리 자체는 원칙적으로 수긍할 만한 것이다. 예컨대 신의칙에 기해 보증인의 책임을 제한하여 달라는 청구에 대하여 법원은 "일단 유효하게 성립된 보증계약에 따른 책임을 신의칙과 같은 일반원칙에 의하여 제한하는 것은 자칫 잘못하면 사적 자치의 원칙이나 법적 안정성에 대한 중대한 위협이 될 수 있다"고 한다.[5] 문제는 이러한 법리에 따르게 되면 당사자 간에 힘의 역학관계가 반영되는 것이 더 분명하게 나타날 가능성이 높은 위약벌의 경우에는 오히려 법원의 간섭이 제한적이고, 당사자

---

5) 대법원 2004.1.27. 선고 2003다45410 판결

간의 예측적이고 합리적인 합의가 될 가능성이 많은 손해배상액의 예정의 경우에는 법원이 비교적 자유롭게 간섭할 수 있다는 모순적인 결론에 이르게 된다. 위약벌이 판례의 표현대로 사인간의 '제재적' 성격을 갖는다고 한다면 이것은 사법에 매우 이질적인 요소이고 그만큼 사적자치에 반하는 사정이 개입되기 쉬울 것이기 때문이다.

3. 판례이론에 대한 평가

위에서 소개한 최근의 위약벌의 쟁점을 다룬 4개의 판결에서 법원은 2개는 감액을 인정하였고 2개는 인정하지 않았다. 감액을 인정한 판례②에서는 위약벌의 문구에도 불구하고 그 성질을 손해배상액의 예정으로 보아 감액하였고, 판례④에서는 위약벌이라고 하더라도 채권자의 이익에 비하여 약정된 벌이 과도하게 무거워 공서양속에 반한다고 하였다. 반면에 감액을 인정하지 않은 판례①, ③에서는 위약벌로서 공서양속에 반한다고 보기 어렵다고 하였다.

판례에서 주목되는 것은 위약벌의 판단에 있어 그것이 본래의 취지인 이른바 제재적 성격에 입각하여 지나친 것인가라는 별도의 판단을 하기보다는 위약벌도 역시 불이행한 채무자가 불이행의 대가로 약정액의 금원을 지급하는 점이라는 점에서 손해전보와의 관계가 핵심적인 판단요소가 된다는 점이다. 예컨대 판례③에서는 채권자가 채무자에게 위약벌과 별도로 손해배상을 청구하고 있지 않다는 점 즉 위약벌이 실제적인 손해전보의 의미를 갖는다는 점이 중요한 판단요소가 되고 있으며, 판례④에서도 채권자가 별도로 채무불이행으로 인한 손해배상을 받을 수 있다는 점이 고려되고 있다. 요약하면 위약금의 약정은 그것이 손해배상액의 예정으로 분류되든 또는 위약벌로 분류되든 불이행한 채무자가 채권자의 손해를 전보하는 기능이 그 중심에 있는 것이며, 제재적 성격이란 것은 부차적인 강조점의 차이에 불과하다고 볼 수 있다는 것이다. 그리고 이미 언급한 것처럼 양자를 구별할수록 법적 간섭이 요구되는 위약벌 약정에서 오히려 사적 자치의 중요성이 강조되는 자가당착적인 법리가 나오게 되는 것이다. 그 간 학계에서도 전보기능을 가진 손해배상액의 예정에 대하여 감액을 인정하면서 제재기능을 가진 위약벌의 경우에는 감액을 인정하지 않는

것은 평가모순이라는 견해가 줄곧 주장되어 왔던 것이다.6)

　오히려 위 판례들에서 주목되어야 할 것은 개개의 판결들이 감액여부의 판단에 있어 고려하고 있는 여러 요소들을 열거한 것인데, 그러한 개별적 요소들에 대한 검토가 더 필요하다. 예컨대 채권자의 우월적 지위 여부, 위약벌 약정의 쌍방성 또는 편면성, 채무이행시 얻을 수 있을 수익과의 비례성, 채무를 이행하고자 한 채무자의 노력, 채권자의 선이행여부 등 다양하다. 지나친 형식적 분류와 그에 따른 형식적인 법리의 결합은 정작 법적 판단에서 핵심적인 요소와 가치들을 인식하는데 방해가 될 수 있다.

IV. 판례에 나타난 위약금의 유형분석

1. 지급약정과 몰취약정

　위약금은 판례①③④에서와 같이 위약시 일정액을 지급하기로 하는 약정과 판례②에서와 같이 계약체결시 일정액을 교부하고 채무불이행이 있는 경우에 이를 채권자가 몰취하기로 하는 약정을 하는 경우로 나눌 수 있다. 일반적으로 단순한 지급약정보다는 몰취약정이 채무자에게 가하는 이행의 압박이 크다는 것은 당연하다. 채무불이행시 채권자는 단순히 이미 교부받은 위약금을 몰취하면 되고, 위약금을 선지급한 채무자가 이를 일부라도 반환받기 위하여 소송 등의 절차를 밟아야 하기 때문이다. 그렇다고 하여 몰취약정이라는 것 자체로 위약벌로 해석될 가능성이 더 높다고 할 수는 없을 것이고 위약금의 성질결정은 다른 여러 요소를 종합적으로 고려할 것이다.

2. 손해배상과의 관계에 따른 분류

　위약금에 관한 약정을 두고서 이와 별도의 실손해배상이나 또는 손해배상

---

6) 민법주해(IX) 687면(양창수); 양창수·김재형, 계약법(2010) 462면 등; 특히 주 4) 김재형 646면은 위약벌에서는 별도로 손해배상을 청구할 수 있기 때문에 감액을 인정할 필요성이 더 크다는 것을 지적한다.

액 예정조항이 있는 경우(판례①③), 위약금약정만 있는 경우, 또는 위약금약정외에 손해배상청구를 명시적으로 배제한 경우(판례②) 등이 있다. 별도의 손해배상에 관한 조항이 있다는 것은 위약금조항이 손해배상액의 예정이 아니라 위약벌적 성격을 가진다는 강한 추정을 받게 할 것이다. 그러나 이 경우에도 단순히 양자가 구분된다는 점보다는 통합적으로 채무불이행에 대한 대가의 지급이라는 점에서 고찰하는 것이 필요하다. 판례③에서와 같이 손해배상규정에도 불구하고 당사자가 위약벌만을 청구하는 경우도 있기 때문이다. 반면 위약금약정을 하고 별도의 손해배상청구는 하지 않기로 하는 약정이 있다면 이는 손해배상액의 예정으로 해석될 수 있다. 단순히 위약금약정만 한 경우라면 종합적으로 판단하여 그 성질을 결정하여야 한다.

3. 쌍방적 또는 편면적 위약금 약정

위약금 약정이 판례①②와 같이 편면적으로 규정되어 있는 경우도 있고, 판례③④에서와 같이 채권자에 대한 위약금조항이 있고 같은 조건과 내용으로 채무자에 대한 위약금도 정해지는 경우도 있다. 위약금약정을 쌍방적으로 할 것인가 또는 편면적으로 할 것인가는 당사자 간에 교섭력의 차이 등 여러 요소에 의해 정해질 것이어서 판례는 일찍이 편면적 내지 일방적 위약금약정을 쌍방적으로 해석할 수는 없다는 입장을 분명히 하였다.[7] 위약금약정이 쌍방적으로 되어 있다는 것은 양 당사자가 그만큼 대등한 위치에서 계약조건을 정하였다는 하나의 판단요소가 될 수 있다. 그러나 똑같이 위약금약정의 쌍방성을 하나의 고려요소로 판단하였지만 정반대의 결론을 내린 판례③과 판례

---

[7] "매수인의 귀책사유로 인하여 매매계약이 해제되는 경우에는 위약금 약정을 두지 않고, 매도인의 귀책사유로 인하여 매매계약이 해제된 경우에 대해서만 위약금 약정을 두었다 하더라도... 공평의 원칙상 매수인의 귀책사유로 매매계약이 해제되는 경우에도 매도인의 귀책사유로 인한 해제의 경우와 마찬가지로 매수인에게 위약금 지급의무가 인정되는 것은 아니므로"(대법원 2007.10.25. 선고 2007다40765 판결). 즉 쌍방 중 일방의 불이행에 대하여는 위약금약정이 없다면 상대방은 그로 인한 손해를 구체적으로 입증하여 배상받을 수 있을 뿐이다(대법원 1996.6.14. 선고 95다11429 판결). 이에 대한 평석으로 김동훈, 계약금의 수수에 관한 몇 가지 법률문제, 채권법연구(2005) 173면 이하

④를 보면 이것이 위약금의 공정성을 판단하는 압도적인 기준이 될 수는 없으며 역시 다른 여러 요소와 종합적으로 고려하여야 한다.

V. 위약금 양분론과 위약벌 제도의 타당성에 대한 검토

1. 판례의 변천사로 본 위약금 양분론

초기의 대법원 판례가 위약벌의 개념을 인정하고 적용하기 시작한 사례들은 대부분 보증금의 처리에 관한 것이었다. 계약에서 보증금이란 명확히 정의된 개념은 아니지만 체결시 일방이 상대방에게 자신이 채무의 이행을 보증하는 의미로 교부하는 금원이라고 일응 말할 수 있다.[8] 그리고 이러한 보증금에는 대개 채무불이행시 몰취 내지 귀속조항이 따라간다. 거래계에서는 계약보증금, 이행보증금, 입찰보증금 등 다양한 내용의 보증금들이 활용되고 있다.

초기의 한 판례는 채무자가 예치한 보증금에 대해 이것의 성질을 위약벌 또는 제재금이라고 하면서 이를 손해배상액의 예정으로 보아 감액한 것이 잘못이라는 것을 지적하고 있다.[9] 또 청약단계에서 예치한 입찰보증금이 계약의 불체결로 입찰자에게 귀속된 경우 역시 이것도 위약벌로서 반환청구의 대상이 되지 않는다고 하였다.[10] 매매계약에서 매수인이 계약체결시 의무이행을 담보하기 위하여 매도인에게 납부한 계약보증금에 대하여 이것은 보증금 납부자의 위약시 이를 상대방에게 귀속시킴으로써 제재를 가하는 위약벌의 성질을 갖게 되고 역시 반환의 대상이 될 수 없다는 것이었다.[11] 즉 계약체결시에 일방이 자신의 채무이행의 담보를 위하여 상대방에게 교부하는 보증금은 수령자에게 귀속되며 원칙적으로 감액과 그에 따른 일부 또는 전부의 반환

---

8) 보증금이란 용어는 민법에서 유일하게 제565조에서 "계약 당시에 당사자 일방이 금전 기타 물건을 계약금, 보증금 등의 명목으로 상대방에게 교부"하는 경우와 관련하여 언급하고 있다. 보증금의 법리의 특수성에 관하여는, 김동훈, 계약체결시 교부되는 보증금의 법리, 채권법연구(II) 347면 이하
9) 대법원 1968.06.04. 선고 68다491 판결
10) 대법원 1979.09.11. 선고 79다1270 판결
11) 대법원 1989.10.10. 선고 88다카25601 판결

의 대상이 되지 않아야 하는데, 이것을 법적으로 뒷받침하는 개념이 바로 그러한 보증금은 손해배상액의 예정이 아니라 위약벌의 성질을 가지고 보증금의 단순귀속이 바로 불이행에 대한 제재의 표현이라고 본 것이었다. 이러한 취지의 판례는 계속 이어져서 예컨대 공사도급계약에서 하자보수보증금에 대하여도 역시 이는 위약벌로서 하자보수의무의 불이행시 그에 대한 제재로서 도급인에게 귀속되며 반환채권은 발생하지 않는다고 하였다.12)

또 한편으로는 위약벌의 개념을 손해배상의 약정과 관련하여 구성하는 일군의 판례도 나타나고 있다. 특히 도급계약에서 계약이행 보증금과 지체상금의 약정이 있는 경우에는 계약이행보증금은 위약벌의 성질을 가지고 지체상금은 손해배상의 예정으로 보아야 한다는 것이다.13) 즉 지체에 대한 손해배상인 지체상금 약정이 별도로 있다는 것은 계약이행보증금이 위약벌의 성질을 갖는다는 것을 분명히 하게 되고 따라서 보증금과 별도로 지체상금을 청구하는 것은 문제되지 않는다. 다만 이 경우 뒤의 판례에서 보듯이 지체상금은 지연손해에 대한 배상만을 담당하는 개념이어서 도급계약 자체의 불이행에 따른 위약금약정과는 구별되는 점을 고려하여야 한다. 또 토지분양계약시 계약보증금의 귀속에 관한 약정에서 이외에 채무자가 채권자가 입은 손해에 대하여 배상의무를 부담하는 별도의 약정이 있다면 계약보증금 귀속약정은 역시 제재적 성격을 갖는 위약벌의 성질을 띠게 된다고 한다.14)

그러나 이처럼 계약보증금을 일률적으로 위약벌로 인정하여 감액이나 반환청구를 부인하는 판결의 흐름은 변화를 보이게 된다. 즉 계약보증금도 해석에 의하여 손해배상액의 예정으로 보아야 한다는 판결이 점차로 나타나게 되었다. 특히 보증금을 몰취하고도 여전히 초과되는 손해가 있으면 손해배상을 청구할 수 있다는 초과손해배상조항이 거래계에서 널리 활용되었는데, 이에 대해 법원은 이때의 계약보증금은 손해배상액의 예정으로서의 성질을 갖는다고 하였다.15) 즉 최소한 계약보증금 범위내의 손해는 계약보증금의 몰취로써

---

12) 대법원 1998.01.23. 선고 97다38329 판결
13) 대법원 1996.04.26. 선고 95다11436 판결; 대법원 1997.10.28. 선고 97다21932 판결
14) 대법원 1998.12.23. 선고 97다40131 판결
15) 대법원 2001.01.19. 선고 2000다42632 판결; 대법원 1999.08.20. 선고 98다28886 판결

그 배상에 갈음한다고 볼 수 있기 때문이다. 즉 채무불이행시 발생할 최소한의 손해액을 계약보증금으로 확보하여 놓는 의미가 있다는 것이다. 물론 이것은 예정액보다 실손해가 커도 추가손해의 배상을 청구할 수 없다는 본래의 손해배상의 예정의 모델과는 조금 차이가 있음도 부인할 수는 없다. 이에 대해 판례는 실손해가 보증금 범위내일 경우라고 조건을 달고 있다. 중요한 것은 초과손해배상 조항으로 인해 보증금에 손해전보의 의미가 인정되고 이것은 손해전보와는 별개의 제재수단이라는 위약벌 개념을 배척할 수 있는 이론적 근거가 되었던 것이다.

　나아가 판례는 계약보증금 외에 별도의 손해배상조항이 있는 경우에 종래 이를 이유로 보증금이 위약벌로 해석되어야 한다는 입장과는 달리, "계약해지시 선수금을 매도인에 귀속하되 이로써 매수인의 손해배상의무가 면제되는 것은 아니다"라는 계약조항에 대해 법원은 "위약금 범위내의 손해는 위약금의 몰취로써 그 배상에 갈음하고 이를 초과하는 손해가 있으면 그에 대해 배상책임을 진다는 뜻이지, 위약금을 위약벌로써 몰취하고 그로써 전보되는 손해에 대하여도 매수인이 따로 손해배상책임을 진다는 취지는 아니다"라고 하고 있다.16) 즉 선수금귀속조항을 일종의 손해배상액의 예정으로 보는 것이 맞다는 것이다. 판례는 이에서 더 나아가 단순한 보증금귀속조항에 대하여도 "하자보수보증금의 귀속규정은 수급인이 하자보수의무를 이행하지 아니하는 경우 그 보증금의 몰취로써 손해의 배상에 갈음한다는 취지로서 이는 손해배상액의 예정으로서의 성질을 가진다"고 판시하였다.17) 이후로 적어도 계약보증금의 성질을 갖는다 하여 당연히 위약벌의 성질을 갖는다는 판례의 입장은 확실히 무너졌다고 보인다.18) 어쨌든 보증금을 이렇게 손해배상의 예정으로 구성함으로써 이제 법원은 실손해에 비해 과도한 보증금의 귀속에 제동을 걸고 이의 감액 및 반환을 인정하는 길을 열었다.

　이제 판례는 점차로 위약금에 대하여 손해배상액의 예정인지 위약벌인지 판정하는데 자신을 잃어버린 것 같다. 계약보증금의 귀속조항의 성격이 무엇

---

16) 대법원 2000.12.22. 선고 99다4634 판결
17) 대법원 2001.09.28. 선고 2001다14689 판결
18) 대법원 2004.12.10. 선고 2002다73852 판결

인지에 대하여는 구체적 사건에서 개별적으로 결정할 의사해석의 문제라는 점을 강조하기 시작하였다. 그리하여 계약보증금과 지체상금이 같이 규정되어 있는 도급계약에서도 양자는 그 대상이 다르므로 양자의 존재만을 이유로 계약보증금이 위약벌로 해석될 수는 없다고 하였다.[19] 반면에 당사자의 의사표시를 꼼꼼하게 분석한 끝에 당사자들이 이행의 강제를 위한 목적만 있고 손해의 발생을 예상하여 그 배상을 예정한 것으로 볼 수 없다며 위약벌의 성격을 인정하고 별도의 손해배상청구를 인정하기도 하였다.[20] 또한 국가공사의 입찰시 요구되는 차액보증금에 대하여는 이 보증금의 귀속으로 수급자를 제재하고 이행을 강제하는 작용이 뚜렷하므로 위약벌로 볼 수 밖에 없고 감액청구를 부인하기도 하였다.[21]

2. 위약금 양분론의 한계

결국 위에서 본 수십년간의 대법원의 판례의 흐름은 위약벌과 손해배상액의 예정의 구분에 관하여는 당사자의 의사표시의 구체적인 해석이라는 기준 외에 다른 유의미한 기준을 도출해내는데 실패하였다는 것을 웅변하고 있는 것으로 보인다. 어찌보면 보증금의 교부이든 단순한 지급약정이든 당해 위약금 외에 별도의 손해배상을 인정할 필요가 있거나 또는 위약금에 대한 감액청구를 인정하기 어려운 경우에는 이를 위약벌로 구성하는 효과론적인 접근을 하는 것은 아닌가 하는 생각이 든다.

결국 개념적으로 양자를 구분하는 것은 매우 어려운 일이다. 판례도 여러 차례 자인하는 바와 같이 손해배상액의 예정에도 배상문제의 간편한 해결외에 채무자에게 심리적으로 경고를 주어 채무이행을 확보하려는데 있다는 측면이 있으며 이것이 개념적으로 모순을 가져오는 것은 아니라고 하지 않는가. 심지어 판례는 전기공급계약에서 용도이외로 사용시 수용가에게 면탈금액의 2배를 위약금으로 부과한다는 약관조항에 대하여 이 위약금은 손해배상액의

---

19) 대법원 2010.06.24. 선고 2007다63997 판결
20) 대법원 2005.10.13. 선고 2005다26277 판결
21) 대법원 2002.04.23. 선고 2000다56976 판결

예정과 위약벌의 성질을 함께 가지는 것으로 보아야 한다고 판시한다.22) 추측하기에 면탈금액의 2배의 위약금 부과라는 면에서 보면 제재적 성격을 부인할 수는 없지만 또한 별도로 전기요금이나 손해배상을 청구하는 것은 아니기에 위약금이 실손해의 배상의 의미도 포함하고 있다는 것으로 해석된다.

이러한 위약금의 양분론의 한계는 위에서 소개한 근래의 판결에서 더욱 선명히 드러나고 있다. 판례①과 판례②에서는 양자의 구분이 구체적이고 개별적인 의사해석의 문제임을 강조하면서, 판례①에서는 위약벌로 해석하는 이유가 가산금이 손해배상의 예정이면 이중배상이 이루어진다는 모순이 생긴다는 점을 지적하고, 판례②에서는 교부된 이행보증금이고 당사자들이 위약벌로 명명함에도 손해배상의 예정으로 보는 이유로서 당사자들이 이행보증금 외에 별도로 손해배상청구를 배제하였다는 점을 들고 있다. 판례③에서는 위약벌을 전제로 하되 무효라고 볼 수 없는 이유의 하나로 당사자들이 별도의 손해배상청구를 하지 않고 있다는 점을 들고 있고, 판례④는 위약벌이지만 무효로 볼 여지가 있는 이유의 하나로서 채권자가 별도로 채무불이행으로 인한 손해의 전부를 배상받을 수 있는 점을 들고 있다.

요컨대 중요한 것은 위약벌이든 손해배상액의 예정이든 채권자에게 적정한 손해의 배상이 이루어지고 있는가 하는 점이며, 그러한 손해배상을 확보하기 위하여 사전에 이루어진 약정의 성격이 어떠한 것인가는 부차적인 고려사항이라는 것이다. 이처럼 양자의 구분은 그 개념에 있어서나 그 실제적 효용에 있어서나 큰 의미를 찾기 어려우며 오히려 양자의 구분과 그에 따른 상이한 법리와 접근방식은 문제의 본질을 흐리게 하는 면이 더 크다고 생각된다.

3. 사적인 제재나 벌칙의 정당성

판례가 보기에 위약벌의 가장 핵심적인 속성은 제재적 성격에 있다. 손해

---

22) 대법원 2013.04.11. 선고 2011다112032 판결; 김재형 교수도 역시 이 판결에 의미를 부여하며, 제재적 기능과 배상적 기능을 함께 갖춘 위약금 약정을 손해배상액의 예정과 위약벌로 엄밀하게 구분하여 이분법적으로 해결하는 것은 당사자들의 의사나 거래의 실체를 제대로 반영하지 못하는 결과가 될 수 있다고 비판하고 있다. 주 4) 김재형, 637면

배상액의 예정이 일차적으로 손해배상의 간편함을 추구하는 것이고 부차적으로 채무자에게 이행을 압박하는 것이라면, 위약벌은 채무의 불이행에 대하여 제재를 가하는 것이 일차적이고 손해를 전보하는 기능은 부차적인 의미를 갖는다고 볼 수 있다. 판례②의 표현을 빌면, 위약벌이 제재와 압박을 통해 사전적인 채무이행의 확보를 추구하는 것이라면 손해배상액의 예정은 사후적인 손해의 처리에 주안점이 있다고 할 수 있다. 그리하여 판례는 위약벌이라는 개념에 항시 제재금이라는 용어를 병렬적으로 쓰고 있다. 그리고 '채무자의 계약이행을 간접적으로 강제하는 작용을 하고 위약하였을 때에는 사적인 제재를 가하는' 것이 위약벌의 본질적 속성이라고 한다. 기술한 바와 같이 보증금의 몰취는 가장 전형적인 제재수단이 되는 것이다. 판례①에서는 심지어 '벌칙금적 성격'이라는 표현도 나온다.

문제는 대등한 당사자간의 계약에서 일방이 상대방에게 사적으로 제재를 가한다는 사고가 사적자치의 원리를 기반으로 하는 계약법에 적합한 것인가를 재고할 필요가 있다. 채권자는 채무자의 불이행에 대하여 그로 인한 손해의 배상을 받음으로써 계약법의 임무는 다한 것이 되는 것이 아닌가.[23] 채권자가 채무불이행에 내재된 귀책사유를 근거로 하여 채무자에게 사적인 형벌을 가할 수 있다는 사고, 그리고 이러한 위약벌의 존재는 당해 채무자에게 심리적인 압박을 주어 이행을 강제하고 나아가 불이행시에는 가혹하게 집행됨으로써 일반예방적 효과까지 바라볼 수 있다는 사고는 민사법적 사고에서는 매우 이질적인 것이다. 계약법에서는 기본적으로 채무불이행에 있어 채무자의 고의나 과실여부, 또 고의의 양태 등을 구별하여 접근하는 것은 아니다.

물론 불이행시 채무자에게 부과되는 위약금이 손해배상과의 관련성이 희박하고 이행에의 압박기능이 두드러지는 경우는 종종 있다. 판례①에서 나타나는 바와 같이 가산금지급조항은 채무자로 하여금 허위자료를 제출치 못하도록 막으려는 징치의 성격이 강하다. 위약벌적 사고를 담은 가장 전형적인

---

23) 영미법상의 '효율적 계약파기 이론'(efficient breach theory)은 계약파기와 그에 따른 손해배상이 거시적으로 보면 자원의 효율적 분배를 가능케 하는 적극적 면이 있다는 것을 강조한다. 물론 이에는 파기에 따르는 거래비용이나 계약책임에 대한 도덕적 문제 등을 도외시한다는 비판이 있기도 하다.

것은 백화점 수수료 누락사건에 관한 판결일 것이다. 백화점의 수수료위탁판매매장계약에서 매출전표의 누락시 판매수수료의 100배를 배상하도록 한 조항에 대하여 법원은 수수료매장의 질서유지를 보장하기 위하여는 배상비율이 높다는 사정만으로 이 위약벌이 공서양속에 반하여 무효로 보기 어렵다고 하였다.24) 이처럼 특히 양당사자간의 역학관계가 현저히 차이가 나는 경우에 질서유지나 부정방지 등 계약에 친하지 않은 목적을 위하여 제재적 성격의 위약금이 정해지는 경우가 있다. 그러나 이러한 특별한 경우들을 위하여 별도의 위약벌 개념을 인정하고 이에 기반한 법리를 전개해 나갈 필요성이 있는 지는 의문이다. 이것은 손해배상액의 예정에 담겨있는 부차적인 기능인 '채무자에게 심리적인 경고를 줌으로써 채무이행을 확보한다'라는 측면이 극대화된 사례로 보면 충분한 것이다.

　　더욱이 주목해야 할 것은 판례③에서 강조한 바와 같이 '위약벌 약정과 같은 사적자치의 영역을 일반조항인 공서양속을 통하여 제한적으로 해석함에 있어서는 매우 신중'해야 한다는 논리이다. 판례④에서는 나아가 위약벌을 그 액수가 과다하다 하여 무효로 하는 것은 사적자치의 원칙에 대한 중대한 제약이며 스스로의 약정을 부인하고 계약의 구속력으로부터 이탈하는 자를 보호하는 것이 될 수 있어 가급적 자제할 것을 주문하고 있다. 위약벌에는 제재적 성격이 있어 사적 자치적 성격이 손해배상액의 예정보다 오히려 약한 것이라 볼 수 있는데, 판례는 거꾸로 이것의 사적 자치적 성격을 강조하고 그대로 준수할 것을 내세우고 있다. 즉 위약벌의 통제수단이 사회질서라는 일반조항이므로 이를 통한 당사자의 약정에 대한 간섭은 억제되어야 한다는 것이다. 그러나 이러한 논리는 수긍되기 어렵다. 손해배상액의 예정을 감액하는 것이나 위약벌 약정을 일부 또는 전부 무효화하는 것이나 다 사적 자치에 대한 법원의 간섭인 것은 마찬가지며, 오히려 사적 자치적 성격이 더 약한 위약벌의 약정에 대하여 더 강한 사후적 통제가 필요한 것이다. 이런 점에서도 양자의 구별과 그에 기반한 법리는 오히려 혼란만 초래하고 있음을 보여준다. 실제에 있어서도 판례③과 판례④는 똑같이 위약벌 규정에 대한 사적 자치의 원칙의

---

24) 대법원 1993.03.23. 선고 92다46905 판결

우위를 강조했지만 판례④에서만 약정된 벌이 과도하게 무거워 공서양속에 반한다고 판시하였다.

VI. 민법개정시안과 위약금 약정으로의 통합

이처럼 손해배상액의 예정과 위약벌의 구분이 개념적으로도 어렵고 또 그 효과에 있어서도 오히려 모순을 불러일으키고 또 이념적으로도 사적인 형벌이라는 비계약적인 사고와 가까운 것이라면 결국 바람직한 해법은 양자를 그보다 상위의 개념인 위약금으로 통합하는 것이다.

이미 2013년 법무부 민법개정시안은 제398조의 제목을 '손해배상액의 예정'에서 '위약금'으로 고치기로 하였으며 위약금 자체가 감액의 대상이 되는 것으로 정하였다. 즉 당사자들이 일방의 계약위반 즉 채무불이행시 상대방에게 지급하기로 한 금원을 위약금으로 하고 그것의 구체적 성격에 관계없이 통일적으로 취급하여 감액의 대상으로 삼기로 한 것이다. 이미 위약금이란 용어는 담보물권법(제360조, 제334조)이나 보증채무(제429조)에서 채무불이행에 따른 손해배상에 관한 약정을 대표하는 개념으로 쓰이고 있다. 그럼에도 제398조에서는 손해배상액의 예정에 관한 조항의 하부구조에서 위약금이 언급되는 모순을 바로잡는 의미를 가지고 있다.[25]

위약벌이 위약금이라는 상위개념으로 통합된다면 가장 중요한 효과는 "위약금이 부당히 과다한 경우에는 법원은 적당히 감액할 수 있다."(개정안 제3항)라는 규정에 따라 위약벌도 감액의 대상이 된다는 것이다. 위약벌도 감액의 대상이 된다면 양자를 구별하는 가장 중요한 의미가 없어지는 것이다. 여기에서 위약벌이나 손해배상액의 예정이라는 개념을 아예 인정할 필요조차 없어지는 것인지가 문제된다.

개정안은 위약금의 감액조항을 두면서도 그에 앞서 '위약금은 손해배상액의 예정으로 추정한다'라는 현행 규정의 조항(제4항)을 제2항에 그대로 가져왔다. 이에 대해서는 위약벌에 대해서도 감액을 인정하면서 이러한 추정규정을

---

25) 김동훈, 위약금에 관한 민법규정의 개정론, 채권법연구(II)(2014) 7면

둘 필요가 있는지에 대해 의문을 표하는 견해도 있다.26) 개정안에서 이러한 추정조항을 살린 것에는 어떠한 의미가 있는가? 제1항에서 당사자가 채무불이행에 관하여 위약금을 약정할 수 있다고 선언함으로써 위약금 일반에 관한 사적자치의 원칙을 선언하였다면 제2항의 추정조항은 그러한 위약금의 해석의 일차적인 기준을 제시하였다고 볼 수 있다. 손해배상액의 예정이나 위약벌의 개념 자체를 민법학에서 배제하지 않는다면, 당사자들이 위약금을 정하는 기본적인 뜻은 불이행에 대한 제재보다는 그로 인한 손해배상의 문제를 해결하기 위한 것이라는 방향의 제시는 그 의미가 작지 않다고 생각된다. 특히 위약벌로 인정될 경우 별도의 손해배상이 가능하다는 종래의 법리와의 관련성을 생각하면 그 의미가 잘 드러날 것이다. 그리하여 당사자들이 위약금 약정에도 불구하고 별도로 손해배상을 추가로 청구하기 위하여는 적극적으로 그 위약금이 손해배상과는 무관한 제재적 성격을 가짐을 입증하여야 할 것이다.

결론적으로 이러한 추정조항은 위약금은 일차적으로 손해전보의 의미를 담는다는 것을 천명하는 조금은 소극적인 의미를 가질 것이다. 즉 현행과 같이 적극적으로 이 조항에 근거하여 손해배상액의 예정으로 추정되지 않는 위약금이 바로 위약벌이라는 논리를 도출할 필요는 없을 것이다. 즉 위약금은 단순히 손해배상액의 예정과 위약벌이라는 두 개념을 결합한 것이 아니라, 계약의 성질이나 당사자의 약정에 따라 이 두 개념의 어느 하나에 속하지 않는 제3의 성격을 갖는 유형도 있을 수 있고 실제로 거래계에서도 다양한 스펙트럼을 가진 위약금 규정들이 사용되고 있는 것이다.27)

비교법적으로 양자의 개념을 통합적으로 파악하는 것은 국제적 추세와도 일치되는 흐름이다. 예컨대 국제상사계약의 원칙(PICC)이나 유럽계약법원칙

---

26) 주 4) 김재형, 666면
27) 주 23) 김동훈, 6면; 예컨대 위약금에 상응하는 독일민법상의 계약벌(Vertragsstrafe)은 채무불이행시 채권자가 '입증책임이 없는 최소한의 배상'을 청구하는 기준이 되며 채권자는 추후에라도 초과손해의 배상을 청구할 수 있다(동법 제340조, 제341조). 또 위약금은 감액청구의 대상이 되기는 하나 일단 지급된 후에는 감액이 허용되지 않는다(제343조). 이는 법적 안정성의 관점을 고려하고 자발적 지급은 지나친 과도함이 없다는 하나의 증거가 되기 때문이라고 한다. MünchKomm/Gottwald (2007) Vor § 343 Rz. 16

(PECL)도 의도적으로 위약금(agreed payment for non-performance)이라는 개념을 사용하여 특히 영미법에서 구분되는 '배상액의 예정'(liquidated damage)과 '위약벌'(penalty)의 개념을 다 포섭하고자 하였다.28)

VII. 위약금 약정에 대한 통제의 개별적 판단요소

1. 별도의 손해배상 청구와의 관계

당사자가 정한 위약금이 손해배상액의 예정으로 해석되든 위약벌로 해석되든 그에 대한 감액 내지 일부무효 등의 판단이 가능한지에 대해서는 그 위약금과 손해배상청구와의 관계가 문제된다. 판례②에서와 같이 별도의 손해배상청구를 배제하는 경우도 있고 판례①에서와 같이 기본적인 손해배상을 받고 위약벌을 추가로 청구하는 경우도 있다. 판례③에서는 손해배상과 별도로 위약벌을 받기로 했지만 실제로는 위약벌만을 청구하고 있다. 위약금으로 통합적으로 파악하는 입장에서 일차적으로 중요한 것은 판례③에서와 같이 약정과 상관없이 채권자가 실제로 청구하는 위약금 또는 여기에 손해배상을 합한 실제금액이 과도한 것인가의 여부를 판단하는 것이다. 또 별도의 손해배상 가능여부는 위약금의 과다여부를 판정하는데 하나의 요소가 될 것이다. 손해배상청구가 배제되었다면 이는 위약금이 배상청구의 한도가 되는 것이기 때문이다.

2. 보증금의 교부와 위약금 약정

판례의 흐름에서 보았듯이 초기 판례는 계약체결시 교부된 보증금은 위약벌로 보고 채무불이행시 채권자에게 귀속시키는 것이 옳다는 입장이었으나 점차로 이에 대해서도 손해배상액의 예정으로 보고 감액하여 부분반환을 명하는 판결도 나오고 있다. 위약금으로 통합하는 입장에서는 역시 양자 간에

---

28) Commentary on PICC, 920면; PECL Art. 9:509; 자세한 비교법적 고찰에 대하여는 주 4) 김재형 649면 이하 참조

결정적인 차이는 없겠으나 보증금에는 대개 귀속조항이 따라가고 교부자의 반환청구가 문제되는 점에서 신중히 다룰 필요가 있다. 즉 보증금은 판례가 말하듯이 '채무불이행시 손해배상액의 지급을 확보하기 위하여 계약체결시에 미리 교부하는' 즉 위약금의 선(先)교부에 불과한 것이 아니라,[29] 단순약정에 비해 채무자에게 더 압박을 가할 수 있는 장치인 것이므로 그러한 교부행위에 내재한 당사자간의 위험분배를 존중하여야 한다.

3. 위약금의 편면성 또는 쌍방성 여부

법원은 위약금의 통제에 있어 이러한 위약금의 편면성 여부도 하나의 고려요소로 삼고 있다. 즉 위약금 약정이 편면적이라는 것은 일방의 이해관계만이 반영된 것이어서 더 쉽게 법원의 통제대상이 될 수 있다는 시사를 주고 있다. 감액을 인정한 판례②에서도 매수인에 대한 편면적 위약금 규정이라는 점이 고려되었고, 판례③에서도 위약벌 조항이 동등한 조건으로 상대방에게도 정하고 있는 점이 고려되어 법원의 간섭을 배제하는 하나의 요소로 언급되었다. 물론 이 요소는 상대적인 것이어서 판례④에서는 양자가 동등한 지위에서 쌍방의 불이행에 대하여 똑같은 조건으로 위약벌 약정을 한 것을 신중히 고려하였음에도 위약벌이 무효로 볼 여지가 있다고 하였다.

4. 실손해액과의 비교

위약금 약정이 비록 실손해를 그대로 반영하여야 하는 것은 아니고 특히 심리적인 압박기능을 하려면 예상되는 손해액보다 고액으로 약정되는 것도 자주 발생한다. 따라서 채무자가 실손해가 없거나 위약금보다 적음을 입증하

---

[29] 예컨대 "공사이행 보증금에 관한 약정을 한 목적에는 수급인에게 심리적인 압박을 가하여 채무이행을 강제한다는 목적 외에 수급인의 계약 불이행으로 인하여 도급계약 관계를 청산하게 될 때를 대비하여 수급인이 도급인에게 배상하여야 할 손해액을 위 공사이행 보증금으로 예정함과 동시에 <u>그 지급을 확보하기 위하여 계약체결시에 공사이행 보증금을 미리 도급인에게 교부하게 한 데 있다</u>고 할 것이므로, 원심이 위 이행보증금의 성질을 민법 제398조 소정의 손해배상액의 예정으로 본 것은 정당"하다고 설시한 판례 (대법원 1995.12.12. 선고 95다28526 판결)

여 위약금 지급의무를 면할 수 없음은 당연하다. 그러나 위약금 약정에 대한 법원의 간섭을 판단하는 가장 실제적인 기준은 위약금의 지급 내지 몰취 등을 통해 채권자가 폭리를 취해서는 안된다는 것이다. 즉 제398조 2항은 제103조나 제104조의 폭리행위 정신이 구체화된 규정이기 때문이다. 따라서 채무가 제대로 이행되었더라면 채권자가 얻을 것으로 예상되는 이행이익과의 비례성은 가장 근본적인 판단기준이 될 수 밖에 없다. 판례는 간섭을 자제해야 한다는 위약벌에 관하여서도 '채권자의 이익에 비하여 약정된 벌이 과도하게 무거울 때에는 그 일부 또는 전부가 공서양속에 반하여 무효로 된다'라고 설시하고 있다. 판례④에서도 위약벌로 정한 146억원이 계약상의 대가인 액수의 3배 가까이 되는 점이 제일 중요한 요소로서 고려되고 있다. 판례③에서는 약정이 유지되었다면 채권자가 그 계약을 통해 상당한 수익을 얻을 수 있었다는 점이 고려되었고, 판례②에서는 일종의 예약인 양해각서가 해제될 경우 일방이 입는 손해가 계약의 유효한 체결을 믿은 이른바 신뢰이익의 손해에 한정되는 것임을 고려하여 법원의 간섭을 정당화하였다.

5. 양 당사자의 교섭력의 비교

위약금 약정도 결국은 계약체결에 있어 양당사자의 교섭력이 반영된 결과라고 볼 수 있다. 위약금에 대한 법원의 간섭은 바로 이러한 교섭력의 불균형으로 인한 결과를 수정하려는 측면이 있으므로 양자간의 역학관계에 대한 고려는 법원의 간섭여부를 정하는 중요한 고려요소가 된다. 판례도 위약벌에 대한 판단 기준으로 '당사자 일방이 독점적 지위 내지 우월한 지위를 이용하여 체결한 것인가'라는 요소를 고려요소로 제시하고 있고, 손해배상액의 예정의 판단기준으로서도 '경제적 약자의 지위에 있는 채무자에게 부당한 압박을 가하여 공정성을 잃게 되는지' 등을 고려할 것을 제시한다.

판례②에서도 채무자 측이 위약벌 몰취조항에 대하여 별다른 이의를 제기할 수 있는 상황이 아니었고 교섭과정에서 계약체결에 따르는 위험을 합리적으로 파악하기 어려웠던 점 등을 고려하고 있다. 반대로 판례③에서는 약정체결에 있어 채권자가 채무자에게 위약벌 조항을 강요할 수 있는 우월적 지위에 있다고 볼 수 없는 점을 고려하여 법원의 간섭을 자제하고 있다.

6. 그 밖의 판단요소들

이 외에도 판례에는 여러 다양한 판단요소 들이 나타나고 있다. 물론 일차적으로 당사자의 의사해석이 가장 중요하며 당사자가 사용하는 명칭이나 문구도 참고가 될 수 있다. 채무불이행시 손해의 사전 산정가능성, 계약위반의 양태, 손해를 경감시키기 위한 채권자의 노력, 채무자에 대한 압박 조치의 필요성 등 다양한 요소들이 나타나고 있다.

VIII. 맺는 말

민법학계가 주도적으로 참여하여 오랜 시간 끝에 만들어낸 민법분야의 재산법 개정안은 현대 민법학의 흐름을 반영하고 실무에 대해 보다 타당성있는 판단규범을 제시하기 위한 노력의 결정이라고 할 수 있다. 여기에서 본 글의 주제와 관련하여서는 '손해배상액의 예정에서 위약금으로'라는 모토로 요약될 수 있다. 달리 말하면 위약금을 개념적으로 양분하는데서 벗어나 이를 통합적으로 관리하여야 한다는 방향을 설정한 것으로 볼 수 있다. 이런 점에서 근래의 위약벌에 관한 대법원판결들은 종래의 양분론을 더욱 심화시킨 것으로 보인다. 문제는 그러한 접근이 이론적으로나 실제적으로나 납득할 수 없는 혼란을 야기하고 있다는 점이다.

위약금을 선험적으로 손해배상액의 예정과 위약벌로 개념을 나누고 각 개념에 대하여 별도의 통제기준을 적용하고자 하는 것은 지나친 법리의 경직성을 가져오는 것으로 보인다. 위약금의 이러한 하위개념을 학술적으로는 사용한다고 하여도 이것은 위약금의 성질과 기능에 관한 하나의 경향을 나타내는 연속성의 관점에서 파악하는 것으로 충분하다. 이에서 더 나아가 이것을 통제의 매개개념으로 삼는 것은 논리적으로나 효용성으로나 더 이상 수용되기 힘들다고 판단된다. 더구나 사법적 제재수단이라는 위약벌은 사법의 영역에서 기능적으로나 이념적으로 이질물이라고 보아야 할 것이다. 더 관심을 기울여야 할 것은 위약금의 통제의 실질적이고 개별적인 판단요소들에 대한 분석이다. 이 글에서 소개한 최근의 판결들은 이 점에서 다양한 관점과 요소들을 제공하고 있으며 앞으로 더 연구의 대상이 되어야 할 것이다.

<Abstract>

The Function of the Fine Clause in Contract Law

In recent days the supreme court has sentenced consecutively the cases, which handle directly the theory of fine clause of contract. In this article I used the penalty as a super ordinate concept which includes liquidated damage and fine. Especially the fine in contract law is imposed as sanction on the party in breach of contract. Through these cases the court declared the new perspectives which have been not appeared in the previous cases. This seems to reveal the fundamental contradiction of fine clause of contract law.

The revision draft of civil law, in which the scholarship of civil law have taken part for a long time, took a motto 'from liquidated damage to penalty' in connection with the theme of this article. In other words we have to refuse to separate the penalty as the two opposite concepts and integrate into the concept of penalty. In this point the recent cases of the court seem to deepen the previous dualism. This approach makes confusion theoretically and practically about the control of penalty in contract law.

In this article I tried to argue this point through analysis of cases of the court. In conclusion I got to the point that the penalty as a integrate concept is enough and we do not need the fine in contract which is heterogeneous to contract functionally and ideologically. On behalf of this the concrete factors of appraisal for control of penalty have to be analyzed deeply.

[이 글은 인권과정의 제465호(2017년 5월호)에 게재되었다.]

채권양도금지특약에 관한 민법 규정의 운용방향

I. 들어가는 말
II. 채권양도금지의 특약에 반한 채권양도의 효력에 관한 판례의 동향
III. 비교법적 고찰
IV. 양도금지규정에 반한 채권양도에 대한 평가기준의 모색
V. 양도금지특약에 관한 민법 규정의 운용방향
VI. 맺는 말

I. 들어가는 말

채권양도의 제한을 둘러싸고 채권자와 채무자 간의 양도금지특약을 어떻게 해석하고 운용할 것인가는 매우 어려운 문제이다. 이는 근본적으로 채권의 양도성의 원칙을 어떻게 이해하여야 하고 또 양도금지특약이라는 당사자 간의 자율적인 합의의 효력은 이와 어떠한 관계에 있는 것인가 하는 기본적인 문제들에 부딪히게 된다. 이 글에서는 먼저 금지특약에 반한 채권양도의 효력에 대하여 유효 또는 무효로 선언한 판례를 분석하여 보고 이러한 판례에 의해 형성된 판단기준이 적실성이 있는 것인지 검토해본다. 이를 위해 간단한 비교법적 고찰을 해보고, 양도금지특약 및 이에 반하는 양도거래의 평가와 관련하여 검토되어야 할 다양한 기준들에 관하여 분석해보고 결론적으로 현행의 양도금지특약조항의 운용방향에 대하여 언급하고자 한다.

II. 채권양도금지의 특약에 반한 채권양도의 효력에 관한 판례의 동향

[판례의 기초법리] 당사자의 의사표시에 의한 채권양도금지 특약은 제3자

가 악의인 경우는 물론 제3자가 채권양도금지 특약을 알지 못한 데에 중대한 과실이 있는 경우에도 채권양도금지 특약으로써 대항할 수 있고, 여기서 말하는 중과실이란 통상인에게 요구되는 정도의 상당한 주의를 하지 않더라도 약간의 주의를 한다면 손쉽게 그 특약의 존재를 알 수 있는데도 그러한 주의조차 기울이지 아니하여 특약의 존재를 알지 못한 것을 말하며, 제3자의 악의 내지 중과실은 채권양도금지 특약으로 양수인에게 대항하려는 자가 이를 주장·증명하여야 한다.

1. 양도를 유효로 본 사례

① **대법원 2015.4.9. 선고 2012다118020 판결**

민법 제449조 제2항 단서는 채권양도금지 특약으로써 대항할 수 없는 자를 '선의의 제3자'라고만 규정하고 있어 채권자로부터 직접 양수한 자만을 가리키는 것으로 해석할 이유는 없으므로, 악의의 양수인으로부터 다시 선의로 양수한 전득자도 위 조항에서의 선의의 제3자에 해당한다. 또한 선의의 양수인을 보호하고자 하는 위 조항의 입법 취지에 비추어 볼 때, 이러한 선의의 양수인으로부터 다시 채권을 양수한 전득자는 선의·악의를 불문하고 채권을 유효하게 취득한다.

(공사도급계약상의 공사대금채권에 관하여 채권자가 하수급인에게 공사대금채권을 양도하였고 양수인이 이를 제3자에게 재양도하였는데, 공사대금채권을 최초로 양수한 자가 양도금지 특약을 알았거나 알지 못한 데에 중과실이 있다는 점에 관하여 채무자의 주장·입증이 없어 그 채권양도는 유효하고, 이를 다시 양수한 자가 양도금지 특약을 알았거나 알지 못한 데에 중과실이 있다고 하여도 그 채권양도는 유효하다고 판단함)

② **대법원 2003.01.24. 선고 2000다5336 판결**

임대차계약상의 임차보증금반환채권의 양도금지조항에 대하여 양수인이 채권양수 당시 이 조항을 알았다거나 중대한 과실이 있다는 점을 인정할 증거가 없어 임대인은 양도금지조항으로 양수인에게 대항할 수 없다고 한 사례.

방론으로서 임대차계약서상의 양도금지를 임대기간 중 임대보증금반환채권을 타인에게 양도하는 경우 임대인에게 불이익이 발생할 가능성이 있어 이를 방지하기 위한 것이라고 보아야하는데, 이는 임대차계약이 종료되고 임대목적물까지 명도되었음에도 불구하고 임차인이 임대보증금반환채권을 양도하지 못하도록 하는 것은 임차인에게 너무나 가혹할 뿐 아니라 임대인에게 아무런 실익이 없기 때문이라는 원심의 판단에 대하여, 대법원은 문언상 양도금지기간이 정해져있지 아니하고 또 임대차계약 체결 당시 임차인은 이러한 특약을 감수하고 이에 동의한 것이므로 위와 같은 제한해석을 하지 않는다고 하여 임차인에게 가혹한 것이라고 볼 수 없고, 임대인으로서는 임대차계약이 종료되고 임대목적물이 명도된 이후라도 보증금반환채권만이 양도되어 버림으로써 최초 법률관계의 당사자가 아닌 제3자와의 법률분쟁에 휩싸이거나 복잡한 권리관계가 형성되는 것을 미리 방지하기 위하여 양도금지의 특약을 할 수 있는 것이라며 양도금지조항의 효력을 제한적으로 해석한 원심의 잘못을 지적하였다.

③ **대법원 2000.04.25. 선고 99다67482 판결**

일반적으로 지명채권의 양도거래에 있어 양도대상인 지명채권의 행사 등에 그 채권증서(계약서 등)의 소지·제시가 필수적인 것은 아닌 만큼 양도·양수 당사자 간에 그 채권증서를 수수하지 않는 경우도 적지 아니한 실정이고(특히 양수인이 채권양도 거래의 경험이 없는 개인이라면 더욱 그렇다.), 또한 수수하더라도 양수인이 그 채권증서의 내용에 대한 검토를 아예 하지 아니하거나 혹은 통상의 주된 관심사인 채권금액, 채권의 행사시기 등에만 치중한 채 전반적·세부적 검토를 소홀히 하는 경우가 있을 수 있으며, 그 밖에 전체 계약조항의 수, 양도금지 특약조항의 위치나 형상 등에 따라서는 채권증서의 내용을 일일이 그리고 꼼꼼하게 검토하지 않은 채 간단히 훑어보는 정도만으로는 손쉽게 그 특약의 존재를 알 수 없는 경우도 있을 수 있음에 비추어, 나아가 양도금지 특약이 기재된 채권증서가 양도인으로부터 양수인에게 수수되어 양수인이 그 특약의 존재를 알 수 있는 상태에 있었고 그 특약도 쉽게 눈에 띄는 곳에 알아보기 좋은 형태로 기재되어 있어 간단한 검토만으로 쉽게 그 존재와 내용을 알아차릴 수 있었다는 등의 특별한 사정이 인정된다면 모르되, 그렇지 아니하는 한 양도금지 특약이 기재된 채권증서의 존재만으로 곧바로 그 특약의 존재에 관한 양수인의 악의나 중과실을 추단할 수는 없다.

(임직원이 부도 위기에 처한 회사로부터 임금 등 채권을 확보하기 위하여 양도금지 특약이 있는 회사의 임대차보증금반환채권을 양수한 경우, 양도금지 특약이 기재된 임대차계약서가 존재하고 양수인이 회사의 임직원들이며 특히 일부는 전무 등 핵심 지위에 있었다는 사정만으로는 양수인의 악의나 중과실을 추단할 수 없다며, 특약이 기재된 임대차계약서의 존재를 들어 양수인의 악의나 중과실을 추단한 원심을 파기한 사례)

2. 양도를 무효라고 본 사례

④ 대법원 2014.01.23. 선고 2011다102066 판결

건설공사도급계약에 의한 공사대금채권의 경우 채권양도금지 특약이 있는 것이 일반적인데 그와 같은 특약이 포함되어 있음은 양수인과 같이 역무자동화설비를 전문적으로 공급하는 회사의 경우 이를 잘 알 수 있었던 것으로 보이고, 양수인은 다른 사업자와 거래를 함에 있어 채권양도금지 특약을 정할 것인지 여부와 양수하고자 하는 채권에 관한 채권양도금지 특약이 있는지 여부를 살필 만큼 충분한 전문지식을 가지고 있었던 것으로 보이며, 양수인이 채권자로부터 하도급계약서를 건네받아 그 내용을 확인한 다음 계약서의 1면과 마지막 면의 사본을 교부받고 나머지를 반환하기까지 한 만큼 하도급계약서에 있는 채권양도금지 특약의 존재를 알았거나 알 수 있었을 것으로 추인할 수 있다. 그리고 현실적으로 채권양도금지 특약의 존재를 알지 못하였다고 하더라도 양수인으로서는 채권양도금지 특약의 존재를 충분히 예상할 수 있었고, 양수인이 하도급계약서를 읽어보았거나 채무자에게 채권양도금지 특약 여부에 관해서 물어보았더라면 설비공사의 공사대금채권과 관련하여 채권양도금지 특약이 있다는 것을 쉽게 알 수 있었는데도 그러한 확인을 하지 아니하여 특약의 존재를 알지 못하였으므로 채권양도금지 특약의 존재를 알지 못한 데에 중대한 과실이 있는 것으로 보아야 한다.

⑤ 대법원 2010.05.13. 선고 2010다8310 판결

병원영안실의 임대차계약에서 임대차보증금반환채권을 양수받은 사안에서, 계약상의 양도금지특약은 그 규정 형식으로 보아 특별히 어려운 해석을 거침이 없이 한 번만 읽어보아도 쉽게 이를 인식할 수 있을 정도로 단순 명료하게 규정되어 있으므로, 양수인이 그에 관한 임대차계약서를 교부받았다면 얼마든지 이를 알 수 있는 상태에 있었다고 보일 뿐 아니라 사서증서 인증을 받는 과정에서 이를 충분히 검토할 여유도 있었다고 보이며, 나아가 채권액수가 20억 원이나 되는 거액인 점, 일반적으로 임대차보증금반환채권에 관하여 양도금지의 특약이 붙는 경우가 그리 드물지 않다는 점 등의 사정까지 합해보면, 양수인으로서는 위 채권에 대한 양도금지의 특약이 존재한다는 사실을 알았거나 그렇지 않다고 하더라도 그 알지 못한 데에 중대한 과실이 있다고 봄이 상당하다고 본 사례. (임대차계약서는 30개의 조문에 6페이지에 달하고 있어 양수인이 양도제한 특약의 존재를 쉽게 알 수 없었고, 달리 계약서가 수수되어 양수인이 그 특약의 존재를 알 수 있는 상태에 있었고 그 특약도 쉽게 눈에 띄는 곳에 알아보기 좋은 형태로 기재되어 있어 간단한 검토만으로 쉽게 그 존재와 내용을 알아차릴 수 있었다는 등의 특별한 사정을 인정할 수 없어 양수인에게 특약의 존재에 관한 중과실을 추단할 수 없다고 한 원심을 파기함)

⑥ 대법원 2003.12.12. 선고 2003다44370 판결

은행거래에서 발생하는 채권인 예금채권에 관한 법률관계는 일반거래약관에 의하여 규율되어 은행은 일반거래약관인 예금거래기본약관에 각종의 예금채권에 대하여 그 양도를 제한하는 내용의 규정을 둠으로써 예금채권의 양도를 제한하고 있는 사실은 적어도 은행거래의 경험이 있는 자에 대하여는 널리 알려진 사항에 속한다 할 것이므로, 은행거래의 경험이 있는 자가 예금채권을 양수한 경우 특별한 사정이 없는 한 예금채권에 대하여 양도제한의 특약이 있음을 알았다고 할 것이고, 그렇지 않다 하더라도 알지 못한 데에 중대한 과실이 있다고 봄이 상당하다.

(은행거래의 경험이 많은 양수인이 다액의 정기예금채권을 양수한 경우에 이 예금채권에 대하여 양도제한의 특약이 존재하는 사실을 알았거나 그렇지 않다고 하더라도 알지 못한 데에 중대한 과실이 있다고 보았으며, 이러한 약관상의 양도제한의 특약이 일반적으로 널리 알려져있어 양수인이 당연히 이를 알 수 있었다고 볼 수 없다며 양수인의 중과실을 부인한 원심을 파기함)

3. 판례이론의 분석

판례는 양도금지특약으로 선의의 제3자에게 대항하지 못한다는 민법 제449조 제2항의 규정의 해석론으로서 제3자가 악의인 경우에 대항할 수 있다는 데에서 나아가 선의라도 중과실이 있는 경우라면 대항할 수 있다고 하여 금지특약의 유효범위를 다소 넓히고 있다. 그리고 제3자는 일단 선의로 추정된다고 보아 채무자가 적극적으로 양수인의 악의 내지 중과실을 입증하여야 한다고 한다. 결국 양도금지특약에 반하는 채권양도가 유효한가의 판단의 핵심 기준은 양수인의 중과실 즉 양수인이 금지특약이 존재한다는 사실을 알지 못한데 대하여 중대한 과실이 있었는가이다.

그렇다면 판례는 양수인의 중과실의 판단기준으로서 어떠한 요소들을 고려하고 있는가. 양도가 무효라고 판정한 판결⑤에서는 계약상의 양도금지조항을 양수인이 얼마나 쉽게 알 수 있었는가, 즉 금지조항이 한 눈에 쉽게 인식할 수 있도록 단순 명료하게 규정되어 있었다는 점, 또 양수인이 거래과정에서 이를 검토할 충분한 여유가 있었다는 점, 그리고 당해 거래의 관행상 양도금지특약이 사용되는 것이 특이한 경우가 아니라는 점, 그리고 채권액수가 고액인 점 등이 열거되었다. 이러한 조건에서조차 양도금지특약을 몰랐다면 이는 양수인에게 부담을 지울만한 사정이 되는 것이고 즉 양수인의 중과실을 추단해도 좋다는 것이다. 역시 무효로 판정한 판결④에서도 공사대금채권에 관한 양도금지특약이 거래관행상 일반적이라는 점이 고려되었고, 특히 양수인이 당해거래에 익숙한 사람으로서 양도금지특약의 존재여부를 살필 만큼 충분한 전문지식을 가지고 있었다고 보이는 점, 또 계약서의 수수를 통해 계약서상의 금지조항의 존재를 확인할 충분한 기회가 주어졌다는 점이 고려되어 양수인이 중과실 인정의 근거가 되고 있다. 특히 언급할 것은 본 판결에서 양수인이 채무자에게 특약의 존재여부에 대하여 물어보는 등 금지조항에 관한 확인을 다하지 아니하였다는 것은 역시 양수인이 부담을 지는 근거의 하나로 언급하고 있다는 것이다. 판결⑥에서는 은행예금채권의 양도에 관한 사안에서 예금채권의 양도금지는 은행거래에 있어 통상적인 것이고 은행거래의 경험이 있는 자라면 다 알 수 있었던 것이라고 한다.

반면에 양도가 유효하다고 본 사례 중에서 그 근거를 자세히 설시한 것은 판결③인데 양도금지의 특약이 기재된 계약서 등 채권증서의 존재만으로 바로 양수인의 악의나 중과실을 추단할 수 없다며 조심스러운 태도를 취하고 있다. 채권양도에 있어 채권증서의 제시가 꼭 필요한 것도 아닌 점, 또 계약서의 교부만으로 양수인이 계약서를 꼼꼼히 검토하여 특약의 존재를 인식하게 된다고 보기 어려운 점 등을 들고 있다. 그리하여 단지 특약이 포함된 계약서의 수수라는 형식적인 행위가 중요한 것이 아니라, 과연 계약서의 수수만으로 양수인이 쉽게 특약의 존재를 인지하게 되는가, 특약이 눈에 띄는 곳에 알아보기 좋은 형태로 기재되어 있는가 등의 요소를 고려하여야 한다는 것이다. 예컨대 전체 계약조항의 수, 특약조항의 위치나 형상 등이 고려될 수 있다. 판결⑤에서 원심은 6페이지 30개 조문에 달하는 임대차계약서상의 한 개 조문으로 되어있고 예컨대 색깔이나 위치나 강조표시 등으로 특별히 부각되지도 않은 특약조항을 볼 때 이것의 존재를 쉽게 알기 어려웠다며 양수인의 중과실을 부인하였다.

그 외에 판례에 나타난 중요한 쟁점들을 정리해보면, 우선 언급될 것은 판례①에 나타난 채권의 재양도시의 법리이다. 즉 선의의 양수인이 이를 다시 재양도하였는데 그 재양수인이 양도금지특약에 대하여 악의나 중과실이더라도 이는 문제되지 않고 채권양도는 유효하다는 것이다. 이러한 해석은 선의의 양수인을 보호하고자 하는 민법조항의 입법취지에서 당연히 유출된다고 한다. 만일 재양수인이 악의라는 이유로 채무자에 대한 청구가 부인된다면 그는 원래의 양수인에게 책임을 물을 수 있는 것이므로 일단 양수인이 선의로 양수받

앉다면 금지특약의 효력은 상실되었다고 보는 판례의 해석은 수긍될 수 있다.

나아가 판례는 악의의 양수인으로부터 다시 선의로 양수한 전득자 즉 재양수인도 선의의 제3자로 볼 수 있다고 한다. 즉 '선의의 제3자'를 채권자로부터 직접 양수받은 자로 한정할 필요는 없다는 것이다. 그러나 이것은 검토해 볼 필요가 있다. 채권자로부터 금지특약의 존재를 알면서 양수한 자는 민법조항에 따라 채무자에게 대항할 수 없는 것이어서 채권은 실질적으로 여전히 채권자에게 속하고 있다고 볼 수 있고 채권에 대한 무권리자인 악의의 양수인의 처분에 대해 이를 신뢰한 것만으로 전득자는 보호될 수 있는 것인가이다. 이는 양도금지특약 또 이에 반하는 채권양도의 효력을 어떻게 이해할 것인가와 관련되는 어려운 문제이다. 판례는 악의나 중과실로 양도받았다면 그 채권양도행위는 무효이며 후에 채무자가 승낙하는 경우에 비로소 즉 소급효없이 추인되어 유효하게 된다고 보고 있다.[1] 또한 은행의 예금채권의 양도금지에서와 같이 채권양도금지가 약관조항의 형태를 띠고 있는 경우도 적지 않다. 따라서 약관법적 통제가 필요할 수도 있다. 특히 양도금지는 채권자의 이해관계와 밀접한 중요한 내용이므로 이는 약관규제법상 명시·설명의무의 대상이 된다고 한다.[2]

4. 판례의 태도에 대한 의문

판례는 결국 양도금지조항에 위반한 채권양도의 효력을 판단함에 있어 양수인의 중과실이라는 기준에 오로지 의존하고 있다. 양수인이 금지특약을 몰랐다고 하며 채무자에게 채권을 행사하는 경우에 채무자는 양수인이 그러한 금지특약을 몰랐을 리가 없다며 여러 정황증거를 제시하여 양수인이 매우 주의를 게을리하였다는 것을 입증함으로써 양수인의 청구를 물리칠 수 있다는 것이다. 그리고 그 양수인의 중과실을 입증하는 정황증거의 요소로서 여러 가지를 제시하고 있다. 이미 본 바와 같이 금지특약의 존재양상, 금지특약이 사용되는 거래관행, 금지특약이 포함된 채권증서의 제시 또는 수수여부, 금지특

---

[1] 대법원 2009.10.29. 선고 2009다47685 판결
[2] 대법원 1998.11.10. 선고 98다20059 판결

약의 인식과 관련된 양수인의 지식이나 경험 등 다양하다.

　문제는 이러한 요소를 통한 중과실판단이라는 기준이 금지특약에 반한 채권양도의 유효성에 관한 판단에 대한 예측가능성을 제시하는 기능이 매우 떨어진다는 것이다. 즉 같은 사실관계를 놓고서도 원심과 다른 가치판단을 한 대법원의 판결이 다수 보인다. 판례②의 경우에는 부도위기에 처한 회사의 양도금지특약부 임대보증금반환채권을 임금채권의 확보를 위해 회사의 임직원이 양수하였다는 의심스러운 사실관계에도 불구하고 양수인의 중과실을 부인하고 채권양도를 유효하다고 선언하였다. 다른 예로 금지특약이 포함되어있는 계약서를 채권양도시 채권자가 양수인에게 교부하였다면 이것이 양수인의 중과실판단에 어떠한 영향을 미치는 지도 명확한 것이 아니다. 단지 금지특약이 있는 계약서의 제시나 교부가 양수인의 악의 내지 중과실을 보장하는 것은 아니라는 소극적 기준만을 말할 수 있을 뿐이다.

　나아가 채권양도의 유효성을 판단함에 있어 판례는 그 배후에 실질적인 다른 기준이 고려되고 있음을 보여주기도 한다. 예컨대 판례②에서 임대차보증금반환채권의 양도금지조항의 해석에 관한 설시에서 문언대로의 해석이 임차인 즉 채권자에게 가혹한 것이 아니라는 점, 또 임대인 즉 채무자편에서는 최초의 법률관계가 아닌 제3자와의 법률분쟁에 휩싸이거나 복잡한 권리관계가 형성되는 것을 미리 방지하기 위하여 양도금지의 특약을 하는 것이라는 점 등이 논거로서 제시되었다. 이것은 양도금지의 특약을 논함에 있어 양수인의 사정뿐만 아니라 본래의 채권관계의 당사자인 채권자와 채무자의 사정 특히 채무자가 원래의 채권자와 채권관계를 유지하기를 원하는 점 등을 고려한 것을 보여주고 있다. 그 외에도 예금채권에 관한 판례가 보여주듯이 채권의 종류 특히 금전채권의 경우에는 본질상 자유롭게 양도되어야 할 필요성이 크다는 점과 따라서 이의 양도를 제한하는 것은 채권자의 이해관계에 중대한 영향을 끼치는 것이라는 점 등이 언급되었다.

　또한 양수인의 악의나 중과실에 대한 입증책임은 채무자에게 있다는 것이 판례의 일관된 태도인데 이것도 검토해볼 필요가 있다. 판례는 일단 양수인을 선의로 추정하고 채무자가 적극적으로 양수인의 악의나 최소한 중과실을 입증하여야 한다는 것이다. 그러나 양수인의 선의추정의 근거는 무엇인가? 양도금지특약의 사용에 관한 관행은 거래영역마다 상당한 차이를 보일 것이어서 양수인의 선의는 일률적으로 판단하기 어려운 문제이다. 오히려 최근의 판례는 채권양도시 "채권의 내용이나 양수인의 권리 확보에 위험을 초래할 만한 사정을 조사·확인할 책임은 원칙적으로 양수인 자신에게 있다"[3])고 한다. 물론 이 사안은 양수인이 적극적인 투자목적으로 채권을 양수한 경우여서 투자자로서 자기책임의 원칙을 강조한 측면이 있지만, 그만큼 양수인이 자신이 양수하는 채권에 대해 어느 정도의 주의를 가지고 거래에 임하여야 하는가는 당해 거래의 특성과 관행을 고려하여 신중히 또 개별적으로 판단하지 않으면 안된다.

요컨대 양도금지특약에 반하는 채권양도의 효력을 판정함에 있어 단지 양수인이 선의인가 악의인가 또 중과실이 있는가 하는 점은 핵심적인 판단의 기준이 되기에는 적합하지 않는 것으로 보인다. 채권자의 일방적인 채권양도행위를 허용할 것인가, 그리고 채무자는 사전적으로 이러한 양도의 길을 봉쇄할 수 있는 것인가의 판단에 있어서는 채권관계의 당사자인 채권자와 채무자의 이익형량이 가장 중심에 있어야 된다고 생각한다. 판례는 이러한 본질적인 문제에 대해서는 대개 다루지 않고 있다.

III. 비교법적 고찰

1. 미국

원래 보통법하에서는 계약상의 권리는 양도될 수 없는 것으로 보았는데 여기에는 계약상의 권리가 양도되면 진정한 이해관계가 없는 양수인이 쉽게 소송을 제기하는 이른바 이것이 소송방조(maintenance)를 촉진시킬 것을 우려했기 때문이라고 한다. 또 신용경제가 발달하지 못한 경제적 사정도 있다.[4]) 그러나 점차로 금융기관을 끼고 이루어지는 신용판매가 일반화하면서 채권의 양도성은 자본주의 경제의 핵심적인 지주가 되었다. 그리하여 미국계약법 리

---

3) 대법원 2015.12.24. 선고 2014다49241 판결
4) 양명조, 미국계약법(1996), 256면

스테이트먼트는 채권양도를 "계약상의 권리의 전부 또는 일부나 기타의 청구권을 양수인에게 즉시 이전시키는 양도인의 의사표시"[5]로 정의하고 그 양도가능성을 널리 인정하고 있다. 그리고 양도의 예외로서 첫 번째로 양도인의 권리를 양수인의 권리로 대체하는 것이 채무자의 의무를 현저하게 변화시키거나, 계약에서 정한 채무자의 부담이나 위험이 현저하게 증가되거나, 반대급부를 받을 기회가 현저하게 감소하거나, 채무자에 대한 반대급부의 가치가 현저하게 감소될 경우, 둘째로 양도가 법령에 의해 금지되거나 기타 공공정책에 의해 양도가 무효일 경우, 셋째로 양도를 계약에서 유효하게 금지하고 있는 경우를 들고 있다.[6]

이 중에서 양도금지특약(anti-assignment clause)의 효력을 어떻게 볼 것인가가 어려운 실무적 과제가 되어왔다. 대부분의 법원은 이러한 조항을 유효하다고 보면서도 가능한한 축소적으로 해석하여왔다.[7] 예컨대 채권자에게 양도하지 않을 의무를 부과하지만 양도 자체를 무효로 하지는 않는다고 한다. 나아가 통일상법전은 "매도된 상품이나 서비스에 대한 대가청구권의 양도를 금지하는 조항은 무효"이고 또 "계약위반에 대한 손해배상의 권리나 계약상의 의무를 이행한 매수인의 매도인에 대한 권리의 양도금지도 무효"라고 하였다.[8] 또 계약의 양도의 금지는 단지 의무의 인수만을 금지하는 것이고 권리의 양도는 해당되지 않는다는 해석도 있다. 또 양도금지의 특약은 오로지 채무자의 이익을 위해서만 존재하는 것으로 해석되고 따라서 채무자가 동의하면 이 조항은 무의미해지는 것이다. 또한 점차적으로 채권양도에 채무자의 동의를 요한다는 조항이 있더라도 그 동의가 비합리적이나 악의적으로 거절된다면 양도를 방해하지 못한다고 해석되고 있다고 한다.[9]

---

5) Restatement of Contracts (Second) § 317(1)
6) Restatement of Contracts (Second) § 317(2); 미국통일상법전(UCC)도 유사한 규정을 두고 있다. UCC 2-210(a)
7) Farnsworth, Contracts(1990) 795면
8) UCC 9-318(4)
9) Farnsworth, Contracts(1990) 796면

2. 독일

독일민법은 제398조에서 채권은 채권자와 양수인과의 계약에 의해 양도될 수 있음을 선언하고 이어서 제399조에서 "채권은 내용을 변경하지 않고는 원래의 채권자 이외의 자에게 급부를 할 수 없는 경우 또는 채무자와의 약정에 의하여 양도가 금지된 경우에는 이를 양도할 수 없다"고 정한다. 이 조항의 2번째 경우인 '합의에 의한 양도금지'시 단순하게 양도금지를 선언하고 있는데 이처럼 양도금지에 친화적인 규정의 해석을 둘러싸고 많은 논란이 있어왔다. 채권양도금지의 합의가 종종 채권자의 이익과 잠재적 양수인의 거래안전에 대한 이익을 침해할지라도 이러한 합의의 유효성에 대하여는 기본적으로 인정되어왔다. 다만 개개의 경우에 채무자의 보호가치있는 이익이 없거나 채권자의 이익이 우선적으로 고려되어야 할 때에는 금지합의의 이익형량적인 해석이나 권리남용금지의 원칙 등으로 그 효력이 부정될 수 있다.[10]

또한 종래의 통설적인 견해였던 양도금지의 합의(pacta de non cedendo)로써 채권의 양도성이 박탈된다고 하는 이론 이른바 양도능력박탈의 도그마(Verkehrsunfähigkeitsdogma)는 오늘날 매우 의문시되고 있으며 이와 결부된 양도금지합의에 반하는 양도의 절대적 무효론을 대신해 상대적 무효론이 점점 지지를 얻고 있다.[11] 참고로 독일상법전(HGB)은 각종 신용담보 및 금융활동을 용이하게 하기 위하여 1994년 상거래에서의 양도금지특약에 관한 새로운 규정을 도입하였다(제354a조). 즉 양도금지합의에 반하여 하는 양도는 유효하되 채무자는 여전히 양도인을 채권자로서 여기고 그에게 급부할 수 있다. 그리고 이러한 양도금지의 완화는 금전채권이자 쌍방적 상행위의 경우에만 적용된다. 이러한 독일민법의 양도금지합의에 대한 보수적인 태도에 대해서는 비판의 목소리도 많다. 즉 적어도 금전채권에 대하여만은 양도금지합의에 반하는 양도도 절대적으로 유효하여야 하며 그 외의 채권에 대해서만은 양도인과 양수인 사이에서만 상대적으로 유효이고 채무자에 대하여서만 상대적으로 무효로 보아야 하고 이를 위해서는 근본적으로 입법적인 결단이 필요하다는

---

10) MünchKomm/Roth(2007), § 399 Rn. 35
11) Historisch-kritischer Kommentar zum BGB(2007) 2359면

주장도 있다.[12)

3. 유럽계약법원칙(PECL)

금지특약에 반하는 채권양도는 채무자에게 효력이 없다는 원칙을 선언하고 있다. 그러면서 몇 가지 예외를 정하고 있는데 그 중 중요한 것은 양수인이 이를 알지 못했거나 알 수 없었던 경우이다.[13) 즉 유럽계약법은 당사자간의 양도금지조항은 기본적으로 존중되어야 한다는 입장이다. 특히 채무자는 이러한 양도금지조항을 삽입하는데 합리적인 이익을 가지고 있다고 보는데, 예컨대 채무자는 채권자보다 더 엄격할지도 모르는 알지 못하는 신채권자와 거래하기를 원치 않을 수 있고, 또 양도의 통지를 인식하지 못하고 채권자에게 지급하여 결국 이중지급의 위험을 초래할 수 있다거나 또는 계속적인 상호 거래를 기대하는 채무자가 양도통지 후에 발생하는 반대채권과 상쇄될 수 있는 상계권을 보유하기를 원할 수 있다던가, 또는 양도를 통해 채무자가 비우호적인 법적 또는 세무적인 관할하에 속해질 수도 있다던가의 예를 든다. 이런 점들을 고려할 때 양도금지조항(no-assignment clause)에 반하는 채권양도는 채무자에게 효력이 없고 채무자는 양수인의 지위를 인정할 의무가 없으며 양도통지를 무시하고 양도인에게 채무를 이행하면 된다. 다만 이는 채무자에 대한 효력에 관한 것이고 양도인과 양수인 사이이 관계에는 영향을 미치지 않는다고 한다.[14)

이에 대한 예외로서 예컨대 금지조항이 양수인이 알지 못했던 별도의 계약서에 포함되어 있다거나하여 양수인이 양도금지조항을 쉽게 인식할 수 없는 환경이라면 이러한 법리는 적용될 기반이 없다고 본다. 이러한 예외는 상업적 필요에 부응하는 것이며 특히 미국의 UCC나 PICC의 규정을 참고했음을 밝히고 있다.[15)

---

12) Eidenmüller, Die Dogmatik der Zession vor dem internationalen Entwicklung, AcP 204(2004), 478면
13) PECL Art. 11:301: Contractual Prohibition of Assignment
14) Principles of European Contract Law Part III(2003) Art 11:301 Comment A.
15) Principles of European Contract Law Part III(2003) Art 11:301 Comment B.

IV. 양도금지규정에 반한 채권양도에 대한 평가기준의 모색

1. 채권의 양도성 및 양도금지특약의 의미에 대한 재고

우리 민법은 "채권은 양도할 수 있다"(제449조 제1항 본문)고 선언하고 있다. 이에 대해 채권의 양도성이라는 대원칙을 선언한 것이라고 말해진다. 즉 종래의 채권자와 채무자 간의 인적 관계로만 이해되었던 채권이 근대 자본주의 사회에서는 채권의 재산권성이 중요해지고 그 결과 채권의 처분가능성 즉 양도성이 승인되게 되었다고 한다.[16] 그러나 채권의 양도성은 물권의 양도성과 대응하여 생각하면 많은 제한을 가지고 있다. 물권은 물건에 대한 직접적인 지배를 내용으로 하는 절대권이어서 그 권리를 물권자가 임의로 처분 즉 양도할 수 있다는 것은 본질적 속성에 속한다. 반면에 채권은 오늘날 양도성이 강조되고는 있지만 기본적으로 채권관계라는 표현이 말하듯이 채무자와의 관계성 속에서 존재하는 상대적인 권리이다. 따라서 채권은 양도할 수 있다는 명제는 이러한 상대권의 성격에도 불구하고 자본주의 경제의 필요상 채권자에게 양도의 길을 열어주어야 한다는 당위의 명제를 선언한 것이라고 볼 수 있다. 따라서 채권양도의 원칙에는 당연히 많은 제한이 따른다. 즉 채권의 성질에 의한 제한, 양도금지특약에 의한 제한, 법령에 의한 제한 등이 있다.

한편으로 채권관계의 당사자들은 그 채권관계에서 발생한 채권이 양도될 수 없다는 것을 분명히 하여 그것을 사전에 차단할 수 있다. 즉 채권관계의 한 내용으로서 양도금지특약을 삽입하는 것은 당사자의 사적자치의 당연한 발현이라고 볼 수 있다. 물론 양도금지를 원하는 것은 채무자가 대부분이겠지만 이를 채권자가 수용하여 채권관계가 성립되는 것이다. 약관 등에 의하여 경제적 역학관계가 반영되어 양도금지조항이 계약내용의 일부가 되는 문제는 또 다른 약관법상의 쟁점이 될 뿐이다.

이렇게 보면 채권의 양도성과 양도금지특약은 원칙과 제한이라는 관계에 서는 것이 아니라 존재의 평면을 달리하는 것이라고 생각된다. 즉 한편으로는 채권의 양도성을 열어주고 넓혀주어야 한다는 경제적, 당위적 필요성을 선언

---
[16] 서민, 채권양도에 관한 연구(1985), 1면

하는 것이고 또 한편으로는 당사자 특히 채무자가 사적자치의 원칙상 양도가 능성이 없는 채권을 발생시킬 수 있다는 것이다. 채권의 양도성의 원칙에 대한 제한은 그 채권의 성질에 따른 양도의 제한일 것이고, 양도금지의 자유라는 원칙에 대한 제한은 양수인의 보호 즉 거래의 안전을 위해 이루어질 수 있는 것으로 이해해야 한다. 결국 채권의 양도가능성의 확대와 양도금지의 자유라는 두 원칙 중 어느 것에 더 중점을 둘 것인가는 당해 채권관계의 특성이나 관련당사자 간의 이익의 형량, 당해 사회의 유통경제의 성숙도 등을 종합적으로 고려하여 결정되어야 할 것이다.

2. 채권양도에 관한 당사자들의 이익형량

채권양도에는 채권을 양도하고자 하는 채권자와 이를 감수해야하는 채무자, 그리고 새로운 채권자가 되는 양수인 3자간의 이해관계가 대립되는 경우가 많다. 채권양도금지와 관련하여서도 이들 3자간의 이익형량이 중요하다.

먼저 채권자는 채권이라는 재산권의 귀속주체로서 이를 채권인 상태에서 처분하여 이른바 투하자본의 조기회수라는 경제적 목적을 달성하기를 원한다. 대물변제의 수단으로서 채권양도를 넘어서 이른바 팩토링 거래에서 전형적으로 드러나는 바와 같이 기업들이 매출채권을 매매하거나 담보목적으로 양도함으로써 자산의 유동화를 촉진하는 것은 현대 자본주의 생산 및 유통양식의 핵심을 이루고 있다. 이를 가리켜 채권의 기능이 재산권의 담지자로서의 역할에서 신용창조의 기능으로 변천하였다고 한다.[17] 이러한 경제적 수요에 부응하려면 채권 특히 금전채권의 양도성이 확보되고 확대되어야 할 필요가 있다.

반면에 양도의 목적인 채권을 최종적으로 실현시켜야 할 의무를 부담하고 있는 채무자의 이익도 충분히 고려되어야 한다. 대부분 채무자는 최초의 채권자와 채권관계를 유지하기를 원할 것이며 자신의 의사와 상관없이 채권이 양도되어 새로운 상대방과 새로운 채권관계를 시작해야 한다는 것은 부담이 될 것이다. 채권의 상대방의 변경은 비록 인도채무나 금전채권이라고 해도 채권

---
17) 서민(주 16), 1면

관계의 성질에 본질적인 변화를 가져오는 것으로 보아야 한다. 채권의 양도를 원치 않는 채무자의 입장으로서 고려될 수 있는 요소들은 단순히 새로운 채권자의 관계에 노출되는 것을 피하고자 하는 점, 또 채권의 양도과정에서 채무의 이중변제 등의 위험에 빠질 위험,[18] 또 새로운 채권자가 손쉽게 소송을 제기함에 따라 소송상의 분쟁에 빠질 위험, 장기간의 계속적인 채권관계에서 채무내용의 조정기회를 잃게 되는 위험 등이다. 따라서 채무자는 이러한 위험들을 피하기 위하여 채권자와 채권의 양도가능성을 사전에 봉쇄하는 양도금지의 합의를 할 필요성이 있으며 이는 존중되어야 한다. 채무자는 채권양도로써 더 불리한 위치에 빠지는 것을 거부할 수 있다는 것은 채권양도제도의 기초를 이루는 사고이기 때문이다.

또 한편으로 채권을 양수하는 양수인의 입장이다. 채권자를 믿고 채권을 양수하였는데 이것이 양도금지특약으로 인해 채무자에게서 인정받지 못한다면 불측의 손해를 입을 수도 있다. 또 양수인을 보호하는 것은 채권의 양도성이 확보되기 위한 핵심적인 요소임도 분명하다. 그러나 채권양도의 가능성과 그 제한이라는 관점에서 보면 양수인은 독립적인 이익형량의 당사자는 아니고 단지 그 결과의 적용을 받는 위치에 있다고 볼 수 있다. 즉 채권자의 양도가 인정되면 양수인은 채권을 취득하게 되고 채무자의 양도금지가 인정되면 양수인은 채권을 취득하지 못한다. 양수인이 양도거래에 있어 목적물인 채권이 양도에 문제가 없다는 것에 대해 신뢰했다는 것만으로 양수인이 보호를 주장하는 것은 근거가 약하다. 물권과 달리 공시방법이 있는 것도 아닌 채권을 신뢰하고 거래했다고 하여 마치 공신의 원칙이 적용되는 것과 같은 보호를 줄 수는 없는 것이다.

요컨대 양도금지특약에 반하는 채권양도의 평가기준으로서 본질적인 것은 이처럼 당사자들의 이익형량의 관점이라고 생각된다. 예컨대 일본민법에서도 양도금지특약의 효력제한론이 제기되었는데, 이에 따르면 3당사자 사이의 이익을 견주어 설사 악의의 양수인으로 하여금 신채권자가 되게 하더라도 채무

---

[18] 예컨대 판례도 공사대금채권의 양도와 결부되어 채무자가 양수인의 선의나 양도의 적법성에 의문이 있음을 이유로 채무의 변제공탁이 가능하다고 한다. 대법원 2000.12.22. 선고 2000다55904 판결

자에게 아무런 가혹한 결과가 생기지 않는다면 채무자는 특약을 가지고 양수인에게 대항할 수 없도록 하여야 한다는 것이다. 금지특약의 목적이 채무자가 단지 사무절차의 복잡함을 피하려 한다든가 다른 방법으로 목적을 달성할 수 있는 경우가 이에 해당한다는 것이다.[19] 이런 점에 비추어 일설[20]이 3당사자간의 이익형량에 비추어 금지특약의 효력범위를 당사자로 제한하고 채권은 양수인에게 유효하게 이전하는 것이 당사자들의 이익상태를 최적화할 수 있는 모델이라고 단순하게 결론짓는 것은 수긍하기 어려우며 채무자의 정당한 이익이 반영되었다고 보기 힘들다.

3. 성질에 의한 제한과 양도금지특약과의 관계

채권양도에 있어 가장 기초가 되는 사고는 채권이 양도됨으로 인하여 채무자가 더 불리한 위치에 처해져서는 안 된다는 것이다.[21] 즉 자신을 더 불리한 위치에 빠뜨리는 채권의 양도에 대하여 채무자는 이를 거부할 수 있고 채무자에게 효력이 없다고 보아야 한다. 이것은 채무자가 채권자와의 사이에 별도의 양도금지특약을 맺지 않았더라도 당연히 인정될 것이다. 비교법적으로도 채권의 양도가 제한되는 사유로는 일차적으로 채무자를 해하는 양도가 해당되고 이어서 양도금지특약이 문제된다. 예컨대 미국법에서도 채권양도가 제한되는 예외적 사유로서 채권양도로 채무자의 의무가 현저하게 변화되거나 채무자의 부담이나 위험이 증가되는 등의 사유가 먼저 언급되고 이어서 양도금지특약이 언급되고 있다. 우리 민법의 해석에 있어서도 일차로 성질에 의한 제한이 문제되는데 학설은 채권자가 변경됨으로써 급부의 내용이 달라지거나 권리의 행사가 달라지는 등으로 유형화하고 있지만 그 핵심은 채무자의 보호

---

19) 이러한 일본의 학설(1970년대 이래 米倉明 등이 주창함)의 소개에 대하여는 서민(주 16), 62면
20) 최수정, 지명채권의 양도금지특약의 재고, 민사법학 38호(2007.9.), 155면
21) 예컨대 채무자가 통지시까지의 사유로 양수인에게 대항할 수 있게 한 제451조 제2항의 취지에 대해서도 "채권양도에 관여하지 아니하는 채무자는 채권양도에 의하여 양도인에 대한 관계에서보다 불리한 지위에 빠져서는 안되기 때문이다"라는 설명은 이러한 사고를 잘 나타내준다. 서민(주 16), 113면

에 있다고 보아야 한다. 즉 채무자를 기준으로 판단하여 채무자가 용인하기 힘든 부담을 지우는 양도라면 이는 성질상 양도의 제한이 된다고 보아야 할 것이다.

양도금지특약이란 이에서 나아가 채무자가 사전적으로 자신에게 불리할 수 있는 채권양도를 차단하기 위하여 채권자와의 사이에 명시적으로 양도금지의 특약을 맺는 것이다.[22] 그렇다면 이 경우에는 채무자의 보호는 성질상 보호의 기준보다 더 강화되어야 함이 마땅하다. 즉 채무자를 현저히 불리하게 만드는 것이어서 성질상 제한에 해당되는 정도는 아닐지라도 명시적 금지특약의 존재는 채무자보호의 기준을 강화시키는 것이어서 더 엄격한 기준에 의해 판단되어야 한다. 즉 양도금지특약을 통하여 채무자가 스스로를 보호하려고 할 만한 이익이 존재하는가에 대해 주의깊게 검토해보아야만 한다. 문제는 채무자의 보호와 별 관련이 없는 상황에서 채무자가 예컨대 단순한 번거로움의 회피 등을 이유로 양도금지특약을 요구하고 현실적인 경제적 역학관계상 이러한 요구가 반영되어 금지특약이 삽입된 경우이다. 이런 경우엔 채권의 성격상 특히 금전채권인 경우 채권의 양도성이 보장되고 확대될 필요가 있는지, 또 채권자에게 양도의 필요성이 인정되는지 등을 종합적으로 고려한 판단이 필요하다.

4. 관계성으로서 채권의 성질

로마법에서 채권을 채권자와 채무자를 맺어주는 '법의 쇠사슬'(iuris vinculum)이라고 표현한 것처럼 채권이란 채권자와 채무자의 관계성이라는 본질을 가지고 있으며 단순한 채무의 이행 또는 급부의 교환을 넘어서는 것이다. 예컨대 미국의 계약법에서도 고전적 계약이론은 계약을 '어느 약속에 대하여 법이 그 위반시 구제를 부여하는 것'으로 정의하면서 각 개인이 독립적으로 자신의 이익을 추구하는 개인간의 고립된 교환거래를 상정한다. 이에 대

---

[22] 이런 점에서 일설이 묵시적 양도금지특약이 있다고 해석되는 경우에는 채무자보호라는 점에서 성질상 양도제한과 양도금지특약이 서로 접근하며 동일한 효과가 인정된다고 하는 것은 양자의 관계를 잘 말해준다. 최수정(주 20), 158면

해 일찍이 모든 계약에는 사회적 협력이나 관계라고 하는 요소가 포함되어 있다는 점을 파악하여, 계약을 '장래의 교환을 위하여 이루어지는 기획(projection)'으로 정의하는 이른바 관계적 계약이론(relational contract theory)이 지지를 얻어왔다.[23]

이러한 계약의 관계적 특성은 특히 장기간에 걸치는 계속적 계약 등에서 의미를 가지는데 이러한 계약에서 사정의 변화에 따른 계약내용의 수정 내지 조정이라는 문제가 대두되기 때문이다. 특히 미국에서는 2008년 금융위기를 겪으면서 금융위기의 악화에 전통적인 계약관에 기초한 채권양도제도가 핵심적인 역할을 하였다는 점에서 많은 반성론이 제기되고 있다. 즉 30년 이상의 장기상환이 예정된 모기지채권을 가진 주택금융회사들이 이를 유동화회사들에 양도하고 이들이 이 채권들을 다양하게 증권화하여 유통시키게 되었다. 주택가격의 폭락으로 상환이 어려워진 모기지채무자 즉 주택소유자들은 상환조건이나 채무의 재조정을 할 기회가 원천적으로 차단되었고 그리하여 연체에 빠진 채무자들은 바로 주택을 압류당하고 큰 손실을 입게 되었으며 이는 본래의 채권자들에게도 큰 손해를 입혔다. 이러한 현상에 대해서 채권의 양도성(assignability)에 대한 제한이 필요하며 그것은 채권의 양도성과 동가치를 가치는 채권의 수정가능성(modification)의 원칙이라고 한다. 즉 채권이 양도되어 수정가능성이 박탈되면 법원은 양도를 무효화하고 계약을 본래의 당사자들에게 환원시켜 자율적인 계약의 수정이 이루어지도록 해야한다는 법리도 주장되고 있다.[24]

요컨대 채권이 양도되면 원래의 당사자 사이에서 가능하거나 축적되어왔던 신뢰자산 등 많은 것이 상실되며 특히 당사자 간의 계약의 수정의 기회 등이 사라지게 된다. 이는 특히 계속적 계약 등 당사자 간의 신뢰관계가 중요한 계약에서 더욱 두드러진다. 즉 채권관계는 '채권'관계의 양도성에 못지않게

---

[23] Macneil이 주창한 관계적 계약이론에 대하여는 Macneil, The New Social Contract(1980)외 그의 다수 논문이 있음. 김현수, 이안 맥닐의 관계적 계약이론 (2015.12. 미국법연구회 발표를 참조함)
[24] G, Cohen, The Financial Crisis and the Forgotten Law of Contracts, Tulane Law Review 87 TLR 1. at 25-30 Nov. 2012

채권'관계'의 지속성도 동시에 중요한 가치로서 인정받아야 할 필요가 있다.

5. 양수인의 악의 내지 중과실 기준의 한계

채권관계의 당사자가 양도를 하지 못하는 것으로 약정하였음에도 이를 어기고 채권자가 일방적으로 제3자에게 채권을 양도한 경우 이 양도의 효력을 판단하는데 있어 현재 민법규정 그리고 판례가 채택하고 있는 양수인의 선의·악의와 중과실 여부라는 기준은 앞의 판례분석에서 논한 바와 같이 많은 한계를 드러내고 있다.

기본적으로 양도금지라는 당사자 간의 합의를 어떻게 볼 것인가는 현대의 자본주의 경제운용에 있어 채권의 양도성이 확대되어야 한다는 원칙과 본래의 채권관계의 유지를 원하는 채무자의 의사에 따라 당사자 간의 사적자치의 결과로서 이루어진 양도금지의 자유 사이의 경계를 정하는 작업이다. 이를 결합하면 채무자를 불리하게 하지 않는 한도내에서 채권의 양도가 인정될 수 있다는 정도의 명제가 나올 것이다. 양수인은 이러한 원칙에 따른 금지특약의 효력에 관한 판단에 따라 법적 운명이 결정되는 종속적인 주체라고 보아야 한다.

또한 양수인의 악의와 과실 여부에 따라 판단이 이루어진다는 것으로는 양도금지특약에 반하는 양도의 효력에 관한 예측가능한 판단기준을 찾는 것이 어렵다. 특히 이와 관련하여 비교법적으로 수용되고 있는 선의의 양수인의 보호라는 법리자체에 의문을 제기하는 견해가 독일에서도 유력하게 주장되고 있다. 양수인의 인식을 기준으로 삼아서는 양수인이 단순히 지킬 수 있고 그리하여 채무자도 양수인의 선의를 배제할 수 있는 의무의 기준이 설정될 수 없다는 것이다. 아예 양수인이 채무자에게 양도금지에 관하여 문의할 의무를 인정한다면 모르지만 이러한 양수인의 탐문의무(Erkundigungspflicht)가 인정되지 않는다면 채무자는 양수인의 선의를 막을 실제적 기회를 갖기 어렵다는 것이다.[25]

현행의 판례의 법리하에서는 채권양도에 있어 양수인은 과연 어느 정도의

---

25) Eidenmüller, Die Dogmatik der Zession vor dem Hintergrund der internationalen Entwicklung, AcP 204(2004), 471면

주의를 다하여야 중과실이 없는 것으로 되어 채무자에게 대항할 수 있는 것인가, 양수인에게 채권양수시 채무자에게 탐문해보아야 할 주의의무까지 부과할 수 있는 것인가, 또는 중과실 판단에 있어 거래의 목적인 채권의 성질은 어느 정도 영향을 미치는 것인가, 판례에 따르면 채무자가 양수인의 중과실을 입증할 책임이 있다고 하는데 이는 타당한 근거가 있는 것인가 등등의 많은 어려운 문제가 제기될 수 있다.

V. 양도금지특약에 관한 민법 규정의 운용방향

1. 채권의 양도성의 강화를 위한 개정논의와 문제점

위에서 본 바와 같이 양수인의 중과실 여부를 기준으로 하는 현행 판례의 태도가 채권의 양도성에 대하여 어떠한 입장을 취하고 있는지를 판별하기는 어렵다. 반면에 학계에서는 꾸준히 국제적 입법의 동향 등을 고려하여 채권의 양도성을 강화하는 쪽으로 해석론적 또는 입법론적 주장이 제기되어왔다.

우선 현행규정의 해석론으로는 판례의 입장과 달리 제449조 제1항의 양수인의 '선의'에 대하여 중과실여부를 문제삼지 않는 해석론이 제기되어왔다.[26] 즉 양수인이 중과실이라도 선의이기만 하면 되며 무과실은 필요하지 않다는 견해도 강하게 주장되고 있다. 이러한 입장에 따르면 채무자가 양수인의 악의를 입증하는 것이 쉽지 않은 일이 되어 채권양도의 유효성의 범위를 넓히게 될 것이다.

2013년 확정된 민법의 개정시안은 이러한 견해를 반영하여 "채권양도를 금지하거나 제한하는 약정은 그에 반하여 행해진 채권양도의 효력에 영향을 미치지 아니한다. 다만 양수인이 그 약정이 있음을 안 경우에는 양수인에게 대항할 수 있다"(제449조의2)라고 한다. 즉 금지약정에 반하는 채권양도는 원칙적으로 유효함을 선언하고 다만 양수인이 악의라면 채무자 등이 양수인에게 금지특약을 내세워 대항할 수 있고, 이를 위해서는 양수인의 악의를 입증하여야 한다는 것이다. 나아가 입법론으로는 현행 규정의 양수인의 선의요건

---
26) 송덕수, 신민법강의(2015), 1141면

을 아예 없애야 한다는 주장도 제기되고 있다.[27] 즉 채무자는 양도금지특약을 가지고 제3자 즉 양수인에게 대항하지 못하게 하자는 것이다. 이로써 채권의 양도성을 제고시킬 수 있다고 한다.

이처럼 채권양도성의 강화를 위한 논의들은 주로 최근의 국제적 입법동향에 부응하는 것임을 내세우고 있다. 특히 국제채권양도협약이 금지특약에도 불구하고 양도가 유효하다고 선언하고 있지만 여기에 적용되는 채권은 상거래의 성격이 강한 일정범위의 채권에 한정되고 있다(국제채권양도협약 제9조 3.)[28]. 반면에 유럽민사법의 공통기준안(DCFR)은 양도금지의 특약이 채권의 양도성에 영향을 미치지 못한다는 원칙을 선언하면서도(III.-5:108 1항), 그러한 채권의 양도시에 여전히 채무자는 양도인을 위하여 이행하여 면책되거나 양도인에 대한 상계권을 보유하며(동조 2항), 다만 채무자가 양도에 동의하거나 양수인으로 하여금 양도금지특약이 없다고 합리적으로 믿게 한 경우에는 그러하지 아니하다고 한다(동조 3항).

요컨대 국내의 민사채권의 양도에 관하여는 채권의 양도성 확보를 통한 채권의 재산권성의 강화나 채권자의 투자가치의 회수 등의 가치가 우선적이라고 볼 수는 없다. 이런 점에서 양수인의 선의요건을 없애야 한다는 입법론적 주장은 지나친 것이며, 개정안이 채무자가 양수인의 악의를 입증하여 대항토록 한 것도 일방적으로 채권의 양도성 제고라는 가치에만 매몰된 것이라고 판단된다.

2. 채무자 보호의 우선적 가치

채권양도에 있어 가장 기초가 되는 사고는 그로 인해 채무자가 더 불리한

---

27) 윤철홍, 채권양도의 금지특약에 관한 소고, 법조 2010. 12. 39면 이 글에서는 개정시안으로 제449조 제2항을 "채권양도의 금지나 제한의 의사를 표시한 경우에도 채무자는 그 의사표시로 제3자에게 대항하지 못한다"로 개정할 것을 제안하고 있다.
28) 적용대상채권으로는 물품의 공급이나 용역, 건설, 부동산 매매 등으로부터 발생하는 채권, 산업재산권 등의 매매 등으로부터 발생하는 채권, 신용카드거래로 인한 지급의무를 표시하는 채권 등이 규정되어 있으며 이를 위해 '거래채권'이라는 새로운 개념을 도입하고 있다.

처지에 처해서는 안 된다는 것이다. 이러한 채권양도는 금지특약 이전에 성질에 의한 제한으로서 무효가 될 수 있다. 이에서 더 나아가 양도금지특약을 통해 채무자는 정당하게 자신의 채권관계의 안정을 위해 일정한 안전조치를 취해놓은 것인데, 그렇다면 채무자는 채무자를 해하는 양도의 무효라는 일반적 보호를 넘는 특별한 보호의 대상이 되어야 한다. 따라서 양도금지특약을 통하여 채무자가 얻으려고 한 정당한 이익이 인정될 수 있고 그것이 양도로 인해 훼손될 수 있다면 채무자는 그러한 양도를 승인하지 않을 권한이 있다고 보아야 할 것이다.

단순히 낯선 채권자와 조우해야 하는 불편함만을 가지고는 채무자의 보호할 가치있는 정당한 이익이라고 보기는 어려울 수 있다. 판례②에서 보면 임대차보증금반환채권의 양도와 관련하여 임대인으로서는 최초 법률관계가 아닌 제3자와의 법률분쟁에 휩싸이거나 복잡한 권리관계가 형성되는 것을 미리 방지하기 위하여 임대인에게 양도금지 특약을 할 실익이 있다고 한다. 물론 이것은 임대차보증금반환채권이라는 채권의 특수성도 동시에 고려하여 내려진 것이긴 하지만 이처럼 복잡한 채권관계의 발생을 피하려는 채무자의 예방적 조치에는 충분히 수긍할 만한 보호가치가 있다고 볼 수 있다.

양수인의 중과실의 존재를 이유로 양도를 무효라고 본 위의 판례들도 바탕에는 당해거래에 있어 채무자의 보호이익이 존재하는가가 기초가 되어있다고 볼 여지가 있다. 판례④에서는 공사도급계약에서 공사대금채권에 대해서는 일반적으로 채권양도금지특약이 존재하는 것이 일반적이라고 언급하고 있고 판례⑤에서도 일반적으로 임대차보증금반환채권에 대하여는 양도금지의 특약이 붙는 것이 드물지 않다는 점을 고려하고 있다. 또 판례⑥에서도 은행거래에서 예금채권에 대하여 양도제한이 이루어지고 있는 사실을 정당한 것으로 인정하는 전제위에 서있다. 즉 금전채권의 경우에도 물품대금채권과 같은 보다 단순하고 확정적인 채권이 아니라 각종 항변권의 발생 등 불확실한 요소가 생길 수 있는 위의 채권들에 있어 채무자의 예방적 조치로서 양도금지특약의 필요성을 인정하고 있다고 볼 수 있다. 특히 계속적 채권관계에서는 채권의 관계적 요소가 더욱 중요하므로 양도금지에 대한 채무자의 이익은 더욱 분명하게 인정될 수 있다.

VI. 맺는 말

종래의 채권양도론에서는 채권의 양도성의 원칙이 강조되어왔고 이런 시각에서 양도금지특약은 채권의 양도성을 정면으로 부인하는 것으로 이해되어 왔다. 민법은 양수인이 선의인 경우에는 이러한 금지특약을 가지고 채무자가 양수인에게 대항하지 못하도록 함으로써 양수인을 보호하고 그로써 채권의 양도성을 강화하려고 하였다. 판례는 해석론으로 양수인의 '선의'에서 중과실의 경우를 제함으로써 금지특약의 유효범위를 다소 확대하는 입장을 취하였다. 그러나 학설은 대체로 이에 대해 비판적이며 최근에는 아예 양수인의 '선의'요건마저 삭제하여 양도금지특약의 존재의미를 박탈하는 개정론이 제기되기에 이르렀다.

본 글에서는 민법규정 그리고 판례가 취하고 있는 양수인의 악의나 중과실이라는, 다시 말하여 양수인의 금지특약에 대한 인식여부 및 그 행태에 기초한 특약의 유효평가기준이 이론적인 면에서나 실제적인 면에서 적절치 않음을 논증하려 하였다. 이론적으로는 채무자에게 부담을 지우는 채권양도는 당연히 즉 채권의 성질상 제한될 수 있는 것인데 양도금지특약은 이러한 제한 기준을 더 강화하는 것으로 해석되어야 하고 따라서 금지특약의 존재에 관한 채무자의 보호이익이 무엇이고 그것이 양도성의 원칙에 우선되어 보호가치가 있는 것인지가 탐색되어야 할 것이다. 또 실제적으로는 판례가 취하는 양수인의 중과실 여부라는 기준으로는 금지특약의 유효여부에 대한 예측가능성이 매우 떨어지며 또 금지특약을 수반하는 채권의 양도거래에 있어 채무자나 양수인의 행동양식에 대한 어떠한 기준을 제공하지도 못하고 있다는 사실도 유념해야 할 점이다.

【참고문헌】

[국내문헌]

서민, 채권양도에 관한 연구, 1985
송덕수, 신민법강의, 2015
안태용 역, 유럽민사법의 공통 기준안 총칙·계약편, 법무부 2009
양명조, 미국계약법, 1996
윤철홍, 채권양도의 금지특약에 관한 소고, 법조 2010. 12.
최수정, 지명채권의 양도금지특약의 재고, 민사법학 38호, 2007

[외국문헌]

Cohen, The Financial Crisis and the Forgotten Law of Contracts, Tulane Law Review 87 TLR 1. Nov. 2012
Eidenmüller, Die Dogmatik der Zession vor dem Hintergrund der internationalen Entwicklung, AcP 204, 2004
Farnsworth, Contracts, 1990
Historisch-kritischer Kommentar zum BGB, 2007
Ole Lando/Hugh Beale, Principles of European Contract Law Part III, 2003
Münchener Kommentar, Schuldrecht AT, 5. Aufl. 2007

<Abstract>

New Evaluation Criteria for No-assignment Clause

It has been stressed that the right of creditor be assignable and no-assignment clause between the parties is appraised to stand against this principle openly. The civil code prescribed that the debtor can not put up this clause against the assignee in case that the assignee dose not recognize the clause. The court has interpreted that the case of gross negligence of assignee is counted out and enlarged the scope of validity of no-assignment clause. But the academia has taken some critical stance and recently took one step further to insist that the requirement of ignorance be ruled out, which means to get rid of meaning of no-assignment clause.

In this article I tried to argue that the criteria taken by court to judge the validity of no-assignment clause, namely the recognition of assignee about the clause are not appropriate theoretically and practically. Actually the assignment to put much burden on the debtor should be restricted in the nature of assignment. So the no-assignment clause should be interpreted to strengthen the standard of limitation. That means to explore what the interest of debtor on no-assignment clause is and if that interest is worth protecting prior to assignability of right of creditor. Besides the criteria taken by court, namely the recognition and gross negligence of assignee provide neither predictability about the validity of no-assignment clause, nor standard of action of debtor or assignee in case of transaction of contractual rights.

[이 글은 국민대 법학논총 제29권 제1호(2016.6.)에 게재되었다.]

채권양도금지특약의 효력과 채무자의 보호

― 대법원 2019.12.19. 선고 2016다24284 전원합의체 판결에 대한 평석 ―

> I. 들어가는 말
> II. 대상판결의 소개
> III. 사안의 분석
> IV. 금지특약에 반한 채권양도의 유무효론의 쟁점
> V. 채권양도금지특약의 해석론의 방향
> VI. 글을 맺으며

I. 들어가는 말

 채권양도의 여러 법리들 중에서 특히 양도금지특약의 효력에 관한 법리는 이론적으로 근본적이면서도 난해한 쟁점들이 교차하고 있고 또한 실무적으로도 매우 중요한 의미를 가진다. 이에 대해 그간 학문적 논의가 진행되어 오기도 하였는데, 2019년 12월 대법원은 전원합의체 판결을 통해 양도금지특약을 위반한 채권양도의 효력이라는 쟁점에 대하여 상세한 법리를 설시하였다. 다수의견과 소수의견은 다양한 근거를 제시하고 있고 양 측의 보충의견까지 가세하면서 심도있는 논리들이 전개되었다. 이 판결에 대해 필자는 간략한 단상을 법률신문에 발표한 바 있었는데,[1] 이번 평석을 통하여 좀 더 심도있게 세부적 쟁점들에 대하여 논구하고자 한다. 그리하여 우리의 채권양도제도의 운영에 있어 이론적 발전과 실무적 필요성에 조금이라도 기여가 되었으면 한다.

---

[1] 김동훈, 채권양도금지특약에 반한 채권양도의 효력, 법률신문 2020.4.6.자 판례평석

II. 대상판결의 소개

1. 사실관계

피고(농협협동조합중앙회)는 2009.5. 농협 광주 농산물 종합유통센터 신축공사에 관하여 총계약금액 24,900,000,000원, 준공예정일 2010.11.30.로 정하여 엘드건설을 계약상대자로 하여 도급계약을 체결하였다. 도급계약에 포함된 공사계약 일반조건에는 "엘드건설은 이 계약에 의하여 발생한 채권(공사대금청구권)을 제3자에게 양도하지 못한다"라는 내용이 있다. 엘드건설은 2010.10.21. 공사를 완료하지 못한 상태에서 부도처리되었고 피고는 도급계약을 해제하였다. 그 후 엘드건설에 대하여 2010.12. 회생절차가 개시되고 2017.3. 파산선고가 내려지고 원고가 파산관재인으로 선임되었다. 한편 이 사건 공사대금채권 중, 엘드건설은, ① 2010.10.15. 현대개발 주식회사에 이 사건 공사대금채권 중 90,876,280원 부분을 양도하였고, ② 2010.10.22. 주식회사 IDF E&C에 이 사건 공사대금채권 중 499,230,000원 부분을 양도하였으며 피고에게 위 각 양도사실을 통지하였다. 채권양수인들은 엘드건설의 회생절차에서 자신들이 엘드건설에 대하여 보유하고 있던 채권을 회생채권으로 신고하였다. 원고의 공사대금 청구에 대하여 피고는 채권이 양수인들에게 이전되었다며 원고의 청구를 부인한다.

2. 원심판결(서울고등법원 2016.4.7. 선고 2015나4353, 2015나4360 판결)

엘드건설은 피고의 동의 없이 채권자들에게 공사대금채권을 양도하였다. 따라서 양도금지특약에 반하여 이루어진 채권양도는 그 효력이 없고, 이에 따라 공사대금채권자는 여전히 엘드건설이라 할 것이며, 공사대금채권이 채권자들에게 이전되었다고 보기도 어렵다. 제449조 제2항단서의 적용에 관하여서도 채권자들이 양도금지특약에 대하여 알지 못하였다고 인정할 만한 별다른 증거가 없고, 오히려 채권양수의 대상이 된 채권의 증서인 도급계약서 자체에 양도금지특약이 명시되어 있으므로, 위 채권자들이 양도금지특약이 있음을 비교적 손쉽게 알 수 있었던 상태였던 것으로 보이므로 채권양수인들이 채권양도금지특약을 알지 못한 데에 중대한 과실이 있다고 볼 수 있다. 이와 같은 사정들을 종합하여 보면, 채권자들은 양수금채권에 따른 권리를 묵시적으로 포기한 것으로 보이고 엘드건설에 대한 채권을 회생채권으로 삼아 회생절차 내에서 이를 행사하고 있다고 판단된다. 한편 양도금지특약의 존재로 인하여 채권양도의 효력을 부인할 수 있는(나아가 실제로 위 채권자들에 대하여 그와 같은 사유를 들어 양수금 등의 지급을 거절할 것으로 예상되는) 피고가, 본래의 채권자인 원고가 해당 채권액의 지급을 구하는 이 사건에서는 그 입장을 바꾸어 채권양도의 유효 내지 이에 따른 채권의 이전을 주장하는 것은 금반언의 원칙 내지 신의성실의 원칙에 반하는 것으로 볼 여지도 있다. 결국 피고의 주장은 이유 없다.

3. 대법원의 판단

1) 결론과 관련하여

(다수의견) 양도금지특약을 위반하여 이루어진 채권양도는 원칙적으로 그 효력이 없다는 것이 통설이고 이와 견해를 같이하는 상당수의 대법원판결이 선고되어 재판실무가 안정적으로 운영되고 있다. 이러한 판례의 법리는 그대로 유지되어야 한다. 그리하여 엘드건설이 피고의 동의 없이 공사대금채권을 채권양수인들에게 양도한 것은 채권양도금지특약을 위반한 채권양도로서 그 효력이 없다는 원심의 판단은 정당하다. 또 채권양수인들이 양도금지특약을 알지 못한 데에 중대한 과실이 있다는 원심의 판단도 정당하다.

(소수의견) 양도금지특약을 위반하여 이루어진 채권양도는 원칙적으로 그 효력이 없다는 다수의견의 태도는 타당하지 않다. 공사대금채권에 관한 양도금지특약은 엘드건설이 피고에 대하여 채권을 양도하지 않을 의무를 부담하는 것일 뿐이므로 이에 반하는 채권양도도 유효하다. 다만 민법 제449조 제2

항 단서에 따라 채무자인 피고가 채권양수인들이 양도금지특약의 존재를 알았거나 중대한 과실로 이를 알지 못하였음을 주장하면서 채권양수인들에게 지급을 거절할 수 있다. 그런데 피고는 양도금지특약을 문제 삼지 않고 오히려 공사대금채권이 채권양수인들에게 유효하게 양도되었음을 이유로 원고의 지급청구를 거절하고 있다. 이처럼 피고가 악의의 양수인을 상대로 이행거절의 항변권을 행사하지 않고 채권의 양도를 이유로 양도인의 청구를 거절하는 경우에는 양도금지특약에도 불구하고 채권양도가 유효함을 전제로 양수인에게 채무를 이행하겠다는 의사표시로 해석해야 한다. 따라서 채권양수인들이 양도금지특약의 존재를 알았거나 중대한 과실로 알지 못하였는지 여부와 상관없이 공사대금채권은 채권양수인들에게 유효하게 이전되었다고 보아야 한다. 결국 원심은 파기되어야 한다.

2) 금지특약에 반한 채권양도의 유무효론과 관련한 주요쟁점

(다수의견 : 무효론 - 물권적 효과설)

(1) 당사자가 양도를 반대하는 의사를 표시(이하 '양도금지특약')한 경우 채권은 양도성을 상실한다. 양도금지특약을 위반하여 채권을 제3자에게 양도한 경우에 채권양수인이 양도금지특약이 있음을 알았거나 중대한 과실로 알지 못하였다면 채권 이전의 효과가 생기지 아니한다. 반대로 양수인이 중대한 과실 없이 양도금지특약의 존재를 알지 못하였다면 채권양도는 유효하게 되어 채무자는 양수인에게 양도금지특약을 가지고 그 채무 이행을 거절할 수 없다. 채권양수인의 악의 내지 중과실은 양도금지특약으로 양수인에게 대항하려는 자가 주장·증명하여야 한다.

(2) 무효설이 유지되어야 하는 근거

가) 법조문에서 '양도하지 못한다'고 명시적으로 규정하고 있음에도 이를 '양도할 수 있다'고 해석할 수는 없다. 나아가 단서는 본문에 의하여 양도금지특약을 위반하여 이루어진 채권양도가 무효로 됨을 전제로 하는 규정이다. 따라서 양도금지특약을 위반한 채권양도는 당연히 무효이지만 거래의 안전을 보호하기 위하여 선의의 제3자에게 그 무효를 주장할 수 없다는 의미로 위 단

서규정을 해석함이 그 문언 및 본문과의 관계에서 자연스럽다.

나) 지명채권은 유통성을 본질로 하는 증권적 채권과는 달리 채권자와 채무자 사이의 인격적 연결이라는 측면과 채권자의 재산이라는 측면을 동시에 지니고 있다.

다) 물권에 관하여는 물권법정주의에 따라 법이 규정하는 바에 의하여 물권의 종류와 내용이 정해지는 반면(민법 제185조), 채권관계에서는 사적 자치와 계약자유의 원칙이 적용되어 계약당사자는 원칙적으로 합의에 따라 계약내용을 자유롭게 결정할 수 있다. 따라서 채권자와 채무자가 그들 사이에 발생한 채권의 양도를 금지하는 특약을 하였다면 이는 그 채권의 내용을 형성할 뿐만 아니라 그 속성을 이루는 것이어서 존중되어야 한다.

라) 계약당사자가 그들 사이에 발생한 채권을 양도하지 않기로 약정하는 것은 계약자유의 원칙상 당연히 허용되는 것인데, 민법에서 별도의 규정까지 두어 양도금지특약에 관하여 규율하는 것은 이러한 특약의 효력이 당사자 사이뿐만 아니라 제3자에게까지 미치도록 하는 데 그 취지가 있다고 보아야 한다.

마) 채권은 이전되더라도 본래 계약에서 정한 내용을 그대로 유지함이 원칙이고 양도금지특약도 이러한 계약의 내용 중 하나에 속하므로, 원칙적으로 채무자는 지명채권의 양수인을 비롯하여 누구에게도 양도금지특약이 있음을 주장할 수 있다고 보아야 하고, 민법 제449조 제2항 본문은 명문으로 이를 다시 확인한 규정이라 볼 수 있다.

바) 양도금지특약이 있는 경우 채권의 양도성이 상실되어 원칙적으로 채권양도가 일어나지 않는다고 보는 것이 악의의 양수인과의 관계에서 법률관계를 보다 간명하게 처리하는 길이기도 하다.

(소수의견 : 유효론 - 채권적 효과설)
(1) 채권자와 채무자의 양도금지특약

채권자가 채무자에게 채권을 양도하지 않겠다는 약속이다. 채권자가 이 약속을 위반하여 채권을 양도하면 채권자가 그 위반에 따른 채무불이행책임을 지는 것은 당연하다. 그러나 이것을 넘어서서 양도인과 양수인 사이의 채권양도에 따른 법률효과까지 부정할 근거가 없다. 채권양도에 따라 채권은 양도인으로부터 양수인에게 이전하는 것이고, 채권양도의 당사자가 아닌 채무자의 의사에 따라 채권양도의 효력이 좌우되지는 않는다. 따라서 양수인이 채무자에게 채무 이행을 구할 수 있고 채무자는 양도인이 아닌 양수인에게 채무를 이행할 의무를 진다.

(2) 유효론이 타당한 근거

가) 양도금지특약의 당사자는 채권자와 채무자이므로 그 약정의 효력은 원칙적으로 채권자와 채무자만을 구속한다. 양도금지특약이 그 당사자뿐만 아니라 양수인을 비롯한 제3자에게 대세적으로 효력을 미치기 위해서는 명백한 근거가 있어야 한다. 계약은 그 당사자만을 구속하는 것이 원칙이기 때문에, 단순히 채권관계의 당사자가 반대의 의사를 표시한 경우에는 양도하지 못한다는 모호한 규정만으로는 채권의 양도성 자체를 박탈하는 근거가 될 수 없다. 양도금지특약의 효력은 특약의 당사자만을 구속하고 제3자에게 미치지 않는다는 채권적 효력설이 계약법의 기본원리에 부합한다.

나) 민법 제449조 제2항 본문의 문언과 체계에 비추어 볼 때 양도금지특약은 당사자 사이에만 효력이 미치는 것으로 보는 것이 합리적이다. 민법 제449조 제2항 본문에서 '양도하지 못한다'고 한 부분은 그 문언 그대로 당사자가 채권의 양도성에 반하여 양도를 금지하는 약정을 한 경우 채권자가 그 약정에 따라 채무자에 대하여 '채권을 양도하지 않을 의무'를 부담한다는 취지로 해석함이 타당하다.

다) 민법은 채권의 양도가 가능함을 원칙으로 삼고(제449조 제1항 본문), 예외적인 경우에 한하여 이를 제한하고 있으므로(제449조 제2항), 양도금지특약은 채권양도의 자유를 침해하지 않는 범위 내에서만 인정되어야 한다. 당사자 사이의 양도금지특약으로 제3자에 대한 관계에서까지 채권의 양도성을 박탈하는 합의를 인정하는 것은 채권의 양도성을 인정하는 원칙을 무의미하게 만들 수 있다. 계약자유의 원칙에 근거하여 양도금지특약이 인정된다고 하더라도 이를 제한 없이 대세적인 효력을 갖는다고 보아서는 안 된다. 따라서 양도금지특약은 그 당사자만을 구속할 뿐이고 이를 위반하는 채권양도는 원칙

적으로 유효하다고 보아야 한다.

라) 재산권의 귀속주체인 채권자가 이를 처분하여 투하자본의 조기회수라는 경제적 목적을 달성할 수 있도록 더욱 자유로운 양도가능성이 보장되어야 한다는 관점에서도 채권양도금지특약에 관해서 채권적 효력설을 채택하는 것이 타당하다.

마) 채권자와 채무자 그리고 양수인 세 당사자의 이익을 비교해 보더라도 채권적 효력설이 타당하다. 양도금지특약으로 채권의 양도성이 상실된다고 보면, 채권자는 채권양도를 통한 자금조달수단을 상실하고 자산으로서의 채권 활용범위가 축소되는 불이익을 입는다. 양수인으로서도 채권 자체를 취득하지 못할 법적 위험에 직면하게 되며, 양수인이 양도금지특약의 존재를 인식하기 쉽지 않고 그로 하여금 일일이 원래의 계약 내용을 확인하도록 하는 것은 불가피하게 불필요한 거래비용을 증가시킨다. 반면 채권양도금지특약에 채권적 효력만을 인정하더라도 채무자로서는 채권자에 대하여 특약 위반에 따른 책임을 물을 수 있고, 채권자가 변경되더라도 원래 이행하여야 할 채무를 이행하는 것이라는 점에서 그 불이익이 크지 않다.

III. 사안의 분석

1. 사안의 특수성

1) 파산법리와의 관련성

본 사안은 특히 상계권의 행사가 맞물려 매우 복잡한 파산법의 특수한 법리가 전개되고 있으나,[2] 대법원에서 다룬 쟁점은 금지특약에 반한 채권양도의 효력에 한정되어 있다. 피고(도급인)이 건물공사를 발주하면서 계약상 공사대금채권의 양도를 금지하는 조항을 두었다. 그러나 수급인이 이를 소외회사에 양도하고 피고에게 통지하였다. 그 후 수급인이 공사중 부도처리되었고

---

[2] 대상판결에서 회생절차에서 보증인의 상계권(제434조)이라는 쟁점에 대하여 자세히 논한 글로는, 이동진, 양도금지특약에 반하는 채권양도, 회생절차와 민법 제434조, 법조(2020.10.) 457면 이하

결국 파산선고를 받아 원고가 파산관재인으로 선임되었다. 채무자가 파산선고 당시에 가진 모든 재산은 파산재단에 속하므로(채무자회생법 제382조), 파산관재인인 원고는 채무자 즉 수급인이 갖고 있던 피고에 대한 공사대금의 지급을 구한다. 본 글에서는 파산법리의 관련하에서 따로 논의되는 것은 없지만, 양도금지 특약에 반하여 채권을 양도한 채권자가 다시 본래의 채권의 행사를 주장하는 기초에는 본래의 채권자를 대신하여 파산관재인이 채권자가 되는 상황이 바탕이 되어있다.

2) 금지특약에 반하여 채권을 양도한 자의 권리 주장

양도금지특약에 반하는 채권양도의 사안에서는 양수인과 채무자 간의 다툼이 문제되는 것이 일반적인데 비해서, 사안에서는 양도인측이 원고가 되어 채무자를 상대로 다투는 것이다. 즉 양도인측은 비록 양도를 했더라도 금지특약에 반하는 것이서 효력이 없으니 본래대로 채무자에게 채권을 청구할 수 있다는 것이고, 채무자는 금지특약에 반하는 채권양도도 유효한 것이어서 양도인은 더 이상 아무런 청구권을 갖지 않는다고 항변하고 있다.

일반적으로 통지를 거쳐 유효하게 양도된 채권을 양도인이 번복하여 행사하려면, 양도행위가 불성립이나 무효 또는 해제의 경우가 아닌 한,3) 양수인이 재양도를 하고 이에 대한 통지를 하여야 할 것이다. 반면에 사안에서와 같이 금지특약을 어기고 양도한 채권자가 이를 번복하여 다시 원래의 채무자에게 청구하는 경우에는 어떠한가? 특약에 반한 양도 자체를 무효라고 보는 견해에 따를 경우 어떠한 법률행위를 무효로 선언하는 규정에 반하여 법률행위를 하고 다시 그것이 규정에 따라 무효임을 내세우는 것이 금반언적인 행위라고 볼 여지도 있다. 이러한 상황은 민법이나 특별법의 강행규정에 위반되는 약정을 하고 약정의 당사자가 후에 이를 강행규정에 위반되므로 무효라고 주장하는 경우와 유사해 보이기도 한다. 판례는 이러한 경우에 일반조항인 신의칙의

---

3) 이 경우에는 선의의 채무자의 보호를 위하여 제452조에 '채권양도와 금반언'이라는 제목으로 특별규정을 두고 있으며, 이 법리는 채권양도가 해제 또는 합의해제되어 소급적으로 무효가 되는 경우에도 유추적용할 수 있다고 한다(대법원 2012.11.29. 선고 2011다17953 판결).

정신보다는 구체화된 강행규정의 입법취지를 달성하는 것이 더 중요하므로 신의칙에 위배된다는 주장을 배척하고 있다.4) 그러나 양도금지특약은 사회질서와 관계있는 어떤 가치를 담고 있는 것은 아니어서 참고가 되는 사례라고 보기는 어려운 듯 하다. 오히려 의무(양도하지 않을 의무)를 지고 있는 측이 의무이행을 거절하다 다시 이를 철회하고 본래대로의 의무이행 즉 채권관계의 복원을 주장한다는 점에서 보면, 일반채무불이행에서 채무자가 이행거절의 의사를 표시하였다가 이를 철회하는 것과 유사한 면이 있다. 채권자가 이행거절을 이유로 계약을 해제하기 전에 채무자가 이행거절의사를 철회하였다면 채권자는 이를 받아들여야 하는 것처럼, 금지특약에 반하여 양도한 채권자가 이를 부인하고 원래대로 본인에게 이행해 줄 것을 청구하는 것은 선의의 채무자의 보호문제가 제기되지 않는 한 특별한 법적 문제가 되지는 않을 것으로 보인다.

3) 양수인의 보호문제

사안에서는 기존의 양도의 무효를 주장하며 권리를 주장하는 원고와 양도의 유효를 주장하며 양도인의 무권리를 주장하는 피고가 대립하고 있다. 그에 반해 양수인의 보호는 쟁점이 되지 않고 있다. 다수의견에 따르면 양수인은 양도당시에 금지특약의 존재에 대하여 충분히 알고 있던 것으로 판단되어 제449조 제2항 단서가 적용되지 않게 되고, 따라서 특약에 반한 양도의 무효와 원래의 채권자에로의 귀속이라는 결과만 남는다. 소수의견에 따르면 적어도 어느 한쪽에게는 이행을 하여야 하는 채무자로서는 본래의 채권자에게 이행을 거절한다는 것은 바로 악의의 양수인에게 대하여 단서조항에 따른 항변권을 행사하지 않고 이행하겠는다는 의사로 해석될 수밖에 없다고 한다.

---

4) 예컨대 미성년자가 법정대리인의 동의없이 체결한 계약을 미성년자 스스로 취소할 수 있는가라는 사안(대법원 2007.11.6. 선고 2005다71659 판결), 또 최근에는 최저임금액에 미달하는 임금을 정한 근로계약을 당사자인 근로자측이 후에 최저임금법상의 강행규정 위반을 이유로 무효라고 주장하는 사안(대법원 2018.7.11. 선고 2017다263703 판결) 등에서 법원은 상대방의 신의칙항변을 배척하고 있다.

4) 신의칙의 법리의 역할

이러한 특수한 사정아래서 양도금지특약에 반한 채권양도의 법리는 그 법리의 적용과 신의칙과의 갈등을 보여주고 있다. 즉 채권자가 특약에 반한 채권양도의 무효에 근거하여 원래대로의 채권을 청구하는 것에 대하여 채무자가 이미 이해관계가 없는 양수인에게로의 이전을 근거로 이행을 거절하는 것을 원심은 신의칙에 반하는 것으로 볼 여지가 있다고 하였다. 양도금지특약의 존재로 인하여 채권양도의 효력을 부인할 수 있고, 나아가 실제로 양수인들에 대하여 그와 같은 사유를 들어 양수금의 지급을 거절할 것으로 예상되는 채무자가, 본래의 채권자인 원고가 해당 채권액의 지급을 구하자 그 입장을 바꾸어 채권양도의 유효 내지 이에 따른 채권의 이전을 주장하는 것은 금반언의 원칙 내지 신의성실의 원칙에 반하는 것으로 볼 여지도 있다는 것이다. 즉 특약에 반한 채권양도의 유무효론에 앞서 피고의 유효론의 목적이 채권자에 대한 자신의 채무의 이행을 회피하기 위한 목적으로 행하여 진다는 것이다.

반대로 특약에 반한 채권양도의 유효론을 지지하는 소수의견 입장에서는 난해한 문제가 제기된다. 즉 양도가 유효이면 양수인에게 채권이 확정적으로 이전하였는데 이 양수인은 사안에서는 악의인 것으로 인정되므로 채무자는 단서조항을 근거로 양수인에게 대항할 수 있고 결국 채권자와 양수인 모두에게 그 지급을 거절할 수 있다는 모순이 생긴다. 소수의견은 이러한 결론은 불합리하므로 채무자가 악의의 양수인에게 이행거절의 항변을 한다면 이는 본래의 채권자에게 이행하겠다는 뜻으로 해석하야 하며 그 근거로서 선행행위에 모순되는 행동은 허용할 수 없다는 신의칙을 비장의 근거로 들고 있다. 사안에서는 반대로 본래의 채권자에 대한 이행거절은 악의의 양수인에 대한 항변권의 포기로 해석된다고 한다.

5) 소결

대상판결은 금지특약에 반한 채권양도의 유효성에 대하여 채권적 효과설과 물권적 효과설의 대립에 관한 치열한 논쟁으로 가득차 있는데, 정작 본 판결에서 사안의 특수성에 관한 쟁점에 관하여는 특별히 언급되지 않고 있다.

단순화하면 금지특약에 반하여 채권을 양도한 채권자가 후에 이를 번복하여 자신에게 이행할 것을 주장하고, 채무자는 이미 양수인에게 양수되었으니 양수인에게만 이행하겠다고 항변하는 사안이다. 먼저 양도금지특약을 제시하여 이를 관철시킨 채무자가 양도 후에 이를 번복하고 다시 본래의 계약내용대로의 이행을 구하는 채권자에게 금지특약을 부정하며 양도의 유효를 주장하는 상황은 원심의 언급과 같이 신의칙적 사고에 반하는 측면이 있다. 그렇다면 특약에 반한 채권양도의 유무효론에 관한 법리논쟁에 들어가지 않고 이 단계에서 판단할 수도 있지 않았을까 하는 의문이 든다.

2. 본 사안에서 특약에 반한 채권양도 유무효론의 의미

우선 용어의 의미에 대한 검토가 필요하다. 우리가 채권을 양도할 수 있다라고 할 때 그것은 채권자가 일방적으로 즉 채무자의 동의없이 양수인과의 합의만으로 채권을 양도할 수 있다는 것을 의미한다. 이 경우 채권자는 채무자에게 통지할 의무가 있고 이를 채무자의 대항요건으로 인정하고 있을 뿐이다. 그리고 양도금지특약이라함은 '당사자가 (당해채권의 양도에 대한) 반대의 의사를 표시'한 것으로서 일반적으로 계약에 의한 채권관계에서는 계약체결시 그 일부로서 편입될 것이다. 이러한 양도금지특약에 반하여 한 채권양도가 유효 또는 무효라고 할 때 그 의미는 양수인 등 제3자에 대한 관계에서의 효력을 의미하는 것이다. 소수의견은 다수의견을 물권적 효과설, 소수의견을 채권적 효과설로 이름붙여 대비시키고 있으나 이를 단순화하면 금지특약에 반한 채권양도의 유효론과 무효론의 대립이라고 할 수 있다.[5] 양도금지특약 자체가 허위표시나 명의신탁약정처럼 무효가 되는 것은 아니므로 이를 위반한 것에 대하여 채권자가 채무자에게 그 위반에 대한 채무불이행 책임을 지는 것은 당연한 것으로 따로 언급될 필요는 없다. 그리고 금지특약에 반한 채권의 양

---

[5] 대상판결 이후에 나온 몇 가지 평석을 보면, 채권적 효력설을 취한 반대의견을 지지하는 견해(권영준, 분야별 판례해설 민법(하), 법률신문 2020.2.13.자), 다수의견에 호의적인 견해(이동진, 위의 글 470면), 중립적인 입장를 취하는 견해(김윤종, 양도금지특약을 위반한 채권양도의 효력, 사법(2020.9.) 827면 이하) 등 다양한 입장을 보이고 있다.

도시 양수인의 선의라는 것은 금지특약의 존재에 대하여 알지 못한 것을 의미할 것이며 판례상 중과실이라 함은 거래상 필요한 최소한의 주의만 기울였다면 양수인이 특약의 존재를 알 수 있었던 상황을 말하게 될 것이다.

IV. 금지특약에 반한 채권양도의 유무효론의 쟁점

1. 채권양도의 일반성과 특수성

1) 물권의 양도와 채권의 양도의 비교

소수의견은 다수의견을 물권적 효력설, 소수의견을 채권적 효력설로 명명한다. 물권적 효력설이라함은 양도금지특약을 위반하여 이루어진 채권양도는 그 효력이 없다는 설이다. 덧붙이면 양도금지특약이 직접적인 법형성력을 가지고 채권의 양도성을 대세적으로 박탈하는 것이며 이로써 채권이 물권과 같이 대세적으로 양도할 수 없는 성질을 갖게 된다는 것으로 해석한다. 반면에 채권적 효력설은 양도금지특약의 효력은 특약의 당사자만을 구속하고 제3자에게 미치지 않는다는 것이다. 소수의견은 물권적 효력설은 타당하지 않고 채권적 효력설이 옳다고 하며 그 근거로는 한마디로 계약법의 기본원리에 부합한다는 것이다.

그렇다면 소수의견이 말하는 채권양도에 있어 계약법의 기본원리란 무엇을 의미하는가? 한마디로 양도금지특약을 맺은 당사자는 채권자와 채무자이므로 그 약정의 효력은 당사자인 채권자와 채무자만을 구속하게 된다는 것이다. 즉 금지특약이 당사자를 넘어 양수인을 비롯한 제3자를 구속할 근거가 없다는 것이다. 즉 당사자의 의사만으로는 채권의 양도성 자체를 박탈하는 근거가 될 수 없다는 것이다. 이러한 관점에서는 특약에 반해 채권자가 양도를 한 경우에는 채권자가 채무자와의 약속을 위반한 행위이므로 그 위반에 대하여 채무자에게 채무불이행책임을 지게 되며 양도인과 양수인 사이의 채권양도의 법률효과는 영향을 받지 않게 된다. 그리하여 양수인은 채무자에게 채무이행을 구할 수 있고 채무자는 양도인이 아닌 양수인에게 채무를 이행할 의무를 진다.

흥미있는 것은 다수의견에서도 계약법의 기본원리라고 할 수 있는 사적자치와 계약자유의 원칙을 근거로 내세우고 있다는 사실이다. 즉 계약당사자는 합의에 따라 계약내용을 자유롭게 결정할 수 있고 따라서 그들 사이에 발생한 채권에 대하여 그 양도를 금지시킬 수 있으며 이것은 그 채권의 내용을 형성하고 속성을 이루게 된다는 것이다. 그러고 보면 다수의견이 계약의 자유를 강조하는데 비하여 소수의견은 계약자유의 한계를 강조하는 것으로 대비되는 모습을 보이기도 한다.

문제의 출발점인 채권양도라는 개념에 대하여 생각해 보자. 원래 '양도'(Übertragung)라는 개념은 제188조에서 '동산에 관한 물권의 양도'라는 표현에서 보듯이 의사에 의한 물권의 이전이라는 사고를 포섭하기 위하여 안출된 것이다. 나의 권리를 타인에게 나의 의사에 따라 이전해주기 위하여서는 나에게 그에 대한 처분의 권한이 전제되어야 한다. 물권은 지배권이고 그 내용으로 처분의 자유가 인정되고 여기에서 물권의 양도성이 그 본질적 속성이 된다. 반면에 채권은 채권자의 채무자에 대한 청구권이며 기본적으로 양자의 결합관계가 그 본질적 내용이다. 채권은 채무자가 이행기에 이르러 그 채무를 내용에 좇아 이행함으로써 비로소 만족을 얻게 되는 것이다. 채권을 채권'관계'로서 표현하는 이유가 여기에 있다. 그리하여 채무자와의 인적인 관계속에서 존재하며 채무자가 장차 이행기에 내용에 좇아 성실히 이행함으로써 비로소 만족을 얻는 채권을 채권자가 임의로 제3자에게 양도할 수 있다는 것은 기본적으로 많은 제한이 따르게 된다.

채권관계에서는 우선 그 채무의 내용이 '하는 채무' 즉 상대방에 대하여 노무를 제공하는 것인 경우에 우리 민법은 제657조에서 '권리의무의 전속성'이라는 원칙을 선언하고 있다. 특히 노무제공 채무의 채권자인 사용자는 노무자의 동의없이 그 권리를 제3자에게 양도하지 못한다는 것을 원칙으로 선언하고 있다. 만일 이에 위반하면 채무자는 계약을 해지할수 있다. 이것은 고용계약에 규정되어 있지만 실질적으로 노무제공 채권관계의 일반원칙을 선언한 규정이라고 볼 수 있다. 즉 노무제공을 목적으로 하는 채권관계에서 노무를 제공하는 채무자는 본래의 채권자와의 관계에서 그 채권관계를 종결시킬 권리가 보장되고 있는 것이다.

　이러한 채권관계의 전속성은 또 하나의 계약유형인 대차형계약에서도 관철된다. 임대차계약에서 '임차권의 양도의 제한'이라는 제목하에 규정을 두어 임차인은 임대인의 동의없이 그 권리를 양도하지 못하며, 이를 위반하면 임대인이 계약을 해지할 수 있다(제629조). 즉 임차인은 임대인으로부터 목적물을 사용에 적합한 상태로 제공받을 권리인 임차권이라는 채권을 역시 일방적으로 제3자에게 양도할 수 없다. 임대인은 처음에 선택한 상대방과의 사이에서 채권관계를 유지하고 종료시킬 권리가 보장되는 것이다.

　나아가 이른바 양도형계약을 보자. 매매계약에서 매도인은 매수인에 대하여 매매의 목적이 된 권리를 이전하여야 하는데, 매수인이 일방적으로 제3자에게 목적물이전청구권을 양도할 수 있는가? 매매에 관한 규정은 곳곳에서 매도인은 '매수인에게' 또는 '매수인에 대하여' 이전하여야 한다고 규정하고 있다. 그리고 매매법의 핵심인 매도인의 하자담보책임도 어디까지나 매수인에 대하여 부담하는 것으로 정하고 있다. 하자담보책임을 묻는 당사자도 매수인이고 하자에 대한 선의나 과실의 판단도 매수인을 기준으로 한다. 즉 매매법은 매수인이 일방적으로 매도인에 대해 갖는 목적물의 인도청구권을 제3자에게 양도할 수 있다는 것을 상정하고 있지 않다. 즉 매도인은 스스로 동의하지 않는 한 오로지 매수인에게 대해서만 인도의무를 부담하는 것이다.

　그러고보면 남은 것은 금전채권이다. 즉 재화의 인도나 노무의 제공에 대하여 상대방이 부담하는 반대급부로서 금전지급채무나 또는 금전대차계약상의 금전채권은 어떠한가? 실제로 채권양도의 대상이 되는 것은 압도적으로 금전채권에 관한 것이다. 그렇다면 금전채권의 경우에는 '주는 채무'나 '하는 채무'와는 달리 자유로이 양도성을 인정해도 문제되지 않는가? 물론 금전채권은 채권총칙에서 그 특성을 반영하여 채무불이행에 관한 특칙을 둔 것처럼(제397조) 매우 기계적으로 처리되는 면이 있다. 급부목적물로서의 특성만 고려하면 다른 인도채무나 행위채무와는 분명한 차이가 있다. 그러나 채권관계의 전속성의 기능은 단지 급부의 목적물의 특수성에서만 나오는 것은 아니다. 그것은 오히려 쌍방의 인적인 관계성과 관련하여 더 큰 의미를 지닌다. 우선 채무자는 원래의 당사자였던 채권자가 아닌 제3자에게 이행(변제)할 경우에는 여러 가지 위험에 노출된다. 우선 이중변제의 위험을 들 수 있다. 즉 제3자에게 한 변제가 효력이 없어 다시 본래의 채권자에게 변제하여야 하는 경우이다. 우리 민법은 이런 상황에서 변제자의 보호를 위해 최소한의 장치를 두고 있다. 즉 채권의 준점유자에 대한 변제(제470조), 영수증소지자에 대한 변제(제471조), 권한없는 자에 대한 변제(제472조) 등이다. 그러나 이러한 변제자의 보호장치만으로는 충분한 보호가 이루어질 수 없음은 물론이다. 무엇보다 채권자와의 지속적인 접촉에서 나온 신뢰관계 같은 자산은 채권자가 교체되면 그대로 증발해버릴 수 밖에 없으며 쉽게 소송상의 분쟁으로 번지게 될 수도 있다. 요컨대 채무자의 완전한 이행으로 비로소 만족을 얻게 되는 채권은 그 급부의 목적의 특성으로 인해, 또 채권관계의 인적인 결합성으로 인해 기본적으로 그 양도에 본질적인 한계가 있는 것이다. 따라서 '채권은 양도할 수 있다'라는 명제는 물권의 양도와 동일시될 수 있는 명제가 아니며 오히려 "채권은 물권과 달리 양도에 친하지 않은 권리이지만, 일정한 조건하에서 양도가 가능하다"라는 의미로 새기게 된다.

2) 물권 및 채권의 양도와 채무불이행 책임

소수의견은 금지특약에 반하여 채권자가 그 채권을 제3자에게 양도하였다면 채권자는 채무자에게 약속위반에 대하여 채무불이행책임을 지는 것으로 충분하다고 한다. 물권의 경우 예컨대 동산의 매매시 매도인이 물건을 제3자에게 인도하였다면 이는 계약상 물건의 인도의무를 위반한 것이므로 매수인 즉 채권자에 대해서 채무불이행책임을 진다. 이것은 동산의 소유권이 채권자의 처분으로 인해 제3자에게 완전하게 이전하기 때문이다.

그런데 채권자가 금지특약에 반하여 채권을 양도한 것도 역시 약속위반이라는 점은 공통이라 할 수 있다. 그러나 이러한 약속위반이 채무불이행책임으로 이어지기 위해서는 논리적으로 채권자의 특약에 반한 양도로서 채권이 제3자에게 이전되었다는 것이 전제되어야 한다. 만일 채권자의 특약위반의 채권양도가 무효라면 채권자는 법적으로 의미있는 행위를 한 것이 아니어서 채무자에 대한 채무불이행의 요건이 충족되지 않는다. 소수의견은 특약이 당사자만 구속하게 되고 따라서 제3자에 대하여는 특약이 의미가 없고 따라서 특약에 위반한 채권양도라도 완전하게 채권이 이전하고 채권자는 채무자에 대하여 채무불이행책임은 진다하는데 이것은 논리가 전도되었다. 그 바탕에는 채권과 물권을 양도와 관련하여서는 동일한 차원에서 취급하는 오류가 있다. 우리 민법이 재산권을 물권과 채권으로 양분하여 다루는 그 전제를 부정하고 있다. 물권은 지배권으로서 대세적 효력이 있으며 양도성이 본질적 속성이 되는 권리이고, 채권은 청구권으로서 상대방에 대한 효력만이 있으며 당사자 사이에서 목적달성이 되거나 그를 대체하는 채무불이행책임으로 구제되는 권리라는 이항적 대립구조 자체를 부인하는 것이다. 결국 소수의견이 말하는 추상적인 '계약법의 기본원리' 즉 당사자 간의 합의는 합의한 당사자 사이에서만 구속력이 있다는 것은 그 합의의 내용이나 대상물을 떠나 선험적으로 성립할 수 있는 명제는 아닌 것이다.

2. 문언의 해석- 원칙과 예외(?)

1) 제449조 제2항 본문과 단서의 해석

채권의 양도와 물권의 양도를 동일선상에 놓고 취급하는 소수의견은 이어서 제449조의 문언과 체계에 기초해 채권적 효력설을 지지하고 있다. 우선 제449조 제2항의 본문에서 채권은 특약에 반하여 '양도하지 못한다'라고 한 것을 문언에 따라 해석해보면 이는 '채권을 양도하지 않을 의무'를 부담하는 것으로 해석될 수밖에 없으며 그것은 특약에 반해 이를 양도한 채권자의 의무위반의 문제일 뿐이며 채권양도의 효력에는 영향이 없다는 것이다. 그러나 '양도하지 못한다'는 문언에서 이러한 해석이 필연적으로 도출되는 것은 아니다. 다수의견도 역시 문언에 기초하여 주장하기를 "양도하지 못한다'라는 뜻은 채권양도의 효력이 부정된다는 뜻이어야 하고 이를 소수의견처럼 풀이하는 것은 '양도할 수 있다'라고 반대해석하는 것이라고 본다. 문언의 일반적인 의미로 볼 때 '양도하지 못한다'는 문구는 양도할 수 없다는 뜻이고 따라서 양도

하더라도 효력이 발생하지 않는다는 뜻으로 해석되는 것이 자연스럽다.

제2항의 의미는 단서 조항과의 관계에서 한 번 더 점검할 수 있는데, 다수의견은 특약에 반한 채권양도가 무효로 됨을 전제로 해서 거래안전을 보호하기 위해 선의의 제3자에게는 그 무효를 갖고 대항할 수 없게 한 것이라고 본다. 이에 대해 소수의견에서는 단서조항의 운용에서 판례에서 확립된 증명책임을 근거로 반박하고 있다. 즉 다수의견처럼 채권양도가 무효라면 채무자는 금지특약의 존재를 주장하면 되고 양수인의 자신의 선의 또는 무중과실을 증명해야 하는 것이 아니냐는 것이다. 양수인이 선의의 입증책임을 채무자에게 지우는 것은 채권양도가 유효함을 전제로 채무자에게 악의의 양수인에게 이행거절권을 주는 것이라고 한다.

일반적으로 '선의의 제3자에게 대항할 수 없다'는 규정에서 선의·악의의 입증책임이 누구에게 있는가는 일률적으로 정할 수는 없다. 제3자를 일단 선의로 추정하는 것이 합리적인 상황이라면 그 상대방에서 선의가 아님을 입증하여야 함을 말할 수 있을 뿐이다. 금지특약이 있는 채권양도의 상황에서는 어떠한가. 이것은 거래현실에서 금지특약이 존재할 가능성이 어느 정도인가라는 점에 대한 판단없이 획일적으로 말할 수 없다. 판례도 종종 "일반적으로 임대차보증금반환채권에 관하여 양도금지의 특약이 붙는 경우가 그리 드물지 않다는 점"6) 또는 "예금채권의 양도를 제한하고 있는 사실은 적어도 은행거래의 경험이 있는 자에 대하여는 널리 알려진 사항에 속한다 할 것"7) 등의 근거를 설시하고 있다. 따라서 판례가 일률적으로 양수인의 악의의 증명책임을 채무자에게 지우는 태도에는 문제가 있다. 예컨대 최근의 한 판결은 "채권양도시 채권의 내용이나 양수인의 권리확보에 위험을 초래할 만한 사정을 조사·확인할 책임은 원칙적으로 양수인 자신에게 있다"라고 설시하기도 하였다.8) 요컨대 양수인이 자신이 양수하는 채권에 대해 어느 정도의 주의를 가지고 거

---

6) 대법원 2010.5.13. 선고 2010다8310 판결
7) 대법원 2003.12.12. 선고 2003다44370 판결
8) 대법원 2015.12.24. 선고 2014다49241 판결, 동 판결에서는 양수인이 적극적으로 투자목적을 가지고 채권을 양수한 경우인데 투자자로서 자기책임을 강조하고 있다.

래에 임하여야 하는가는 당해 거래의 특성과 관행을 고려하여 신중히 또 개별적으로 판단하지 않으면 안된다. 그런 점에서 판례가 일률적으로 채무자에게 입증책임을 지우는 것은 설득력이 없다. 그리고 단서조항의 자연스런 해석론을 간과하면서 하부구조에서 판례가 설시하는 입증책임론을 채권적 효과설을 옹호하는 근거로 삼는 소수의견의 논리도 궁색하다고 생각된다.

2) 제1항과의 관계성에 대한 해석

문언의 해석론에 관한 문제는 제449조 2항 자체보다는 제1항과의 관계속에서 넓게 고찰하는 것이 바람직하다. 그리하여 소수의견은 제1항과 제2항과의 관계를 주목하고 제1항이 원칙이고 제2항은 예외라는 논리를 세우고 있다. 즉 제1항은 채권의 양도가 가능함을 원칙으로 선언하고 예외적인 경우에 한하여 즉 양도금지특약이 있는 경우에 이를 제한하고 있는 것으로서 양자를 결합하면 양도금지특약은 채권양도의 자유를 침해하지 않는 범위내에서만 인정되어야 한다는 것이다. 그러나 이것은 논리적인 진술이라고 보기는 어렵다. 제1항과 제2항의 결합은 채권양도는 가능하나 당사자가 금지특약을 맺어 이를 제한할 수 있다는 이상의 의미를 가질 수 없다. 원칙과 예외라고 위치지우더라도 핵심은 원칙과 예외의 경계를 정하는 작업이며 예외는 비교적 엄격하게 해석해야 한다는 정도의 의미를 이끌어 낼 수 있을 뿐이다.

소수의견의 법리는 더 나아가서 금지특약으로 제3자에 대한 관계에서 채권양도가 무효가 된다면 이는 채권의 양도성을 인정하는 원칙을 무의미하게 한다는 것이다. 더 단순히 말하면 채권은 양도할 수 있다고 양도성을 선언하고 다른 항에서는 당사자들은 합의로 그 양도성을 제거할 수 있다면 이는 서로 모순되는 것이라는 뜻일 것이다. 그리하여 원칙을 살리려면 예외로서의 양도금지특약은 당사자 간의 효력으로 그쳐야 한다는 것이다.

여기에서 쟁점은 근본적으로 제1항과 제2항의 관계로 모아진다. 다수의견은 양자 사이의 원칙과 예외론을 부정하는 것으로 해석된다. 다수의견은 설시하기를 지명채권이 가진 채권자와 채무자 사이의 인격적 연결의 측면과 채권의 재산권의 측면을 아울러 고려하면 민법은 제1항에서 채권양도의 자유를 원칙으로 선언하면서도 제2항에서 당사자의 의사표시에 의하여 양도를 금지할 수 있다고 천명하고 있다는 것이다. 원칙이란 단어를 쓰기는 하였지만 그 실질은 제1항과 제2항은 원칙과 예외가 아니라 병존하는 2개의 원칙이라 보는 것이 더 합당할 것이다. 채권의 재산권성을 강조하면 양도성이 부각되고, 채권의 인격적 연결 즉 관계성을 강조하면 양도금지의 자유가 부각되는 것이다.

생각건대 다수의견과 같이 채권의 양도도 양도계약 당사자 사이의 자유로운 합의에 의한 것이고, 양도금지특약도 특약의 당사자 사이의 자유로운 합의로서 계약자유의 원칙상 허용되는 것이다. 그리고 이에 대한 제한도 각각 당해 규정에서 밝히고 있다. 즉 제1항에서는 양도의 자유를 선언하면서도 그 한계로서 채권의 성질이 양도를 허용하지 않는 때를 명시하고 있다. 원칙적으로 전속성을 본질로 하는 노무제공의 채무가 주로 여기에 해당될 것이다. 그러나 '성질'이라는 표지는 객관적으로 정해지는 것만은 아니고 당사자의 의사도 중요한 판단요소이다. 특히 채무자에 대한 배려가 필요한데, 양도로서 채무자가 더 불리한 위치에 빠지게 되는 경우라면 이는 특약이 없더라도 채권의 성질상 양도가 허용되지 않는 것으로 새겨야 할 것이다. 채권자의 일방적 양도로 채무자가 채무를 이행하는데 불리한 위치로 떨어지게 된다는 것은 일방적으로 타인의 이익을 해치는 권리행사가 용인될 수 없다는 법의 일반원칙에 반하는 것이어서 허용될 수 없는 것이고 이의 근거규정으로서는 바로 성질에 의한 양도제한이 해당될 것이다.

이에 대응하여 역시 당사자는 계약자유의 원칙상 자유로이 양도금지특약을 할 수 있지만 이는 채권양도거래에 대한 위험요소이기도 하므로 거래안전을 위하여 선의의 양수인을 위한 구제규정을 두어 그 효과에 대해 한계를 두고 있는 것이다. 요컨대 양도의 자유와 양도금지의 자유는 둘 다 사적 자치의 발현으로서 대등한 위치에 있는 것이며 각각의 원칙에 대한 제한도 채무자의 보호 또는 거래의 안전이라는 가치를 위해 설정되고 있다.

결국 제449조의 문리적, 체계적 해석은 제1항과 제2항이 서로 궤를 달리하는 평행선을 이루고 있음을 말해준다고 하겠다. 제1항에서 채권의 양도성의 선언을 통해 근대민법은 이를 채권자가 물권과 같이 일방적으로 양도할 가능성을 열어주고 있다. 이 경우에는 일차적으로 채무자의 보호가 문제되는데 단서에서 채권의 성질에 따른 한계를 제시하고 있다. 따라서 원칙적으로 당사자 간의 전속성을 본질로 하는 행위채무는 양도의 대상에서 제외될 것이고 특히 양도를 통해 채무자에게 이행과 관련하여 더 부담을 주게 된다면 이는 성질상의 제한에 해당한다고 해석될 수 있다. 그리고 채무자의 보호조치로 더 중요한 것은 제450조에서 통지를 대항요건으로 함으로써 최소한 채무자에게 양도사실에 대한 인식이 확보되도록 보장하고 있다. 이에 대응하여 제2항에서는 채무자가 선제적 조치로서 채권관계를 발생시키면서 양도금지특약을 통해 양도의 가능성을 차단할 수 있음을 정하고 있다. 제1항에서의 조치만으로는 채무자가 만족하지 못하는 경우가 있을 수 있기 때문이다. 그리고 이러한 금지특약을 맺는 경우에는 거래안전의 보호에 대한 배려가 필요하다. 그래서 제2항 단서에는 금지의 의사표시로서 선의의 제3자 즉 금지특약이 부착된 채권임을 알지 못하고 양수한 양수인을 보호함으로써 마치 동산의 선의취득같이 금지특약으로 처분권이 없는 채권자가 양도를 한 경우에도 양수인을 보호하여 거래안전을 확보하고 있다.

3. 채권양도의 경제적 필요성에 대한 분석

소수의견의 입론의 저변에 흐르고 있는 사고는 채권양도의 경제적 필요성에 관한 요청이다. 위에서 채권의 양도성을 원칙으로 보는 해석도 그 바탕에는 채권의 재산적 가치를 중요시하고 사회경제적 변화에 따라 채권관계에 있어 특히 금전채권의 경우에 당사자의 인적결합관계는 희박해진다는 관점에 기초한 것이다. 소수의견은 채권양도가 전통적으로 채무자가 채권자에게 제3채무자에 대한 채권을 양도하는 채권회수의 수단 정도에서 벗어나 채권양도의 자금조달수단 기능과 가치가 확산되고 있으며 이에 따라 채권의 재산권적 성격과 담보로서의 중요성이 강조되고 있다고 한다. 이러한 경향에 부응하려면 채권자가 재산권인 채권을 처분하여 이른바 투하자본의 조기회수라는 경제적 목적을 달성할 수 있도록 더 자유로운 양도가능성이 보장되어야 한다는 관점을 중요한 근거로 제시하고 있다.

사실 현대의 경제활동에 있어 채권양도의 중요성은 많이 강조되어도 지나치지 않다. 부동산이나 동산과는 달리 인간의 경제활동에 따라 무한대로 발생하는 산물인 채권의 재산권성이 활성화되기 위하여는 그것의 자유로운 양도가 촉진되어야 함은 당연하다. 채권양도는 특히 담보라는 사고와 결합하여 채권양도담보는 오늘날 자본주의 발전의 정도를 재는 바로미터가 되었다고까지 말하여진다. 채권양도를 통하여 채권자는 그 채권의 발생에 투자된 자신의 자본을 조기에 회수하여 다시 재투자를 하게 됨으로써 자본의 회전속도를 빠르게 하고 또 유통되는 자본의 양을 획기적으로 늘어나게 할 수 있다.

우리나라에도 외환위기 이후 기업들의 유동성확보라는 것이 매우 중요한 가치가 되었고 많은 채권을 갖고 있음에도 당장 현금 즉 유동성이 부족하여 회사가 어려움에 빠지는 경우가 종종 있게 되었다. 그리하여 기업들이 가진 자산을 유동화하는 이른바 '자산유동화'라는 개념은 하나의 '금융혁명'으로서 주목받았고 이를 입법적으로 지원하기 위하여 1998년에 '자산유동화에 관한 법률'이 제정되었다. 이 법률의 핵심은 제7조에서 채권양도의 대항요건에 관한 특례를 정하는 것이다. 예컨대 양도통지가 여의치 않을 때 일간신문에 공고함으로써 이를 대신할 수 있게 한 것이다. 또 2012년에는 '동산·채권 등의 담보에 관한 법률'이 시행되었는데 지명채권을 목적으로 등기한 담보권으로서 '채권담보권'을 도입하였으며 채권담보등기의 효력과 관련하여 민법상의 채권양도의 법리를 부분적으로 준용하고 있다(동법 제35조). 이미 민법 자체에서도 지명채권을 목적으로 한 질권설정을 채권양도의 법리에 따라 가능하게 하고 있다(제349조). 판례도 이러한 흐름을 일부 반영하여 이른바 장래채권의 양도에 대하여도 전향적인 판결을 내린 바 있다.9) 이처럼 채권양도를 촉진하고 이에 우호적인 여러 입법과 부분적인 판례의 흐름에도 불구하고 이것이

---

9) 대법원 1997.7.25. 선고 95다21624 판결; 채권자가 매매계약상의 매수인으로서 갖는 장차 매매계약의 해제시 발생할 대금반환채권을 양도하고 그 후 매매계약이 해제된 사안에서 이러한 채권양도는 양도의 대상이 될 수 없는 채권을 목적으로 한 것이어서 무효라는 매도인의 주장에 대하여, "채권의 동일성을 인식할 수 있을 정도여서 특정된 채권으로 보아야 하고, 양도당시 채권액이 특정되지 아니하였더라도 채무의 이행기까지 이를 확정할 수 있는 기준이 설정되어 있다면 유효한 채권양도이다"라고 설시하였다.

지명채권의 양도성에 관하여 본질적인 변경을 가져온 것이라고 볼 수는 없다. 채무자의 사전적인 의사에 반하는 채권양도가 허용되어야 할 것인가의 문제는 단순히 채권양도를 원활하게 할 수 있게 할 것인가의 문제가 아니라 채권의 양도행위의 본질을 묻는 것이기 때문이다.

채권양도의 촉진과 활성화가 경제적 측면에서만 보더라도 항상 긍정적 효과만 있는 것은 아니다. 1990년대와 2000년대에 유동화라는 이름으로 활발하게 이루어진 채권양도는 많은 부작용을 낳기도 하였다. 채권자측에서 채권의 양도를 통해 재산권적 가치를 극대화하고 그 활용성을 높이는 선택을 누리는 반면에, 채권관계속에서 본래의 채권자와 채권관계를 마무리하고자 하는 채무자의 권리는 전적으로 외면되었던 것이다. 주지하는 바와 같이 2008년도의 전세계적인 금융위기는 그 시발점이 이른바 서브프라임 모기지(subprime-mortgage) 사태에서 출발하였는데, 이것은 모기지론의 채권자인 대형금융사들이 유동성을 높이기위해 모기기채권을 다양한 형태로 증권화하여 거래계에 유통시킨 데에 있다. 신용도가 높지않은 사람들에게 대출을 하여 서브프라임 즉 비우량채권을 만들고 채권자측은 채권의 양도 즉 이를 증권화하여 거래계에 유통시켜 투하자본을 회수하고 결국 채무자가 상환에 어려움을 겪게되면 이미 양도된 채권은 투기의 대상이 되어 거래계를 돌아다니다 일종의 폭탄돌리기가 되어 일시에 전 금융이 공황상태에 빠져버린 것이다. 채권이 전전양도되면 본래의 채권자와 채무자 사이에 존재하던 결합이 가지고 있던 무형의 가치는 증발해버린다. 이것은 특히 위의 모기지론처럼 장기간에 걸친 계속적 채권의 경우에 더 두드러지게 나타난다. 일시적인 상환의 어려움에 빠진 모기지채무자는 상환조건을 조정하는 등 협상을 시도할 상대가 누구인지조차도 알기 어려우며 오로지 투하자본의 회수만을 생각하는 신채권자들은 쉽게 이러한 채무자를 상대로 소송을 제기하여 압류결정을 받아내고 수많은 채무자들이 집을 압류당하고 노숙자가 되어버린 사회적으로 매우 불행한 사태가 발생하기도 하였다.

미국에서도 이러한 금융위기를 겪으면서 이러한 사태의 발생배경에 자유로운 채권의 양도가 채권의 효용성을 극대화하고 부가가치를 높인다는 경제적 논리에 치우친 사고가 깔려있다는 것을 인식하게 되었고 이에 대한 반성적 논의가 대두하기도 하였다. 한 예로써 채권의 양도성에 대한 제한이 필요하며 채권의 양도성(assignability)과 동가치를 가지는 채권의 수정가능성(modification)의 원칙이 인정되어야 한다는 주장도 있다. 즉 채무자가 채권이 양도되어 본래의 채권자와의 사이에서 가능했던 채무의 조정 등이 불가능해진다면 법원은 양도를 무효화하고 계약을 본래의 당사자들에게 환원시켜 자율적인 계약의 수정이 이루어지도록 해야한다는 것이다.[10]

요컨대 경제적 측면에서만 고찰하더라도 채권양도의 자유의 보장에는 채무자의 희생이라는 그늘이 따라가는 경우가 많다는 것이다. 특히나 채권의 양도가 증권화와 결합하면 그 폐해는 더 심각해질 수 있다. 본래의 채권자와의 사이에서 채권관계를 수정하고 종료시킬 기회를 잃어버리고 새로이 조우하는 채권자와의 사이에서 또는 채권자가 누구인지조차도 명확하지 않은 채 냉혹한 자본의 논리에 희생되는 채무자에 대한 배려가 필요하다. 특히나 민사적 성격이 강한 채권 또는 채권자만이 상인인 일방적 상행위의 경우에는 투하자본의 회수라는 채권자의 이익과 편리보다는 채권양도로 불이익을 당하지 않도록 채무자를 보호해주는 관점이 더 우선적이어야 한다. 이윤추구와 거래활성화와 같은 상사법적인 가치가 성실한 채무자의 권리보호라는 민사법적 가치에 우월할 근거는 없지 않는가?

4. 당사자 사이의 이익형량

채권양도의 3당사자의 이익을 비교형량해보자. 소수의견은 채권자와 양수인의 이익을 편향되게 강조한다. 다수의견에 따를 경우 채권자는 채권양도를 통한 자금조달수단을 상실하고 자산으로서의 채권의 활용범위가 축소되는 불이익을 입는다고 한다. 양수인도 채권 자체를 취득하지 못할 위험에 노출되고, 금지특약의 존재를 인식하기 쉽지 않아 일일이 계약내용을 확인해야 한다면 불필요한 거래비용을 증가시키게 된다고 염려한다. 반면에 채무자는 특약을 위반한 채권자에게 그 위반에 따른 책임을 물을 수 있고, 채권자가 변경되

---

10) G. Cohen, The Financial Crisis and the Forgotten Law of Contracts, Tulane Law Review 87 TLR 1. at 25-30 Nov. 2012

더라도 원래 이행되어야 할 채무를 이행하는 것이어서 그 불이익이 크지 않다고 한다.

이러한 소수의견의 이익형량이 과연 각 당사자들의 입장을 제대로 반영하였는가는 매우 의문이다. 채권자가 채권이라는 자산을 적극 활용하고 자금을 조달하는 것에 지장이 있어서는 안된다는 관점은 민법보다는 상법 내지 기업법적인 관점에서 보는 인상을 준다. 채권이라는 권리의 귀속자로서 채권자가 본래 누려야 하는 것은 이행기에 이르러 채무자의 이행을 통하여 만족을 얻는 것이다. 이것을 이행기 전에 처분을 통하여 예정보다 조기에 만족을 얻는 것은 법이 편의를 보아주는 것이지, 원래부터 마땅히 채권자에게 돌아가야 하는 것이 아니다. 양수인의 이익형량은 더욱 근거가 취약하다. 특약에 반한 채권양도가 있더라도 양수인이 거래비용 증가 등 불편함이 없이 또 위험성이 없이 안전하게 채권을 양수받는 것이 중요하다고 강조한다. 그러나 채권의 양도성과 그 제한이라는 관점에서 보면 이익형량의 당사자는 채권자와 채무자이고 양수인은 독자적인 당사자가 아니고 단지 그 결과의 적용을 받는 위치에 있다고 생각된다. 즉 특약에 반한 채권양도의 유무효론에서 서로 대립하는 이익은 채권자와 채무자 간의 충돌이고 양수인은 직접적인 발언의 당사자가 될 수 없다. 양수인이 양도거래에 있어 목적물인 채권이 양도에 문제가 없다고 믿었다는 것만으로 양수인이 보호를 주장할 근거가 없다. 물권과 달리 공시방법도 없는 채권을 신뢰하고 거래했다고 하여 마치 공신의 원칙이 인정되는 것과 같은 보호를 줄 수는 없다.

반면에 채무자의 입장에 대한 고려는 매우 소홀하게 언급되고 있다. 먼저 채무자는 특약을 위반한 채권자에게 그 위반에 따른 채무불이행책임을 묻는 것으로 충분하다는 것이다. 그러나 이것은 어디까지나 사후적이고 보조적이며 또 채권자의 자력에 좌우되는 불안정한 구제방법이다. 금지특약을 통해 채무자는 새로운 채권자와의 관계설정을 원천적으로 막고자 한 것인데 특약을 위반한 채권자에게 책임을 묻는 것으로 족하다는 것은 곧 금지특약을 의미없게 만드는 것이다. 부동산 소유권의 이중양도에서 판례가 매도인이 제1매수인에 대한 이전약속을 위반하고 처분한 경우에 일정한 조건하에서 채무불이행책임에 그치지 아니하고 그 양도를 무효화하는 것과 대비해보면 채무자의 보호의 필요성은 더욱 드러난다. 더욱 납득할 수 없는 것은 채무자는 어차피 이행하여야 할 채무를 이행하는 것이니 그다지 불리할 것이 없다는 설명이다. 채무자에게는 그 급부의 내용은 물론 누구에게 이행하는가는 매우 중요한 관심사이다. 비록 금전채무라 하더라도 채권자가 변경되는 것은 많은 경우 채무의 이행에 큰 영향을 미치는 요소가 아닐 수 없다. 단순히 새로운 채권관계에 노출되고 전혀 알지 못했던 자를 채권자로 받아들여야 하는 점도 심리적으로 채무자에게 부담을 주는 요소이다. 또 채권이 양도되는 것은 많은 경우 복잡한 법률관계를 동반할 수 있어 채무자로서는 최악의 경우 이중변제의 위험에 빠질 수도 있다. 또 새로운 채권자의 등장은 종래의 채권관계에서 축적되었던 당사자 사이의 관계성을 무화시킴으로써 예컨대 새로운 채권자는 쉽게 채무자를 상대로 소송을 제기할 수도 있다. 영미법에서도 초기에 채권양도에 소극적이었던 것은 양도의 허용이 이른바 '소송방조'(maintenance)를 촉진시킬 것을 우려했기 때문이라고 한다. 위에서 언급한 바와 같이 글로벌 금융위기 사태에서 장기채권인 모기지론의 채권자인 주택은행들이 이를 투자회사 등에 무분별하게 양도하면서 일시적 어려움에 빠진 모기지론 채무자들이 채무조정의 기회조차 얻지 못하고 소송에 연루되고 이어진 압류결정에 주택을 빼앗기고 결과적으로 이는 채권자측에도 큰 손해를 가져왔던 상황은 시사하는 바가 크다. 오히려 독일민법처럼 양도금지의 합의의 유효성을 인정하는 가운데 채무자의 보호가치있는 이익이 없거나 채권자의 이익이 우선적으로 고려되어야 할 때 금지합의의 이익형량적인 해석이나 권리남용금지의 원칙 등으로 그 효력을 부정하는 보수적인 태도가 적어도 민사적 성격이 강한 거래에서는 권장되어야 한다. 독일에서도 상법전에서 양도금지합의에 반하는 양도는 유효하되 채무자는 여전히 양도인을 채권자로 여기고 급부할 수 있으며 이러한 양도금지의 완화는 금전채권이자 쌍방적 상행위의 경우에만 적용되는 것을 정하고 있는데(HGB 제354a조), 참고할 만하다.[11]

---

[11] 이를 참조하여 금전채권에 한하여 양도금지특약이 양수인에 대하여 효력이 없는 것으로 하는 내용을 상법총칙에 특칙으로 규정하자는 개정안이 제시되기도 한다. 전우정, 채권양도금지 특약에 대한 비교법적 연구 및 법경제학적 분석, 비교사법

V. 채권양도금지특약의 해석론의 방향

1. 채무자의 보호관점에 대한 고려

소박한 질문을 던져본다면 채권관계에서 채권자와 채무자 중 주인공은 누구일까? 권리중심의 현대의 법률관계에서 당연히 채권자의 권리행사의 보장이 중심에 온다고 생각할 수 있지만 채권관계에서는 다른 관점도 필요하다. 채권관계의 목적의 달성은 채무자의 성실한 이행으로 비로서 이루어진다. 대출받은 채무자가 경제사정이 힘들어도 원리금을 제때에 갚아야 금융시장이 제대로 돌아가고, 임차인이 코로나사태로 장사가 안되어도 차임을 제때에 지급해야 임대차시장도 돌아간다. 채무자의 관점에서는 본래 채권관계의 발생시 부담하기로 했던 그 이상의 어떠한 부담도 지려고 하지 않을 것이다. 거기에는 급부의 내용은 당연한 것이고 이를 둘러싼 그 밖의 사정도 고려될 수 있는데, 그 중의 하나는 자신의 의사와 상관없이 새로운 채권자와 관계성을 맺어가야 한다는 점이다. 비록 노무제공이나 임대차같은 계속적 관계가 아니고 금전채권이라 하더라도 채권자가 누구인가 하는 것은 채무자에게 매우 중요한 고려사항이다.

금지특약에 반한 채권양도의 효력을 놓고 채무자와 양수인 간에 이루어지는 많은 소송에서 그 실체를 보면 법원이 채무자에게 채권양도를 사전에 금지할 필요성이 있었는가를 주요한 판단근거로서 고려하는 경우가 적지 않다. 공사도급계약에서 공사대금채권의 양도에 관하여는 양도금지특약이 부착되는 경우가 흔한데, 채무자인 도급인으로서는 채무의 내용에 따른 공사이행의 반대급부로서 이행하는 대금채무가 수급인이 아닌 제3자와의 사이에서 결제되어야 한다는 것에 상당한 저항감을 가질 것이다. 채권양도시 채무자의 양수인에 대한 항변권을 보장한 규정(제451조 제2항)만으로 충분한 보장을 받았다고 보기 힘들다. 전세형 임대차계약에서 고액의 전세보증금 반환채권에 대해 양도금지가 약정되곤 하는데, 임대차계약이 존속하고 있는데 임대차계약의 핵심적 요소인 보증금반환채권만을 분리하여 임차인이 양도할 수 있다고 하는 것은 임대인으로서 수긍하기 어려울 수 있다. 은행거래에 있어 예금계약의 채권자가 그 채권을 은행의 허락없이 양도할 수 없다는 것은 자명한 것이며 대부분의 은행약관에 이것이 반영되어 있음을 법원도 인정하고 있다.[12]

요컨대 급부의 내용 자체는 금전채권이라고 하더라도 그 채권은 다른 법률관계와 얽혀있는 경우가 적지 않으며 채무자로서는 본래의 채권자의 관계에서 간명하게 처리할 것에 대한 분명한 보호이익이 인정되는 경우가 많다. 단순히 새로운 채권자와 접해야 하는 불편함만을 가지고 정당한 보호이익을 말할 수는 없다 하여도, 기본적으로 채무자는 본래의 채권자와의 관계에서 그 채권관계를 종료하는 것에 대하여 쉽게 부인되어서는 안 될 이익을 가지고 있다는 점을 무겁게 받아들여야 할 것이다.[13]

2. 양수인의 선의와 중과실이라는 기준의 적절성

양도금지특약의 실제적 운용에서 주요한 쟁점은 바로 단서조항과의 관계성이다. 다수의견에 따라 양도가 비록 무효라고 하더라도 양수인이 선의라면 채무자는 특약을 가지고 양수인에게 대항하지 못한다. 그리고 양수인의 선의는 추정되므로 채무자가 양수인의 악의를 입증해야 한다. 문제는 금지특약의 한계를 어떻게 설정할 것인가의 문제에서 민법규정은 그것을 당사자의 관계 즉 채권자의 처분에 관한 이익과 채무자의 보호라는 대립이익 사이에서 판단하지 않고 제3자인 양수인의 인식여부를 기준으로 판단한다는 것이다. 이는 마치 동산의 선의취득에서 무권리자인 동산의 점유자의 처분시 양수인은 그 점유자가 처분권한이 있는 것으로 믿고 거래할 수 있어야 한다는 사고와 유사하다. 그런데 채권의 양도에도 이러한 사고가 기초가 될 수 있는 것인가? 채권의 양수인은 양도인이 항시 자신의 채권을 양도할 권한이 있다고 믿고 양수

---

12) 대법원 2003.12.12. 선고 2003다44370 판결
13) 채권적 효력설을 지지하면서도 "자신이 잘 아는 채권자와 교섭하고 그에게 변제하여야 할 사실상의 이익이 있고 기존 거래관계에 기초한 여러 항변 등으로 자신의 지위를 방어할 법률상의 이해관계를 가지고 있는 채무자의 이익을 무시해서는 안된다"라고 강조하는 견해는 주목할만 하다. 전원열, 채권양도금지 특약의 효력, 민사법학 75호(2016.6.) 194면

할 수 있어야 하는 것인가? 채권이 기본적으로 그 내용을 채워야 할 채무자가 있는 청구권이라는 것을 생각하면 반대로 양수인은 채무자에게 그 내용을 확인해야 하는 것이 자연스럽고 원칙적인 것이다. 더구나 양수인이 악의임을 채무자가 입증하여야 한다는 것은 더욱 납득하기 어려운 일이다. 채권양도라는 것은 동산양도에 있어 점유라는 외관도 없고 그에 기한 적법성의 추정도 없다. 단지 누구에게 대해 채권을 갖고 있다는 증명서면밖에 없는데 그러한 사인간의 서면을 믿고 양수한 자가 선의로 추정받고 증명에 있어 채무자에 대해서 우월한 지위에 놓인다는 것은 타당하지 않다. 물론 판례가 악의의 입증을 조금 낮추어 중과실의 입증으로 족하다고 하여도 그 근본적인 모순관계가 해소되지 않는다. 오히려 동산선의취득에서는 통상의 과실만 입증해도 양수인의 취득을 막을 수 있는데 오히려 관념적인 채권의 양도에서는 최소한 중과실 정도는 입증해야하는 것도 균형이 맞지 않는다.

사실 '선의의 제3자에게 대항하지 못한다'라는 단서는 민법의 여러 곳에서 발견되는 법리인데, 이러한 법리는 제3자의 신뢰가 보호받아야 할 외관같은 것이 존재하고 그러한 신뢰앞에서 당사자 간의 진정한 의사는 후퇴한다는 법리로서 거래안전을 달성하기 위한 것이다. 그러나 금지특약에 관한 제3자의 선의라는 것은 이의 근거가 될 어떠한 보호가치있는 외관과 신뢰를 찾기 어렵다. 당사자 간의 부수적 합의에 불과한 금지특약은 부동산거래시의 등기와 같은 공시방법이 있는 것도 아니고 동산거래시 권리의 적법보유성과 같은 어떠한 법적 추정을 받는 것도 아니다. 따라서 금지특약의 존재와 양수자의 선의라는 양자의 결합은 금지특약의 한계에 관한 어떤 의미있는 규범적인 또 예방적인 판단기준을 제시하지 못하고 있다. 판례가 중과실 여부의 판단요소로서 예시하는 것도 특약의 존재양상, 특약이 사용되는 거래관행, 특약이 포함된 채권증서의 제시나 수수여부, 특약의 인식과 관련된 양수인의 지식이나 경험 등 다양해서 법원에 가서 판단을 받아보지 않는 한 그 결과를 예측한다는 것은 거의 불가능하다. 그리하여 양수인의 양수를 저지하기 위해 채무자는 어떠한 조치를 미리 취할 수 있는지 판단하기 어렵다. 예컨대 대상판결에서와 같이 채권계약서에 양도금지조항을 인쇄해 넣었으면 충분한지, 아니면 그 조항을 계약서 첫머리에 큰 글자로 돋보이게 해야 하는지 등등 혼란만 가중시킬 뿐이다.

요컨대 양도금지특약의 효력의 한계는 채권자와 채무자 사이의 이익형량에 의해서 정해지는 것으로 충분하며 이를 양수인의 인식과 행태에 연동시키는 것은 아무런 법적 안정성을 가져오지 못하며 의도한 거래안전의 보호도 가져올 수 없다.14) 오히려 채권양도에 있어 양수인의 책임에 대하여 앞서 소개한 판결의 요지를 다시 한 번 인용하고 싶다. "채권의 내용이나 양수인의 권리확보에 위험을 초래할 만한 사정을 조사·확인할 책임은 원칙적으로 양수인 자신에게 있다"15) 금지특약의 존재로 인해 양수가 저지될 수 있는 위험도 역시 채권거래에 있어 핵심적인 위험요소이며 이것을 양수인이 충분히 조사하고 확인하여야 하며 특약이 존재하는 경우에는 양수인은 이 문제를 채권자가 해결하도록 요청하거나 채무자에게 특약의 의사를 철회하도록 하여야 함이 올바른 방향일 것이다.

VI. 글을 맺으며

민법 제449조 제1항 본문에서 '채권은 양도할 수 있다"라고 선언한다. 오랫동안 채권관계라는 쇠사슬에 얽매여있던 채권의 해방선언과 같은 느낌을 준다. 그러나 이것이 소수의견의 표현에서 나오는 것과 같이 채권양도의 자유를 선언한 것이라고 볼 수는 없다. 근대 자본주의의 발전과정에서 채권이 가진 자산가치에 주목하고 그 효용가치를 높이기 위해 양도의 가능성을 제시한 것이라고 볼 것이다. 즉 여러 조건하에서 채권의 양도가 가능할 수 있음을 말한 것이며 그 구체적 범위나 방식은 열려져 있는 것이다. 채권양도에 관한 민법의 여러 규정은 이러한 채권양도의 문을 여는데 필요한 여러 조건과 한계를 정한 내용들이 얽혀있어 여전히 많은 문제가 논쟁적인 해석론의 대상이 되고 있다.

---

14) 김동훈, 채권양도금지특약에 관한 민법규정의 운용방향, 국민대 법학논총 제29권 제1호(2016.6.) 60면
15) 대법원 2015.12.24. 선고 2014다49241 판결

채권의 양도를 허용하는 것은 채권자에게 투하자본을 조기회수하고 채권의 자산으로서 활용가능성을 높일 수 있는 기회를 제공하고 이것이 자본주의의 발전과 성숙에 획기적 기여를 하는 것인데, 그 반대로 채권자가 이러한 기회를 누림에 따른 채무자의 보호라는 문제가 제기되는 것은 필연적이다. 채무자의 보호의 일차적인 수단은 채권자에게 양도의 권한을 주되 양도사실을 채무자에게 통지하도록 하고 이것을 채무자에 대한 대항요건으로 한 것이다. 이로써 채무자는 양도사실을 알지 못한 채 양수인의 청구에 직면하는 당혹함은 피할 수 있을 것이다. 그러나 통지라는 대항요건은 양도와 양수인에 관한 채무자의 인식가능성을 확보해 줄 뿐, 채무자가 원치 않는 양도가 행해지는 것을 막을 수는 없다. 또 통지시까지 채권자에게 대항할 수 있는 사유로 양수인에게 대항할 수 있게 한 것도 채무자의 보호의 중요한 측면이기는 하나 역시 채권양도를 인정하는 전제에서 소극적인 보호수단에 머무른다.

그리하여 민법은 이에서 더 나아가 채무자가 적극적으로 그리고 사전적으로 채권자와의 합의를 통하여 양도를 원천적으로 막을 수 있도록 하였다. 이 금지특약을 잘 활용한다면 양도를 원치 않는 채무자의 보호는 보장될 것이나 다시 반대로 소수의견이 염려하는 대로 채권의 양도성을 형해화할 우려가 있다는 반론이 나올 수 있다. 이러한 딜레마를 해결하기 위해 민법은 양수인의 선의라는 기준을 결부시켰다. 그러나 이러한 기준은 오히려 많은 부작용을 만들어내고 있다. 막연히 거래관행이나 거래행태 등을 고려하여 개개의 경우에 자의적인 판단이 이루어질 뿐이다.

다시 본 판결로 돌와와서 다수의견과 소수의견의 대립을 평가한다면, 소수의견은 '채권은 양도할 수 있다'를 채권의 양도의 자유를 선언한 것으로 해석한다. 일부 학설이 현행 규정의 양수인의 선의요건도 없애야 한다는 것은 이러한 방향으로 진일보한 것으로 논리적 일관성이라는 점에서는 나은 점도 있다.[16] 다수의견은 이러한 방향에 제동을 거는 것으로서 양도금지특약이 채무자가 사전적으로 채권자의 일방적인 양도에 대응하는 방어수단이고 이것은

---

16) 윤철홍, 채권양도의 금지특약에 관한 소고, 법조(2010.12.) 39면; 최수정, 지명채권의 양도금지특약의 재고, 민사법학 38호(2007.9.) 155면 등

존중되어야 한다는 사고를 담은 것이고 민사거래에 있어 마땅히 취해야 할 방향이라고 생각한다.

　입법론적으로 덧붙인다면 위에서 논한 바와 같이 금지특약의 효력과 양수인의 선의는 서로 결부되어야 할 고리가 없는 것으로서 부적절하다. 양수인의 행태는 독자적인 판단요소가 될 수 없으며 채권자와 채무자 사이에서 요건이 종결되어야 한다. 일응 그 기준을 제시해본다면 금지특약에 의한 양도금지를 원칙으로 하되, 채권자에게 '정당한 이익'이 있는 경우에는 특약에도 불구하고 양도가 유효한 것으로 해석될 수 있는 길을 열어주는 것이다. 제449조 제2항 단서 조항을 "그러나 채권자에게 정당한 이익이 있는 경우에는 그러하지 아니하다"라고 변경하는 것은 어떠한가.

【참고문헌】

[국내문헌]

권영준, 분야별 판례해설 민법(하), 법률신문 2020.2.13.

김동훈, 채권양도금지특약에 반한 채권양도의 효력, 법률신문 2020.4.6.

김동훈, 채권양도금지특약에 관한 민법규정의 운용방향, 국민대 법학논총 제29권 제1호(2016.6.)

김윤종, 양도금지특약을 위반한 채권양도의 효력, 사법(2020.9.)

윤철홍, 채권양도의 금지특약에 관한 소고, 법조(2010.12.)

이동진, 양도금지특약에 반하는 채권양도, 회생절차와 민법 제434조, 법조 (2020.10.)

전우정, 채권양도금지 특약에 대한 비교법적 연구 및 법경제학적 분석, 비교사법 제26권 제2호(2019.5.)

전원열, 채권양도금지 특약의 효력, 민사법학 75호(2016.6.)

최수정, 지명채권의 양도금지특약의 재고, 민사법학 38호(2007.9.)

[외국문헌]

G. Cohen, The Financial Crisis and the Forgotten Law of Contracts, Tulane Law Review 87 TLR 1. at 25-30 Nov. 2012

[Abstract]

The Effect of Anti-assignment Clause and Protection of Debtor
A Study of the Supreme Court Case on Dec. 19. 2019 -

The effect of anti-assignment clause is a theoretically complicated and practically important issue in assignment. On December 2019 our supreme court comprising all of the justices declared very consice and profound legal theory on this point.

The opinion of the minority interprets the clause "a contractual claim is assignable"(Art. 449①) as declaring a freedom of assignment. Some theories go further this way by consisting that the requirment of ignorance of assignee about no-assignment clause be abolished. But the opinion of the majority puts on the brake. That means that the court accepts the no-assignment clause as a defending tool against the one-sided right of assignment of obligor and as being respected. This article agrees with this posture of majority.

Also I demonstrated the effect of no-assignment clause and the ignorance of asignee have no relevance. The attitude of assignee cannot be a independent creterion of appraisal and the effect of clause is asked to be judged just between obligor and obligee. I declared that the no-assignment clause should respected in principle and the assignment can be effective despite of the clause only when the obligee has 'just cause' for assignment. That suggests an another legislative solution.

[이 글은 바로 전의 글인 <채권양도금지특약에 관한 민법 규정의 운용방향>에서 제시된 문제의식을 바탕으로 하여 마침 동 주제에 관하여 선고된 2019년의 대법원 전원합의체 판결에 대한 평석으로서 국민대 법학논총 제34권 제1호(2021.6.)에 게재되었다. 또한 이 글은 큰 수정없이 2021.10. 간행된 송덕수 교수님의 정년기념논문집 <민법 이론의 새로운 시각>에 전재되었다.]

약관규제법 시행 이후의 대표적 판결과 그 의의

I. 들어가는 말
II. 약관규제와 사적 자치의 관계
III. 개별교섭후 수정되지 않은 약관조항의 효력
IV. 약관의 내용통제와 수정해석
V. 과중한 위약금의 통제

I. 들어가는 말

이 글에서는 약관규제법 시행 30주년을 맞아 그 간 동 법이 적용된 대법원 판결 중에서 의미있는 몇 개를 골라 그 의의를 검토해 보았다. 그 간 약관규제법이 적용된 대법원 판결만도 수백 개에 이르는 바[1], 이는 약관법의 내용을 풍성하게 하고 법 제정 시에는 생각지 못했던 새로운 법리와 해석론을 제시하기도 한다. 이 글에서는 먼저 약관규제와 사적자치의 관계에 대해 설시한 판결을 약관법의 기초를 생각해보는 의미에서 선정하였다. 이어서 약관의 편입과 해석부분에 있어서는 선례적 의미가 큰 약관과 개별약정의 관계를 다룬 판결을, 내용통제에 관해서는 '수정해석'이라는 용어와 한정적 유효의 법리를 설시하여 선례적 의미가 높은 전원합의체 판결을 골랐다. 개별적 내용통제에 관해서는 빈도가 높고 이론적으로도 흥미가 있는 위약금 약정의 통제와 관련된 두 개의 판결을 골랐다. 필자가 임의로 선택한 것이기는 하지만, 지난 30년간 약관규제법을 적용하며 실무에서 의미있는 기준과 법리를 정립해나가기 위한 법원의 분투를 볼 수 있고 앞으로 나아갈 판례의 방향에 대한 시사를 얻

---

1) 약관규제법 발효 이후 2017.4.까지 동 법이 적용된 판결 중 대법원 종합법률정보를 통하여 검색가능한 판결은 약 340여개에 이른다.

II. 약관규제와 사적 자치의 관계

대법원 2005.2.18. 선고 2003두3734 판결
[사실관계] 원고는 임대분양사업자로서 1999-2001년 밀리오레 부산점, 대구점, 수원점 등을 차례로 임대 분양하면서 동일한 내용의 계약서(약관)를 사용하였다. 공정거래위원회는 2002.6. 이 약관 중 다음 조항(제9조 제2항)에 대하여 불공정한 약관조항에 해당한다는 이유로, (1) 향후 이러한 불공정한 약관조항을 사용하여서는 아니되고, (2) 원고는 위 조항을 시정명령을 받은 날로부터 60일 이내에 삭제 또는 수정하고, 위와 같은 사실을 위 계약서를 사용하여 계약체결 중에 있는 고객들에게 서면으로 통지하여야 한다는 내용의 시정조치를 하였다.
제9조 제2항 : (갑의 면책) 갑은 준공예정일에 을이 입점할 수 있도록 최선을 다하여야 하며 천재지변 또는 이에 상응하는 부득이한 사유로 인하여 지정한 날짜에 개점이 어려울 경우 갑은 을에게 사전 통보하고 이때 을은 이로 인한 이의를 제기하지 않는다.
공정위는 민법 제537조의 채무자위험부담주의의 규정에 비추어 볼 때 임대인의 책임없는 사유로 개점시기가 지연되었다면 그 위험은 임대인이 부담하여야 할 것이라고 하나, 원고는 제537조는 임의규정이므로 당사자들이 이와 달리 약정할 수 있는 사적 자치의 자유를 계약당사자가 다수라는 이유로 완전히 배제하는 것으로 부당하다고 다툰다. 공정위는 비록 당사자간의 개별약정으로 달리 정할 수 있더라도 특약이나 개별약정이 아닌 약관의 형태로서 법률의 규정보다 고객에게 더 불리하게 입주지연에 대한 면책을 규정하는 위 약관조항은 상당한 이유없이 사업자의 손해배상범위를 제한하거나 사업자가 부담하여야 할 위험을 고객에게 이전시키는 조항으로서 약관법 제7조 제2호에 해당한다고 한다.

[대법원의 판단] 약관은 사업자가 다수의 고객과 계약을 체결하기 위하여 일방적으로 작성한 것으로서 고객이 그 구체적인 조항내용을 검토하거나 확인할 충분한 기회를 가지지 못한 채 계약의 내용으로 되는 것이므로, 그 약관의 내용이 사적자치의 영역에 속하는 채무자위험부담주의에 관한 민법 제537조의 규정에 관한 것이라고 하더라도, 사업자가 상당한 이유 없이 자신이 부담하여야 할 위험을 고객에게 이전하는 내용의 약관조항은 고객의 정당한 이익과 합리적인 기대에 반할 뿐 아니라 사적자치의 한계를 벗어나는 것이라고 할 것이고, 따라서 이러한 사적자치의 한계를 벗어나는 약관조항을 무효로 한다고 하여 사적자치의 원칙에 반한다고 할 수는 없다.

1. 판례와 학설의 검토

사적자치 즉 당사자의 합의에 의하여 계약의 일부가 되는 약관의 내용에 대하여 국가가 이를 통제하는 경우 그 정당성이 어디에 있는가 하는 논의는 계약법 전체의 기초와 관련되는 문제이다. 대상판결은 약관의 내용통제와 사적자치의 관계라는 근본적인 문제에 대하여 설시하고 있다. 요지는 약관의 조항들을 무효로 선언하는 내용통제는 사적자치의 원칙에 반하는 것이 아니라 실질적인 사적자치의 원칙을 실현한다는 것이다.

판례는 그 근거로서 약관의 본질적 특성 중 일방적으로 작성되어 고객이 실제 거래에 있어 그 구체적인 내용을 검토함이 없이 계약의 내용으로 편입되는 것을 언급하고 있다. 즉 형식적으로는 약관을 계약내용으로 편입한다는데 대해 고객의 동의를 얻고 있지만, 실제에 있어서 당사자 간의 계약내용에 대한 합의까지 있다고 볼 수는 없는 것이므로 이 점에서 민법상의 사적자치는 그 한계를 드러내고, 실질적인 사적자치를 실현하기 위한 법원의 간섭이 정당화된다는 것이다. 그리고 이러한 내용통제의 가장 중요한 기준으로 민법상의 임의규정을 제시하고 있다. 양당사자의 이익을 합리적으로 고려한 하나의 모범제시기능을 하고 있는 민법상의 임의규정에 대해 상당한 이유 없이 이를 이탈하면서 고객의 정당한 이익을 해하는 경우에 이러한 사업자의 행위는 바로 사적자치의 원칙의 한계를 넘는 것이라고 한다. 위 판결에서도 민법상 임의규

정인 채무자위험부담주의를 정하는 제537조와 배치되는 내용을 담은 약관의 무효를 선언하고 있다.[2)]

학설은 약관에 대한 사법적 통제에 의한 개입의 정당성을 다음과 같이 설명하고 있다. 경제적 약자인 계약상대방이 사전에 마련된 계약조건을 그대로 받아들이지 않고는 계약을 체결할 수 없다는 현실에서 약관의 작성자가 상대방과의 사이에 이해관계의 조절을 꾀함이 없이 자신의 법적 지위를 일방적으로 강화하거나 강요하는 것은 상대방에게 계약체결의 자유가 주어져 있다 하더라도 계약내용의 형평이 확보되어 있지 않는 한 이를 정당하다고 할 수 없다는 것이다. 약관의 작성자가 자기 자신의 경제적·지적 우월성을 이용하여 그의 일방적 이익만을 추가하는 경우에는 계약의 공정성 기회는 처음부터 배제된다는 점을 지적하고 있다.[3)] 또 약관에 의한 계약체결은 경제적 열등성에 의한 자기결정의 침해의 전형적인 사례이므로 당사자간의 정당한 이익조정을 실현하기 위하여 불공정한 약관에 대한 내용통제가 요청된다고 한다.[4)]

2. 비판적 고찰

생각건대 약관에 의한 계약체결에서 경제적 열등성을 강조하여 약관의 내용통제의 근거를 근로계약이나 임대차계약 등의 통제와 동렬에 놓고 설명하는 것에는 의문이 있다. 위 판례가 적절히 지적하듯이 약관에 의한 계약체결은 그 실제적 내용보다도 체결의 과정에 있어 사업자의 일방적 작성으로 인해

---

2) 사안에서 공정위가 채무자위험부담주의를 정한 임의규정(제537조)을 근거로 제시하고 판결이 이를 수용한 점은 이론적으로 수긍하기 어렵다. 갑의 이행불능 즉 개점불능과 이에 대한 을의 반대급부인 차임지급의 논점이 문제되는 것이 아니기 때문이다. 다만 민법상의 엄밀한 위험부담이 아니라 약관법 제7조 2호의 '상당한 이유없이 사업자가 부담하여야 할 위험을 고객에게 떠넘기는' 위험의 전가에 해당하는 사안으로는 볼 수 있을 것이다. 즉 갑의 책임없는 사유로 개점이 지연된다면 이는 임대차계약상 상태유지의무를 다하지 못한 것이고 예컨대 을이 손해배상외에 계약해제권 등을 행사할 가능성이 있는 것인데 이를 원천적으로 봉쇄하고 을에게 어떠한 이의를 제기하지 못하도록 한 것은 임대인이 부담할 위험을 임차인에게 전가하였다고 볼 수 있을 것이다.
3) 김형배, 계약각론[계약법](2001) 52면
4) 권오승, 보통거래약관의 유효성, 민법특강(1994) 489면

고객은 그 내용에 대해 인지하고 검토할 충분한 기회를 갖지 못한다는 정보의 비대칭성에 있다. 물론 그 내용을 사전에 충분히 알았더라도 그것의 수정을 요구할 교섭력이 없거나 그러한 조항들로 인해 계약체결을 거부하기 보다는 체결하는 것이 더 이익이 된다는 고려를 하게되는 경우도 많을 것이다. 그러나 이것은 약관에 의한 계약체결에만 특유한 것이라기보다 계약일반의 문제이다. 교섭력의 불균형에 따른 계약조건의 불공정성은 시장에서의 자연스런 모습이라는 점을 외면하여서는 안된다.

결국 약관에 의한 계약체결의 특성은 형식적인 계약서의 서명뒤에 숨겨진 고객의 실질적인 인지가능성의 현저한 결여에 있다. 따라서 약관규제법은 일차적으로 고객의 실질적인 인지가능성을 확보한다는 점에서 명시의무와 중요부분의 설명의무를 약관의 편입요건으로 제시하고 있는 것이다. 그리고 일단 명시와 설명을 거쳐 형식적으로는 고객에게 인지의 기회가 주어졌다고 하더라도 계약체결에 즈음하여 제시되는 많은 분량의 계약조항들에 대해 실질적으로 인지하는 것은 어려운 일이므로 고객이 계약체결에 즈음하여 통상적으로 가지는 합리적인 기대의 수준을 확보해주고자 하는 것이며 이 때 가장 중요한 기준이 민법의 임의법규가 되는 것이다.

근본적으로 약관에 의한 계약과 개별교섭에 의한 계약은 대립적·분절적으로 고찰될 것이 아니라 하나의 연속된 스펙트럼으로서 파악하여야 한다. 지극히 형식적으로 약관이 따라가는 계약에서부터 세밀히 개별적으로 교섭되는 계약의 사이에는 교섭의 정도나 고객의 인지가능성에 있어 다양한 층위가 있을 것이다. 따라서 약관규제법에 의한 내용통제는 여러 제약으로 구체적인 내용을 다 알지 못하고 계약체결에 임하게 되는 고객측이 계약을 체결하게 되는 전반적인 상황하에서 합리적으로 기대할 수 있는 수준을 사후적으로 법원이 어떻게 확보해주는 가가 문제된다. 즉 고객의 인지가능성과 고객의 합리적인 기대치는 상호작용적으로 법원의 간섭의 심도를 결정하는 기준이 될 것이다. 고객이 충분히 그 내용을 숙지하고 교섭의 대상이나 계약체결의 여부를 결정하는데 고려할 수 있는 사정이 인정될수록 법원의 내용통제는 자제되어야 할 것이다. 그런 점에서 약관에 의한 계약에서 사적자치의 원칙과 내용통제는 상

III. 개별교섭후 수정되지 않은 약관조항의 효력

대법원 2008.7.10. 선고 2008다1650 판결

[사실관계]

원고는 그 소유의 X 건물을 임대하기로 하는 내용의 임대차계약을 체결하면서, 임차인이 어떠한 사정으로 자기 소유물 또는 재산을 반출하지 못하였거나 임대차목적물을 원상으로 복구하지 못하였을 때에는 임대차계약이 종료한 날로부터 기산하여 명도 또는 복구된 날까지의 통상 임대료 및 관리비, 보증금 이자(월 1% 계산)의 2배를 확정배상액으로서 임대인에게 지급하기로 약정(이하 '손해배상금 조항')하였다. 손해배상금 조항에 대하여 불만을 가진 피고는 임대차계약서에 동 조항을 배제한다는 취지의 문구(이하 '특약조항')가 기재된 서면을 첨부하여 원고에게 교부하였으나, 이를 알게 된 원고는 즉시 피고를 찾아가 특약조항이 첨부된 서면을 찢어버리고 새로이 날인하였으며 피고는 이에 대하여 항의하지는 아니하였다. 그 후 임대차계약이 종료되고 원고는 피고에게 X 건물의 인도를 요청하였으나 피고는 한달 여가 지나서야 원고에게 건물을 인도하였고, 이에 원고는 피고에게 임대차보증금에서 손해배상금 조항에 따라 계산한 확정배상액 1,600만원을 공제한 나머지 금액만을 지급하였다. 이에 피고는, 손해배상금 조항은 피고에게 부당하게 불리한 조항임과 동시에 부당하게 과중한 지연손해금 등의 손해배상의무를 부담시키는 조항으로서 약관규제법 제6조 제2항 제1호, 제8조에 따라 무효라고 주장한다. 이에 대해 원고는 손해배상금 조항이 개별적인 교섭과정을 거친 것으로서 약관이 되지 않는다고 항변한다.

[대법원의 판단]

가. 계약의 일방 당사자가 다수의 상대방과 계약을 체결하기 위해서 일정한 형식에 의하여 미리 계약서를 마련하여 두었다가 어느 한 상대방에게 이를 제시하여 계약을 체결하는 경우에도 그 상대방과 사이에 특정 조항에 관하여 개

별적인 교섭(또는 흥정)을 거침으로써 상대방이 자신의 이익을 조정할 기회를 가졌다면, 그 특정 조항은 약관규제법의 규율대상이 아닌 개별약정이 된다고 보아야 할 것이고, 이때 개별적인 교섭이 있었다고 하기 위해서는 비록 그 교섭의 결과가 반드시 특정 조항의 내용을 변경하는 형태로 나타나야 하는 것은 아니라 하더라도, 적어도 계약의 상대방이 그 특정 조항을 미리 마련한 당사자와 사이에 거의 대등한 지위에서 당해 특정 조항에 대하여 충분한 검토와 고려를 한 뒤 영향력을 행사함으로써 그 내용을 변경할 가능성은 있어야 한다.

나. 비록 원고가 임대차계약의 체결과정에서 피고가 배상금 조항을 배제하는 특약을 임대차계약의 내용에 포함하려고 시도하다가 원고측의 반발로 무산되었다 하더라도, 그러한 사정만으로는 피고가 배상금 조항에 대하여 충분한 검토와 고려를 한 뒤 영향력을 행사함으로써 그 내용을 변경할 가능성이 있었다고 보기 어렵고, 원고와 피고가 모두 상법상의 상인인 주식회사라고 하여 임대인인 원고가 임차인인 피고보다 우월한 지위에 있지 않다고 단정할 수도 없다. 따라서 손해배상금 조항은 개별적인 교섭을 거침으로써 임차인인 피고가 자신의 이익을 조정할 기회를 가졌다고 할 수 없어 약관으로서의 성질을 보유하고 있다고 봄이 상당하다.(배상금 조항은 제8조에 의해 무효라고 본 원심을 확인함)

1. 문제의 제기

약관규제법 제4조는 개별약정 우선의 원칙을 정하고 있다. 약관에서 정하고 있는 사항에 대하여 사업자와 고객이 다르게 합의한 사항이 있다면 이러한 합의사항은 약관에 우선한다는 것이다. 약관에 의한 계약체결시 당사자들이 개별교섭을 통해 약관의 내용을 수정하거나 보충하는 것은 흔히 일어나고 있다. 이 과정에서 약관에서 정한 사항과 당사자 간의 개별약정이 서로 충돌하는 상황이 생길 때 개별약정이 우선한다는 것이다. 약관은 다수의 계약을 위하여 추상적으로(in abstracto) 사전형성된 것으로서 처음부터 당사자들 사이에서 개별합의를 통해 구체화될 것이 예정되어 있는 일반적인 지침인데 비하여, 개별약정은 당해 계약의 체결에 임하여 당사자들이 의견의 교환을 통하여 구체적으로 형성한 것으로서 사적자치적 정당성에 있어 차이가 있다는 점을 고려한 것이다5).

　이와 관련하여 계약체결시 사업자가 제시한 약관의 전부 또는 일부 특정 조항에 대하여 당사자 간에 논의가 있었으나 결국 수정되지 않고 제시된 약관 그대로 계약에 편입된 경우에는 어떠한가. 이에 대하여는 우선 당사자 간에 계약체결 전에 구체적으로 논의된 조항은 약관성을 상실하여 더 이상 약관이라고 볼 수 없다는 견해가 있을 수 있다. 약관이란 사업자가 미리 계약서를 마련하여 두었다가 어느 한 상대방에게 이를 제시하여 계약을 체결하는 일방성을 핵심표지로 하는데, 비록 사업자가 일방적으로 마련하였다 하여도 고객이 이에 대해 포괄적으로 편입에 동의하는 데서 나아가, 특정 개별조항의 의미를 알고 그에 대하여 당사자 간에 교섭이 이루어졌다면, 이 경우에 당해 약관조항은 사업자가 개별교섭을 위한 하나의 안을 만든 것에 불과하고, 비록 수정되지 않은 채 편입되었다 하더라도 이를 약관이라고 볼 수는 없다는 주장이다. 약관성이 상실된다는 것은 비록 그 내용이 일방적으로 고객에게 불리하다 하여도 약관규제법의 적용대상이 되지 못하고 기껏해야 민법상의 일반조항에 의한 통제가 가능할 뿐이라는 결론에 이른다.

　이러한 쟁점은 개별약정의 우선의 원칙과는 문제의 양상을 달리하게 된다. 동 원칙이 약관과 개별약정의 상충을 전제로 하는 것인데 비해, 교섭을 거쳐 수정없이 편입된 약관조항의 경우에는 이와 상충되는 별개의 개별약정이 존재하는 것이 아니라, 당해 약관조항이 교섭과정을 거침으로써 개별약정으로 질적인 전환을 한 것이 된다. 그러나 고객의 이의제기에도 불구하고 약관이 원안대로 고수되는 데에는 사업자의 우월적 지위가 반영되는 것이며, 여기에는 교섭과정에 잠재적으로 약관의 내용과 고객이 원하는 개별약정 사이의 상충이 있었다고 볼 수 있다. 이러한 잠재적 상충이 현실화되지 못한 경우에 이를 법적으로 어떻게 취급할 것인가는 어려운 문제가 된다.

---

5) MünchKomm-Basedow(2007) § 305b Rz. 5

2. 개별약정으로의 전환과 변경가능성

당사자 간에 구체적으로 교섭의 대상이 된 약관조항은 개별약정으로의 전환이 일어나게 되고 이것은 당해 조항이 약관성을 상실한다는 것을 의미한다. 따라서 약관규제법의 적용을 받지 아니하게 된다. 그렇다면 이러한 질적인 전환의 효과를 가져오는 교섭이란 구체적으로 무엇을 말하는 것인가가 문제된다. 실거래에서 일어나는 교섭은 당사자의 역학관계나 교섭의 심도 등 여러 측면에서 다양한 것이어서 이러한 개별약정으로 전환의 효과를 인정하려면 그 교섭이 어떠한 요건을 갖추어야 하는가가 중요해지는 것이다. 일반적으로 사업자가 약관의 특정조항을 고객에게 중요한 내용으로서 구체적으로 설명한 것은 단순히 약관의 설명의무를 이행한 것이어서 이에 교섭의 의미를 부여할 수는 없다는 점은 당연하다. 또 사업자가 약관을 제시하고 고객에게 이의가 있는 점이 있으면 표시해달라고 일정한 기간을 주었다면 이것만으로서는 역시 교섭의 의미를 부여하기는 어려울 것이다.

어느 약관조항이 교섭의 대상이 되었는데도 당해 조항이 변경되지 않고 편입되었다는 것은 현실적으로 사업자과 고객의 교섭력의 차이라는 점을 고려할 때 세심한 접근을 필요로 한다. 이러한 쟁점에 관해 대상판결은 어느 약관조항이 개별약정이 되기 위하여서는 "개별교섭을 거침으로써 상대방이 자신의 이익을 조정할 기회를 가져야 한다"는 기준을 제시하고 있다. 비록 개별교섭을 거쳤다하여 반드시 그 결과가 당해조항의 내용을 변경하는 형태로 나타나야 하는 것은 아니지만, 적어도 "계약의 상대방이 그 특정 조항을 미리 마련한 당사자와 사이에 거의 대등한 지위에서 당해 특정 조항에 대하여 충분한 검토와 고려를 한 뒤 영향력을 행사함으로써 그 내용을 변경할 가능성은 있어야 한다"는 것이다. 즉 자신의 이익을 조정할 기회라는 것은 내용의 변경가능성과 동일한 개념으로 보고 있으며 이것은 실질적으로 사업자와 고객이 그 교섭력에 있어 거의 '대등한' 지위에 있을 경우에 인정될 수 있다는 것이다. 그리고 이처럼 약관 조항이 당사자 사이의 합의에 의하여 개별약정으로 되었다는 사실은 이를 주장하는 사업자 측에서 증명하여야 한다.[6]

---

[6] 대법원 2014.06.12. 선고 2013다214864 판결

3. 판례의 법리에 대한 비판

그러나 이러한 판례의 법리에 대하여는 생각해볼 점이 있다. 어느 조항이 당사자들 간에 충분히 교섭과정을 거치고 때로는 격렬한 논쟁이나 다툼의 대상이 되는 과정을 거쳐 결국 계약내용으로 편입된 경우에도, 대법원의 판단처럼 내용의 변경가능성과 이를 뒷받침하는 당사자 간의 대등한 지위의 부재를 근거로 하여 당해조항의 개별약정성을 부인할 수 있는 것인가. 위에 II.에서 논한 바과 같이 대법원은 약관에 의한 계약에 대하여 법원이 실질적인 사적자치를 실현하겠다며 간섭할 수 있는 근거는 당사자간의 실질적인 교섭력의 차이나 경제적 불평등이 아니라, '고객이 그 구체적인 내용을 검토하거나 확인할 충분한 기회를 가지지 못한 채 약관이 계약의 내용이 되는 것'이라는 점에서 찾고 있다.[7] 따라서 비록 당해 약관조항이 고객에게 불리하다 하더라도 그것이 당사자 간에 교섭이나 흥정의 대상이 됨으로써 고객이 그 내용을 충분히 숙지할 기회가 부여되었고 이를 고객이 수용하였다고 볼 수 있다면, 당해 조항의 약관성은 상실된다고 보아야 할 것이다. 이런 점에서 보면 판결과 같이 당사자간의 실질적인 지위의 불평등성을 심사하여 당사자의 합의에 간섭하는 것은 약관규제법에 주어진 권한을 넘는 것이라고 볼 수 있다.[8]

4. 후속판결들과 전망

대상판결에서의 법리는 그 후에 반복되고 있는데[9], 그 중 저당권설정비용에 관한 판결이 언급할만한 하다. 은행에서 부동산담보대출을 받으면서 사용된 근저당권설정계약서에서 저당권설정비용에 대하여 이를 은행이 부담하면 가산금리가 적용되는 등 몇 개의 선택지를 두고 이를 대출자가 선택하도록 한

---

7) 대법원 2005.2.18. 선고 2003두3734 판결
8) 김동훈, 개별교섭 후 수정되지 않은 약관조항의 효력, 채권법연구(II)(2014) 444면
9) 보험계약상의 워런티 조항의 해석(대법원 2010. 9. 9. 선고 2009다105383 판결)이나 이른바 KIKO사건에 관한 전원합의체 판결(대법원 2013. 9. 26. 선고 2011다53683 전원합의체 판결)에서 대상판결이 언급되었으나 대상판결의 법리와 직접적인 연관성은 크지 않은 것으로 판단된다.

비용부담조항에 대하여, 고객의 선택에 따라 비용을 부담하게 된 것은 개별약정에 따른 것이라는 원심의 판단이 있었으나, 대법원은 선택항목에 따른 선택이 있었다는 것만으로는 개별약정으로 인정되기 부족하며 고객들이 내용변경을 통한 이익조정의 기회를 가졌다는 개별적·구체적 사정에 대하여 은행측이 증명하여야 한다고 하였다.10) 사업자측에서는 약관의 내용이나 조항을 설명하거나 선택의 기회를 제공하는 등을 근거로 약관의 개별약정으로의 전환을 주장하여 약관규제법의 적용을 피해보려고 하는데 대하여, 법원은 고객의 보호를 위하여 내용의 변경가능성 또는 실질적인 이익조정의 기회라는 기준을 갖고 대처하고 있다. 이 기준을 엄격히 적용하고 입증책임마저 사업자에게 부과한다면 개별교섭을 통한 약관성의 제거라는 수단은 거의 인정되기 어렵지 않을까 한다.

IV. 약관의 내용통제와 수정해석

대법원 1991. 12. 24. 선고 90다카23899 전원합의체 판결

[사실관계] 원고는 1988. 7. 7. 피고 보험회사와의 사이에 원고소유의 봉고트럭에 대해 자동차종합보험계약을 체결하였다. 원고가 보험기간중인 1988. 9. 3. 저녁 9시경에 원고경영의 공업사 앞길에 위 트럭에 열쇠를 꽂아둔 채 정차시켜 놓았는데, 소외 박 모가 이를 무단운전하여 가다가 소외 안 모를 들이받아 현장에서 사망케 하였다. 망인 안 모의 유족들은 원고를 상대로 손해배상청구의 소를 제기하였고 법원은 원고에게 배상금지급을 명하였다. 이에 원고는 피고에게 위 판결에서 확정된 금원의 지급을 구하였으나, 피고는 자동차보험약관의 무면허운전시의 면책조항을 근거로 위 사고는 박 모의 무면허운전으로 생긴 사고이므로 보험금지급책임이 없다고 항변하였다. 원심판결(서울고법 1990. 6. 29. 90나15947)은 상법 제659조제1항과 상법 제663조를 근거로 면책약관의 무효를 선언하고, 이 사건을 보험계약자 또는 피보험자의 경과실로 인한 사고라고 보아 피고의 항변을 배척하고 피고는 원고에게 보험금을

---

10) 대법원 2014. 6. 12. 선고 2013다214864 판결

지급할 것을 명하였다.

[대법원의 판단] 자동차종합보험보통약관 제10조제1항제6호의 무면허면책조항("회사는 자동차의 운전자가 무면허운전을 하였을 때에 생긴 사고로 인한 손해에 대하여는 보상하지 아니한다")은 무면허운전의 주체가 누구이든 묻지 않으나, 다만 무면허운전이 보험계약자나 피보험자 등의 명시적 또는 묵시적 승인하에 이루어진 경우에 한하여 면책을 정한 규정이라고 해석하여야 하며, 이와 같이 해석하는 한도 내에서 그 효력을 유지할 수 있다고 보아야 한다.

(1) 약관의 내용통제원리로 작용하는 신의성실의 원칙은 보험약관이 보험사업자에 의하여 일방적으로 작성되고, 보험계약자로서는 그 구체적 조항 내용을 검토하거나 확인할 충분한 기회가 없이 보험계약을 체결하게 되는 계약성립의 과정에 비추어, 약관작성자는 계약상대방의 정당한 이익과 합리적인 기대, 즉 보험의 손해전보에 대한 합리적인 신뢰에 반하지 않고, 형평에 맞게끔 약관조항을 작성하여야 한다는 행위원칙을 가리키는 것이며, 보통거래약관의 작성이 아무리 사적자치의 영역에 속하는 것이라고 하여도, 위와 같은 행위원칙에 반하는 약관조항은 사적자치의 한계를 벗어나는 것으로서, 법원에 의한 내용통제 즉, 수정해석의 대상이 되는 것은 지극히 당연하다. 그리고, 이러한 수정해석은 조항전체가 무효사유에 해당하는 경우뿐만 아니라 조항 일부가 무효사유에 해당하고, 그 무효부분을 추출배제하여 잔존부분만으로 유효하게 존속시킬 수 있는 경우에도 가능한 것이다.

(2) 이 사건 무면허운전면책조항을 문언 그대로 무면허운전의 모든 경우를 아무런 제한없이 보험의 보상대상에서 제외한 것으로 해석하게 되면 절취운전이나 무단운전의 경우와 같이 자동차보유자는 피해자에게 손해배상책임을 부담하면서도 자기의 지배관리가 미치지 못하는 무단운전자의 운전면허 소지 여부에 따라 보험의 보호를 전혀 받지 못하는 불합리한 결과가 생기는 바, 이러한 경우는 보험계약자의 정당한 이익과 합리적인 기대에 어긋나는 것으로서 고객에게 부당하게 불리하고 보험자가 부담하여야 할 담보책임을 상당한 이유없이 배제하는 것이어서 현저하게 형평을 잃은 것이라고 하지 않을 수 없

으며, 이는 보험단체의 공동이익과 보험의 등가성 등을 고려하더라도 마찬가지라고 할 것이다. 결국 위 무면허운전면책조항이 보험계약자나 피보험자의 지배 또는 관리가능성이 없는 무면허운전의 경우에까지 적용된다고 보는 경우에는 그 조항은 신의성실의 원칙에 반하여 공정을 잃은 조항으로서, 위 약관규제법의 각 규정(제6조제1항, 제2항, 제7조제2호, 제3호)에 비추어 무효라고 볼 수밖에 없다.

그러므로, 위 무면허운전면책조항은 위와 같은 무효의 경우를 제외하고 무면허운전이 보험계약자나 피보험자의 지배 또는 관리가능한 상황에서 이루어진 경우에 한하여 적용되는 조항으로 수정해석을 할 필요가 있으며, 그와 같이 수정된 범위 내에서 유효한 조항으로 유지될 수 있는바, 무면허운전이 보험계약자나 피보험자의 지배 또는 관리가능한 상황에서 이루어진 경우라고 함은, 구체적으로는 무면허운전이 보험계약자나 피보험자 등의 명시적 또는 묵시적 승인하에 이루어진 경우를 말한다고 할 것이다(대체로 보험계약자나 피보험자의 가족, 친지 또는 피용인으로서 당해 차량을 운전할 기회에 쉽게 접할 수 있는 자에 대하여는 묵시적인 승인이 있었다고 볼 수 있을 것이다). 위 견해와 달리, 위 무면허운전면책조항에 대하여 직접적 내용통제로서의 수정해석을 배제한 당원 1990. 6. 26. 선고, 89다카28287 판결의 견해는 변경하기로 한다.

1. 동 판결 이후의 판례의 흐름

자동차보험약관에서 무면허운전면책조항의 해석에 관하여 '보험계약자의 명시적 또는 묵시적 승인하에 이루어진 경우에 한하여 면책을 정한 규정이라고 해석되어야 한다'는 판결의 결론은 관련업계에 미치는 실무적 의의는 매우 큰 것이었다. 그리하여 이 판결 이후로 무면허면책조항의 적용여부의 핵심적 기준인 '묵시적 승인 여부'에 관한 구체적 기준을 설시하는 다수의 대법원 판결이 나오게 되었다.

이에서 더 나아가 동 판결에서 "무면허운전이 보험계약자나 피보험자의 지배 또는 관리가능한 상황에서 이루어진 경우에 한하여 적용되는 조항으로 수정해석"하여야 한다든가 또는 "이와 같이 해석하는 한 그 효력을 유지할 수 있다"는 논리는 특히 면책조항의 해석과 관련하여 과도한 면책조항을 전부 무효로 선언하는 것이 아니라 일정하게 해석되는 한도에서 유효라고 하는 이른바 '한정적 유효'라는 해석의 도구를 도입하였다. 이것은 이후의 다양한 약관의 면책조항에 대한 판단에서 법원의 해석의 선례가 되었다.

우선 눈에 띄는 것은 사업자가 자신의 과실에 대한 면책을 정한 조항에 대하여 이를 고의나 중과실에 대한 면책이 제외되는 한도에서 유효하다는 판결이 있다. 한국전력공사가 부득이 전기공급을 중지한 경우 수용가가 받은 손해에 대하여 그 배상책임을 지지 않는다는 내용의 전기공급규정에 대하여 판례는 "이는 면책약관의 성질을 가지는 것으로서, 한국전력공사의 고의, 중대한 과실로 인한 경우까지 적용된다고 보는 경우에는 법 제7조 제1호에 위반되어 무효라고 볼 수밖에 없으나, 그 외의 경우에 한하여 면책을 정한 규정이라고 해석하는 한도 내에서는 유효하다."고 하였다.[11] 또 용역경비계약의 약관에서, 고객이 현금 및 귀중품에 대한 관리의무를 준수하지 않아 발생한 사고에 대한 면책을 정한 조항에 대하여 "이 면책조항이 용역경비업자의 고의·중과실로 인한 경우까지 적용된다고 본다면 법 제7조 제1호에 위반되어 무효라고 볼 수밖에 없기 때문에, 그 외의 경우에 한하여 업자의 면책을 정한 규정이라고 해석하는 한도 내에서만 유효하다고 수정 해석하여야 한다."고 하였다.[12]

이외에도 동산종합보험 중장비약관에서 "중장비의 사용 또는 관리에 관한 법령이나 기타 규칙을 위반하여 발생한 손해'를 보험자의 면책사유로 규정한 경우, 이를 법령이나 규칙의 위반이 무면허운전 행위와 같은 보험사고의 발생 혹은 증가의 개연성이 극히 큰 경우와 같은 '중대한 법령이나 규칙의 위반'이 있는 경우에 한하여 적용되는 것으로 수정해석을 하여야 할 것"이라고 하였다.[13] 또 보험증권에 기재된 보험계약자 또는 기명피보험자의 주소를 보험회사의 의사표시를 수령할 지정장소로 한다는 조항을 문언 그대로 보아 보험회

---

11) 대법원 1995. 12. 12. 선고 95다11344 판결
12) 대법원 1996. 5. 14. 선고 94다2169 판결
13) 대법원 1998. 4. 28. 선고 97다11898 판결; 동 판결에 대한 평석으로 김동훈, 약관의 면책조항과 수정해석, 판례월보 1999.3. 17-23면

사가 보험계약자의 변경된 주소 등 소재를 알 수 있었음에도 불구하고 이를 게을리 한 과실이 있어 알지 못한 경우에도 증권기재의 주소로 보험계약의 해지나 보험료의 납입최고를 할 수 있다고 해석하면 이 조항은 법 제12조 3호에 따라 무효라 할 것이고, 따라서 이 조항은 보험회사가 과실 없이 보험계약자의 변경된 주소 등 소재를 알지 못하는 경우에 한하여 적용되는 것이라고 해석하여야 한다고 하였다.[14]

2. 판례상의 수정해석론의 의의

지나치게 일방적이거나 포괄적인 면책약관 등 부당한 약관의 내용이 문제가 된 경우에 법원은 일찍부터 한편으로는 신의성실의 원칙이나 공서양속 등 민법의 일반조항을 동원하여 판단하기도 하고[15] 또 한편으로는 일본의 판례에서 연원한 이른바 '예문해석'이란 이론을 사용하여 왔다. 예문해석이란 굳이 이론이라 할 것도 없고 법원이 판단해서 약관의 일부조항을 단순히 예문에 불과하다고 선언하여 무시하고 그 효력을 배제하는 것이었다. 이에 대해서는 그 효력을 배제하는 근거가 무엇인지 또 약관조항 중 예문과 예문이 아닌 것을 구별하는 기준이 무엇인지 모든 것이 불분명하였으므로 많은 비판을 받아 왔으나[16] 근래의 판결에서도 "처분문서의 기재 내용이 부동문자로 인쇄되어 있는 경우에는 그 기재가 인쇄된 예문에 지나지 아니하여 이를 합의의 내용으로 볼 수 없는 경우도 있으므로, 처분문서의 기재라 하여 곧바로 당사자의 합의의 내용이라고 단정할 수는 없고 구체적 사안에 따라 당사자의 의사를 고려하여 그 계약 내용의 의미를 파악하고 그것이 예문에 불과한 것인지 아닌지를 판단하여야 한다"고 하며,[17] 예컨대 근저당권 설정계약서에 피담보채무가 포괄적으로 기재되었더라도 이는 부동문자로 인쇄된 예문에 불과하고 당사자의 의사는 근저당권 설정으로 대출받은 당해 대출금채무만을 피담보채무로 약정

---

14) 대법원 2000. 10. 10. 선고 99다35379 판결
15) 대판 1987.4.14, 85다카2273; 대판 1986.3.11, 85다카1490 등
16) 배병일, 예문해석과 약관의규제에관한법률, 법률신문 1996.8.26자 등
17) 대법원 2008. 3. 13. 선고 2006다68209 판결

한 취지였으므로 당해 대출금채무가 소멸된 이상 근저당권은 말소되어야 한다고 보았다.[18] 또한 약관규제법이 시행되고 판례가 이를 판결에 적용하기 시작하면서 이 법의 내용통제의 일반조항인 제6조의 신의성실의 원칙이 또한 널리 활용되었다.

그런데 예문해석이든 또는 신의칙에 의한 내용통제이든 간에 예문이라거나 또는 신의칙 위반이라 하여 특정조항이 무효라고 판정받은 후에 이의 공백을 어떻게 메우느냐가 문제가 되었다. 해당 조항이 단순히 삭제됨으로써 족한 경우도 있지만 문제가 되는 대부분의 조항은 해당 계약의 핵심적인 내용을 담고 있는 경우가 많아 계약자체를 유지시키기 위하여는 이의 공백을 어떤 식으로라도 메우는 작업이 필요하였다. 예문해석이론에서는 당사자의 진정한 의사라는 이름을 빌려 법원이 직접 적정한 수준의 계약내용을 구술해 주는 경우도 많이 있었다.

이에 대해 대상판결은 처음으로 '수정해석'이라는 개념을 사용하고 있다. 수정해석론이라는 것은 일방적으로 부당한 내용을 담고 있는 면책조항을 아예 무효화하고 이를 다시 새롭게 메꾼다는 방법이 아니라 그 면책조항 중 과도한 부분만을 무효로 하여 제거할 수 없느냐 하는 점에서 출발하였다. 일단 어느 조항을 무효로 선언하게 되면 그것이 전체계약의 무효를 가져오지 않는가의 이론적인 문제도 생기고 또 그 공백을 메꾸는 작업이 따라야 하기 때문이었다. 대상판결은 "수정해석은 조항전체가 무효사유에 해당하는 경우뿐만 아니라 조항일부가 무효사유에 해당하고 그 무효부분을 추출배제하여 잔존부분만으로 유효하게 존속시킬 수 있는 경우에도 가능하다"고 하였는바 그 핵심은 과도한 부분을 추출배제하고 나머지 부분만을 그대로 유효하게 유지시키는데에 있다.

과도한 부분을 무효로 하고 합리적인 선에서의 면책조항을 유지하기 위하여는 먼저 해당 조항을 내용적으로 또는 단계적으로 구분하여 합리적 부분과 과도한 부분이 분리되도록 할 필요가 있다. 과도한 부분은 대개 포괄적이고 일반적인 개념과 기준속에 포함되어 있는 것이므로 이것은 일반적인 경우를

---

18) 대법원 2010. 1. 28. 선고 2008다12057 판결

다루는 조항의 요건사실을 해석을 통하여 구체화, 유형화하는 작업이 필요하다. 대상판결은 단순한 '무면허 운전'이라는 요건을 피보험자의 명시적·묵시적 승인이 있는 경우와 그렇지 않은 경우로 나눈 후에 전자의 경우에 한하여 면책을 정한 규정이라고 해석하여야 하고 이와 같이 해석하는 한도 내에서 그 효력을 유지할 수 있다고 하였다.

특히 면책조항과 관련하여 가장 대표적인 요건의 유형화는 귀책사유의 정도 즉 고의, 중과실, 경과실의 구분이다. 위에서 소개한 대상판결 이후의 판결들이 잘 보여주는 바와 같이, 예컨대 '…한 손해에 대하여 배상책임을 지지 않는다'라는 광범위한 면책조항을 법원은 '고의, 중대한 과실'로 인한 경우까지 적용된다고 보는 경우에는 무효이나 그 외의 경우에 한하여 면책을 정한 규정이라고 해석하는 한도 내에서는 유효하다고 '수정해석'하여야 한다는 것이다. 이렇게 해석을 통하여 약관조항의 요건을 유형화한 후에 과도한 부분에 대하여만 그 약관조항을 무효로 선언하는 경우에 그 근거는 약관규제법상의 신의성실의 원칙이나 개별무효조항목록이 원용되고 있다. 그리고 나머지 합리적 부분의 면책조항은 그대로 효력을 유지하게 되는데 이것은 법적 표현으로는 '…라고 해석되는 한에 있어서 유효하다'라는 이른바 한정적 유효의 형태를 취하게 된다.

3. 수정해석론의 평가

(1) 독일의 학설·판례

우리 법원이 취하는 수정해석론에 상응하는 개념으로서 독일에서는 이른바 '효력유지적 축소'(geltungserhaltende Reduktion) 또는 일부무효(Teilunwirksamkeit)의 문제가 논의되고 있다. 그 의미는 과도하게 부당한 내용을 담고 있는 약관조항을 전부 무효로 선언하지 않고 그 중에서 법적으로 허용되는 한도까지만 효력이 있는 것으로 축소하여 부분적으로 효력을 인정하자는 것이다. 이 효력유지적 축소의 문제는 약관규제법 발효이후부터 격렬한 논의의 대상이 되었으며 이 논쟁은 오늘까지 이어지고 있다.

먼저 이러한 효력유지적 축소의 방법이 허용되어서는 안된다는 학설과 판례의 주류적 입장에서는 이것이 거래계에서 사용되는 약관의 적정성을 처음부터 확보하고 고객에게 약관으로부터 발생하는 권리와 의무에 대한 정확한 정보를 제공하려는 약관규제법의 목적과 상치한다고 한다. 효력유지적 축소는 부당한 조항의 사용에 내재하는 전부무효의 위험을 사업자로부터 제거함으로써 스스로 법률에 상응하는 약관을 사용하도록 하는 책임을 면하게 하여 결국 약관규제의 중요한 목표인 투명성의 원칙을 달성할 수 없다고 한다. 심지어는 법원이 사업자를 위하여 문제된 약관조항의 법적으로 허용가능한 최대치를 찾아주는 심부름을 하게 될 것이라고도 한다.[19] 다만 사용자의 입장에서 약관의 부당성을 알 수 없었던 경우에도 허용되지 않는가에 대해서는 다툼이 있다.[20] 그리고 해당 약관의 전부무효로 인한 선의의 사용자에 대한 가혹함 등은 무효조항의 보충적 해석에 의해 충분히 고려될 수 있다고 한다. 무효조항의 보충적 해석이란 일차적으로 임의법규에 의한 무효조항의 공백이 메꾸어지게 되나 임의법규가 흠결되어 있거나 이에 준하는 경우에 법원이 쌍방의 이익을 고려한 올바른 중간점(richtige Mitte)을 찾아서 메꾸는 작업으로서 일정부분 법원에게 개별계약의 보충에서 보다는 더 큰 판단 및 형성의 여지를 주는 것이라 한다.[21]

반면에 효력유지적 축소를 허용하는 입장은 전통적으로 엄격히 구분하여 왔던 효력유지적 축소와 보충적 해석이란 방법론적으로 상호교환적인 것이라 한다. 단, 이의 전제로서 효력유지적 축소란 것을 법적으로 허용가능한 최대한의 허용이 아니라 평균적 기준으로의 감축을 의미하는 것으로 새겨야 한다고 한다. 또한 반대론이 내세우는 예방이나 제재의 사고는 이미 판례에 의해 포기되었는바, 사업자가 언어적으로 교묘하게 면책조항을 분할하여 규정하는 경우 등에 대처할 수 없기 때문이다. 전부무효는 사업자가 악의적으로 과도한 조항을 사용한 경우에 적용하는 것으로 족하다는 것이다.[22]

---

19) MünchKomm/Basedow(2007) § 306 Rz. 14
20) Ulmer/Brandner/Hensen-Schmidt. AGB-Gesetz(1993) § 6 Rz. 14 등
21) Ulmer/Brandner/Hensen-Schmidt, § 6 Rz. 37a
22) Hager, Der lange Abschied vom Verbot der geltungserhaltenden Reduktion, JZ

독일의 논의를 요약해보면 원칙상으로는 이를 허용하지 않는다해도 실제로는 계약의 해석을 통해 완화되고 있다고 보인다. 어느 조항이 무효로 탈락하면 그 흠결을 메꾸는 보충적 계약해석이 이루어지게 되고, 또 당해 조항의 해석작업을 통해서 약관규제법과의 충돌을 피할 수도 있으며, 조항의 가분성 즉 조항을 허용되는 부분과 허용되지 않는 부분으로 나누어 후자만을 무효로 하는 방법도 가능하다.23) 즉 원칙적 금지와 이를 완화하는 다양한 해석론 등을 종합해보면 효력유지적 축소금지의 의미는 크지 않다고 보인다.

(2) 국내 학설

수정해석을 확대해 나가는 판례의 경향에 대해 국내의 학설은 여러 평가를 내리고 있다. 사업자가 약관의 무효판정 여부를 사전에 알기 어렵고 실무의 필요성을 강조하여 긍정적으로 보는 입장, 원칙론의 입장에서 전부무효를 선언하여 예방적 효과를 추구하여야 한다는 입장이 있다. 후자의 시각에서는 과도한 면책조항은 전부무효가 되고 그 공백은 임의법규에 의하여 보충되므로, 예컨대 '…한 사고에 대하여는 책임을 지지 아니한다'라는 면책조항은 무효로 삭제되고 대신 민법 제390조가 적용되어 사업자는 이제 경과실에 대하여도 책임을 지는 불리한 결과가 된다. 절충적 입장으로는 사용자가 약관조항이 약관규제법과 불일치하는 것을 충분히 알 수 없는 사정이 있는 경우나 약관조항의 분할가능성이 있는 경우에는 예외를 인정하자는 견해 등이 있다. 특히 강경한 반대론은 수정해석은 법적 근거가 없고 유무효의 판별기준이 불분명하고 고객의 보호를 소홀히 하게 되어 약관규제법의 취지에 반하므로 인정하여서는 아니된다고 한다. 포괄적인 면책규정을 둔 경우에, 사업자의 경과실에 대한 면책 등 처음부터 상당한 면책조항을 둔 경우보다 불리하게 취급하여야 결국 사업자로 하여금 과도한 내용의 약관의 생산을 막는 예방목적을 달성하게 된다고 한다.24) 그러나 이러한 주장은 현실성이 없어 보인다. 예방목적

4/1996 S.175 이하
23) 조항의 가분성의 판단에는 이른바 'blue pencil test' 즉 무효부분을 지워버려도 나머지 부분의 의미에 영향을 주지 않아야 한다는 기준이 적용된다고 한다. MünchKomm/Basedow(2007) § 306 Rz. 18

달성의 효과도 의문시되지만 약관에 관한 분쟁의 해결은 이러한 절차적 정의의 문제가 아니라 분쟁에 즈음하여 법원이 적극적으로 공정한 중간자의 입장에서 판례를 통하여 실체적 내용의 법형성을 주도해 나갈 것이 요구된다.

(3) 사견

실제 약관의 부당성을 법원이 심사하는 경우에 이론적으로 명확히 구분되는 바와 같이 단계적으로 구분되지 않는 경우가 많다. 특히 해석과 내용통제의 단계는 서로 중첩되어 그 경계의 구분이 어렵다. 이것은 역사적으로 독일에서도 내용통제가 활성화되기 이전에 약관의 해석에 의하여 이른바 '숨은 내용통제'가 이루어져 왔다는 것에서도 잘 나타난다. 특히 많은 약관이 불분명하고 광범위한 내용을 담고 있어 해석에 많은 여지를 주는 것도 해석과 내용통제의 구분을 어렵게 하고 있다. 우리 법원도 약관의 부당성 심사에서 경제성과 구체적 타당성을 추구하다보니 해석과 내용통제에 관하여 독특한 판례이론을 개발해 왔는데 수정해석론은 이제 판례법으로 정착되었다고 보여진다.

그러나 예컨대 약관조항 중의 '무면허 운전'이라는 명확한 어구를 경우를 나누어, 일정한 경우에 한하여 적용되는 것으로 해석하는 한도 내에서 유효하다는 해석방법은 종래의 일반적인 해석방법의 범위를 넘는 것이고 해석의 이름을 빌린 실질적인 내용통제라 볼 수 있으며 대상판결도 '신의성실의 원칙에 반하여 사적자치의 한계를 벗어나는 약관조항은 법원에 의한 내용통제, 즉 수정해석의 내용이 되는 것은 지극히 당연하다'고 하며 수정해석과 내용통제를 동일시하고 있다.[25]

생각건대, 이러한 수정해석론은 우선 여러 장점을 가지고 있다. 무엇보다 문제가 되는 해당 약관조항을 무효로 선언하여 추방하지 않고 최대한 고쳐서 쓰게 되므로, 해당 조항을 무효로 선언하고 일부무효로 인해 전체무효가 되지는 않는 지를 검토한 후에 해당 조항을 임의법규에 의한 보충과 당사자의 의

---

24) 김영갑, 약관규제의 법리와 수정해석의 문제, 법조 1997.1, 124면
25) 이영준 박사도 이 전원합의체 판결을 계기로 대법원이 법률행위 내용의 공개통제의 이론을 전폭적으로 수용하기 시작한 것으로서 약관에 대한 사법적 통제의 효시를 이루는 판결이라 한다. 이영준, 민법총칙(1995), 313면.

사가 무엇인지를 탐구하여 보충하는 보충적 해석의 번잡한 절차를 거치지 않아도 좋다는 점이다. 또한 수정해석론은 한정적 유효의 모습을 띄게 됨으로써 가능한 한 당사자가 합의한 약관의 최대한을 계약내용으로 살려주어 당사자의 사적자치에 대한 간섭을 최소화할 수 있는 장점이 있다. 또한 부당한 약관조항의 전부 무효의 선언이 오히려 거래계의 혼란을 초래하고 법적 규율의 공백상태를 가져오는 것을 피할 수 있다.26)

그러나 이것이 해석의 이름아래 있는 한 약관조항의 명료성이 가져오는 해석의 문의적 한계의 문제나 약관을 통하여 달성하려는 사업자의 명백한 의도와의 배치 등을 정당화하기 힘들다.27) 무엇보다 이러한 방법은 법원이 자의적으로 당사자들의 계약내용을 재구성하는 간섭의 통로가 될 우려도 있다. 따라서 이러한 수정해석론의 광범위한 확장은 별로 바람직한 것은 아니라고 생각된다. 수정해석론은 약관규제법에 근거를 가지고 있는 귀책사유유형에 따른 한정해석처럼 거래계의 예측가능성을 크게 해하지 않는 범위에서 제한적으로 운용되어야 할 것이다.28) 이것의 연장선에서 법령위반의 경우를 사소한 위반과 중대한 위반으로 유형화하여 후자의 경우만을 가리키는 것으로 해석하여야 한다는 수정해석이론도 종래의 판례의 귀책사유유형에 따른 한정유효의 형식을 취하는 것과 같은 맥락에 있는 것으로 수용할 만한 범위 내에 있다고 보아진다.

---

26) 김동훈, 약관의 면책조항과 수정해석, 채권법연구(2005) 412면
27) 이영준 박사도 "계약의 조항이 명료한 경우에는 그 조항이 아무리 당사자 일방에게 불리하다 하더라도 '해석'이란 이름아래 그 조항을 '무시'하거나 '수정'할 수는 없는 것이며 이는 일반약관에 있어서도 마찬가지이다"라고 한다. 이영준, 민법총칙(1995), 309면.
28) 이런 점에서 판례가 분양신청금을 몰수하는 약관조항에 대하여 '약관조항이 무효인 이상… 과중한 손해배상의무만을 부담시키는 부분을 제외한 나머지 부분만으로 그 효력을 유지시킬 수는 없다(大判 1996.9.10, 96다19578)'고 하여 효력유지적 축소해석은 인정할 수 없음을 분명히 한 것은 긍정적이다. 배상액의 감액의 문제는 거래계의 예측가능성 내지 투명성의 관점에서 수정해석의 대상이 되기에 적합치 아니하다.

4. 수정해석에서 한정적 유효론으로

약관해석에 있어 "..으로 해석되는 한 유효하다"는 수정해석론은 우리 헌법재판소가 법률의 위헌심사에 있어 합헌적 법률해석의 방법으로서 심판의 대상이 된 법조문을 헌법과 조화될 수 있는 방향으로 축소해석함으로써 그 법조문의 효력을 유지시키는 한정합헌결정의 구조와 유사하다. 예컨대 「전 국가보안법 제7조 제2항은…것으로 축소제한하여 해석하는 한 헌법에 위반되지 아니한다」[29] 등과 같은 다수의 한정합헌결정이 나오고 있다. 이처럼 단순합헌이나 단순위헌이 아닌 변형결정에 대하여 헌법학계는 입법자의 입법취지나 법목적이 본질적으로 침해되지 않는 한에서 긍정적으로 보고 있다.[30] 그 근거로는 가급적 합헌적인 법률구성 부분의 최대한을 살려둠으로써 입법자의 영역을 덜 침해하려는 고려와 법률의 위헌선언으로 인하여 발생하게 되는 법생활의 혼란이나 법적 공백상태를 막으려는 결과에 대한 고려가 바탕이 되고 있다 한다.[31] 그러나 이러한 변형결정은 합리성이 있어야 하고 불가피한 경우에 한정되어야 한다고 한다.[32]

생각건대 판례상의 수정해석론은 특히 면책조항과 관련하여 조금 순화된 모습으로 다듬어져 이러한 '한정적 유효론'으로 발전하게 되었다고 본다. 우리 법원이 '한정적 유효'나 '한정해석'이라는 표현을 명확히 쓰고 있지는 않으며 따라 아직 '수정해석'이라는 표현을 더 많이 사용하는 듯 하나, 일응 '한정적 유효론'이라는 용어를 구분하여 사용하고자 한다. 이것은 효력유지적 축소의 법리의 적용이라는 점에서 수정해석론과 동일선상에 있는 것이나, 수정해석이 직접적 내용통제의 수단으로서 해석의 이름을 빌린 법원의 약관내용의 일방적 형성의 의미를 강하게 갖는데 비해, 한정적 유효론은 해석상 내용의 단계적 구분이 가능한 경우에 그 유효의 범위를 확정짓는 해석론으로서의 성격이 강하다고 볼 수 있다. 특히 이 '한정적 유효론'은 이미 본 것처럼 유책사유 유형에 따른 책임의 배제 등과 같이 규율대상에 대한 단계적 또는 내용적 구

---

[29] 1990.4.2, 89헌가113 결정
[30] 허영, 한국헌법론(2016) 75면; 성낙인, 헌법학(2014) 36면
[31] 방승주, 헌법재판소의 헌법합치적 해석의 효력, 김남진교수정년기념(1997) 432면.
[32] 허영(주 32), 81면

분이 비교적 명확한 경우에 절제되어 사용됨으로써 판례를 통하여 더 세련된 모습으로 다듬어질 수 있을 것이다.

최근의 대법원 판결에서는[33] 점포의 임대분양약관상의 "추첨 후 배정된 점포의 임대분양면적에 따라 임대보증금을 정산한다"라는 조항이 문언대로 해석한다면 신의칙에 반하여 공정을 잃은 것으로 무효이므로, 원고는 전용면적의 증감률에 비례한 범위내에서만 적용되는 것으로 '수정해석'하여야 한다고 주장하였다. 그러나 법원은 이것이 분양자들 사이에서 불공평을 조정하기 위한 것으로서 사업자의 이익을 위해 일방적으로 정해진 것이 아니라며 원고의 주장을 배척하였다. 수정해석 내지 한정적 해석론이 비교적 명확하고 합리성이 있는 조항에 대하여 임의적으로 고객에게 유리한 해석을 주장하는 통로가 되는 것을 차단한 것으로서 이러한 법리의 전개방향에 대하여 시사하는 바가 있다.

V. 과중한 위약금의 통제

1. 일방적 손해배상액의 예정

대법원 2000.9.2. 선고 99다53759,53766 판결

[사실관계] 원고들은 피고 토지공사가 분양하는 아파트를 대금의 10%를 계약보증금으로 지급하고 분양계약을 체결하였다. 분양약관에 따르면, "이 계약이 해제되었을 때에는 매도인은 매수인에게 그로부터 받은 매매대금 중 계약보증금을 공제한 금액을 반환하며 매수인이 매도인에게 지급한 계약보증금은 위약금으로서 당연히 매도인에게 귀속한다."(약관 제15조 제5항)와 "매도인의 귀책사유로 인하여 이 계약이 해제되었을 때에는 매도인은 매수인에게 그로부터 받은 계약보증금 등 매매대금 전액을 반환하며 매매대금을 받은 날로부터 반환시까지의 법정이자를 이에 가산하여 반환한다."(제6항)고 되어 있다. 원고들은 결국 매도인을 위한 손해배상액의 예정조항은 있는 반면 매수인을 위한 손해배상액의 예정조항은 없다 할 것인데, 이와 같이 매도인 일방만

---

[33] 대법원 2017. 4. 13. 선고 2016다274904 판결

을 위한 손해배상액의 예정조항을 둔 것을 근거로 이것이 약관규제법에 위배되어 무효라 주장한다.

[대법원의 판단] 이 사건의 손해배상액의 예정에 관한 조항은 법률상 허용되는 임의법규의 규정(민법 제398조)을 그대로 따른 것에 불과할 뿐 조금도 임의법규로부터 이탈한 것은 아니고, 손해배상액의 예정이 있는 경우 손해액에 대한 입증이 없어도 손해배상으로 그 예정액을 청구할 수 있는 이점이 있는 반면 다른 특약이 없는 한 채권자의 손해가 예정액을 초과한다 하더라도 초과부분을 따로 청구할 수 없는 불이익도 있는 데다가, 이 사건에서의 매수인은 그를 위한 손해배상액 예정의 약관조항이 없더라도 일반 채무불이행책임을 물어 실제 손해액을 입증함으로써 그 손해 전액의 배상을 구할 수 있는 점, 이 사건의 경우 매도인은 공기업으로서 특단의 사정이 없는 한 그의 채무불이행이란 쉽게 예견하기 어려운 점, 이 사건 거래 목적물과 거래유형 및 그에 비추어 본 고객의 사업자에 대한 예속성의 정도와 고객에게 손해배상액의 예정에 관한 조항이 요구되는 실제적 중요성의 정도 등을 종합하여 보면, 매도인을 위한 손해배상액의 예정에 관한 조항을 두면서 고객인 매수인을 위한 손해배상액의 예정에 관한 조항을 두지 않았다 하더라도 단지 그와 같은 사정만으로는 이 사건 약관조항이 고객에 대하여 부당하게 불리하다거나 신의성실의 원칙에 반하여 불공정하다고 보기에 부족하다.

1) 약관에서 위약금조항이 일방적으로 규정되는 경우는 흔히 나타난다. 즉 고객이 채무를 불이행하는 경우에는 고객이 대체로 선지급한 보증금의 귀속이라는 모습으로 위약금을 지급하지만, 반대로 사업자측에서 채무를 불이행하는 경우에는 아무런 약정이 없는 경우가 많다. 이러한 일방적 위약금약정조항을 어떻게 해석해야 하는지에 대해 판례의 입장은 그리 명쾌하지 않다.
판례는 「고객인 매수인은 채무불이행으로 인하여 계약보증금을 몰취당하는 외에 매도인이 입은 손해를 배상하여야 하는 반면, 매도인의 귀책으로 인하여 계약이 해제될 경우에는 손해배상액의 예정 또는 위약벌에 관한 규정이

전혀 없다」는 점을 동 위약벌 조항이 고객을 부당하게 불리하게 하는 한 요소로서 언급하고 있다.34) 그러나 매수인의 위약시에만 적용되는 위약금약정을 하였으나 매도인이 위약하여 매수인이 제기하는 위약금 청구에 대하여, 판례는35) 「분양계약서에는 매수인에게 책임있는 사유로 계약이 해제되는 경우에는 계약금 전액이 매도인에게 귀속되는 것으로 규정하였을 뿐 매도인이 위약하였을 경우에 관하여는 아무런 위약금 약정이 없는바, 위와 같은 일방 당사자만을 위하여 위약금을 인정하는 약정이 설사 신의칙 및 형평의 원칙이나 약관규제법에 위배되어 무효라고 본다고 하더라도 그와 같은 경우에는 그 일방 당사자가 위약금 약정을 주장할 수 없음에 그칠 뿐 타방 당사자가 위약금의 지급을 주장할 수 있게 되는 것은 아니다」라고 설시하고 있다.36)

---

34) 대법원 1998.12.23. 선고 97다40131 판결; 최근의 개별계약 상의 위약벌 약정에 대한 판결에서도 "위약벌 조항이 원고에 대한 위약벌만을 정하고 있는 것이 아니라 동등한 조건과 내용으로 피고에 대한 위약벌도 정하고 있다는 점"이 동 조항의 유무효 판단에 하나의 고려요소가 됨을 언급하고 있다(대법원 2016. 01. 28. 선고 2015다239234 판결; 대법원 2015. 12. 10. 선고 2014다 14511 판결). 그러나 이것만이 위약금의 공정성을 판단하는 압도적인 기준이 될 수는 없고 다른 여러 요소와 종합적으로 고려하여야 할 것이다. 김동훈, 민법상 위약벌 제도의 운용방향, 인권과 정의(2017. 5.) 100면
35) 대법원 1999.7.27. 선고 99다13621 판결
36) 참고로 역시 일방적 위약금이 문제되었으나 약관규제법의 대상이 아닌 일반계약에서도 대법원은 「임차인이 보증금의 잔액을 지정된 기일까지 납부하지 않을 때에는 임대인은 계약을 해제하고 계약금조로 1차 불입한 보증금을 반환하지 아니한다고 기재되어 있을 뿐, 임대인이 계약을 위반할 경우에 관하여는 아무런 기재가 없음이 분명하므로, 문언의 객관적 의미에 비추어 볼 때 임대인의 채무불이행이 있는 경우에는, 임차인이 그로 인한 손해를 구체적으로 입증하여 배상받을 수 있음은 별론으로 하고, 특별히 손해배상액의 예정으로서의 위약금 약정은 두지 않은 것이라고 인정하여야 할 것이지, 임차인에 대한 위약금 약정이 있다는 이유만으로 달리 특별한 사정에 대한 설시도 없이 임대인에게도 위약금의 약정이 있는 것이라고 단정할 수는 없는 것이다.」라고 설시하고 있다(대법원 1996.6.14. 선고 95다11429 판결). 동 판결에 대해 이를 지지하는 입장으로는 김동훈, 「계약금의 수수에 따른 몇 가지 법률문제」, 채권법연구(2005) 176-178면; 반면에 조리에 근거해 법원이 일방적 위약금약정을 확장해석해서 양 당사자의 채무불이행에 위약금약정이 있는 것으로 즉 쌍방적 위약금약정으로 해석해야 한다는 반대의견이 있다. 이은영, 일방적 위약금약정의 해석(동 판결에 대한 평석), 판례월보 1997/2 11면

2) 나아가 대상판결에서 보듯이 매수인의 귀책으로 계약이 해제되었을 때는 매수인이 지급한 계약보증금을 위약금으로서 매도인에게 귀속시키되, 매도인의 귀책으로 해제되었을 때는 매도인은 수령한 매매대금에 반환시까지의 법정이자만을 가산하여 반환하기로 정한 약관조항에 대하여, 판례는 이러한 사정만으로는 당해 약관조항이 고객에 대하여 부당하게 불리하다거나 신의성실의 원칙에 반하여 불공정하다고 보기에 부족하다고 판시한다. 즉 판례는 손해배상액의 예정조항이 일방적인 것만으로 약관규제법에 위반된다고 보기 어렵다는 것이다. 특히 사업자측에는 채무불이행 가능성이 거의 없는 경우이고 또 고객에게 대하여 이러한 약관조항이 요구되는 사정이 있다면 이를 받아들여야 할 것이라며 거래현실을 반영한 유연한 입장을 보이고 있다. 대상판결도 매도인이 공기업으로서 그의 채무불이행을 쉽게 예견하기 어려운 점, 고객의 사업자에 대한 예속성의 정도, 고액에게 손해배상액의 예정에 관한 조항이 요구되는 중요성 등을 두루 고려요소로 삼아 판단하였다. 생각건대 위약금조항이 일방적인가 쌍방적인가 하는 것은 이러한 조항을 필요로 하는 조건의 차이나 교섭력의 차이, 계약의 성질 등이 반영되어 결정되는 것이다. 따라서 판례가 위약금 조항의 일방성만을 가지고 약관규제법에 저촉된다 볼 수 없다하고 나아가 이에 근거해 타방당사자가 동일한 액수의 위약금의 지급을 청구할 수 없다고 하는 것은 타당하다고 사료된다.

2. 위약금의 감액가능성

① **대법원** 2009. 8. 20. 선고 2009다20475 **판결**

[사실관계] 원고는 피고에게 쇼핑타운 점포를 임대하면서 "을이 월 임대료를 연체할 경우에는 월 임대료의 월 5%에 해당하는 연체료를 지정 납부일자로부터 실제 납부일자까지 일할계산하여 추가로 납부하여야 한다."(계약서 5조 3항)고 정하였다. 피고는 이 약정이 고객에게 부당하게 과중한 지연손해금 등의 손해배상의무를 부담시키는 약관 조항으로서 무효라고 주장한다. 원심은 이 연체료 약정은 민법 제398조 제4항에 따라 손해배상액의 예정으로 추정되므로 법원은 같은 조 제2항에 의하여 이를 적당히 감액할 수 있는데 위 연

체료 약정은 그 손해액의 크기나 채무액에 대한 비율에 비추어 부당히 과다하므로 이를 연 20%의 비율로 감액함이 상당하다고만 판단하고, 위 연체료 약정이 약관규제법 제8조에 의하여 무효인지 여부에 대하여는 판단하지 않았다.

[대법원의 판단] 약관규제법에 의하여 약관조항이 무효인 경우 그것이 유효함을 전제로 민법 제398조 제2항을 적용하여 적당한 한도로 손해배상예정액을 감액하거나, 과중한 손해배상의무를 부담시키는 부분을 감액한 나머지 부분만으로 그 효력을 유지시킬 수는 없고, 한편 임차인의 월 차임 연체에 대하여 월 5%(연 60%)에 달하는 연체료를 부담시키는 것은 부당하게 과중한 손해배상의무를 부담시키는 것으로서 약관의 규제에 관한 법률 제6조, 제8조 등에 의하여 무효로 볼 여지가 있다.

1) 일찌기 분양신청예약금의 귀속에 관한 약관조항의 효력에 관한 판결들에서 대법원은 이를 약관규제법 제8조의 의거하여 무효라고 판시하여왔다.[37] 또 예약금은 손해배상액의 예정의 성격을 가지고 있는데 피고의 실손해에 비추어 과다하다며 이를 50%로 감액한 원심판결에 대하여 대법원은 원심이 예약금귀속조항을 유효하다고 하면서 이에 제398조 제2항을 적용하여 감액한 것은 이유가 모순된다고 지적하고 파기하였다.[38] 위약금 조항이 개별약정일 경우에는 민법이 적용되어 감액이 가능하나, 약관일 경우에는 동조 8조가 적용되어 유무효의 판단만이 가능한 것이므로 약관상 손해배상액의 예정조항을 부당하게 과중하지 아니하여 유효하다고 하면서 동시에 그것이 부당히 과다하여 적당히 감액할 수 있다는 것은 앞뒤가 맞지 않는다는 것이다.[39] 이어진 판결에서 대법원은 예약금귀속조항을 고객인 당첨자에 대하여 부당하게 과중

---

37) 한편으로는 대법원은 유사한 사안에서 약관규제법에 관하여 언급하지 아니하고 직접 민법 제398조 제2항을 적용하여 감액하는 판결을 내림으로써(대법원 1994.10.25. 선고 94다18140 판결; 대법원 1996.2.27. 선고 95다42393 판결 등), 결과의 면에서 볼 때에는 서로 모순되어 혼란스러운 면도 있다.
38) 대법원 1994.5.10. 선고 93다30082 판결
39) 이희영, 약관규제법 제8조, 제6조에 위배되는 약관의 효력, 대법원판례해설 21호 (94.11) 243면

한 손해배상의무를 부담시키는 것으로서 무효라고 보았고, 나아가 약관조항이 무효인 이상 대상판결과 마찬가지로 감액하거나 감액한 나머지 부분만으로 그 효력이 유지될 수 없다고 함으로써 그 무효의 의미를 분명히 하였다.[40]

2) 대상판결은 "약관조항이 무효인 이상....과중한 손해배상의무를 부담시키는 부분을 제외한 나머지 부분만으로 그 효력을 유지시킬 수는 없다"고 하여 이른바 '효력유지적 축소해석'을 인정할 수 없음을 분명히 하고 있다.[41] 위에서 본 1991년도의 전원합의체 판결에서는 "수정해석은 조항 전체가 무효사유에 해당하고 그 무효부분을 추출 배제하여 잔존부분만으로 유효하게 존속시킬 수 있는 경우에도 가능하다"고 하여 '수정해석'이라는 이름으로 효력유지적 축소의 법리를 수용하고 있는 것처럼 해석되는데, 양자를 어떻게 조화시킬 수 있는가가 문제된다. 이에 대해 후자는 질적인 일부에 대하여 이를 유효로 판단한 것인데 대하여 전자는 양적인 일부만을 유효로 하여 효력유지적 축소를 행할 수는 없다는 취지로 받아들일 여지가 있다는 견해도 있다.[42]

생각건대 배상액의 감액의 문제는 거래계의 예측가능성 내지 투명성의 관점에서 효력유지적 축소해석의 대상이 되기에 적합치 아니하다고 보인다. 약관규제법의 취지를 따라서 이를 인정치 않는 것이 논리적으로 일관되고 이로써 거래계의 주의를 촉구하는 것이 바람직하다. 즉 과중한 위약금 조항을 둔 사업자는 민법상 실손해 입증 및 배상의 원칙으로 돌아가게 되는 불이익을 감수하게 된다. 재판실무에서 효력유지적 축소의 방법은 당사자의 이익조정의 간편한 수단이 될 수도 있으나,[43] 원칙을 분명히 세우는 것은 장기적인 관점에서 더 폭넓고 바람직한 효과를 거래계에 가져올 수 있을 것이다.

---

40) 대법원 1996.9.10. 선고 96다19758 판결
41) 이에 대한 긍정적 견해로는 이희영(주 39) 244면, 유보적 견해로는 양창수, 자동차보험약관의 무면허운전면책조항에 대한 내용통제, 민법연구 제4권(1997) 360면
42) 양창수 (주 41) 360면
43) 오창수, 분양신청금 귀속(몰수)약관에 대한 통제, 판례연구(서울지방변호사회) 1997, 117면

【참고문헌】

[국내문헌]

권오승, 보통거래약관의 유효성, 민법특강(1994)

김동훈, 약관의 면책조항과 수정해석, 판례월보(1999.3.)

　　　, 계약금의 수수에 따른 몇 가지 법률문제, 채권법연구(2005)

　　　, 약관의 면책조항과 수정해석, 채권법연구(2005)

　　　, 개별교섭 후 수정되지 않은 약관조항의 효력, 채권법연구(II)(2014)

　　　, 민법상 위약벌 제도의 운용방향, 인권과 정의(2017. 5.)

김영갑, 약관규제의 법리와 수정해석의 문제, 법조(1997.1.)

김형배, 계약각론[계약법](2001)

방승주, 헌법재판소의 헌법합치적 해석의 효력, 김남진교수정년기념(1997)

배병일, 예문해석과 약관의규제에관한법률, 법률신문 1996.8.26자

성낙인, 헌법학(2014)

이영준, 민법총칙(1995)

이은영, 일방적 위약금약정의 해석(동 판결에 대한 평석), 판례월보(1997/2)

이희영, 약관규제법 제8조, 제6조에 위배되는 약관의 효력, 대법원판례해설 21호 (94.11)

양창수, 자동차보험약관의 무면허운전면책조항에 대한 내용통제, 민법연구 제4권(1997)

오창수, 분양신청금 귀속(몰수)약관에 대한 통제, 판례연구(서울지방변호사회) (1997)

허영, 한국헌법론(2016)

[외국문헌]

Hager, Der lange Abschied vom Verbot der geltungserhaltenden Reduktion, JZ 4/1996

Münchener Kommentar, Band 2, 5. Aufl.(2007)

Ulmer/Brandner/Hensen-Schmidt, AGB-Gesetz Kommentar(1993)

<Abstract>

On the Leading Cases of Standard Contract Terms Regulation Act since its Enforcement

In commemorative of the 30th anniversary of Standard Contract Terms Regulation Act, this article selected several meaningful cases that the Act was applied and reviewed them. About 340 cases on the Act have flourished the contents of legal issues of standard contract terms and produced new theories and interpretation.

Firstly I chose a case which dealt the relation of the regulation of standard contract terms with private autonomy. This case shows that in contract by standard contract terms the private autonomy and substance control function mutually rather than collide.

Secondly I introduced a case that focuses on the relation of standard contract terms with individual agreement. On this case I criticized the stance of court demanding that both parties have equal bargaining power so that a negotiated standard term is acknowledged as a individual agreement.

Thirdly I chose a case that had exercised a wide influence on substance control of standard contract terms, in which the full member judgement used 'modified interpretation' and limitative validity. On concrete control of substance I chose two cases, one about the interpretation of unilateral agreed payment for non-performance and the other about the possibility of reduction of agreed payment for non-performance.

Through the review of major cases I can recognize the effort of court in the course of the application of the Act during last thirty years. I hope this article will suggest an orientation to the development of the Act and its application.

[이 글은 한국외국어대학교 법학연구소가 2017.6. 개최한 약관규제법 시행 30주년 기념 및 이은영 교수님 정년퇴임기념 학술대회에서 발제한 글로서 외법논집 제41권 제3호(2017.8.)에 게재되었다.]

민법상 계약상의 과실책임제도의 운용방향

I. 들어가는 말
II. 원시적 불능 법리의 해석과 운용
III. 불성립 또는 무효로 된 계약에 대한 책임
IV. 원시적 하자에 대한 고지의무 위반의 책임
V. 제535조의 확대적용이 문제되는 유형들
VI. 제535조의 운용방향
VII. 맺는 말

I. 들어가는 말

현행 민법 규정 제535조는 그 실무적 의의와는 별개로 그 간 민법학계에서 많은 논쟁의 중심에 있어왔다. 그러한 논쟁들의 바탕이 되는 몇 가지 사실들을 정리해보면 우선 동 조문의 제목인 '계약체결상의 과실책임'이라는 용어이다. 독일민법학이 만들어낸 이른바 'culpa in contrahendo'라는 용어에서 나온 것임이 분명한 이 개념의 의의가 무엇이고 우리 민법학에서 어떻게 수용될 수 있는가가 중심에 오게 되었다. 둘째는 동 조의 이러한 제목과는 달리 정작 조문의 내용은 '목적이 불능한 계약' 즉 원시적 불능의 문제를 다루고 있어 이처럼 제목과 그 실질적인 내용이 부합하지 않는 데에서 나오는 여러 해석론적 문제가 논란이 되어왔다. 그리고 본 조문의 내용으로서 원시적 불능은 무효라는 도그마가 유지되어야 하는가라는 점, 그리고 본 조에서 효과로서 제시하고 있는 복잡하고 기교적인 대립개념들의 의미와 그 확장성, 그리고 전체적으로 제535조가 그 외연을 넓혀 널리 확장되고 유추적용될 수 있는 것인지 등의 문제가 제기되었다.

그 간 판례에서도 많지는 않지만 제535조를 근거로 하여 다양한 쟁점의 사례들을 해결하여 왔으며 동 조항의 유추적용의 문제를 다루기도 하였고 또는 판례가 불법행위나 채무불이행 등을 근거로 한 재판례에서도 제535조의 적용가능성이 논쟁의 대상이 되기도 하였다. 본 글에서는 제535조와 관련된 판례의 추이와 학설상 논의 등을 참조하여 동 조문이 앞으로 어떻게 운용되는 것이 바람직한 것인지에 대하여 모색해보고자 한다. 먼저 본 조문의 실질적 내용인 원시적 불능문제에 관한 판례의 동향과 평가를 정리하고 이어서 동 조의 유추 내지 확장 적용의 가능성에 대하여 살펴본다. 나아가 동 조의 제목에 근거하여 일반적인 계약체결상의 과실책임이라는 또 하나의 청구권의 근거가 가능한 것인지에 대하여도 언급하고자 한다.

II. 원시적 불능 법리의 해석과 운용

1. 판례의 소개

【제1판결】 대법원 2017.8.29. 선고 2016다212524 판결
(사실관계) 원고들과 피고는 원고들 소유의 X토지와 피고 소유의 Y토지 중 117㎡에 해당하는 Z토지를 교환하기로 약정하였다. 그런데 Y토지는 자연녹지지역이고, 원고들 소유인 주택 건물의 일부가 이토지 위에 있다. 건축관계 법령에 따르면 건축물이 있는 대지는 일정 면적에 못 미치게 분할할 수 없는데, 녹지지역은 200㎡이상으로 정해져있다. 따라서 Y토지로부터 117㎡에 해당하는 Z토지를 분할하는 것은 교환계약 당시에 이미 그 분할이 불가능한 것이었다.

(대법원의 판단) 계약 체결 후에 채무의 이행이 불가능하게 된 경우에는 채권자가 그 이행을 청구하지 못하고 채무불이행을 이유로 손해배상을 청구하거나 계약을 해제할 수 있다. 그러나 계약 당시에 이미 채무의 이행이 불가능했다면 특별한 사정이 없는 한 채권자가 그 이행을 구하는 것은 허용되지 않고, 민법 제535조에서 정한 계약체결상의 과실책임을 추궁하는 등으로 권리를 구제받을 수밖에 없다. 채무의 이행이 불가능하다는 것은 절대적·물리적으

로 불가능한 경우만이 아니라 사회생활상 경험칙이나 거래상의 관념에 비추어 볼 때 채권자가 채무자의 이행의 실현을 기대할 수 없는 경우도 포함한다. 이는 채무를 이행하는 행위가 법률로 금지되어 그 행위의 실현이 법률상 불가능한 경우에도 마찬가지이다. 1필지의 토지 중 일부를 특정하여 매매계약이 체결되었으나 그 부분의 면적이 법령에 따라 분할이 제한되는 경우에 해당한다면, 매도인으로서는 그 부분을 분할하여 소유권이전등기절차를 이행할 수 없다. 따라서 매도인이 매매계약에 따라 매수인에게 부담하는 소유권이전등기절차 이행의무는 이행이 불가능하다고 보아야 한다. 이는 교환계약에서도 마찬가지이다.

【제2판결】 대법원 2017.10.12. 선고 2016다9643 판결

(사실관계) 원고는 피고로부터 안동시 X임야 20,286㎡ 중 특정 위치의 628㎡(Y토지)를 매수하는 내용의 매매계약을 체결하였다. '구 국토의 계획 및 이용에 관한 법률'에 의하면, 녹지지역·계획관리지역·생산관리지역 안에서 지목이 임야인 토지를 분할하는 경우 분할 면적이 990㎡ 이상이어야 한다. 따라서 Y토지는 법령상 분할허가가 제한되는 토지분할 제한면적에 해당하여 분할이 불가능하고 매도인은 그 부분을 분할하여 소유권이전등기절차를 이행할 수 없게 되었다.

(대법원의 판단) 쌍무계약에서 계약 체결 후에 당사자 쌍방의 귀책사유 없이 채무의 이행이 불가능하게 된 경우 채무자는 급부의무를 면함과 더불어 반대급부도 청구하지 못하므로, 쌍방 급부가 없었던 경우에는 계약관계는 소멸하고, 이미 이행한 급부는 법률상 원인 없는 급부가 되어 부당이득의 법리에 따라 반환청구할 수 있다. 한편 계약 당시에 이미 채무의 이행이 불가능했다면 특별한 사정이 없는 한 채권자가 그 이행을 구하는 것은 허용되지 않고, 이미 이행한 급부는 법률상 원인 없는 급부가 되어 부당이득의 법리에 따라 반환청구할 수 있으며, 나아가 민법 제535조에서 정한 계약체결상의 과실책임을 추궁하는 등으로 권리를 구제받을 수 있다. 피고의 Y토지에 대한 소유권이전등기의무는 이행이 불가능하다고 보아야 한다.

2. 판례의 법리의 분석

1) 이행불능으로서 법률적 불능의 의의

　우선 두 판결은 사안이 거의 동일하다. 채무자의 소유권이전등기의무가 관련 법령의 최소분할 면적제한에 관한 규정에 해당하여 목적 토지의 분할이 제한되어 불가능하다고 판정된 사례이다. 두 판결에서 대법원은 먼저 이행불능의 개념을 설시하면서 채무를 이행하는 행위가 법률로 금지되어 그 행위의 실현이 법률상 불가능한 경우도 당연히 이에 포함됨을 말하고 있다. 이행불능이란 절대적·물리적 불능이 아니라 거래관념에 비추어 채권자가 채무자의 이행의 실현을 기대할 수 없는 경우를 가리킨다는 판례의 설시는 이행불능의 판단이 규범적인 것임을 말해준다.

　최근의 한 판결은 이러한 규범적 판단에서 고려되어야 할 요소에 대하여 구체적으로 실시하고 있다.[1] 타인에게 귀속된 권리를 매매하는 경우에 이행불능의 판단에서 법원은 일차적으로 채권자가 이행의 실현을 기대할 수 없는 객관적 사정이 충분이 인정될 수 있는가라는 점, 나아가 계약의 체결에 이르게 된 경위와 경과, 또 채무의 이행을 가로막는 법령상 제한의 유무 등을 고려하여야 한다고 한다. 특히 채권자의 편에서 그가 채무의 이행이 불투명한 상황에서 계약에서 벗어나고자 하는지 아니면 채무의 본래 내용대로의 이행을 구하고 있는지 여부가 중요한 판단요소가 됨을 강조하고 있다. 채권자가 굳이 채무의 본래 내용대로의 이행을 구하는 경우에 쉽게 채무의 이행이 불능이라고 판단하는 것은 계약준수의 원칙을 침해하게 된다는 것이다. 즉 채권자의 본래의 급부의 이행청구권은 이행불능의 판단을 거친 손해배상청구권보다 일차적이고 우선적인 권리라고 볼 수 있을 것이다.[2] 위 두 판결에서 목적토지의 분할이 법령상 허용되지 않는 상황이라면 이를 이행불능으로 판단하는 것은 어려움이 없을 것이다.

---

[1] 대법원 2016.5.12. 선고 2016다200729 판결
[2] 동 판결을 불능의 법리에서 벗어나 이행청구권의 한계의 문제로 보아야 한다는 견해는 주목할만 하다. 정진명, "이행청구권과 계약규범 : 불능법리의 재편을 중심으로", 『재산법연구』 제33권 4호, (2017), 32면

반면에 원시적 불능의 판단에 있어서는 채무자의 책임이 신뢰이익의 배상으로 경감되는 점에 비추어 그 불능의 인정에 있어 더 주의를 요한다. 판례는[3] 분양계약상 기존입주자의 영업권 보호를 위한 업종지정의무조항의 해석에 있어 분양자가 분양종료 이후의 영업권까지 보호하겠다는 약정부분은 불능을 목적으로 하는 법률행위로서 무효라는 주장에 대하여, 분양계약 체결 이후라도 경업금지약정을 위배하는 수분양자와의 계약을 해제하는 등으로 기존 점포상인들의 영업권 보호를 위하여 최선을 다할 의무를 진다고 해석하였다. 즉 원시적 불능의 법리가 계약준수의 대원칙을 회피하는 수단으로서 남용되어서는 안된다는 점을 잘 보여주고 있다.

2) 후발적 불능과 원시적 불능시 법리적용의 공통점과 차이점

채무자의 이행이 이행불능으로 판정된 경우의 법리에 대하여 [판결1]은 그것이 계약 체결 후에 불가능하게 된 경우 즉 후발적 이행불능이라면 채권자는 그 이행을 청구하지 못하고 채무불이행을 이유로 손해배상을 청구하거나 계약을 해제할 수 있다고 한다. 물론 채무불이행을 이유로 손해배상을 청구하려면 채무자의 귀책사유가 있어야 함은 물론이다. 그리고 사안과 같이 계약 당시에 이미 채무의 이행이 불가능하였다면 이행을 구할 수 없음은 마찬가지이나 후발적 이행불능과 달리 손해배상과 계약해제 등의 구제가 아니라 제535조의 계약체결상의 과실책임에 의한 권리구제밖에 허용되지 않는다는 법리를 분명히 하고 있다.

이러한 법리는 [판결2]에서 조금 더 구체화되는데, 특히 쌍무계약에서 일방이 먼저 이행을 한 경우에 그 급부의 처리는 어떻게 되는가에 대해 설시한다. 즉 계약체결 후에 쌍방의 귀책사유없이 채무의 이행이 불가능해진 경우 제537조에 따라 채무자는 자신의 급부의무를 면하고 동시에 반대급부도 청구하지 못하게 되어 이미 이행한 급부는 법률상 원인없는 급부가 되어 부당이득의 법리에 따라 반환청구할 수 있다고 한다. 나아가 계약당시에 이미 채무의 이행이 불가능한 경우에도 이미 이행한 급부는 법률상 원인없는 급부가 되어

---

[3] 대법원 1995.9.5. 선고 94다30867 판결

부당이득의 법리에 따라 반환청구할 수 있다고 한다. 물론 이 경우에도 제535조에 의한 권리구제의 길은 여전히 열려있다고 한다.

　이러한 판결의 법리는 원시적 불능과 후발적 불능과의 관계에 대하여 시사하는 점이 있다. 첫째는 양자의 법적 취급에 있어 공통점에 관한 것이다. 즉 원시적 불능시에 기이행한 채권자의 급부의 반환이 문제된 사안에서 [판결2]는 먼저 후발적 불능에서의 법리를 설시한 후 동일한 법리가 원시적 불능에서 적용되어 그 반환청구가 가능하다는 것이다. 즉 이행불능이 된 급부에 대응하는 반대급부가 이미 이행된 경우에는 후발적 불능의 경우에는 쌍방의 귀책사유가 없다면 제537조의 위험부담의 법리에 따라 이미 이행한 급부는 법률상 원인없는 급부가 되어 부당이득의 법리에 따라 그 반환을 청구할 수 있는데, 원시적 불능의 경우에도 마찬가지로 부당이득의 법리에 따라 이행한 급부의 반환을 청구할 수 있다고 한다. 학설도 제537조의 해석상 채권자는 기이행한 자신의 급부의 반환을 청구할 수 있으며 이것은 부당이득의 실질을 갖는 것이라고 해석되고 있다. 채권자가 반대급부를 먼저 하고 채무자의 급부가 불능이 되었다면 그 때부터 채무자가 수령한 반대급부는 부당이득이 되어 반환청구의 대상이 되며, 급부가 불능이 된 후 이를 모르고 채권자가 반대급부를 하였다면 역시 비채변제에 의한 부당이득의 반환으로서 다루어질 수 있다고 한다.[4]

　판례는 원시적 불능의 경우에도 기이행한 급부는 부당이득의 법리에 따라 반환청구할 수 있다고 하는데 이것은 쌍무계약의 견련관계에 따른 법리의 적용에 있어 양자에 차이가 없다는 것을 말해준다. 정확히 따지면 후발적 불능에서는 계약관계가 목적의 불달성으로 종료하는 것이고 원시적 불능의 경우에는 현행 조문에 따르면 계약자체가 무효로 되는 것이지만 그러한 법적 형식논리에 구애되지 않고 쌍무계약의 이행상의 견련성에 비추어 채권자의 선이행급부는 반환되어야 하고 그 근거는 부당이득이라고 볼 수 있다는 것이다.[5]

　둘째로 판례는 채권자의 구제에 있어 이행불능이 계약체결 후인가 아니면

---

[4] 김형배, 『채권각론[계약법]』, (2001), 169면; 송덕수, 『채권법각론』, (2017), 88면
[5] 독일민법에서는 반대급부를 이미 이행한 채권자가 반대급부의 반환을 청구하는 권리는 부당이득법이 아니라 해제법에 따른다고 한다. MünchKomm/Ernst (2016), § 311a Rz. 40

계약체결 당시에 이미 이행불능의 상태에 있었는가를 엄격히 구별하고 있다. 원시적 불능의 경우에는 제390조에 기한 채무불이행과 손해배상의 법리가 아니라 이러한 경우를 위하여 민법이 마련한 제535조에 의한 계약체결상의 과실책임의 추궁이라는 특수한 권리구제의 길만이 열려있음을 설시하고 있다. 즉 후발적 불능이 아니라 원시적 불능이 성립하였음을 인정하는 것은 그 효과론에 있어 결정적인 차이를 가져오는 것인데, 이 경우 그 근거가 되는 제535조는 채무자의 책임을 이른바 '신뢰이익의 배상'이라는 한도로 경감하여 주는 것이다.

3. 평가

채권자가 선이행한 급부를 부당이득의 법리에 따라 반환받는 것은 후발적 불능과 원시적 불능 사이에서 구별하는 것은 의미가 없다는 점에서 판례의 법리는 수긍할 수 있다. 예컨대 후발적 불능에서 채권자가 이미 채무자가 불능에 빠진 사실을 알지 못하고 자신의 반대급부를 이행한 경우와 원시적 불능에서 계약체결 당시 이미 채무자가 불능인 사실을 알지 못하고 채권자가 자신의 반대급부를 이행한 경우는 법적 판단에 있어 동일한 상황이라고 간주될 수 있을 것이다.

그런데 불능 특히 채무자의 귀책사유가 있는 불능이 후발적인가 원시적인가에 대하여 구별하는 판례의 입장에 대해서는 그 간 많은 논의가 있어왔다. 판례실무는 현재 존재하는 제535조의 규정에 충실하게 원시적 불능의 경우에는 제535조를 적용하여 손해배상에 있어 신뢰이익의 배상이라는 기준을 적용해오고 있다. 이것은 비교적 최근의 판결[6)]에서도 잘 나타나고 있다. 지자체에서 운영하는 전망대와 단일입장권 발행을 내용으로 하는 위탁관리계약을 맺고 시설을 투자한 사설박물관업자가 후에 동 계약이 사실적·법률적으로 불가능한 것이었음이 판명되자 원시적 불능임을 주장하며 신뢰손해의 배상을 구한 사건에서 법원은 박물관건립 등에 지출한 비용의 배상을 청구할 수 있다고 하면서 박물관의 운영수입 즉 일실이익은 위탁관리계약이 이행되었을 경우

---

6) 대법원 2011.7.28. 선고 2010다1203,1210 판결

얻을 수 있었던 이행이익이고 이는 계약의 유효한 성립을 전제로 하는 것이어서 구할 수 없다고 하였다.7)

생각건대 제535조는 원시적 불능이라는 유형에 대해 채무불이행의 문제가 아니라 계약체결시 채무자가 자신의 급부능력에 대한 오판을 하고 이를 상대방이 신뢰하게 된 상황의 해결이라는 측면에서 접근하고 있다. 민법전의 편찬과정을 보면, 동 조항이 독일의 법학자 예링의 '계약체결상의 과실'(culpa in contrhendo)이라는 개념의 도입임을 알 수 있다. 원시적 불능으로 인하여 계약이 무효가 되었고 그 무효인 계약을 체결하는데 과실이 있는 자에게 그 계약을 유효하다고 오신하였기 때문에 상대방이 입은 손해를 배상할 의무를 부담시키는 것이 공평한 것이고 다만 그 배상범위는 계약이 유효하다고 오신하였기 때문에 받은 손해 즉 소극적 계약이익 또는 신뢰이익만을 배상할 책임을 지게 한다는 것이었다.8) 즉 동 조항이 계약이 무효에 이른 경우에 그 사후처리를 착오 등에서와 같이 부당이득의 법리의 적용에 한하지 아니하고 제한적 손해배상의 법리를 결부시킨 것은 입법적 결단이라고 할 수 있다. 그리고 이것은 판례에서 보듯이 구체적 사안에 있어 합리적인 결과를 도출하고 있다고 보인다. 위의 박물관 사건에서 보듯이 급부능력 또는 계약의 유효성에 대한 잘못된 판단에 대한 책임이 이행이익에까지 확대되는 것은 그 과책의 실질에 비추어 가혹한 감이 있다.

III. 불성립 또는 무효로 된 계약에 대한 책임

1. 판례의 소개

【제3판결】 대법원 2007.11.14. 선고 2015다10929 판결

(사실관계) 甲은 乙에게는 乙 소유의 차량을 3,100만원에 구입하겠다고 하

---

7) 동 판결에 대한 평석으로 김동훈, "원시적 불능으로 인한 손해배상의 범위", 『국민대 법학논총』 제24권 제3호 (2012.2.). 『채권법연구(II)』 189면 이하에 전재.
8) 민사법연구회의 민법안의견서의 제안이유 및 국회본회의 제2독회 발언록. 명순구, 『실록 대한민국 민법』 (2010), 333면

고 또 丙에게는 자신의 채무자인 乙이 소유한 차량을 2,600만원에 매도하겠다고 속여서 乙과 丙이 계약체결을 진행하도록 하여 성립시키고 차량대금을 丙으로부터 편취하였다. 이에 丙은 乙과의 매매계약은 매매대금에 관한 의사의 불합치로 유효하게 성립되지 아니하였고 乙은 계약체결당시 매매계약이 성립될 수 없다는 것을 부주의로 알지 못하였는바, 민법 제535조를 유추적용하여 乙의 계약체결상의 과실로 인해 丙이 받은 손해 즉 丙이 계약의 성립을 믿고 甲에게 송금하여 편취당한 금액의 배상을 청구한다.

(대법원의 판단) 계약이 의사의 불합치로 성립하지 아니한 경우 그로 인하여 손해를 입은 당사자가 상대방에게 부당이득반환청구 또는 불법행위로 인한 손해배상청구를 할 수 있는지는 별론으로 하고, 상대방이 계약이 성립되지 아니할 수 있다는 것을 알았거나 알 수 있었음을 이유로 민법 제535조를 유추적용하여 계약체결상의 과실로 인한 손해배상청구를 할 수는 없다. 다만 乙은 계약체결과정에서 요구되는 주의의무를 다하지 아니함으로써 甲의 불법행위를 방조한 것으로 볼 여지가 있어 공동불법행위자로서의 책임을 심리해볼 필요가 있다. (체결과정에서 乙의 부주의한 언행을 丙이 甲에게 송금하며 이를 매매대금의 지급방법으로 유효하다는 신뢰를 형성하게 된 결정적인 원인으로 판단함)

【제4판결】 대법원 2012.6.28. 선고 2011다88313 판결

(사실관계) 서울시 광진구 소속 공무원들은 (주)홈플러스와 사이에 비티오(BTO, Build-Transfer-Operate) 방식의 민간투자사업에 관한 실시협약을 체결하는 과정에서 광진구의회의 의결이 이루어지지 않아 계약체결이 무효로 판정되었다. 이에 ㈜홈플러스는 실시협약이 유효한 것으로 믿고 이 사업의 실시계획을 준비하는 데 지출한 비용 상당의 손해를 배상할 것을 청구한다.

(대법원의 판단) 광진구는 이 사업이 구의회의 의결을 필요로 하는지 여부에 관하여 관련 행정기관에 질의를 하는 등 신중을 다함으로써 상대방에게 실시협약의 무효로 인한 불의의 손해가 발생하지 않도록 하여야 할 직무상 의무를 위반하였으므로 (주)홈플러스가 실시협약이 유효한 것으로 믿고 이 사업의

실시계획을 준비하는 데 지출한 비용 상당의 손해를 배상할 책임이 있다. 다만 체결 당시 민간투자사업에 지방의회의 의결이 필요하다는 해석론이 일반적으로 통용되지 않았던 점, 공무원들에게 인정되는 과실도 중하지 않은 점, 반면 민간투자사업이 갖는 특성에 비추어 볼 때 (주)홈플러스는 사업의 실패로 인한 위험을 어느 정도 감수하려 했던 것으로 보이는 점, (주)홈플러스에게도 실시협약이 무효임을 모른 데 대하여 사회통념상, 신의성실의 원칙상, 공동생활상 요구되는 약한 부주의가 인정되는 점 등의 사정을 종합하여 광진구의 손해배상책임은 (주)홈플러스에게 발생한 손해액의 20%로 제한한다.

2. 판례의 분석 및 평가

우선 [판결4]에서 대법원은 명시적으로 제535조를 제시하지는 아니하였지만 계약이 무효가 된 결과에 대하여 상대방이 그 유효를 믿고 지출한 비용상당의 손해를 배상하여야 한다고 설시함으로써 동 조문의 법리를 적용한 사례로 볼 수 있다. 그런데 사안은 엄격한 의미에서 원시적 불능이라고 할 수는 없고, 계약의 효력을 좌우하는 중요한 요소에 대하여 충분히 알지 못하고 계약체결을 진행하였다가 결국 계약이 무효에 이르게 된 것이다. 계약의 목적의 실현이 확정적으로 불능인 경우가 아니더라도 계약의 유무효를 결정짓는 요소에 대하여서 상대방에게 충분하고 정확한 정보를 제공하지 아니하고 계약을 체결하였다가 무효로 판정이 된 경우라면 실질적으로 원시적 불능의 경우와 구별할 실익은 없을 것이다. 이에 대하여 판례는 계약을 무효로 만드는 요소에 대하여 신중하지 못하였다는 계약체결상의 과실에 기하여 상대방이 입은 신뢰이익의 손해의 일정부분을 배상하라고 한 것이다.

[판결3]은 이에서 더 나아가 계약체결과정에서 제3자의 사기적 행태가 개입하였고 그 결과 계약이 의사의 불합치로 성립하지 아니한 경우에도 제535조가 유추적용되어 계약체결상의 과실로 인한 손해배상청구가 가능한 가에 대하여 대법원은 부정적 입장을 개진하였다. 즉 계약의 일방이 제3자의 사기적 행태를 충분히 인식치 못하고 부주의함으로써 결과적으로 상대방이 계약의 유효한 성립에 대해 결정적인 신뢰를 갖게 된 사안에서, 계약이 불성립인

이상 제535조의 적용은 불가하고 이는 불법행위의 문제 정확히는 방조에 의한 불법행위 책임이 성립할 수 있을 뿐이라고 지적하였다.

생각건대 계약의 불성립과 유무효를 엄격히 구분하여 법리의 적용을 결정하는 것은 타당성이 부족하고 형식주의로 떨어질 수 있다. 중요한 것은 유효한 계약의 체결에 이르지 못한 경우에 그 사후적 처리로서 그러한 사태의 초래에 원인을 제공한 자에게 상대방이 입은 손해에 대한 배상책임을 지울 수 있는가와 그 책임의 내용에 관한 것이다. 계약의 온전한 성립을 방해하는 요소에 대하여 잘 알지 못하였거나 그에 관한 정보를 상대방과 충분히 공유하지 못함으로써 상대방에게 무익한 손해를 발생시킨 것에 대한 책임이라는 점에서 보면 제535조의 유추 또는 확대해석의 길은 열려있다고 볼 수 있다.

IV. 원시적 하자에 대한 고지의무 위반의 책임

1. 원시적 하자의 현실화로 인한 채무불이행

계약체결 당시에 이미 원시적 하자가 존재하고 있는 상태에서 계약이 체결되었고 그 후 이 원시적 하자가 후에 현실화되어 채무의 이행이 불능이 된 경우에 이는 원시적 불능의 법리와 어떤 관계가 있을까? 판례에 나타난 한 사례를 보자.9) 甲이 아파트의 수분양권을 乙에게 매도하는 계약을 체결하였고 乙은 이를 다시 丙에게 매도하는 계약을 체결하였는데, 甲의 수분양권의 매도는 甲이 이주대책자로 결정되기 전의 거래여서 관계법령에 따라 乙과 丙의 거래 후에 수분양권을 상실하게 되었다. 이 경우 乙과 丙의 거래는 계약체결 후에 불이행이 된 것처럼 보이나 실은 체결당시 이미 계약의 목적을 불능하게 만드는 사정이 존재하고 이러한 원시적 하자가 후에 현실화된 것이다. 이에 대해 판례는 이러한 원시적 하자에 대해 乙이 고지하지 아니하고 계약을 체결한 점에 근거하여 乙에게 계약의 이행이 후발적 불능으로 귀착된데 대한 귀책사유가 있다고 하였다. 즉 이는 채무불이행의 문제로 처리하면 충분하다고 본 것이다.10) 그러나 계약체결시에 乙의 丙에 대한 수분양권 인도가 객관적으로

---
9) 대법원 2011. 5. 26. 선고 2010다102991

불가능하거나 불가능케 하는 사정이 존재하고 있었다면 이는 원시적 불능에 해당하는 사안으로 구성하는 것도 가능하다. 제535조는 이러한 원시적 불능사실을 알면서도 또는 부주의하여 상대방에게 알리지 못하고 그것을 목적으로 하는 계약을 체결한 당사자에게도 계약체결상의 과실책임을 묻는 근거가 될 수 있다. 그런데 위 판례처럼 원시적 하자가 현실화된 시점이 체결 후라고 하여 고지의무 위반을 매개로 하여 채무불이행책임을 묻는 것은 제535조의 적용을 우회하는 것이 될 수 있다는 점에서 비판의 여지가 있다.

2. 계약교섭과정에서 고지의무의 위반

물론 원시적 불능이라는 것은 계약체결시 객관적으로 확정될 수 있어야 하므로 단지 이행에 장애를 가져올 개연성이 높은 사정에 대하여 고지하지 않았다는 사정만으로는 제535조의 범주에 포섭하기는 어려울 것이다. 예컨대 판례는 아파트건설예정부지가 유적지 발굴작업중이어서 후에 원형보존결정이 날 수 있는 가능성이 있는데도 이를 고지하지 아니하고 분양한 후에 보존결정이 이루어져 아파트 건축이 불가능해진 사안에서, "계약당사자 일방이 자신이 부담하는 계약상 채무를 이행하는데 장애가 될 수 있는 사유를 계약을 체결한 당시에 알았거나 예견할 수 있었음에도 이를 상대방에게 고지하지 아니하였고 후에 그 사유로 인해 채무불이행이 되었다면 그 채무가 불이행된 것에 대하여 귀책사유가 있다"고 판시하고 있다.[11]

또한 고지하지 않은 사항으로 인해 채무의 이행불능이 초래된 것은 아닐지라도 상대방이 그로 인해 매우 불리한 조건의 계약을 체결한 경우에도 그에 대한 책임을 물을 수 있을 것이다. 판례는 오피스텔을 분양하면서 교섭단계에서 부주의하게 인근 교통시설의 건립에 대한 잘못된 정보를 제공하여 높은 분양가액으로 계약을 체결하게 된 수분양자가 그로 인한 손해의 배상을 구하는 사안에서 "사실여부를 정확하게 확인하지 아니하고 잘못된 정보를 제공한 것

---

10) 김동훈, "채무자의 정보제공·수집의무와 귀책사유 개념의 확장", 『채권법연구(II)』, 114면
11) 대법원 2011. 8. 25. 선고 2011다43788 판결

은 분양계약의 교섭단계에 있는 상대방에 대하여 그 의사결정에 영향을 줄 수 있는 중요한 사정에 관한 신의칙상의 고지의무 등을 위반한 것으로서 불법행위 책임을 진다"라고 설시한다.12)

3. 평가

원시적 불능의 법리는 자신의 급부능력이나 이행가능성을 알지 못한 데서 나아가 그러한 가능성에 대하여 상대방에게 충분히 알리지 않은 이른바 고지의무 내지 정보제공의무 위반으로 중점이 옮아가고 있다. 급부의 이행불가능성을 사전에 알았다면 그에 대해 상대방에게 알려야 할 신의칙상의 의무가 발생할 것인데 이를 다하지 않은 것이 책임의 근거가 된다. 독일법에서도 개정시 원시적 불능에 관한 조항을 존치시키면서 계약체결 전의 채무자의 책임은 본질적으로 정보의무가 문제되는 점에서 급부목적물 자체와 관련된 의무를 다루는 계약체결 후의 책임과 구별된다고 하였다. 즉 이는 독자적인 청구권의 요건이며 일반적인 채무불이행의 구성요건의 하부구조가 아니라고 하였다.13)

그러나 독일법에서도 교섭단계에서 설명의무 내지 정보제공의무의 침해에 대한 책임이 계약체결상의 과실책임의 핵심이 되었다고 하면서도 교섭단계에서 설명의무가 언제 발생하는 지에 관해서는 통일적인 답을 찾기 어렵다고 한다. 오히려 이것이 원하지 않은 계약의 사후적 교정의 도구로 발전해가고 있다는 비판도 있다.14) 적어도 교섭단계에서 일방은 상대방에게 체결하려는 계약의 유효성과 이행가능성에 중요한 장애가 되는 문제는 알려야 할 의무가 있으며 나아가 교섭시의 양당사자의 대립적 이해관계를 고려하더라도 상대방에게 계약의 성립에 대한 잘못된 형상을 불러일으키지 말아야하고 무효로 만드는 요소를 가능한한 피하여야 한다고 한다.15) 우리 법의 해석에서도 계약의 유효성이나 이행가능성에 결정적 장애를 가져오는 사항에 관한 정보는 교섭

---

12) 대법원 2009. 8. 20. 선고 2008다19355 판결
13) Canaris, Schuldrechtsreform 2002, § 311a
14) MünchKomm/Emmerich, (2016), § 311 Rz. 64-65
15) MünchKomm/Emmerich, (2016), § 311 Rz. 160

단계에서의 정보제공의무에 속하는 것이고 이를 게을리 한 것은 제535조가 포섭하는 이익형량의 구조에 해당될 수 있다고 볼 것이다. 정보제공의무의 불이행의 결과가 계약체결 후에 현실화되었다고 하여 이를 기계적으로 채무불이행의 문제로 포섭하는 것은 바람직하지 아니하다. 요컨대 계약교섭단계에서 정보제공의무의 위반과 그 결과에 대하여 채무불이행책임의 확장을 통하여 포섭하는 것은 제535조와 그에 근거한 책임의 성립이 존재하는 한 그 한계가 있다. 적어도 채무자가 급부의 이행장애사유를 인식하였으나 이를 극복할 수 있다고 믿었다면 이는 체결되는 계약의 급부의 이행불능을 부주의로 이행 가능으로 인식한 것의 연장선에서 파악이 가능할 것이다.

V. 제535조의 확대적용이 문제되는 유형들

1. 매도인의 담보책임 및 착오와의 관계

아파트분양계약에서 분양자가 이전한 공유대지지분이 계약체결전 발생한 원시적 하자에 의해 계약내용보다 부족한 경우에, 수분양자가 이행불능된 공유대지지분 부족분에 상응하는 대금의 반환을 청구하면서 분양자의 계약체결상의 과실책임을 묻게되자, 판례는 부동산매매계약에 있어서 실제면적이 계약면적에 미달하는 경우에는 그 매매가 수량지정매매에 해당할 때에 한하여 민법 제574조, 제572조에 의한 대금감액청구권을 행사함은 별론으로 하고, 그 매매계약이 그 미달 부분만큼 일부 무효임을 들어 이와 별도로 일반 부당이득 반환청구를 하거나 그 부분의 원시적 불능을 이유로 민법 제535조가 규정하는 계약체결상의 과실에 따른 책임의 이행을 구할 수 없다고 하였다.[16]

수량을 지정한 매매에서 수량이 부족한 경우에는 권리의 하자부분에 규정되어 있지만 학설은 물건하자의 담보책임에 해당한다고 본다. 그러나 동시에 수량지정매매에서 지정된 수량에 부족이 있는 경우에는 수량이 대금산정의 기초가 되는 한 일부불이행이 있다고 볼 수도 있다.[17] 이 경우 일부불능의 원

---

16) 대법원 2002.4.9. 선고 99다47396 판결
17) 김형배, 『채권각론[계약법]』, 335면

인이 계약체결전 발생한 사유에 기한 것이라는 것을 근거로 원시적 불능책임을 물을 수 있는가가 하나의 쟁점이 된 사례이다. 판례는 이 경우에 민법상 담보책임의 법리에 따른 대금감액청구는 성립할 수 있으나 별도로 제535조에 따른 계약체결상의 과실책임은 구할 수 없다고 하였다.

생각건대 급부의 일부분이 원시적 불능이고 그 부분이 분할가능한 것이라면 그 부분은 원시적 일부불능의 법리에 따른 처리도 가능하고 수량지정매매인 경우에 담보책임의 법리에 따른 해결도 가능하다고 본다. 다만 전자의 경우에는 일부무효의 법리에 기초할 것이고 후자라면 계약의 유효를 전제로 하게 될 것이다. 반면에 채무자의 급부의무가 물건의 특정한 성상에 관한 것이고 체결시 채무자가 이를 이행할 수 없었던 경우에는 담보책임의 법리에 따라 매수인은 대금감액의 권리를 행사할 수 있고 하자가 중대할 때에는 해제를 할 수도 있다. 나아가 과책에 근거하여 확대손해에 대한 책임이나 제535조에 기한 신뢰손해의 배상책임이 배제된다고 볼 것은 아니라고 본다. 독일법도 하자에 대해 체결시의 오신에 대한 과책에 근거하여 급부에 갈음한 손해배상을 제311조a에 따라 물을 수 있다고 한다.[18] 우리의 학설도 매매목적물의 성상에 관하여 매도인이 잘못된 정보를 제공한 경우에는 하자담보책임과 계약체결상의 과실책임이 경합될 수도 있다고 한다.[19] 반면에 타인의 물건을 자기에게 속하는 물건으로 착오를 일으켜 계약한 경우 착오를 이유로 취소할 수 있는가에 대해서는 독일법에서도 부정적인 듯하다.[20] 만일 이러한 착오취소를 인정한다면 매도인은 원시적 불능에 따른 책임을 면할 뿐 아니라 담보책임법에 따른 매수인의 권리와 의무를 박탈할 수 있고 매수인도 제척기간의 경과로 소멸된 권리에 대하여 취소로써 우회할 우려가 있기 때문이라고 한다. 다만 문제된 성질이 계약의 목적이 아닌 경우에는 착오취소권은 배제되지 않는다.[21]

---

18) MünchKomm/Ernst, (2016), § 311a Rz. 82
19) 김형배, 『채권각론[계약법]』, 129면
20) MünchKomm/Ernst, (2016), § 311a Rz. 79
21) 참고로 하자담보책임과 착오와의 관계에 대하여 최근의 판례는, 고서화의 매수인이 위작을 진품으로 알고 매수한 경우에 착오로 인한 취소 제도와 매도인의 하자담보책임 제도는 취지가 서로 다르고, 요건과 효과도 구별되므로 매매계약 내용의 중요 부분에 착오가 있는 것으로 보아 매수인은 매도인의 하자담보책임이 성

정리해보건대 원시적 불능과 하자담보책임 그리고 착오취소제도는 상당부분 공통되는 이익형량의 기초위에 놓여있다. 다 계약체결시점에 채무자가 자신의 급부에 내재된 장애요소를 충분히 알지 못한 것에 대한 책임의 소재를 가리는 것이다. 유럽계약법이나 국제상사계약원칙에서 원시적 불능(initial impossibility)의 유효성을 선언하는 규정을 착오에 관한 규정과 나란히 두고 있는 것이 이를 잘 보여준다.22) 또한 채무자의 부지와 그에 대한 과실이 책임근거가 됨에 따라 채권자의 부지와 그에 대한 과실여부도 상호작용하는 요건이 되는 것도 공통적인 특징이다.23) 이러한 제도들 간의 경합여부는 매우 어려운 문제이나, 원시적 불능의 경우에 하자담보책임을 넘어 과실을 기초로 불능책임을 묻는 것은 가능하고, 착오취소는 원시적 불능에 따른 책임을 회피하는 결과가 될 것이므로 적용이 배제된다고 볼 것이다.24) 우리 법은 원시적 불능에 포섭되는 착오에 대하여는 부지에 대한 과실을 매개로 제한적인 손해배상책임을 부과하는 입법을 한 것이라 볼 수 있다.25)

2. 계약교섭이 결렬된 경우

계약이 교섭단계에서 결렬되고 그에 대해 일방의 귀책이 문제될 수 있는 경우 그 결렬에 대한 책임의 문제는 계약체결상의 과실책임의 중요한 한 유형으로서 거론되어왔다. 오래된 판례를 보면 회사가 채용내정자로 확정하고도 발령을 미루다 결국 재정사정상 채용을 하지 못하게 된 사안에서 회사의 채용과정에서의 과실을 근거로 하여 회사는 불법행위자로서 채용내정자가 최종합

립하는지와 상관없이 착오를 이유로 매매계약을 취소할 수 있다고 하였다. (대법원 2018. 9. 13. 선고 2015다78703 판결)
22) 유럽계약법의 원시적 불능규정(4:102), 착오에 관한 규정(4:103); PICC도 같음
23) 제535조 제2항의 규정, 제580조 제1항 단서규정, 독일민법 제122조 제2항은 착오시 피해자가 그 원인을 과실로 알지 못한 경우 취소자의 배상의무를 면하게 함
24) Münchkomm/Armbrüster(2015) § 119 Rz. 38
25) 참고로 독일법의 개정시에 원시적 불능에도 착오에 관한 배상규정(독일민법 제122조)을 준용하자는 즉 무과실배상책임을 부과하자는 제안이 있었으나 이는 원시적 불능의 과책주의와 모순된다 하여 채택되지 않았다. Dauner-Lieb, Das Neue Schuldrecht (2002), 118면

격자 통지와 계속된 발령 약속을 신뢰하여 회사의 직원으로 채용되기를 기대하면서 다른 취직의 기회를 포기함으로써 입은 손해를 배상할 책임이 있다고 하였다.26) 또 하급심에서도 진지한 계약교섭이나 준비과정이 진행되다가 일방이 일방적으로 교섭을 중단하는 경우에 따른 법적 분쟁이 다루어지기도 하였다.27) 계약교섭의 파기를 근거로 배상책임을 묻는 경우에 교섭의 파기는 계약체결의 자유에 속하는 것이며 설령 상대방이 계약성립을 기대하고 비용을 지출하였더라도 이는 자기의 위험과 책임하에 비용을 부담하여아 하는 것이라는 파기자의 항변이 대립하였다.

2000년대 들어와 대법원은 수 차례의 주목할만한 판결들을 통하여 기본적인 법리를 설시한 바 있다. "어느 일방이 교섭단계에서 계약이 확실하게 체결되리라는 정당한 기대 내지 신뢰를 부여하여 상대방이 그 신뢰에 따라 행동하였음에도 상당한 이유 없이 계약의 체결을 거부하여 손해를 입혔다면 이는 신의성실의 원칙에 비추어 볼 때 계약자유 원칙의 한계를 넘는 위법한 행위로서 불법행위를 구성한다"28)는 것이다. 교섭의 부당한 파기를 신의칙에 위반한 행태로 보되, 그 근거는 불법행위책임이라고 하였다. 의미있는 것은 손해배상의 범위를 산정함에 있어 "계약이 유효하게 체결된다고 믿었던 것에 의하여 입었던 손해 즉 신뢰손해에 한정된다"고 하면서, 계약의 성립을 기대하고 지출한 계약준비비,용 등은 여기에 해당하나 계약의 체결을 전제로 한 손해의 배상 즉 계약이 정당하게 체결되어 그 이행의 결과에 따라 얻게 될 이익을 상실한 손해는 청구할 수 없다고 하였다.29)

계약교섭의 부당한 파기에 대한 책임은 교섭단계에서의 일방의 귀책있는 행태에 기한 책임이기는 하지만 원시적 불능의 법리와 그 확장으로 유형화할 수 있는 사례들과는 구별될 필요가 있다. 즉 후자는 계약의 무효 등에 대한 부지나 그 사유에 대해 오판하거나 관련된 정보를 제공하지 않음에 대한 책임

---

26) 대법원 1993. 9. 10. 선고 92다42897 판결
27) 서울지법 1990.8.13. 선고 89카합20650 판결
28) 대법원 2001. 6. 15. 선고 99다40418 판결; 대법원 2004.5.28. 선고 2002다32301 판결
29) 대법원 2003. 4. 11. 선고 2001다53059 판결

을 묻는 데 비해. 후자는 비록 교섭단계이지만 신의칙에 반하는 귀책적인 행태에 대한 책임을 묻는다는 점이다. 독일법에서도 교섭중단에 대한 배상책임의 성질은 계약전단계의 설명이나 경고의무의 침해와는 구별되는 신뢰책임이라고 한다.30) 다만 그 효과에 있어 교섭단계이므로 이행이익의 배상이 인정되지 아니하고 신뢰이익의 손해의 배상이 문제된다는 점에서 공통의 요소를 갖고 있음도 주목하여야 한다. 그리하여 이를 판례와 같이 단순히 불법행위 책임으로 규정하는 것은 사안의 이익형량을 반영하지 못하는 점이 있다.31)

VI. 제535조의 운용방향

1. 원시적 불능의 법리의 타당성

제535조가 규정하는 내용인 '목적이 불능한 계약' 즉 원시적 불능의 법리에 대하여는 꾸준한 비판이 있어왔다. 그것은 우선 두 단계로 나누어 볼 수 있는데 목적이 불능한 계약은 무효라는 이른바 원시적 불능의 도그마에 관한 것이다. 우리 민법은 구 독일민법과 같이 명시적으로 원시적 불능 무효론을 선언하지는 않았지만 논리적 해석상 이를 전제로 하고 있는 것으로 볼 수 있다. 그러나 주지하는 바와 같이 이러한 도그마를 명문으로 규정하고 있던 독일민법도 2002년의 개정에 의하여 "채무자의 급부장애가 계약체결시 이미 존재하고 있었다는 사정은 계약의 유효에 영향을 미치지 아니한다"(제311조a)라고 정하여 원시적 불능시에 계약은 여전히 유효하다는 입장을 택하였다. 또한 유럽계약법원칙(PECL)이나 국제상사계약원칙(PICC)도 같은 취지의 명문의 규정을 두고 있다.32) 또한 법리적으로 볼 때 계약체결시에 이미 불능인가 아닌가는 사후적인 정보에 기한 판단을 계약체결시로 소급하여 판정하는 경우가

---

30) MünchKomm/Emmerich, (2016), § 311 Rz. 167
31) 김형배, 채권각론[계약법] 133면은 이처럼 도식적 또는 개념법학적 체계사고를 토대로 불법행위법 일변도의 해결을 시도하는 것은 매우 유감스럽다고 한다.
32) PECL 4:102 "계약은 그 체결시에 목적한 의무의 이행이 불능이라는 것 또는 일방이 계약과 관련된 물건의 처분권한이 없다는 것만으로는 무효로 되지 아니한다."; PICC 3.3. (1)도 같은 내용을 규정함

많을 것인데 이에 따라 계약의 유무효를 정한다는 것은 합리적이지도 논리적이지도 않다. 즉 일단 청약과 승낙의 합치라는 절차적 요건을 갖추어 계약이 성립하였다면 이를 소급적으로 무효로 하는 것은 제한적으로 인정하는 것이 바람직하다. 이러한 점을 두루 고려하면 원시적 불능의 도그마에서는 벗어나는 것이 필요하다. 2013년의 민법개정안도 이를 반영하여 "계약을 체결할 때에 이미 그 이행을 할 수 없다는 사정은 계약의 효력에 영향을 미치지 아니한다"(2013년 개정안 제535조 제1항)는 원칙을 선언하고 있다.

반면에 원시적 불능을 목적으로 하는 계약이 유효라고 하면 그 효과에 관한 현행 규정도 부인되어야 하는가는 또 다른 문제이다. 즉 유효인 계약이지만 그에 따른 채무의 불이행에 대하여 제390조가 적용되는 일반채무불이행과 다른 효과를 부여할 것인가에 대하여 부정적 입장은 후발적 불능이든 원시적 불능이든 모두 급부약속의 불이행에서 책임근거를 찾을 수 있고 양자 사이의 '과실의 준거점'의 차이는 양자를 구별해야 할 이유가 되지 못한다고 한다.[33] 반면에 마치 매도인의 담보책임이 채무불이행책임의 성질을 갖는 것으로 본다고 해도 그 효과에 관하여 특칙을 정하는 것과 같이, 원시적 불능시의 책임을 채무불이행책임으로 보면서도 현 규정이 이 경우 채무자의 특수성을 고려하여 책임을 신뢰이익의 손해로 경감하고자 하는 취지를 따른다면, 채권자의 신뢰를 계약의 유효에 대한 신뢰가 아니라 계약이 이행될 것에 대한 신뢰로 변용할 수 있을 것이다.[34] 이미 판례도 신뢰이익을 말할 때 항시 계약이 무효라는 점을 전제하는 것은 아니다. 예컨대 지출비용의 배상과 관련하여 판례는 "채권자는 이행이익의 배상에 갈음하여 (유효한) 계약이 이행되리라고 믿고 채권자가 지출한 비용 즉 신뢰이익의 배상을 구할 수도 있다"라고 하고 있다.[35]

---

[33] 최흥섭, "독일 채무불이행법의 개정과 원시적 불능", 『저스티스』 (2004/4) 47-48면
[34] 김동훈, "원시적 불능에 관한 민법 개정시안에 대한 고찰", 『채권법연구(II)』, 35면
[35] 대법원 2002.6.11. 선고 2002다2539 판결. 최근의 판결(2017.2.15. 선고 2015다235766; 2006.4.15. 선고 2015다59115 판결 등)에서는 신뢰이익이라는 용어 대신에 지출비용의 배상이라는 표현을 쓰면서 이것이 이행이익의 증명이 곤란한

결국 현행의 제535조의 규정에서 '계약의 유효를 믿었음으로 인하여'라는 문구가 전제하는 원시적 불능의 도그마는 벗어나야겠으나 원시적 불능시 그 효과로서 이행이익의 청구가 아니라 채무의 이행가능성을 믿고 지출한 신뢰손해의 배상에 한정한다는 특수한 법리는 여전히 가능한 것이다. 계약체결시에 이미 급부의 가능성이 없다는 상황에 대하여 별도의 규정을 두는 이상 그러한 상황에 대한 법적 판단 특히 그 효과에 있어서 차이를 두지 않는다는 것은 조항의 존재의미를 반감시키는 것이다.

문제는 제535조가 원시적 불능에 대한 특칙을 두면서 일반채무불이행책임과는 다른 즉 배상책임을 신뢰손해로 경감시키는 이익교량에 대한 적절성의 판단이다. 위에서 소개한 제535조를 적용한 최근의 판례에서 보듯이 실무적 사고로는 계약체결시에 급부이행의 가능성을 충분히 파악하지 못하고 이행이 가능한 것으로 오신하였다가 후에 이행불가능성이 확인된 상황에서 채무자의 책임은 과실로 채무의 내용을 실현시키지 못하여 지는 채무자의 일반채무불이행책임과는 구별하는 것이 합리적이라고 보는 것이다. 이에 부응하는 것이 현재의 제535조이고 이 조항이 드물지 않게 적용되고 있는 사례들이 있고 그에 나타난 이익형량은 대체로 수긍할 만한 것이라고 판단된다. 이러한 점을 종합적으로 고려하면 제535조가 개정되기 전까지는 비록 원시적 불능이어서 계약 자체가 무효라는 도그마를 수용하는 것을 감수하는 것은 신뢰손해의 배상이라는 법적 효과의 적용을 위해서는 불가피하다고 할 것이다.36)

2. 제535조의 유추 또는 확대적용의 가능성

이행불능인 계약을 가능하다고 믿은 상대방에 대한 손해의 배상이라는 법

경우에 증명을 용이하게 하는 점에서 실익이 있다고 한다. 그리고 제535조의 문언과 같이 지출비용의 배상은 항시 이행이익의 범위를 초과할 수 없다고 설시함으로써 신뢰이익 내지 지출비용의 개념이 계약이 무효로 된 상황만을 전제하는 것이 아니라 채무불이행으로 인한 배상범위의 획정에 있어 기초적인 개념으로 활용되고 있음을 잘 보여주고 있다.
36) 2013년도의 개정안은 제1항에서 계약체결시의 불능에도 계약은 유효하다는 것을 선언하고 제2항에서는 이 경우 '채권자는 손해배상을 청구할 수 있다'고 하여 손해배상의 구체적 내용에 관하여는 해석의 여지를 열어놓고 있다.

적 상황에 초점을 맞춘다면 이는 원시적 불능에 한하지 않고 그 외연을 넓힐 수 있을 것이다. 즉 엄격한 원시적 불능의 사례가 아니더라도 체결된 계약이 결국 무효 나아가 불성립으로 판명되었을 때 그에 대해 책임있는 채무자의 배상범위가 문제될 수 있다. 위의 사례에서 보듯이 계약체결 당시에 이미 불능이라고 단정할 수 없으나 체결시부터 존재하던 이행가능성에 영향을 미치는 요소에 대하여 부주의하여 최종적으로 이행이 불능이 확정된 경우 또는 체결과정상의 부주의로 인하여 계약이 아예 체결되었다고 볼 수 없는 즉 불성립의 경우에 제535조의 법리가 유추적용될 수 있는가이다. [판결3]에서는 계약이 불성립이라면 제535조의 유추적용이 불가능하다고 단정하고 있다. 그러나 계약의 성립·불성립과 유무효의 경계를 명확히 하는 것은 쉽지 않다. 제535조의 기본적인 사고가 체결과정에서의 체결되는 계약상의 의무의 이행가능성에 대한 오판에 대한 책임을 묻는 것이라면 원시적 불능의 범주에 넣기 어렵거나 계약이 불성립에 가까운 경우까지 동 조문의 적용범위에 넣을 수 있지 않을까 생각된다.

　나아가 제535조의 과책요소의 핵심은 체결시 계약의 불능을 알았거나 알 수 있었던 점이고 이것은 곧 채무자가 이러한 상황에 대하여 상대방과 충분히 소통하지 않았던 것으로 확장될 수 있다. 이른바 계약의 장애요소에 대한 고지를 소홀히 한 경우이다. 이 점에 대한 고지를 충분히 하였다면 이는 상대방이 그러한 이행불가능성에 따르는 위험을 인수한 것으로 볼 수 있기 때문이다. 그리하여 계약체결시 급부의 이행불가능성 즉 원시적 하자를 알 수 있었음에도 이러한 가능성에 대하여 상대방에게 알리지 않았고 결국 이행불가능에 이른 경우에 대해서도 제535조의 이익형량을 적용할 수 있을 것인가가 문제될 수 있다. 위에서 보듯이 판례는 이러한 사례는 후발적 불능으로 포섭되어야 하고 고지하지 아니한 원시적 하자의 현실화는 바로 후발적 불능에 대한 귀책사유로 인정되어야 한다는 것이다. 즉 불이행 자체에 대한 과실과 불이행의 가능성에 대한 불고지라는 과실과는 본질적으로 구별할 필요가 없다고 한다.

　그러나 이러한 판례의 태도는 지나친 단순화가 되어 사안에 적합한 이익형량이 이루어진다고 볼 수 없는 경우가 있다. 실거래에서는 계약체결시에 불이행은 채무자에게 대부분 하나의 가능성으로 파악되는 것이며 이것을 어느 정도 상대방에게 알리느냐 하는 것은 계약의 체결여부와 직결되는 것이어서 단지 사후적인 판단만을 가지고 평가하기 어렵다. 이행을 어렵게 할 요소가 많이 있지만 이를 극복할 것으로 믿고 계약체결로 나아가는 것은 거래에서 흔히 볼 수 있는 모습이다. 이런 경우에 자신의 급부능력 또는 장애의 극복가능성에 대한 오판은 과실로 인한 채무의 불이행의 경우와 근본적인 이익형량의 차이를 가져올 수 있다. 따라서 원시적 하자가 장차 현실화될 개연성을 갖고 있는 경우라면 이를 단순히 채무불이행책임의 확장태로 보아서 처리하는 것보다는 제535조가 상정하는 이익형량에 더 적합한 상황은 아닌지 신중히 판단할 필요가 있다.

이와 관련하여 흔히 제535조의 책임의 근거를 단순히 일종의 고지의무 위반에서 찾고자 하는 견해가 있다. 즉 동 규정은 계약당사자의 고지·설명의무를 전제로 한 것으로 해석되며 목적이 불능이라는 사실을 알리지 않은 당사자의 부작위가 유책한 것이 되기 위하여는 그에게 설명할 의무가 존재해야하고, 계약의 체결을 위하여 교섭행위를 시작하는 자가 목적이 불능임을 알려주지 않는다면 이는 교섭의 개시행위라는 선행사실과의 관계에서 신의칙상의 의무를 다하지 않은 것이라고 한다. 이를 좀 더 일반화하면 교섭당사자가 과실로 설명을 잘못해서 계약이 성립한 경우 상대방은 계약의 성립자체가 손해라고는 볼 수 없고 설명의무를 제대로 이행하지 못한 계약체결상의 과실이 배상책임의 근거가 된다는 것이다.37) 그러나 이러한 견해에는 동의하기 어려운 점이 있다. 계약교섭단계에서 일방이 상대방에게 어느 정도 계약의 내용 특히 내재된 위험에 관하여 설명할 의무를 지는 것인가는 매우 어려운 문제이다. 확정적으로 불능인 상황을 은폐하고 계약을 체결하였다면 이는 일종의 기망행위에 기한 것으로 상대방은 제110조에 의한 취소권을 행사할 수도 있고 불법행위책임을 물을 수도 있는 것이다. 반면에 객관적으로 불가능하였지만 당사자는 조금도 그에 대해 의심치 않고 이행을 약속하고 계약이 체결되었다면 여기에는 설명의무라는 개념이 개입할 여지는 없다. 그에 비해 이행의 불가능성

---

37) 김형배, 『채권각론[계약법]』 129면

즉 이행의 실현에 상당한 장애가 예상되는 상황에서 채무자가 어느 정도 이에 대해 교섭단계에서 고지·설명의무를 지는 가는 판단하기 어렵다. 채무자가 그러한 장애를 극복할 수 있었다고 믿었다면 이는 자신의 능력에 대한 오판이라는 점에서 제535조의 본래의 적용범위에 속하는 것이다.

3. 계약체결상의 과실책임의 일반화의 문제

제535조를 둘러싼 가장 곤혹스런 문제는 동 조문의 제목과 내용의 불일치이다. 즉 원시적 불능에 대한 본문의 규정과는 달리 그 제목에 '계약체결상의 과실책임'이라는 포괄적인 개념을 도입하였다는 것이다. 입법자들은 독일민법이 발전시킨 선진적인 법적 개념이라는 막연한 인식하에 이를 제목에서나마 명시하려고 한 것으로 보이지만 이는 곧 학계와 실무계에는 동 개념의 의의와 그 적용의 문제를 둘러싼 어려운 과제를 떠안게 한 것이다. 그 간 학계는 이 개념을 적극적으로 해석하여 동 조문이 정하는 원시적 불능의 유형 이외에 다양한 유형들을 이 개념안에 포섭시킬 수 있음에 대하여 논의해왔다. 그 중 근래들어 가장 논의의 중심에 오게 된 유형은 이른바 계약교섭의 부당한 파기에 관한 것이다.

생각건대 계약체결상의 과실책임을 그 제목의 존재에 근거하여 그 유추나 확대적용의 문제를 논할 수는 없다. 제535조의 유추나 확대는 원시적 불능이라는 개념과 그 처리에 관한 이익형량과 공통점이 있는 경우에 한하여 이루어져야 할 것이다. 이런 점에서 계약교섭의 부당한 파기라는 것은 계약체결과정에서 신의칙에 비추어 비난받을만한 방식으로 계약의 교섭을 중단한 것에 대한 책임을 묻는 것이다. 즉 급부의 이행가능성에 대한 판단의 착오나 정보제공의 부실과 같은 약한 의미의 귀책에 대한 책임이라기 보다는 교섭단계에서의 자유라는 원칙을 남용하여 상대방에게 손해를 입힌 것이다. 물론 이것이 시점상 계약체결의 전단계에서 이루어진 것이어서 계약책임과 밀접한 관련성을 맺고 있기는 하나, 독일민법처럼 계약교섭을 개시하는 것에 의하여 채권관계의 상대방에 대한 권리 및 법익에 대한 배려의무가 성립한다는 명문의 규정을 두어[38] 계약체결상의 과실책임 개념의 적극적인 법적 근거를 마련하지 않는 우리 민법에서 이를 포섭하는 것은 무리한 감이 있다. 즉 신의칙상의 의무위반은 구체적인 개별적 책임규정과 연결되어야 하는데 이를 제535조와 연계시키는 것에는 해석론적 무리함이 따른다는 것이다. 그런 점에서 현행 판례가 불법행위법에 근거하여 그 책임을 묻는 것은 불가피한 면이 있다고 볼 수 있다. 그렇다고 해서 우리민법이 독일과 같이 입법론적으로 그러한 폭넓은 계약교섭단계에서의 책임을 인정하는 쪽으로 갈 것인가는 더 심도있게 고민해야 할 문제이다.

VII. 맺는 말

본 글에서는 제535조의 입법론이 아니라 현재 존재하는 동 규정을 어떻게 운용하는 것이 바람직한가에 대하여 논의해보았다. 우선 동 조의 문언에 충실하게 사실적 또는 법률적으로 이행이 불능인 것을 목적으로 계약이 체결된 경우라면 그러한 사실을 충분히 살피지 못하거나 그와 관련한 정보를 상대방에게 제대로 제공하지 못함으로써 무익한 계약을 체결하게 한 자는 상대방에게 책임을 져야 할 것이고 그 책임의 범위는 그 과책의 특수성을 감안하여 동 조의 문언에 충실하게 계약이 이행될 것을 신뢰함으로써 입게 된 손해에 한정하는 것은 실무적 사고에도 부응하는 적절한 이익형량이라고 판단된다.

나아가 엄격한 의미에서 원시적 불능의 사례는 아닐지라도 계약체결과정에서 부주의하여 계약이 불성립되었거나 다른 이유로 무효판정을 받게 된 경우에도 동 조를 유추적용하여 해결하는 것이 바람직하다고 본다. 또한 이행불능을 가져올 수도 있는 하자가 이미 존재함에도 그러한 사실을 상대방에게 충분히 알리지 않고 계약이 체결되고 후에 그러한 하자가 현실화되어 이행불능이 된 경우에는 이를 후발적 불능으로 포섭하여 채무불이행책임을 물을 수도 있지만 또한 채무자가 그러한 장애를 극복할 것으로 믿을만한 근거가 있다면 이는 제535조의 확장범위에 포섭하는 것이 더 적절하다고 볼 수 있다.

---

38) 제311조(법률행위에 준하는 채권관계) 제241조 제2항에서 정하는 의무(상대방의 권리, 법익 및 이익에 배려할 의무)를 내용으로 하는 채권관계는 다음에 의하여서도 성립한다. 1. 계약교섭을 개시하는 것

끝으로 계약교섭의 부당한 파기로 인한 손해배상책임은 제535조가 상정하는 귀책근거와는 영역을 달리하는 것으로 보았다. 교섭단계의 신의칙위반에 대하여 책임을 물을 구체적 책임근거조항이 없는 우리 민법에서 동 조의 제목에 근거해서 계약체결상의 과실이라는 책임근거를 동원하는 것은 무리하다고 보았다.

입법론적인 논의를 조금만 보태자면 현 규정의 원시적 불능의 도그마는 극복하더라도 기본적인 틀은 유지하여 자신의 급부능력의 오판이라는 특수한 상황에 대한 책임근거로서 작동하게 하는 것은 가능하다고 생각되며, 이는 '계약체결시의 불능'이라는 제목하에 별도의 손해배상책임의 근거를 두는 것을 유지한 현 개정안에 잘 반영되어 있다. 이에서 더 나아가 일반적인 계약체결상의 과실책임이라는 또 하나의 청구권의 근거를 열어놓을 것인가는 더 많은 숙고를 요한다.

【참고문헌】

[국내문헌]

김동훈, "채무자의 정보제공·수집의무와 귀책사유 개념의 확장", 『채권법연구(II)』 (2014)

김동훈, "원시적 불능으로 인한 손해배상의 범위", 『국민대 법학논총』 제24권 제3호 (2012.2.)

김동훈, "원시적 불능에 관한 민법 개정시안에 대한 고찰", 『채권법연구(II)』 (2014)

김형배, 『채권각론[계약법]』 (2001)

명순구, 『실록 대한민국 민법』 (2010)

송덕수, 『채권법각론』 (2017)

정진명, "이행청구권과 계약규범 : 불능법리의 재편을 중심으로", 『재산법연구』 제33권 4호(2017)

최흥섭, "독일 채무불이행법의 개정과 원시적 불능", 『저스티스』 (2004/4)

[외국문헌]

Canaris, Schuldrechtsreform 2002 (2002)

Dauner-Lieb, Das Neue Schuldrecht (2002)

Münchener Kommentar zum Bürgerliches Gesetzbuch, Band 1 Allgemeiner Teil, 7. Auflage (2015)

Münchener Kommentar zum Bürgerliches Gesetzbuch, Band 2 Schuldrecht - Allgemeiner Teil, 7. Auflage (2016)

Interpretation of Culpa in Contrahendo in Korean Civil Code

This article deals with the interpretation of §535 which regulates the initial impossibility under the title of culpa in contrahendo(c.i.c.). If a contract is agreed in persuit of realistically or legally impossible thing, the one party, who did not give enough attention or inform the other of it appropriately should be responsible for the fruitless loss of the other. The scope of compensation should be limited to the reliance interest which the other got under faith of the performance of the one party. I think it is a appropriate balance of interest which corresponds to the needs of practice.

Further even if it is not a case of initial impossibility in a strict sense, this paragraph is to be applied if the contract was not agreed or sentenced to voidness because of other causes. If a initial flaw which can bring the contract to impossibility of performance, is not informed and the flaw is realized after conclusion of contract, it can be categorized into non-performance, but sometimes it is better to be categorized into c.i.c. especially in case that the party has enough ground to believe to overcome the hurdle.

On the other side I thought the responsibility of unfair breaking of negotiation belongs to the other category than the c.i.c. Our civil code has no legal ground for the breaking of good faith principle in the phase of negotiation, In this condition it is some unreasonable to use c.i.c. only based on the title of §535.

De lege ferenda it is recommended to maintain the basic form of §535 to use as a ground of initial impossibility even we overcome the dogma of voidness of initial impossibility. The amendment draft reflects this idea and offer the independent ground under the title of 'impossibility at the time of conclusion of contract'. We need more deliberation on the issue if the new ground of compensation is offered as a general coulpa in contrhendo.

[이 글은 국민대 법학논총 제32권 제1호(2019.6.)에 게재되었다.]

민법의 해약금 규정의 운용방향

– 대법원 2008.3.13. 선고 2007다73611 판결과 대법원 2015.4.23. 선고 2014다231378 판결의 분석을 중심으로 –

I. 들어가는 말
II. 해약금에 관한 최근의 두 판결
III. 양 판결의 비교
IV. 판결에 나타난 몇 가지 쟁점들
V. 해약금제도의 운용방향
VI. 결어

I. 들어가는 말

2008년 3월 공중파 TV에서 화제의 판결에 관한 뉴스를 본 기억이 난다. 그것은 매매계약에서 계약금이 교부되지 않았어도 계약당사자는 임의로 계약을 해제할 수 없다는 내용이었다. 이 판결이 일반인에게 특히 의미가 있다고 소개된 데에는 당시의 일반적인 거래관념에 비추어 주목할 만한 내용이라는 뜻이라고 생각된다. 최근에 언론에 소개된 판결은 이와 밀접한 관련을 갖는 내용인데 계약금 중 일부만 받은 상태서 계약을 해제하면 해약금은 받은 돈이 아닌 원래 약정계약금을 기준으로 한다는 것이었다. 두 판결은 다 계약시 계약금 약정은 있었으나 계약금은 지급되지 않거나 소액만 지급되고 계약금 또는 그 잔금은 그 다음날 지급하기로 약정된 상황에서 그 사이 매도인이 마음을 바꾸어 계약을 임의로 해제하고자 한 것이었다. 계약금의 약정과 현실적인 교부의 시간적 간격에서 일어나는 이러한 문제들을 어떻게 처리할 것인가는 이론적으로도 흥미로운 문제이지만 또한 이러한 상황의 해결을 위한 유력한 근거조문인 제565조의 해약금조항을 어떻게 이해하고 운용해나가야 하는가에 대한 실무적인 고민을 던져주고 있다. 이 글에서는 밀접히 관련되어 있는 위 두 판결을 소개하고 비교분석한 후에 이 판결들에 나타난 쟁점을 논구해보고 나아가 제565조의 운용방향에 대하여 생각해보고자 한다.

II. 해약금에 관한 최근의 두 판결

1. 대법원 2008.3.13. 선고 2007다73611 판결 (이하 제1판결)

[사실관계] 원고는 피고 소유의 아파트를 금 5억원에 매수하는 계약을 체결하면서 계약금을 6천만원으로 하되 이를 계약 다음날 피고의 계좌로 송금하기로 하였다. 매도인 피고는 마음을 바꾸어 다음날 원고가 계약금을 입금하기 전에 원고에게 매매계약 파기의 의사표시를 하였다. 그러나 원고는 예정대로 6천만원을 피고 명의의 예금계좌로 송금하였으나, 피고는 이를 반환하고자 하였고 원고가 이의 수령을 거부하자 이를 공탁하였다. 후에 원고는 아파트의 현시가와 매매대금의 차액 중 일부인 금 1억원의 지급을 손해배상으로 구한다.

[원심판단(청구기각)] 계약금은 연혁적으로 계약체결의 증거로서의 성질을 가질 뿐만 아니라 계약에 구속력을 부여하는 수단으로서 기능하여 온 점, 민법 제565조도 계약 당시에 계약금이 교부된 경우에 원칙적으로 계약해제권 유보를 위한 해약금의 성질을 가지는 것으로 규정하고 있는 점 등을 감안할 때, 당사자 사이에 매매계약을 체결함에 있어서 매수인이 매도인에게 계약금을 지급하기로 약정하였음에도 미처 이를 교부하거나 실제로 이와 동일한 이익을 받은 단계에 나아가지 못한 상태라면, 계약금계약은 요물계약이기 때문에 아직 성립하였다고 볼 수 없음은 물론, 약정에 따른 계약금이 지급되기 전까지는 계약 당사자의 어느 일방이든 그 계약에 구속되지 않고 자유로이 이를 파기할 수 있도록 계약해제권이 유보되어 있다고 봄이 상당하고, 이 때 그 해제를 위하여 매수인이 미처 지급하지 못한 계약금을 매도인에게 지급할 의무를 여전히 부담한다거나 그 해제에 대한 책임으로 매도인이 매수인에게 약정

한 계약금의 배액을 지급할 의무가 생긴다고 볼 수는 없을 것이고, 이러한 법리는 계약금에 관하여 위약금약정이 있는 경우에도 마찬가지다. 이 사건에서 원고가 계약금 명목의 돈을 피고의 예금계좌에 송금할 때에는 매매계약이 이미 적법하게 해제된 후이므로 계약금 지급의 효력이 발생할 수 없다. 원고의 청구는 기각한다.

[대법원의 판단(원심파기)]

계약이 일단 성립한 후에는 당사자의 일방이 이를 마음대로 해제할 수 없는 것이 원칙이고, 다만 주된 계약과 더불어 계약금계약을 한 경우에는 민법 제565조 제1항의 규정에 따라 임의 해제를 할 수 있기는 하나, 계약금계약은 금전 기타 유가물의 교부를 요건으로 하므로 단지 계약금을 지급하기로 약정만 한 단계에서는 아직 계약금으로서의 효력, 즉 위 민법 규정에 의해 계약해제를 할 수 있는 권리는 발생하지 않는다고 할 것이다. 따라서 당사자가 계약금의 일부만을 먼저 지급하고 잔액은 나중에 지급하기로 약정하거나 계약금 전부를 나중에 지급하기로 약정한 경우, 교부자가 계약금의 잔금이나 전부를 약정대로 지급하지 않으면 상대방은 계약금 지급의무의 이행을 청구하거나 채무불이행을 이유로 계약금약정을 해제할 수 있고, 나아가 위 약정이 없었더라면 주계약을 체결하지 않았을 것이라는 사정이 인정된다면 주계약도 해제할 수도 있을 것이나, 교부자가 계약금의 잔금 또는 전부를 지급하지 아니하는 한 계약금계약은 성립하지 아니하므로 당사자가 임의로 주계약을 해제할 수는 없다. 사안에서 계약금이 교부되지 아니한 이상 아직 계약금계약은 성립되지 아니하였다고 할 것이니, 매도인측은 매수인인 원고의 채무불이행이 없는 한 이 사건 매매계약을 임의로 해제할 수 없다고 할 것이므로, 이 사건 계약금을 수령하기 전에 피고측이 일방적으로 한 이 사건 매매계약 해제의 의사표시는 부적법하여 효력이 없다.

2. 대법원 2015.4.23. 선고 2014다231378 판결 (이하 제2판결)

[사실관계]

원고는 2013.3.25. 피고로부터 X아파트를 매매대금 11억원에 매수하기로 하는 매매계약을 체결하면서, 계약금 1억 1천만원 중 1,000만원은 계약 당일에 피고의 은행계좌로 송금하였고, 나머지 1억원은 다음 날인 2013.3.26. 같은 계좌로 송금하기로 약정하였다. 피고는 다음날 매매계약을 해제하기로 하고 계좌를 폐쇄하였고, 이를 알게된 원고는 2015.3.27. 피고를 피공탁자로 하여 1억원을 공탁하였다. 이에 피고도 같은 날 원고를 피공탁자로 하여 2천만원을 공탁하고 해약통고서를 보냈다. 결국 원고는 위 매매계약을 해제하고 피고의 채무불이행에 따른 손해배상액으로서 매매계약상의 계약금 1억 1천만원은 위약금의 약정이므로 이의 지급을 구한다.(매매계약상 손해배상에 대하여는 별도의 약정이 없는 한 계약금을 기준으로 한다는 조항(6조)이 있음)

[원심판결]

피고가 은행계좌를 폐쇄하고 원고에게 매매계약을 해제한다는 내용의 통고서를 보냄으로써 매매계약상의 소유권이전의무를 이행하지 아니할 의사를 명백하게 표시하였으므로, 매매계약은 피고의 이행거절을 이유로 한 원고의 계약해제의 의사표시에 의하여 적법하게 해제되었다. 따라서 피고는 해제에 따른 원상회복으로서 원고에게 지급받은 1,000만 원을 반환할 의무가 있고, 채무불이행에 따른 손해배상으로서 매매계약 제6조에서 정한 위약금 1억 1,000만 원을 지급할 의무가 있으나 여러 사정을 감안하여 이 금원은 부당히 과다하므로 그 액수를 70%로 감액한 7,700만 원을 지급할 의무가 있다(제1심에서는 손해배상의 예정액을 30% 정도로 감액한 3,300만원을 배상액으로 인정하였음).

[대법원의 판단(상고기각)]

피고는 상고이유에서, 원고가 계약금을 전부 지급하기 전까지는 매매계약의 구속력이 약하므로 피고는 계약금 일부로서 지급받은 1,000만 원의 배액을 상환하면 얼마든지 매매계약을 해제할 수 있는데도, 이와 달리 판단한 원심판결에는 계약금 일부만 지급된 경우에 계약의 해제에 관한 법리를 오해한 잘못이 있다고 주장한다.

그러나 원고가 계약금 1억 1,000만 원을 전부 지급하였다고 봄이 타당하고, 설령 원고가 계약금 1억 1,000만 원 중 일부인 1,000만 원만을 지급한 것이라고 하더라도, 교부자가 계약금의 잔금 또는 전부를 지급하지 아니하는 한 계약금계약은 성립하지 아니하므로 당사자가 임의로 주계약을 해제할 수는 없다. 또 계약금 일부만 지급된 경우 수령자가 매매계약을 해제할 수 있다고 하더라도, 그 해약금의 기준이 되는 금원은 '실제 교부받은 계약금'이 아니라 '약정 계약금'이라고 봄이 타당하다. '실제 교부받은 계약금'의 배액만을 상환하여 매매계약을 해제할 수 있다면 이는 당사자가 일정한 금액을 계약금으로 정한 의사에 반하게 될 뿐 아니라, 교부받은 금원이 소액일 경우에는 사실상 계약을 자유로이 해제할 수 있어 계약의 구속력이 약화되는 결과가 되어 부당하기 때문이다. 따라서 피고가 계약금 일부로서 지급받은 금원의 배액을 상환하는 것으로는 이 사건 매매계약을 해제할 수 없다.

III. 양 판결의 비교

위의 두 판결의 관계는 상당히 미묘하다. 우선 양 판결에서 사실관계는 매우 유사하다. 제1판결은 매매계약을 체결한 후 매도인이 마음을 바꾸어 팔지 않기로 하고 매매대금의 수령을 거부하자 매수인이 그로 인한 손해의 배상을 구하는 사안이다.[1] 제2판결은 역시 매매계약 체결 후 매도인이 마음을 바꾸어 팔지않기로 하면서 체결시 계약금의 일부를 받은 매도인이 받은 금액의 배액만을 상환하려고 한 사안이다. 계약금약정만 있고 아예 계약금의 일부도 수수

---

[1] 사안의 원심에서는 소유자인 사위를 대신하여 장모가 계약을 체결한 후 이들 공동피고들 사이의 무권대리의 문제가 주위적 청구의 쟁점이 되었으나 대법원판결에서는 예비적 청구의 논점인 계약금 지급전 계약해지의 의사표시와 그 효력에 대해서만 다루어졌으므로 여기서도 두 당사자 사이의 문제로 단순화하여 이 쟁점에 대하여서만 논하기로 한다.

되지 않은 제1판결에서 원심은 계약금이 수수되지 않았기에 당사자들은 자유로이 이를 파기할 수 있는 것이어서 계약은 적법하게 해제되었고 따라서 매도인이 어떠한 손해배상을 하여야 할 의무가 생기지 않는다고 하였으나, 대법원은 계약금계약이 성립하지 않았고 따라서 해약금에 의한 해제의 길이 막혀있으며 매도인이 한 해제의 의사표시는 효력이 없다고 하였다. 즉 매도인은 채무불이행에 따른 손해배상을 하여야 한다는 것이다. 제2판결에서는 계약금의 일부만 지급된 경우에 수령자 즉 매도인이 계약을 해제할 수 있다 하더라도 그 해약금의 기준이 되는 금원은 '실제 교부받은 계약금'이 아니라 '약정계약금'이라고 하였다. 즉 매도인은 약정된 계약금에 상당하는 금원을 해약의 대가로 지급하여야 한다는 것이다.

　단순하게 보면 제2판결은 제1판결의 연장선상에 있는 것처럼 보인다. 계약금약정만 있는 상태에서 매도인이 해제를 한다면 이는 채무불이행이 되어 손해배상을 하여야 하고, 약정된 계약금 일부만 받은 상태에서도 근거없이 해제를 하는 매도인은 약정된 계약금 상당액을 지급하여야 한다는 것이다. 제2판결의 결론은 제1판결의 입장에서는 당연히 포섭되는 결과라고 볼 수도 있다. 더구나 이러한 결론을 정당화하는 근거로서 계약의 구속력의 강화를 들고 있다. 즉 제1판결에서는 "계약이 일단 성립한 후에는 당사자의 일방이 이를 마음대로 해제할 수 없는 것이 원칙"이며 이에 대한 예외로서 민법 제565조에 따른 해약금해제 제도가 있으나 이는 계약금의 현실적인 교부를 요건으로 하는 요물계약이어서 이를 엄격하게 해석하여 계약금 전부가 지급된 경우에만 당사자가 포기 또는 배액상환과 함께 임의로 주계약을 해제할 수 있는 것이라고 한다. 일부가 지급된 제2판결에서도 대법원은 만일 실제 교부받은 계약금의 배액만을 상환하여 매매계약을 해제할 수 있다면 특히 교부받은 금원이 소액일 경우 사실상 계약을 자유로이 해제할 수 있어 계약의 구속력이 약화되는 부당한 결과에 이를 것이라고 한다.

　그러나 다른 각도에서 보면 양 판결은 논리의 모순을 보여주고 있다. 제1판결에서는 제565조의 해약금 규정 그리고 이의 기초가 되는 계약금계약은 금전의 전부의 교부를 요건으로 한다는 요물성을 강조하면서 금전의 교부가 없는 단순한 계약금약정으로는 계약금계약이 성립할 수 없고 따라서 해약금의 법리와는 아무런 관계가 없게 된다는 점을 강조하고 있다. 그런데 제2판결에서는 가정적 상황에 기초한 논리이기는 하지만, 계약금의 일부만 지급된 경우 해약금의 법리가 적용될 수 있고 또 이 경우 기준은 현실로 교부된 금원이 아니라 약정된 금원이라는 것이다. 계약금의 일부지급이란 전부지급이 아닌 점에서 교부가 없었던 것과 같은 범주에 속하는 것으로 볼 수 있으므로, 결국 계약금 약정만 있는 상황에서 일방이 이유없이 계약을 해제하는 경우에 약정된 계약금을 지급해야 한다는 것이다. 이는 곧 현실의 교부없이 계약금의 약정만 한 경우에도 해약금의 법리가 적용될 수 있다는 것이다.

달리 말하면 매매계약에서 계약금약정만 한 상태에서 일방 예컨대 매도인이 계약을 해제하겠다고 한다면 이는 채무불이행이 될 것이고 매도인은 최소한 약정된 계약금 상당액을 매수인에게 지급하여야 하는데, 제1판결에 의하면 이는 해약금과는 아무 관계가 없는 순수한 손해배상 내지 그 예정액의 지급인 것이고, 제2판결에 따르면 이는 해약금의 법리의 확장으로서 실질적으로 해약금의 지급에 의한 해제라고도 볼 수 있다는 것이다. 문제는 해약금의 기능은 제565조에 명시된 바와 같이 현실적 교부라는 그 요물성과 불가분의 관계에 있다고 보아야 하는데 이러한 요물성을 완화 내지 무의미하게 만드는 이러한 해석이 가능한 것인가도 의문이다.

결국 이러한 모순적 쟁점들은 근본적으로 제565조에 기초한 해약금 제도를 어떻게 이해하며 이를 어떻게 운용해 나가는 것이 입법취지에 타당한 것인가, 또한 무엇이 거래관행에 부합하거나 거래관행을 바람직한 방향으로 선도할 수 있는 것인가라는 정책적 판단에 대한 고려에 이르게 한다. 이하에서는 위 두 판결을 둘러싼 법리적 쟁점들을 분석하고 나아가 해약금 제도의 운용방향에 대하여서도 고민해보기로 한다.

IV. 판결에 나타난 몇 가지 쟁점들

1. 계약금과 계약의 구속력

1) 낙성계약의 원칙과 해약금조항

양 판결에서 당사자 특히 일방적으로 계약직후 계약을 철회 내지 해제하고자 하는 당사자인 매도인은 약정된 계약금을 아직 지급받지 않았거나 또는 아주 일부만을 지급받았으므로 자유로이 계약으로부터 벗어날 수 있다는 사고위에서 자신의 행동을 정당화하고 있다. 즉 거래계의 당사자들은 이처럼 계약금이 현실적으로 수수되지 않은 계약이란 그 구속력이 없거나 매우 유동적인 상태의 것으로 이해하는 경우가 적지 않음을 잘 보여주는 사례들이다. 또한 계약금 중 일부만이 지급된 경우에는 제2판결의 상고이유에서 피고가 주장하듯이 계약금을 전부 지급하기 전까지는 계약의 구속력은 약한 것이라고 생각하기도 한다. 즉 계약금의 미지급과 일부지급은 하나의 연속성을 이루면서 계약구속력도 그 지급비율에 따라 강약이 결정되는 것으로 생각한다고 볼 수도 있다.

문제는 이러한 거래당사자들의 사고 내지 거래관행에 대하여 법원이 어떠한 입장을 취하는가이다. 이에 대하여는 제1판결의 원심에서 매우 단정적이면서 논란이 많은 선언을 하였다. "계약금은 계약체결의 증거로서의 성질을 가질 뿐만 아니라 계약에 구속력을 부여하는 수단으로서 기능하여 온 점..., 약정에 따른 계약금이 지급되기 전까지는 계약당사자의 어느 일방이든 그 계약에 구속되지 않고 자유로이 이를 파기할 수 있도록 계약해제권이 유보되어 있다고 봄이 상당하고". 즉 계약금(의 수수)는 계약에 구속력을 부여하는 수단이기 때문에 현실적인 계약금의 수수가 없이 단순히 계약만 체결된 상태에서는 그것이 구두계약이든 서면계약이든 아직 완전한 효력을 갖는다고 볼 수 없다는 것이다. 즉 어느 당사자든 계약금이 지급될 때까지 이를 자유로이 파기할 수 있으며 이것은 계약체결 후 계약금의 수수까지의 기간의 계약의 효력은 매우 유동적인 상태에 있다고 볼 수 있다. 이는 마치 취소할 수 있는 계약이 추인 내지 취소권의 행사시까지 유동적인 유효의 상태에 있는 것과도 유사하다. 당사자들은 이 경우 계약을 '철회'한다는 표현을 쓰기도 하는데 이는 마치 계약이 서명날인을 통하여 체결되었으나 아직 확정적인 효력이 발생하고 있지 않다고 생각하는 느낌을 주기도 한다. 또 판례처럼 '파기'라는 표현을 쓴다면 이는 계약의 서명날인 후에도 계약금이 지급될 때까지는 그 계약이 체결된 것이 아니고 여전히 교섭단계에 있는 것에 불과하다는 인상을 주기도 한다.

그러나 이러한 제1판결 원심의 명제는 그 자체만을 놓고 보면 현대 계약법의 근본을 부정하는 것으로 인식될 수 있다. 청약과 승낙이라는 자유로운 의사의 합치로서 확정적인 계약이 성립한다는 명제는 과거의 요물계약적 사고에서 진화를 거듭하여 의사표시에 기초한 또 의사표시만으로 계약이 성립한다는 낙성계약의 원칙을 부인하는 것이기 때문이다. 청약과 승낙의 의사표시에 담겨있는 당사자의 '구속의사'는 모든 계약이론의 토대가 되는 것이다.[2] 그리하여 당사자들이 계약의 효력과 관련된 조건을 붙이지 않는 한 당사자의 의사의 합치만으로 완전하고 확정적인 효력을 갖는 계약이 체결되는 것이다. 다만 당사자들이 계약금이 수수될 때까지 일방 또는 쌍방이 계약을 자유로이 해제할 권리를 명시적 또는 묵시적으로 유보한 것으로 볼 수 있다면 이는 약정해제권에 관한 특약을 맺은 것뿐이다.

문제는 거래계에 이처럼 계약금의 수수를 계약구속력의 징표로 보고자 하는 관념이 널리 유포되어 있고 그에 따른 이러한 분쟁상황이 발생하게 되는 것의 기초에는 바로 현행민법 제565조의 해약금 조항이 있다는 것이다. 비록 동 조문은 '당사자 간에 다른 약정이 없는 한'이라는 문구가 말하듯이 임의규정이기는 하지만 그 존재 자체로 상당한 규범력을 발휘하고 있는 것으로 보인다. 즉 계약당시에 계약금이 교부되면 원칙적으로 이는 계약해제권 유보를 위한 해약금의 성질을 갖게 되는데, 제1판결의 원심도 계약금 수수전 계약파기의 자유를 선언하면서 이 조문을 역시 근거의 하나로 내세우고 있다. 즉 계약

---

[2] 청약의 요소로서는 내용의 확정성과 아울러 청약자의 구속의사(intention to be bound; Bindungswille)가 필요하며 '청약의 유인'은 이러한 구속의사가 없는 점에서 청약과 구별된다. 이로써 청약에 대한 상대방의 승낙에 의하여 곧바로 당사자 사이에서 구속력있는 계약이 체결된다. 김동훈, "청약과 승낙이론의 몇 가지 문제점", 「계약법연구」 58면

금이 수수되었어도 당사자들이 이를 포기하거나 배액상환하는 방식으로 즉 계약금만큼의 손해를 감수하기만 하면 자유로이 계약으로부터 탈퇴할 수 있는 것이라면, 계약금조차 수수되지 아니한 상황에서는 더욱 더 자유로이 계약의 구속력으로부터 벗어날 수 있는 것으로 보는 것이 합리적이라는 논리라고 해석된다.

결국 제565조를 어떻게 해석하고 운용하는가 하는 것은 실은 계약의 구속력 즉 'pacta sunt servanda'라는 대원칙의 의미와 해석과도 맞물려 있는 중요한 쟁점이 된다. 어쨌든 낙성계약의 성립이라는 대원칙하에서 제565조의 해석과 운용의 범위가 정해져야 하는 것은 당연하며 거꾸로 제565조의 존재로 인하여 낙성계약의 원칙이 흔들리는 것으로 이해하는 것은 본말이 뒤바뀐 것이다. 이런 점에서 제1판결의 원심처럼 제565조의 규정을 근거로 하여 계약금 지급 전 해제의 자유를 선언하는 것은 매우 위험한 논리라고 볼 수밖에 없다. 대법원도 이 점에 대하여 정면으로 부정하고 있다. "계약이 일단 성립한 후에는 당사자의 일방이 이를 마음대로 해제할 수 없는 것이 원칙"이라는 당연한 전제를 선언하고 있다.

2) 판례상의 '계약금계약'의 법리

그렇다면 이러한 낙성계약의 원칙하에 제565조의 기능을 어떻게 정의하여야 할 것인가가 문제된다. 이를 위해 대법원이 동원한 개념은 '계약금계약'이다. 판결에 따르면 계약금계약은 주된 계약에 따르는 부수적 계약으로서 금전 기타 유가물의 '교부'를 요건으로 하는 요물계약인데 그 핵심적 내용은 제565조에 따라 금전의 교부자는 이를 포기하고 금전의 수령자는 배액을 상환함으로써 당사자들이 주계약을 임의로 해제할 수 있는 권리를 갖는다는 것이다. 달리 말하면 교부된 금원에 해약금의 의미를 부여하는 계약이다. 이러한 계약금계약은 명시적으로 이루어질 수 있지만 제565조에서는 다른 의사표시가 없으면 이 조문이 기준이 되는 것으로 하고 있으므로 계약체결시 금전이 교부되고 당사자들이 특별히 이 금전의 의미나 사후 처리에 대하여 정한 바가 없다면 묵시적인 계약금계약이 체결되었다고 볼 수 있을 것이다.

무엇보다 계약금계약은 요물계약이라는 점을 판결은 강조하고 있다. 따라서 당사자들이 계약금을 지급하기로 약정만 한 단계라면 이것은 계약금계약이 아직 성립하지 않은 것이고 당사자들은 해약금에 기한 해제를 할 수는 없는 것이다. 이와 관련하여 계약금계약이 요물계약인가 낙성계약인가에 대해 다투어지고 있다. 낙성계약설적 입장에서는 계약금 지급 전이라도 계약금 상당의 손실을 입는 대가로 해제권을 보류하는 약정은 계약자유의 원칙상 얼마든지 가능하기 때문이라고 한다.3) 그러나 계약금계약은 교부된 금원의 포기 등에 효과를 부여하는 약정이라고 본다면 교부라고 하는 요물적 요소는 내재된 개념이라고 할 것이고, 단순히 해약금의 의미를 담는 계약금약정은 계약금계약의 예약으로 파악할 수 있을 것이다.4) 일방은 이에 기초해 상대방 즉 교부의무자에게 계약금의 지급을 청구할 수 있고 상대방은 기일 내에 계약금을 교부함으로써 본계약인 계약금계약을 성립시킬 의무를 부담한다. 일부만 지급한 경우라면 계약금액의 잔금을 지급할 것을 청구할 수 있다. 나아가 일방이 계약금의 지급청구에도 응하지 않으면 상대방은 채무불이행을 이유로 계약금계약을 해제할 수 있다고 한다. 뿐만 아니라 판결은 이에서 더 나아가 계약금 약정이 없었더라면 주계약을 체결하지 않았을 것이라는 사정이 인정된다면 주계약도 해제할 수 있을 것이라고 한다. 이것의 의미는 상당히 모호하나 일응 계약금계약이 금전의 교부가 없어서 성립하지 아니한다 할 때 당사자들의 가정적 의사가 그런 조건이 포함되지 않는 주계약을 체결하지 않았을 것이라면 주계약을 해제할 수 있다는 뜻일 것이다.

 이러한 판결의 법리전개는 어떻게 평가될 수 있을까? 우선 이러한 매우 모호한 계약금계약이라는 별도의 개념이 필요한 것이었는가는 의문시된다. 물론 거래계에서 당사자들은 하나의 계약을 체결하면서 여러 부수적 내용을 담은 부수적 계약을 별도로 체결할 수 있다. 그리고 이것에 주된 계약의 운명을 좌우할 수 있는 내용이 담길 수도 있다. 그런데 실거래에서 계약금약정은 단

---

3) 오종근, "계약금의 법적 성질" 174-175면, 「법학논집(이화여대)」 제15권 제3호(2011), 179면; 남효순, "계약금약정에 관한 몇 가지 쟁점", 「서울대학교 법학」 제39권 제2호 267면 등
4) 김동훈, "편무·쌍무예약의 법적 쟁점", 「채권법연구(II)」 (2014) 336면

일한 계약의 한 조항으로 삽입되거나 오히려 대부분의 경우에는 이에 관해 명확한 약정을 두지도 않는다. 즉 당사자들은 자신들이 주된 계약 외에 중요한 의미를 갖는 별도의 부수적 계약을 체결한다는 의식을 갖지도 않는다고 판단된다. 당사자의 의사란 제565조의 규정에 충실하게 해석한다면 계약체결시에 금전을 교부하면서 교부된 금원에 상당하는 손해를 감수하면서 임의로 계약을 해제할 수 있는 약정해제권 내지 계약해제권 유보의 특약을 하는 것뿐이다. 따라서 금전이 교부되지 않았다면 이러한 해제권유보의 특약이 없는 것이므로 제565조와는 관련이 없는 것이고 따라서 원칙으로 돌아가 법정해제사유가 발생하지 않는 한 당사자들은 계약을 해제할 수 없는 것이다.

그러함에도 대법원은 그러한 단순한 논리로 정리하지 않고 왜 계약금계약이란 개념을 동원하여 제565조와의 관계에 대하여 장황하게 논리를 전개하였는가? 이것은 대법원도 원심의 논리 즉 제565조의 규정의 존재야말로 계약금의 교부와 계약의 구속력을 불가분의 관계에 놓는다는 점을 인정하고 들어간다는 암시는 아닐까? 그리하여 제565조와 낙성계약의 원칙과의 관계를 명확히 일관되게 설명해야 할 압박을 느낀 듯하다. 즉 대법원은 제565조에 대하여 지나치게 과도한 의미를 부여한 것은 아닐까. 즉 계약체결시 일정액의 금전을 수수하는 거래관행에 대해 하나의 해석기준을 제공하려는 제565조의 규정을 계약준수의 대원칙과 대등한 반열에 놓고 생각한 것은 아닐까 한다.

나아가 대법원의 결론은 현실에 있어서도 상당히 모순적인 결과로 나타난다. 즉 여러 평석이 지적하듯이[5] 대법원의 논리에 따르면 당사자들이 단순히 합의만으로 계약을 체결한 경우에 계약금에 관한 규정이 있더라도 그것이 단지 대금의 분납의 의미만을 갖는 것이고 그러한 계약은 완전히 유효한 계약으로서 채무불이행에 따른 법정해제로서만 당사자들은 계약을 해제할 수 있다. 그런데 당사자들이 계약의 구속력을 강화하기 위하여 일정액의 계약금을 정하고 이를 체결시 또는 나중이라도 수수하였다면 이때는 당사자들은 그만큼의 손실을 보는 것을 전제로 하여 임의로 계약을 해제할 수 있는 권리가 주어

---

5) 대표적으로 이준현, "주된 계약과 더불어 계약금계약을 한 당사자가 계약금의 전부 또는 잔금을 지급하지 않은 경우의 법률관계", 「법조」 2011.12., 295면

지는 것이다. 즉 계약의 구속력을 강화하기 위하여 수수된 금원이 오히려 계약의 구속력을 약화시켜 어느 정도 계약을 유동적 상태에 빠뜨리게 된다는 아이러니한 결과에 이른다는 점이다.

2. 계약금의 요물성과 그 의미

1) 금원의 '교부'와 위험의 분담

결국 문제는 계약금이 갖는 요물성을 어떻게 이해할 것인가의 문제로 돌아가게 된다. 즉 모든 계약은 당사자 간의 합의로서 유효하게 체결되고 완전한 구속력을 갖게 된다는 대명제를 전제로 할 때, 그 간 오랫동안 거래계에서 당사자들이 체결시에 일정한 금원을 수수해온 것을 어떻게 법적으로 파악하고 처리할 것인가라는 문제이기도 하다. 그것은 이러한 경우의 해석기준으로 도입된 제565조의 해석론의 핵심이고 그 중에서도 핵심개념은 금전의 현실적인 '교부'이다. 즉 당사자들이 계약체결시 통상 대가의 10%안팎의 금원을 현실적으로 주고 받으면서 이 금원의 수수가 계약의 효력의 확실성을 강화시킨다는 의식을 가져왔다는 거래관행과 의식을 어떤 방식과 논리로 수용할 것인가의 문제이다.

금전을 현실적으로 '교부'한다는 것은 단지 그러한 금원의 지급을 '약정'하는 것과는 본질적인 차이를 가져온다. 그것은 당사자 간의 재화의 이동에 따르는 위험의 문제와 관련되어 있다. 금전을 교부하고 수령하는 관계에서는 교부자는 일방적으로 위험을 부담하게 된다. 이 때의 위험이란 유사시에 자신이 교부한 금전의 반환의 확실성에 관한 것이다. 일단 교부한 후에는 상대방이 임의로 반환하지 않는 한 복잡하고 비용과 시간이 걸리며 결과가 불확실한 소송 및 집행절차에 의존하여야하기 때문이다. 따라서 금전의 교부가 계약해제와 맞물리게 된다면 수령자는 교부자의 임의의 계약해제로 인한 손해에 대해 확실한 담보를 갖게 되는 것이어서 안심할 수 있다. 교부자가 이를 포기하여야 한다는 것은 수령자는 이를 그대로 자신에게 귀속시키면 되기 때문이다.[6]

---

[6] 물론 교부자도 금원의 교부로써 수령자의 계약의 이행에 대한 확실성을 담보받는

수령자가 배액상환하여 계약을 해제할 수 있다는 것은 교부자의 포기와 대응하여 생각하면 이것도 현실적인 상환을 의미하고 단지 상환하겠다는 의사표시만으로는 해제권이 발생하지 않는다는 해석은 당연하다. 다만 현실의 상환에 대하여 판례는 공탁까지는 필요치 아니하고 배액의 이행의 제공이 있으면 된다고 하는데,[7] 학설은 구두제공만으로는 충분치 않고 현실의 제공을 요하는 것으로 새겨야 한다는 견해도 있다.[8] 이 경우도 배액이 아니라 일부만의 제공으로는 해제권이 발생하지 않는다.

이와는 달리 계약금에 관하여 단순히 '약정'만 한 경우라면 양당사자 사이에는 어느 쪽도 일방적으로 위험을 부담한 상황은 일어나지 않는다. 어느 당사자가 임의해약을 하되 약정된 계약금을 해약금으로 지급하지 않는다면 역시 소송절차에 의존할 수밖에 없되 이는 양당사자에게 동등하게 부담이 되기 때문이다. 바로 이런 위험부담을 둘러싼 역학관계의 실질에 부합하게 제565조에 대한 판결의 해석론은 그런 단순한 약정만 있는 경우라면 그것은 임의해제라는 강력한 효과와는 결부될 수 없다고 보는 것이다. 임의해제의 권리를 행사하려는 자는 마치 채무의 변제와 같은 현실적 만족을 상대방에게 주어야만 하며 단지 계약금지급의무만을 부담하는 상태로는 그러한 권리를 누릴 수 없다고 보는 것이다. 그런 경우에 계약금약정이란 대가의 지급방식에 관한 약정에 불과하게 되는 것이다.

이를 요약하면 계약체결시 금전이 교부된 경우 수령자는 계약의 확실성에 대하여 가장 강한 담보를 얻는 즉 최소의 위험을 부담하게 되는 것이고, 나아가 필요하다면 배액을 상환함으로써 적극적으로 계약의 구속력으로부터 벗어

측면이 있다. 그러나 이 경우 수령자가 계약을 임의로 해제한다면 교부자는 비로소 그 배액상환을 청구할 수 있을 뿐이어서 교부자의 위험부담과는 비교되지 않는다.
[7] 대법원 1992.7.28. 선고 91다33612 등
[8] 조일윤, "민법상 해약금규정에 관한 입법론적 고찰", 「동아법학」 제46호 (2010.2.) 194면; 이 쟁점에 관한 일본 최고재판소 판결은 "'배액을 상환하여'라는 동조항의 문언 및 매수인이 동조항에 의하여 계약금을 포기하고 계약을 해제하는 경우와의 균형에서 보더라도 단지 구두에 의해 계약금의 배액을 상환한다는 취지를 고지하고 그 수령을 최고하는 것만으로는 족하지 않고, 매수인에게 현실의 제공을 할 것을 요한다고 하여야 한다"라고 판시하였다(最判 1994.3.22. 조일윤(주 8), 194면에서 재인용).

날 수 있는 권리까지 얻게 된다. 반면에 금전의 교부자는 소극적으로 자신의 금전을 포기함으로써 더 이상의 부담없이 계약으로부터 벗어날 수 있는 권리를 얻게 되지마는 유사시에 상대방으로부터 배액상환은 물론이고 자신이 기교부한 금액의 반환을 받는 것마저 상대방의 임의의 반환에 의존하게 되는, 그리고 최후로 소송에 호소할 수밖에 없는 위험을 안게 되는 것이다.

2) 일부 '교부'시의 해석론

이러한 것의 연장선 상에서 제2판결에서 문제되는 바와 같이 계약금 약정을 하였으나 그 일부만이 지급된 경우에는 어떻게 해석되어야 하는가? 위에서 논한 바와 같이 민법상의 해약금의 법리의 핵심은 '교부'라는 사실행위 (Realakt)에 수반되는 위험의 분배에 핵심이 있는 것이므로 단순히 계약금약정을 한 것은 의미가 없으며 현실적으로 일정한 금원이 '교부'되는 데에 있다. 그리하여 약정된 계약금의 액수가 중요한 것이 아니라 현실적으로 교부된 금원이 결정적 의미를 갖는다. 제2판결에서 잘 보여주듯이 계약금으로 1억원을 약정하고 현실적으로 1천만원이 체결시에 교부되었다면 당사자들이 위험부담의 대가로 상정한 것은 1천만원이라고 보아야 한다. 즉 교부자가 임의해제시 수령자는 이를 몰취함으로써 종결되는 것으로 보아야 한다. 그리고 수령자가 임의해제하고자 한다면 상환하여야 할 배액의 기준금액은 교부된 금액이 된다고 보아야 하고 따라서 제2판결의 피고와 같이 2천만원을 지급하는 것으로 족하다고 보아야 한다.

그런데 제2판결은 계약금 일부만 지급된 경우 수령자가 매매계약을 해제하는 경우에 그 해약금의 기준이 되는 금원은 '실제 교부받은 계약금'이 아니라 '약정 계약금'이라고 보아야 타당하다고 한다. 그 이유로서 첫째 '실제 교부받은 계약금'의 배액만을 상환하여 계약을 해제할 수 있다면 이는 당사자가 일정한 금액을 계약금으로 정한 의사에 반하게 된다는 것이다. 즉 일차적으로 당사자의 의사표시의 해석을 근거로 내세우고 있다. 물론 당사자가 계약금을 정하면서 명시적으로 임의해제를 하고자 하는 당사자는 계약금 상당액의 손해를 감수하기로 하였다면 당연히 이에 따라야 할 것이다. 사안의 계약에서도 당사자들은 "매수인이 잔금을 지불하기 전까지 매도인은 계약금의 배액을 배상하고, 매수인은 계약금을 포기하고 이 계약을 해제할 수 있다"고 정하였다. 문제는 이 경우의 해약금 내지 임의해제시 손해배상의 기준이 되는 금액으로서 계약금이 약정계약금인가 아니면 그 중 현실로 교부된 금액인가의 문제는 여전히 확실한 것은 아니라고 생각된다. 즉 배액상환과 특히 포기라는 개념 속에는 교부되지 않고 약정된 금액의 지급이라는 사고가 포함되기는 어려운 것이다. 따라서 당사자가 일정한 금액을 계약금으로 정한 의사는 현실로 교부된 계약금을 의미한다고 해석하는 것이 더 합리적이다.

둘째로 제2판결은 교부된 금액의 배액상환만으로 매도인이 계약을 해제할 수 있다면 이는 사실상 계약을 자유로이 해제할 수 있어 계약의 구속력이 약화되는 결과가 되어 부당하다고 한다. 사실 계약금과 계약의 구속력의 문제에 대하여는 이미 제1판결이 확고한 입장을 밝힌바 있다. 즉 계약금과 상관없이 당사자 간의 합의만으로 완전한 구속력을 갖는 계약이 성립한다는 것이다. 다만 예외적으로 계약금계약을 통하여 교부된 계약금 상당의 손해를 감수함으로써 계약을 해제할 수 있는 길이 열려있다고 하였다. 그리고 이 경우 계약금이 약정된 것 또는 일부가 지급된 것만으로는 아무런 의미가 없다고 하였다. 그런데 제2판결은 약정된 계약금이 기준이 되어 이것의 배액상환을 하여야만 - 정확히는 현실로 계약금이 전부 교부되지 않은 상황에서 배액상환은 성립할 수 없는 표현이고 계약금 상당액의 지급이라고 하여야 할 것이다 -, 계약의 임의해제가 가능하다고 논지를 전개하고 있다. 이것은 이미 지적한 바와 같이 양 판결사이의 논리의 모순을 가져오고 있다. 즉 단순한 계약금약정이 의미가 없다면 이는 결코 해약금 산정의 기준이 될 수가 없는 것이다. 오히려 소액이라도 금원이 교부되었다면 이는 당사자들이 이 금원에 상당하는 손해의 감수를 위험의 한도로 하여 계약을 체결하였다고 해석되어야 한다. 즉 현실교부된 금원은 낙성계약으로 완전한 구속력있는 계약이 체결된다는 대원칙의 엄격함에 대하여 일말의 숨통을 틔어주는 역할을 한다고 보아야 한다.

3) '교부'에 준하는 행위

물론 이 모든 것은 교부되는 금원 자체에 대하여 당사자들이 정한 의사가 있다면 이에 우선할 수는 없다. 특히 문제가 되는 것은 당사자들이 위의 두 판결에서 공히 나타나는 바와 같이 계약체결시 매수인이 고액의 계약금을 현실적으로 준비하지 못하는 경우가 있을 수 있고 그 경우 현실적으로 지급가능한 액수의 계약금 일부를 교부하고 계약금의 잔금은 나중에 지급하기로 하는 경우이다. 이 경우에도 원칙은 일부 교부된 금액만이 의미있는 기준이 되어야 하며, 일부의 지급시점과 약정된 잔금의 지급기일 사이가 하루 이틀 정도로 짧은 경우에도 마찬가지이다. 다만 당사자들은 비록 계약체결시에 전부의 지급을 현실로 하지 못하더라도 현실지급에 준하는 조치를 취할 수 있을 것이다. 예컨대 거래계에서는 일단 교부자가 지급한 것으로 합의하고 이를 수령자가 다시 교부자에게 대여한 것으로 하여 교부자가 차용증을 써주는 행태가 간혹 이루어지고 있다. 판례는, 계약을 맺을 때 원고의 사정으로 그 날 계약금을 마련하지 못하여 피고에게 실제로는 그 다음날 10:00경 계약금을 지급하기로 하면서도 형식상 원고로부터 계약금을 받은 것으로 하고 피고가 다시 이를 원고에게 보관한 것으로 하여 원고가 피고에게 현금보관증을 작성교부한 사안에서, 위 계약금은 계약해제권유보를 위한 해약금의 성질을 갖는다 하면서 "원·피고 사이에는 적어도 다음날 10:00까지는 계약금이 현실로 지급된 것과 마찬가지의 구속력을 갖게 된 것이라고 할 것이어서 당사자는 약정된 계약금의 배액상환 또는 포기 등에 의하지 아니하는 한 계약을 해제할 수 없기로 약정한 것으로 보아야 한다"라고 한다.[9] 이처럼 지급약정이 지급된 것과 동일시될 수 있으려면 현금보관증의 작성·교부라는 요물성에 준하는 조치를 요하고 또 교부약정과 실제 교부사이에는 일시적 현금미준비 상황에 대처하는 정도의 매우 짧은 시간적 간격만이 인정되는 것으로 보인다. 또 이러한 행태의 예

---

[9] 대법원 1991.05.28. 선고 91다9251 판결; 판례는 이와 같은 맥락에서 교부되는 계약금에 위약금의 의미를 부여하였으나 체약당시 계약금이 준비되지 못하여 매수인이 현금보관증을 작성하여 교부한 경우에 "매수인이 계약을 위반하였다면 실제로 계약금을 지급하지 않았더라도 약정한 위약금을 지급할 의무가 있다"고 하였다 (대법원 1999.10.26. 선고 99다48160 판결).

외적 성격에 비추어 엄격히 해석·운용되어야 할 것이다.

V. 해약금제도의 운용방향

1. 해약금 규정에 대한 평가

제565조는 학설상으로 많은 논의가 있어왔지만 현재 진행중인 민법개정작업에서는 제대로 논의의 대상이 되지 않았고 현행대로 유지하는 것으로 2013년 개정시안에 올라가 있다.[10] 학설로는 제565조를 계약의 구속력을 약화시키는 근거가 되는 조문으로서 설득력있는 근거가 없다며 이를 폐지하거나 가능한 한 축소시켜 해석해야 한다는 견해가 주를 이루고 있다. 즉 해약금추정규정이 낙성계약 성립의 원칙과 모순되어 계약의 효력을 약화시키며 계약금의 교부로 계약의 구속력을 강화시키려는 당사자의 의사에 반할 수도 있다는 것이다. 그리하여 해약금추정을 가능한 한 제한적으로 인정해야 한다는 것이다.[11] 또 입법론으로 계약금을 해약금으로 추정하는 대신 서구민법의 예와 같이 이를 증약금으로 추정하는 것이 타당하다고도 한다.[12] 이러한 입장에서 해약금제도의 목적론적 해석론으로 언급되는 것들은 예컨대 이행의 착수의 개념을 확대한다거나, 이행기 전의 이행착수를 허용하는 해석[13] 등이다.[14]

반면에 이것의 독자적인 의미를 인정하고 잘 활용해야 한다는 반론도 최근에 나타나고 있다. 해약금제도를 긍정적으로 보는 근거로서는, 지난 100여년 동안 계약금을 해약금으로 추정하는 의용일본민법과 우리 민법이 시행되어 오면서 일반인들의 법의식에 계약금이 해약금의 성질을 갖는다는 의식이 하나의

---

10) 2013년 법무부 민법개정시안 채권(上)
11) 김형배, 채권각론〈계약법〉, 306면
12) 송덕수, 채권법각론, 169면
13) 판례도 이행기의 약정이 있는 경우라도 특약이 없는 한 이행기 전에 이행에 착수할 수 있다며, 계약을 유지하고자 하는 매수인이 중도금 지급기일 전에 중도금을 제공하는 등으로 적극적으로 이행에 나아가는 것을 정당하다고 하였다. 대법원 2006.2.10. 선고 2004다11599 판결
14) 최창렬, "계약준수의 확보방안에 관한 연구", 「재산법연구」 제27권 제3호 (2011.2.) 172-175면

법관습으로 확고하게 굳어졌다는 점, 현대 소비자법에서 쿨링 오프 (cooling-off) 제도와 같이 현대의 신속한 계약체결의 확정에 따르는 위험으로부터 벗어날 수 있는 기회를 준다는 점,15) 또 부동산매매계약과 같은 중요한 계약의 체결이 공정증서의 작성 등 엄격한 방식으로 신중하게 이루어지는 것이 아닌 현실을 고려할 것,16) 또 해제로서 당사자가 얻는 이익이 계약금보다 적을 때는 계약을 파기하는 것을 억제하는 작용을 하는 점 등이 언급되고 있다.17)

생각건대 해약금규정과 이에 근거한 거래관행이 많은 복잡한 문제를 만들어내고 낙성계약의 성립에 대한 원칙에 혼선을 초래하고 있음도 무시할 수 없다. 제1판결의 원심판단처럼 돈을 걸지 않은 합의는 아무 의미도 없다는 반계약적인 사고를 확산시키는 부작용도 있다. 이런 점에서 제1판결이 잘 보여주는 바와 같이 원칙은 어디까지나 낙성계약의 성립이고 제565조는 예외에 속한다는 것이며 예외는 엄격하게 해석되어야 한다는 일반원칙을 말할 수 있다. 따라서 낙성계약의 원칙을 유지하면서 이를 크게 해하지 않는 선에서 절충적인 해석론을 모색해나가야 할 것이다.

2. 해약금규정에서 '교부'행위의 우선순위

제2판결은 '교부'보다는 '약정'이 더 우위에 있어야 한다는 견해에 기초하고 있다. 학설 중에도 계약금이 아직 지급되기 전이나 일부만 지급된 경우에도 당사자의 해제권보류약정은 존중되어야 하고, 따라서 일부 지급시는 교부자는 상대방에게 나머지 계약금을 지급함으로써 또한 수령자는 일부 수령한 금액에 약정한 계약금을 추가하여 상환함으로써 해제권을 행사할 수 있게 하여야 하고 이것이 당사자의 의사에 합치하고 당사자의 이익을 해치는 것도 아니라고 한다.18) 그러나 이에서 더 나아가 당사자들이 이를 소로써 구할 수 있

---

15) 이준현(주 5), 293면
16) 일본에서도 해약금규정을 부동산 등 중요거래에 있어 무방식의 낙성주의를 관철한 일본민법의 문제점을 완화시키는 제도로 적극적으로 평가하는 견해가 유력하다고 한다. 이준현(주 5), 289면
17) 오종근(주 3), 175면
18) 오종근(주 3), 181면

다면 이러한 해석은 사실상 제565조를 형해화하는 것이다. 물론 당사자들이 대가의 일정부분을 계약금으로 정하고 이에 대해 어떠한 의미를 부여하든 그것은 계약자유의 한 부분이다. 당사자는 이를 채무불이행시 채무자가 지급하여야 할 액수 즉 손해배상액의 예정의 의미를 담을 수도 있고 또 이행의 착수 전까지 어느 쪽이든 이에 상당하는 금전의 손실을 감수하며 계약으로부터 탈퇴할 수 있는 즉 해약금의 의미를 담을 수도 있다. 제565조의 의미는 그러한 계약자유에 의해 커버되는 내용을 담으려는 것이 아니라 계약당사자들이 명확한 의사없이 체약시 현실적으로 교부하는 금원의 의미를 밝히려는 것이다. 즉 교부되지 않은 금원은 굳이 제565조의 적용대상이 될 필요가 없으며 당사자의 의사해석에 따르면 된다.

결국 제565조의 해석에서 핵심적인 의미를 갖는 것으로 해석되어야 하는 개념은 "계약당시에 일방이 금전을 상대방에게 교부한 때"이다. 즉 '교부'가 있는 경우에 한하여 그 교부된 금액의 한도만이 의미를 갖는다고 보아야 한다는 것이다. 이 '교부'란 사실적 개념이 전제되기에 교부자가 이를 '포기'한다는 역시 사실적 개념이 결합될 수 있는 것이다. 당사자들은 단순한 약정과 구별하여 교부라는 행위 속에 내포되어 있는 위험의 분담에 대해 매우 민감하게 인식하고 있다. 이것은 계약금이 해약금이 아니라 위약금으로 기능할 때에도 마찬가지이다. 거래계에서 단순한 위약금의 약정은 채권자에게 충분한 담보장치가 되지 못하는 경우가 많다. 본래의 채무를 불이행하는 채무자가 약정된 위약금을 성실히 지급하지 않을 경우도 많을 것이기 때문이다. 그래서 거래계에서는 계약금에 위약금의 의미를 담아 이를 선(先)교부하는 것이다. 이 경우 위약금약정은 교부자의 불이행시 수령자가 이를 몰취하는 방식의 일방적 위약금약정이 행해지는 경우가 많다. 즉 거래의 당사자들은 현실적으로 교부된 금원만이 장래의 채무불이행이나 임의해제 등과 같은 위험에 대한 안전장치로서 기능하며 단순한 지급의 약정은 위험에 대한 충분한 담보가 된다고 느끼지 못하는 것이다. 요약하면 낙성계약의 원칙에 대한 예외로서 기능하는 제565조의 해약금제도는 금원의 '교부'라는 사실행위 속에 내재된 위험의 분담 내지 인수에 상응하여 주어지는 권리로 보아야 한다.[19] 따라서 제2판결의 사안과 같이 계약금으로 약정된 금액의 일부만이 지급된 상황이라면 교부자는 그 지급금액만을 포기함으로써, 수령자는 수령한 금액의 배액만을 상환함으로써 임의해제의 권리를 행사할 수 있다고 해석되어야 할 것이다.

VI. 결어

계약금(Draufgabe) 등의 개념과 제도 등은 서구 민법에서는 일종의 '변방적 존재'(Randexistenz)라는 표현이 말하듯이 이론적으로나 실무적으로나 깊이 논의의 대상이 되지는 못하고 있다. 이것은 근대민법이 오직 합의만으로써 계약이 성립한다는 원칙위에 정립되고 옛부터 내려오던 'arrah'같은 현실적 금원의 수수라는 현상에 대하여 어떠한 형성적 의미를 부여하기를 꺼리게 되었기 때문이라 한다.[20] 그리하여 독일민법도 계약체결시 사실행위(Realakt)로서 교부된 계약금에 대하여 소극적으로 계약체결의 표시의 의미만을 부여하고 적극적으로 해약금(Reugeld)[21]의 의미를 부여하지는 않는다(동법 제336조).[22] 이에 비해 일본민법을 통하여 우리 민법에 계수된 이 조항이 민법에 임의규정으로 도입되면서 거래의식과 관행에도 많은 영향을 주어왔다.[23] 그런데 이 조항은 태생적으로 근대민법의 기초인 의사표시에 의한 계약의 성립과 완전한 구속력이라는 대명제에 대한 중요한 예외를 담고 있어 많은 문제점을 내포하고 있다. 본 글에서 다룬 두 판결은 이 조항의 운용에 있어 가장 핵심되는 문제점

---

19) 이와 관련하여 일본에서는 해약금을 매매계약시 무이유해제권이라는 옵션을 구입하는 가격으로 볼 수 있고 이는 매우 합리적인 제도라는 견해도 있다고 한다. 이준현(주 5), 292면.
20) Historisch-kritischer Kommentar zum BGB Band II Schuldrecht: AT 2. Teilband(2007) 2042면; 그 외 Münchner Kommentar, Schuldrecht AT 5. Auflage(2007) § 336; Basler Kommentar Obligationenrecht I Art. 1-270 OR, 3. Auflage(2003) § 158 등 참조
21) 독일민법에서 해약금은 일방이 계약으로부터의 해제권을 구입하는 금원이라는 의미를 갖는데, 당사자들은 해약금에 의한 해제에 대하여 약정할 수 있고 이 경우 일방은 적어도 해제의 의사표시를 하면서 해약금을 지급하여야 그 해제는 효력이 있게 된다(독일민법 제353조 참조).
22) 외국의 입법례에 대하여는 오종근(주 3), 171면 이하
23) 일본민법규정의 제정과정에 대하여는 이준현(주 5), 277면 이하 참조

이 무엇인가를 잘 드러내고 있다.

　제1판결이 계약이 성립한 후에는 당사자 일방은 이를 임의로 해제할 수 없다는 대원칙을 선언한 것은 의미가 크다. 즉 해약금조항이 이에 대한 예외적 규정임을 분명히 한 것이기 때문이다. 그리고 해약금조항은 약정된 계약금 전부의 현실적 교부가 있을 때에만 적용되어야 할 것이라는 엄격한 입장을 유지하였다. 이로 인해 일시적으로 계약금의 교부가 오히려 순수한 낙성계약보다 계약의 효력을 약화시킬 수 있다는 모순적 상황은 감내하기로 하였다. 그런데 제2판결에서 약정계약금의 일부만 지급된 사안에서 해약금의 기준은 실교부금액이 아니라 약정계약금이 기준이라는 설시를 함으로써 다시 이론적으로 혼란을 초래하고 있다. 약정한 계약금을 기준으로 해약금을 정한다는 것은 제565조의 핵심개념인 교부의 의미를 무의미하게 만드는 것이고, 이것은 제1판결의 입장을 번복하는 것으로 해석될 수도 있다. 차라리 제1판결의 설시와 같이 일부 교부를 무교부와 같이 보아 해약금규정의 적용을 막는다면 논리적으로는 일관성이 있다 할 것이다.

　물론 약정계약금의 10%안팎에 해당하는 소액이 교부된 경우에 이를 기준으로 해약의 권리를 인정하는 것이 계약의 구속력을 약화시킨다는 비판도 일리가 있지만, 어차피 일도양단의 선택을 해야 한다면 약정계약금의 일부 교부 시에도 '교부'된 금원에 한하여 의미를 부여하는 것이 제565조의 취지나 거래계의 의식에 좀 더 부합하는 해석이라고 생각된다. 어쨌든 제2판결로 인해 당분간 해약금조항의 운용은 여전히 불분명한 상태에 있게 되었다. '약정'이 '교부'보다 우월한 의미를 갖는다면 교부를 전제로 한 해약금규정의 의미는 어디에서 찾을 수 있을 것인가?

【참고문헌】

[국내문헌]

법무부, 2013년 법무부 민법개정시안 채권(上), 민법개정총서 9
김동훈, "청약과 승낙이론의 몇 가지 문제점", 「계약법연구」 (2000)
김동훈, "편무·쌍무예약의 법적 쟁점", 「채권법연구(II)」 (2014)
김형배, 채권각론<계약법> (2001)
남효순, "계약금약정에 관한 몇 가지 쟁점", 「서울대학교 법학」 제39권 제2호(1999)
송덕수, 채권법각론(2014)
오종근, "계약금의 법적 성질", 「법학논집(이화여대)」 제15권 제3호 (2011)
이준현, "주된 계약과 더불어 계약금계약을 한 당사자가 계약금의 전부 또는 잔금을 지급하지 않은 경우의 법률관계", 「법조」 2011.12.
조일윤, "민법상 해약금규정에 관한 입법론적 고찰", 「동아법학」 제46호 (2010.2.)
최창렬, "계약준수의 확보방안에 관한 연구", 「재산법연구」 제27권 제3호(2011.2.)

[외국문헌]

Basler Kommentar, Obligationenrecht I Art. 1-270 OR, 3. Auflage(2003)
Historisch-kritischer Kommentar zum BGB, Band II Schuldrecht: AT 2. Teilband(2007)
Münchner Kommentar, Schuldrecht AT 5. Auflage(2007)

<Abstract>

On how to interpret the legal meaning of down payment

This article analyses two cases of supreme court which deals with the interpretation of meaning of 'down payment'(Draufgabe). The case of 2008 declared the parties of contract cannot terminate the contract freely even if the down payment is not paid yet. The case of 2015 sentenced the 'cancellation fee'(Reugeld) be calculated by agreed down payment, not the paid amount if the contract is terminated freely with down payment partly paid. This problems which occur in the span of time between agreement of down payment and the real payment, awaken not only the theoretical interest, but also the deliberation on practical operation of Art. 565 of Korean civil code, which prescribes that each party can freely terminate the contract only if he gives up the paid down payment or returns the double amount of the received.

The declaration of the case of 2008 is so meaningful that it confirmed the binding force of contract only be agreement and clarified the Art. 565 as a exceptional clause. Further this case took a firm position that Art. 565 can be applied only in case of full payment of down payment. It means that the paradoxical result is endured in that the binding force of contract is rather weakened by payment of down payment against the parties' will.

But the case of 2015 puts us in the state of confusion. Th critic that the binding force of contract will be weakened if the paid downpayment of about 10% functions as criteria, has a point. But if we have to make a decision to choose one side, we'd better go back to the basic of the 2008 case and put the stress on the real payment of money, not just on agreement to pay in future.

[이 글은 비교사법 제22권 3호(2015.8.)에 게재되었다.]

강행규정 위반의 거래와 불법원인급여

> I. 들어가는 말
> II. 판결의 정리
> III. 사회질서 위반과 강행규정 위반과의 관계
> IV. 불법원인급여와 손해배상과의 관계
> V. 쌍무계약과 불법원인급여
> VI. 불법원인급여제도를 보는 새로운 시각
> VII. 맺는 말

I. 들어가는 말

불법원인급여 제도는 법률가들의 법적 가치판단에 때로 혼란을 일으키고 미로와 같은 논리의 폐쇄회로에 빠지게 하는 난해함을 보여준다. 이 글은 그 중에서도 강행규정 내지 효력규정 위반의 거래가 있고 그에 기한 급부가 행해진 경우의 반환문제를 중심으로 다룬다. 이것이 불법원인급여의 대종을 이루고 있기도 하고, 근래에 이 문제를 전향적으로 다룬 판결들이 나타나고 있는 것도 글을 쓰게 된 요인이 되었다. 먼저 2017년의 농지임대차 판결을 자세히 소개하고 또 이것의 선행판결 2건도 소개하고 판결에 나타난 법리를 정리하여 보았다. 그리고 이러한 법리들의 의미와 정당성에 대하여 여러 시각에서 접근해 보았다. 강행규정 위반과 사회질서 위반의 관계를 재검토하면서 새로운 판단기준을 제시하여 보았고 또한 손해배상과의 관계, 쌍무계약의 법리와의 관계 등을 검토하였다.

II. 판결의 정리

1. 판결의 소개

【판결1】 대법원 2017. 3. 15. 선고 2013다7988, 7989 판결

[사실관계]

원고는 2011.4.13. 피고와의 사이에 원고 소유의 X부동산을 2011.4.13.부터 2012.4.12.까지 연 임료 450만원으로 정하여 임대하는 계약을 체결하고 피고로부터 1년분 임료 450만원을 지급받고 X부동산을 피고에게 인도하였다. X부동산은 계약체결 당시 포도재배 등의 농지로 사용되고 있었다. 계약기간 종료 후 피고는 임대차계약이 농지의 임대를 금하는 농지법 제23조에 위반되어 무효이므로 피고는 원고에게 임료를 지급할 의무가 없는데도 지급한 것이고 따라서 이미 지급한 450만원 상당의 부당이득반환을 구한다. 이에 대해 원고는 임대차계약이 무효라면 피고는 임대기간동안 X부동산을 점유할 적법한 권원이 없음에도 이를 점유·사용한 것이어서 원고에 그로 인한 임료 상당액인 450만원의 손해를 배상할 의무가 있으므로 피고에 대한 이 손해배상채권을 자동채권으로 하여 피고의 부당이득반환채권과 상계한다고 주장한다.

[원심의 판단(청주지방법원 2013.9.17. 선고 2013나1243, 1250 판결)]

피고의 부당이득청구에 대하여는, 임대차계약이 농지법에 위배되어 무효라고 하더라도 그에 따른 피고의 임료지급은 선량한 풍속 기타 사회질서에 위배되는 불법원인급여에 해당한다고 볼 수 없고 이에 비해 원고가 농지법을 위반하여 임대하고 임료를 받은 것은 임료를 받은 때로부터 악의의 수익자로서 이를 부당이득으로 반환할 의무가 있다.

반면 원고의 상계주장에 대하여는, 피고가 임대차계약에 따라 원고에게 지급한 임료는 불법원인급여에 해당하지 않는 것과는 반대로, 원고가 강행규정인 농지법을 위반하여 피고에게 임대한 것은 불법원인급여에 해당한다고 보는 것이 농지법의 입법취지에 부합한다. 따라서 피고가 임대차기간동안 X부동산을 점유·사용한 것에 대해 원고가 피고에게 그 임료 상당의 부당이득반환이나 손해배상을 구할 수는 없다.

[대법원의 판단 (파기환송)]

1. 경자유전이라는 헌법규정을 실현하려는 농지법의 입법 취지를 달성하기 위해서는 위반행위에 대하여 형사 처벌을 하는 것과 별도로 농지임대차계약의 효력 자체를 부정하여 그 계약 내용에 따른 경제적 이익을 실현하지는 못하도록 함이 상당하므로, 농지의 임대를 금지한 구 농지법 제23조의 규정은 강행규정으로 보아야 하고 이를 위반하여 농지를 임대하기로 한 사건의 임대차계약은 무효라고 할 것이다.

2. 민법 제746조에서 말하는 '불법'이 있다고 하려면, 급부의 원인이 된 행위가 그 내용이나 성격 또는 목적이나 연유 등으로 볼 때 선량한 풍속 기타 사회질서에 위반될 뿐 아니라 반사회성·반윤리성·반도덕성이 현저하거나, 급부가 강행법규를 위반하여 이루어졌지만 이를 반환하게 하는 것이 오히려 규범 목적에 부합하지 아니하는 경우 등에 해당하여야 한다. 농지법의 적용 대상인 농지의 임대차는, 그 대상이 농지라는 특수성이 있지만, 목적물을 사용·수익하게 하고 차임을 지급받기로 하는 약정이라는 점에서는 일반적인 부동산 임대차와 본질적인 차이가 없고 그 계약 내용이나 성격 자체로 반윤리성·반도덕성·반사회성이 현저하다고 단정할 수는 없다.

3. 농지임대차 계약을 근거로 하여 약정 차임을 청구하는 등 계약 내용의 적극적 실현을 구하는 것은 허용될 수 없으나, 거기에서 더 나아가 임대차 계약기간 동안 임차인이 당해 농지를 사용·수익함으로써 얻은 토지사용료 상당의 점용이익에 대하여 임대인이 부당이득반환이나 손해배상을 청구하는 것마저 배척하여 임차인으로 하여금 사실상 무상사용을 하는 반사이익을 누릴 수 있도록 하여야만 구 농지법의 규범 목적이 달성된다고 볼 것은 아니다. 따라서 농지임대차가 농지법에 위반되어 그 계약의 효력을 인정받을 수 없다고 하더라도 구 농지법의 이념에 정면으로 배치되어 반사회성이 현저하다고 볼 수 있는 특별한 사정이 있는 경우가 아니라면, 농지 임대인이 임대차기간 동안 임차인의 권원 없는 점용을 이유로 손해배상을 청구한 데 대하여 임차인이 불법원인급여의 법리를 이유로 그 반환을 거부할 수는 없다고 할 것이다. 결국

원심이 원고의 상계항변을 배척한 것은 불법원인급여에 관한 법리를 오해한 것이다.

【판결2】 대법원 2010. 12. 9. 선고 2010다57626, 57633 판결

[사실관계 및 원심의 판단]

원고는 2003. 2.경 피고와 사이에 원고가 보유하고 있는 양식어장에 관한 어업권을 피고에게 임대하여 피고가 위 양식어장을 운영하기로 하는 내용의 임대차계약을 체결하였다. 그 후 피고는 임대차계약에 따라 원고에게 지급해야 할 2006년분 차임 9,000만 원을 지급하지 않다가, 2007.1.22. 원고에게 위 미지급 차임을 2007.2.15.까지 지급하기로 하는 내용의 약정을 하였다. 이 약정에 기해 9,000만 원의 지급을 구하는 원고의 주위적 청구에 대하여, 원심은 임대차계약은 어업권의 임대차를 금지하는 효력규정인 구 수산업법 제33조에 위반되어 무효이고, 따라서 임대차계약이 유효함을 전제로 미지급 차임을 지급하기로 하는 약정 역시 무효하며 원고의 청구를 배척하였다. 또한 원고는 부당이득으로 위 9,000만 원의 지급을 구하는 예비적 청구를 하였는데, 원심은 어업권에 관한 임대차계약에 따라 임차인이 어장을 점유·사용함으로써 얻은 이익을 법률상 원인 없이 얻은 이익이라는 이유로 어업권자인 임대인에게 반환하여야 한다고 인정하게 되면 어업권에 대한 임대차를 사실상 허용하는 셈이 되고, 이는 곧 어업권의 임대차를 금지하는 구 수산업법의 근본취지를 몰각시키는 결과가 되어 부당하므로, 어업권을 임대한 어업권자는 그 임차인이 어장을 점유·사용함으로써 얻은 이익을 부당이득으로 반환을 구할 수도 없다고 보아야 한다는 이유로 역시 이를 배척하였다.

[대법원의 판단 (파기환송)]

민법 제746조에서 불법의 원인이라 함은 그 원인되는 행위가 선량한 풍속 기타 사회질서에 위반하는 경우를 말하는 것으로서 법률의 금지에 위반하는 경우라 할지라도 그것이 선량한 풍속 기타 사회질서에 위반하지 않는 경우에는 이에 해당하지 않는다고 할 것이고 (대법원 2001.5.29. 선고 2001다1782 판결 등 참조), 한편 구 수산업법 제33조가 어업권의 임대차를 금지하고 있는 취지 등에 비추어 보면, 위 규정에 위반하는 행위가 무효라고 하더라도 그것이 선량한 풍속 기타 사회질서에 반하는 행위라고 볼 수는 없다고 할 것이다. 이와 같은 법리에 의할 때 어업권의 임대차를 내용으로 하는 이 사건 임대차계약이 구 수산업법 제33조에 위반되어 무효라고 하더라도 그것이 부당이득의 반환이 배제되는 '불법의 원인'에 해당하는 것으로 볼 수는 없으므로, 원고로서는 임대차계약에 기해 피고에게 한 급부로 인하여 피고가 얻은 이익, 즉 피고가 양식어장(어업권)을 점유·사용함으로써 얻은 이익을 부당이득으로 반환을 구할 수 있다고 보아야 할 것이다.

【판결3】 대법원 2001. 5. 29. 선고 2001다1782 판결

[사실관계 및 원심의 판단]

원고는 피고인 한국담배인삼공사의 직원으로서 담배 값이 인상되기 전에 담배 사재기를 하기 위하여 담배를 마치 소매인들이 구입하는 것처럼 가장하여 금 287,955,000원을 공사에 담배구입대금으로 입금하였고 상당량의 담배를 인도받던 중 사정을 알게 된 공사측에서 거래를 중단하였다. 원고는 담배를 인도받지 못한 부분에 대한 담배매매계약을 피고의 채무불이행을 이유로 해제하고 원상회복으로서 미인도물품에 대한 대금 143,955,000원의 반환을 구한다. 원심은 담배사업법 제12조 제1항의 규정에 의하면, 피고 공사는 지정된 소매인 외에는 담배를 판매하지 못하게 되어 있는데, 원고는 지정된 소매인이 아님에도 불구하고 그 명의를 도용하여 담배를 구입한 것이므로 이는 무효라 하여 청구를 배척하였다.

그리고 원심은, 같은 금액 상당의 부당이득금반환을 구한다는 원고의 주장에 대하여, 원고는 담배의 구매 및 소매행위를 하여서는 아니되는 데도 소매인의 이름을 빌리는 등의 방법으로 피고 공사로부터 담배를 구입키로 하고 그 대금을 피고 공사에 납입하였을 뿐 아니라, 담배 사재기는 물가안정에관한법률에 의하여 금지되고 그 위반행위는 처벌되는 점 등에 비추어 보면, 원고가 담배구입대금 명목으로 피고 공사에 입금한 돈은 불법원인급여에 해당하여 그 반환을 청구할 수 없다고 판단하였다.

[대법원의 판단 (파기환송)]

(1) 입법 취지에 비추어 볼 때 담배사업법 제12조 제1항은 강행규정으로 보아야 할 것이고 이에 위반한 행위는 그 효력이 없다고 보아야 할 것이다. 따라서 원고와 피고 공사 사이에 담배매매계약이 유효하게 성립되지 아니하였다고 보아, 그러한 매매계약이 성립되었음을 전제로 하는 담배구입대금 반환청구를 배척한 조치는 정당하다.

(2) 원래 담배사업이 반드시 국가의 독점사업이 되어야 한다거나 담배의 판매를 특정한 자에게만 하여야 하는 것은 아니어서 그 자체에 무슨 반윤리적 요소가 있는 것은 아니고, 또한 담배 사재기가 물가안정에관한법률에 의하여 금지되고 그 위반행위는 처벌되는 것이라고 하여도 이는 국민경제의 정책적 차원에서 일정한 제한을 가하고 위반행위를 처벌하는 것에 불과하므로 이에 위반하는 행위가 무효라고 하더라도 이것을 선량한 풍속 기타 사회질서에 반하는 행위라고는 할 수 없다고 해석함이 상당하다. 그럼에도 불구하고 원심이 원고가 피고 공사에 담배구입대금을 지급한 것이 선량한 풍속 기타 사회질서에 반하는 행위로서 민법 제746조의 불법원인급여에 해당한다고 보아 담배구입대금 상당의 부당이득금반환청구를 배척한 것은 불법원인급여에 있어 불법의 법리를 오해한 것이다.

2. 판례에 나타난 법리의 정리

위에서 소개한 판례는 공통적으로 당사자간의 거래가 관련된 법률의 금지에 위반된 사안이고 당해 금지규정은 효력규정으로 해석되어 계약자체는 무효로 판정된 사안들이다. 이 경우 일방이 자신의 급부이익의 반환을 청구하는 데 대하여 상대방이 불법원인급여의 항변을 한 것이다. 세 사안에서 대법원은 모두 항변을 인정한 원심을 파기하고 급부이익을 부당이득으로 급여자에게 반환할 것을 명하였다.

사실관계를 구체적으로 보면 급여(급부)[1]를 둘러싼 반환관계에서 흥미있는 차이를 보이고 있다. [판결1]은 무효로 판정된 임대차계약에서 이미 쌍방의 급부가 이행되었다. 즉 임차인은 차임을 지급하였고 임대인은 기간동안 목적물을 사용·수익에 제공하였다. 그 후 임차인이 기지급한 차임의 반환을 구하면서 임대인이 사용이익의 반환청구와 상계한다는 항변에 대하여 임대인의 임대행위가 불법원인급여라는 항변을 한 복잡한 사안이다. [판결2]에서는 역시 어업권의 임대차계약에서 사용·수익한 임차인이 그에 대한 차임의 지급을 거절하면서 임대인의 사용이익의 반환청구에 대하여 불법원인급여의 항변을 한 사안이다. [판결3]은 담배사업법에 위배된 담배매매계약에서 대금을 선지급받고 물량의 절반을 인도한 후 중단된 상태에서 매수인이 미인도물품에 대한 대금의 반환을 청구하자 매도인이 매수인의 대금지급이 불법원인에 의한 급부라며 반환을 거절하는 사안이다. 불법원인의 다툼의 대상이 된 급부는 [판결1]과 [판결2]에서는 토지 또는 권리에 대한 임대인의 임대행위이고 [판결3]에서는 매수인의 대금지급이다. 쌍무계약이므로 급부에 대한 반대급부의 상황을 보면 [판결1]에서는 반대급부가 이미 지급되었고 [판결2]에서는 반대급부가 미지급된 상황이고 [판결3]에서는 반대급부가 절반만 이행된 상황이다.

위의 판례들은 대상이 된 급부가 제746조의 불법에 해당하지 아니함을 다음과 같이 논증하고 있다. 우선 특정한 법률의 금지 즉 강행규정에 위반되는 거래를 한 경우에 그것은 그 내용상 제103조의 선량한 풍속 기타 사회질서에 위반하는 것으로 볼 수 없다면 강행규정 위반의 거래라는 것만으로 '불법'이 된다고 할 수 없다는 것이다. 이것의 전제가 되는 논리는 그 간의 판례가 일관되게 설시하여 온 바와 같이 제746조는 제103조와 같이 사법의 기본이념을 선포한 것이며 따라서 제746조의 불법과 제103조의 반사회질서는 동일한 개념이

---

1) '급여'와 '급부'는 같은 의미로 혼용하여 쓰기로 한다. 강학상으로는 급부(Leistung)는 채권의 목적 즉 채무자가 채권자에게 이행하여야 할 채무의 내용이라고 한다. '이행행위'라고 하는 것이 더 적절하다는 견해도 있으나(송덕수, 신민법강의 736면) 급부라는 용어가 정착되었다. 민법전에서는 '급여'라는 용어만을 쓰고 있으며 급부를 하는 행위를 가리키는 면도 있다. 제746조에서도 '재산의 급여'를 '노무의 제공'과 대비시키고 있으며 제466조에서는 '채무자가..급여를 한 때에는'이라고 표현한다. 급부의 목적물이 금전인 경우에는 주로 '지급'이라는 용어를 쓴다(때로는 물건의 지급(제163조), 채무의 지급(제751조)이라는 표현도 사용됨).

라는 것이다. 강행규정 위반으로 무효인 거래가 반사회질서의 거래가 되는 가를 판단하는 기준으로 [판결3]은 거래에 반윤리적 요소가 내재되어 있는지, 또 당해 강행규정이 단순한 정책적 제한과 처벌인 것인지를 제시하고 있다.

그런데 [판결1]에서는 기존의 판결들에서 나아가 새롭게 구체화된 판단기준을 제시하고 있는 점에서 주목할 만하다. 강행규정에 반하는 행위 즉 급부의 원인된 행위가 사회질서에 반한다고 볼 수 있는 것만으로는 부족하고 그러한 행위의 반사회성·반윤리성·반도덕성이 현저하여야 한다는 것이다.[2] 또 한 가지 기준은 급부의 반환이 당해 거래가 위반한 강행법규의 규범목적에 부합하지 않아야 한다는 것이다. 바꾸어말하면 반환금지를 관철하여야만 규범목적이 달성되는 경우에 한하여야 한다는 것이다. 또 한가지 [판결1]에서 특기할 것은 임대인은 임차인의 불법원인급여의 항변에 대하여 그에게 임대목적물의 권원없는 점유·사용에 대한 손해배상을 청구하였고 임차인은 이러한 손해배상청구에 대하여 응하여야 한다고 판시한 것이다. 즉 불법원인급여의 항변에 대항하는 급여자의 손해배상청구는 서로 배척적인 관계가 아니라는 것이다. 이것은 근래에 대법원이 불법원인급여소송에서 급여자의 손해배상청구는 제746조의 제도 자체의 이념에 반하는 것이어서 허용될 수 없다고 설시한 것과 조화될 수 있는지도 검토해 볼 필요가 있다.

이하에서는 이러한 판례의 법리들, 즉 사회질서 위반과 강행규정 위반과의 관계, 불법행위와 손해배상청구와의 관계, 쌍무계약의 상환성과의 관계 등에 대하여 검토해본다.

III. 사회질서 위반과 강행규정 위반과의 관계

1. 개념의 정리

위 판결들에서 법원은 당사자의 거래를 무효로 선언하면서 강행규정(또는

---

[2] 현저성의 요건을 덧붙임으로써 판례가 종래 취한 입장과 다른 표현을 사용한 것에 주목하는 견해도 있다. 김민중, 농지임대차와 불법원인급여, 법조 2017.10. 599면; 박동진, 부동산명의신탁과 불법원인급여, 법률신문 2019.11.28.자 13면

강행법규) 위반, 법률의 금지위반 등의 용어를 쓰고 있다. 한편 당사자 간의 일정한 거래를 금지하고 위반시 불이익을 가하는 규정들은 수많은 개별 법률들에 흩어져있는데[3], 학설이나 판례에서는 이것을 포괄하는 개념으로 금지규정이라는 용어를 쓰고 있다. 이러한 금지규정을 위반하였을 경우에 그러한 거래의 사법상의 효력을 제한하는 경우 이를 강행법규 또는 효력규정에 해당한다고 하고,[4] 반면에 금지규정에 저촉되는 거래라 할지라도 그 행위의 사법상의 효력에 아무런 영향이 없을 경우에 이를 '효력규정이 아닌 단속규정'[5] 또는 '강행규정이 아닌 이른바 단속규정'[6]이라는 표현을 쓰고 있다.

우선 강행규정이란 용어는 임의규정과 대비되어 당사자의 의사의 배척여부라는 효과와 관련되어 민법전에서 쓰이고 있다. 민법상 강행규정을 어떻게 정의할 것인가에 대하여, 예컨대 일설은 민법상 강행규정은 제105조의 임의규정에 관한 규정의 해석에서 당연히 도출되듯이 그것은 곧 '선량한 풍속 기타 사회질서에 관계있는 규정' 즉 선량한 풍속 기타 사회질서를 구체화한 규정으로 해석되어야 한다는 것이다.[7] 반면에 민법이 직접적으로 강행규정의 개념을 사용하는 경우는 오로지 그 효력에 관하여서이다. 즉 지상권에 관한 제289조, 임대차계약에서 제652조, 신설된 여행계약의 제674조의9에서는 '강행규정'이라는 제목하에 "해당 부분의 일정한 규정들을 위반하는 계약(약정)으로서 일방(지상권자, 임차인이나 전차인, 여행자)에게 불리한 것은 그 효력이 없다"라는 이른바 일방적 내지 편면적 강행규정에 대하여 정하고 있다. 정확히는 강행규정 위반의 효과에 대하여 정한 것인데 그것은 각 조문에서 열거된

---

[3] 예컨대, 공인중개사법 제33조(금지행위) 개업공인중개사 등은 다음의 행위를 하여서는 아니된다. 그 밖에 공인노무사법 제13조(금지행위); 공인회계사법 제22조, 여객자동차 운수사업법 제12조(명의대여 등 금지). 때로는 벌칙 조항에 들어가 있기도 하다. 변호사법 제109조(벌칙)

[4] 예컨대 "법률에서 해당 규정을 위반한 법률행위를 무효라고 정하고 있거나 해당 규정이 효력규정이나 강행규정이라고 명시하고 있으면 그러한 규정을 위반한 법률행위는 무효이다" 라는 판결(대법원 2019.1.17. 선고 2015다227000 판결)의 설시는 두 용어의 혼용을 잘 보여준다.

[5] 대법원 2008.12.24. 선고 200653672 판결 등

[6] 대법원 2009.6.25. 선고 2007다12944 판결; 대법원 2017.2.3. 선고 2016다259677 판결 등

[7] 이영준, 민법총칙(2005) 181면

규정들은 강행규정이고 이것에 위반하여 당사자 간에 맺은 약정은 효력이 없다는 것이다. 즉 강행규정과 이에 대비되는 임의규정은 바로 위반시 그 약정의 효과를 기준으로 구분하게 된다. 이와 대비하여 제105조에서 임의규정을 정의하면서 법률행위의 당사자가 당해 임의규정과 '다른 의사를 표시한 때에는 그 의사에 의한다'라고 규정하고 있다. 이것을 이어받아 민법전에서는 특정 조문의 임의규정성을 명확히 할 경우에는 '다른 의사표시가 없는 때에는'[8] 또는 '다른 약정이 없는 한'[9]이라는 단서적인 표현을 달고 있다. 요컨대 강행규정은 당사자의 의사로서 그 적용을 배제할 수 없는 규정이라고 정의되어야 한다. 즉 강행규정은 그 효과론에 입각하여 정의된 개념으로 사용하는 것으로 충분하다. 우리 민법 제105조의 임의규정 조항의 해석에서는 사회질서와 관계없다는 요건보다 당사자의 의사에 의하여 그 적용이 배제된다는 효과론이 더 우선하여야한다.[10]

또 한 가지 어려운 선행적인 쟁점은 민법상의 강행규정이 임의규정과 대비되어 민법내에서 사용되는 개념인가 아니면 민법 외의 법률에서도 통용되는 것인가이다. 위의 사안에서 문제되는 것은 민법 외에 다양한 행정적 규제법규, 그 중에서도 사인간의 거래를 금지하는 규정들과의 충돌이기 때문이다. 민법에서 강행규정과 임의규정은 민법의 당해 규정이 당사자의 법률행위 내지 약정과의 충돌시 그 효과에 따라 구분하는 개념으로 사용되어 온 것이다. 반면에 많은 행정법규에서 이른바 금지규정이라는 제목하에 일정한 거래행위

---

[8] '다른 의사표시가 없는 때에는' 이라는 표현을 사용한 조문으로는 제133조(무권대리 추인의 소급효), 제394조(금전손해배상의 원칙), 제457조(채무인수의 소급효), 제473조(변제비용의 채무자부담), 제678조(우수현상광고의 부존재판정)이 있다.
[9] '다른 약정이 없는 한' 또는 이에 준하는 "다른 약정이 있는 때에는 그에 의한다" 내지 "다른 약정이 있으면 그러하지 아니하다" 등의 표현을 사용한 조문으로는 제292조(지역권의 부종성), 제297조(용수지역권의 효과), 제334조(동산질권의 피담보채권의 범위), 제358조(저당권의 효력의 범위), 제565조(해약금의 효력)이 있다.
[10] 당사자가 위임계약을 체결하면서 별도의 해지사유를 약정한 사안에서 판례는 "민법 제689조(위임의 상호해지의 자유)는 임의규정에 불과하므로 당사자의 약정에 따라 위 규정의 적용을 배제하거나 그 내용을 달리 정할 수 있다"고 하며 당사자 간의 약정을 단순히 주의적인 성격의 것이라고 쉽게 단정해서는 안된다고 강조하고 있다. 대법원 2019.5.30. 선고 2017다53265 판결

를 금지하고 위반시 처벌하는 조항들이 등장함에 따라 이에 위반한 당사자의 거래의 사법적 효과를 어떻게 할 것인가의 문제가 제기되었고 이에 대응하여 효력규정과 단속규정이란 구분개념이 판례에 의하여 사용되어 온 것이다. 따라서 양자의 개념을 구분하여 사용하는 이분론을 택하고자 한다. 그리하여 강행규정은 민법전내의 규정에 관하여 사용하고 그 범위를 넓힌다 하더라도 개인의 거래일반을 규율하는 성격의 민사특별법 정도에 한하여 사용하여야 할 것이다.[11]

요약하면 좁은 의미의 강행규정은 임의규정과 대비되어 민법내에서 당사자의 의사로 그 적용을 배제할 수 없고 따라서 그 위반시 당사자의 의사를 무효로 만드는 규정이다. 공법영역에서는 당사자 간의 일정한 거래를 금지하는 다양한 금지규정이 있는데 이에 위반할 시 사법상의 효력이 부인되는 경우에 이를 효력규정 – 많은 경우에 판례가 강행규정(또는 강행법규)이라고 부르는 – 이라하고 이에 대응하는 것이 단속규정이 된다. 본 글에서 문제되는 불법원인급여와 관련하여서는 금지규정 중 효력규정이 문제되며 효력규정이어서 당해 약정을 무효로 만들고 부당이득에 따른 반환이 문제되는 경우에 그것을 거절할 수 있는 가의 판단이 문제되는 것이다. 다만 판례와 학설 등과 관련하여 언급할 시 강행규정이라는 용어를 혼용하기로 한다.

2. 판례의 흐름

불법원인급여와 관련하여 법률의 금지위반과 사회질서 위반을 구분하여 온 판례는 오래 전부터 유지되어 왔다. 일찍이 대법원은 농지개혁법 위반의 거래에 대하여 "강행법규 위반행위는 선량한 풍속기타 사회질서에 위반되는 경우도 있겠거니와 그렇지 않는 경우도 있을 것으로 강행법규 위반행위를 가리켜 모두 위 법조에서 규정하는 불법원인의 행위라고 할 수 없는 것이다"[12]

---

11) 임의규정과 강행규정이 법률행위의 민법적 효력임을 분명히 하고 민사법영역 외에서 법률행위를 규제하는 규정에 대해서 위반시 민법적 효력 여부에 따라 효력규정과 단속규정을 구별하여야 한다는 최근의 견해로, 김수정, 효력규정과 단속규정의 구별기준에 관한 체계화 모색, 민사법학 제85호(2018.12.) 6-7면
12) 대법원 1965.11.30. 선고 65다1837 판결

라고 하여 불법성을 부인하였고, 그 외 외국환관리법에 위반되는 금원의 지급[13]), 직업안정법 위반의 거래[14]) 등을 사회질서에 위반한 것으로 볼 수 없고 따라서 불법원인이 있다고 볼 수 없다 하였다. 특히 건설업면허대여의 방편으로 체결되는 건설업양도양수계약 또한 강행규정인 건설업법 규정들의 적용을 잠탈하기 위한 탈법행위로서 무효라고 하면서도 위 계약자체가 선량한 풍속 기타 사회질서에 어긋나는 반윤리적인 것은 아니어서 양도계약의 형식으로 이루어진 건설업면허의 대여가 불법원인급여에 해당하는 것은 아니므로 건설업면허를 대여받은 자가 이를 반환할 의무를 지는 것은 당연하다고 하였다.[15]) 본 글에서 소개한 판례들도 이러한 흐름의 연장선에서 서서 법률의 금지 내지 강행규정 위반의 행위라고 하더라도 사회질서 위반으로 볼 수 없어 '불법의 원인'에 해당하지 아니하고 부당이득의 원칙으로 돌아가 수령자의 반환의무를 인정하고 있다.

반면에 강행법규의 위반이면서 또한 사회질서 위반으로 보아야 한다며 급여의 불법성을 인정하고 반환을 거절한 사례들도 있다. 예컨대 오래된 사례로서는 긴급통화조치법 위반의 신권교환거래에 대하여 "본건 구권의 급여행위는 그 자체가 위법해서 형벌로서 금하고 있을 뿐만 아니라 통화개혁의 목적달성을 저해하는 것으로 개인의 이익만을 위하여 국민전체의 경제생활의 파탄여부는 개의치 않은 행위라 아니할 수 없어 그 반사회성 반윤리성이 뚜렷하여"라며 불법원인의 항변을 인정하였다.[16]) 그 후로도 변호사법 제78조 제1호에 해당하는 행위로서 공무원에 대한 청탁교제비조로의 금원의 지급[17]), 수입품에 대한 관세법 위반의 관세포탈의 범죄를 저지르기 위하여 환전상 인가를 받지 아니한 자에게 비밀송금을 위탁한 행위[18]) 등의 사례에서 불법원인의 항변을 인정하였다.

---

13) 대법원 1969.11.11. 선고 69다925 판결
14) 대법원 1983.11.22. 선고 83다430 판결
15) 대법원 1988.11.22. 선고 88다카7306 판결
16) 대법원 1966.2.15. 선고 65다2286 판결
17) 대법원 1991.3.22. 선고 91다520 판결
18) 대법원 1992.12.11. 선고 9다33169 판결

3. 제746조와 제103조의 관계

판례는 강행규정 위반의 거래에 대하여 그것이 선량한 풍속 기타 사회질서 위반에 해당하는 가를 심사하여 이를 부인하면서 따라서 제746조의 '불법의 원인'에 해당하지 않는다고 하였다. 이것은 논리적으로 제746조의 불법은 제103조의 '선량한 풍속 기타 사회질서 위반'과 동일한 의미이고 그 판단기준도 동일하다는 것을 전제로 하고 있다. 즉 효력규정 위반으로 무효판정된 거래에서 수령자가 불법원인급여의 항변을 할 경우 독자적인 불법요건 충족여부의 판단을 하지 않고 사회질서 위반의 판단을 매개로 삼고 있다. 이것은 그간 판례가 일관되게 제746조의 불법과 제103조의 반사회질서를 동일한 개념으로 선언하여 온 것에 기인한다.

대법원은 종래에 전원합의체 판결을 통하여 "민법 제746조는 민법 제103조와 함께 사법의 기저를 이루는 하나의 큰 이상의 표현으로서 이것이 비록 민법 채권편 부당이득의 장에 규정되어 있기는 하나, 이는 일반적으로 사회적 타당성이 없는 행위의 복구가 부당이득의 반환청구라는 형식으로 주장되는 일이 많기 때문이고, 그 근본에 있어서는 단지 부당이득제도만을 제한하는 이론으로 그치는 것이 아니라, 보다 큰 사법의 기본 이념으로 군림하여"[19]라고 선언한 이래 제746조의 불법이란 바로 제103조에서 말하는 선량한 풍속 기타 사회질서와 같은 것으로 보아야 한다는 점을 강조하여 왔다. 따라서 강행법규 위반의 거래가 제746조의 불법에 해당하지 않음을 선언하기 위하여서는 그러한 위반행위가 단순한 법률의 금지위반에 해당할 뿐 사회질서 위반과는 관계가 없다고 한 것이었다.

그런데 법원은 최근에 명의신탁약정에 기한 명의신탁자의 등기말소 청구가 불법원인급여를 이유로 금지되는가에 관한 전원합의체 판결[20]에서 [판결1]을 인용하면서 이 판결이 "강행법규 위반행위가 민법 제103조 위반에 해당하는 경우에도 위반의 대상이 된 강행법규의 규범목적을 고려하여 민법 제746조의 적용이 제한될 수 있다"는 법리를 보여준다고 해석하고 있다. 즉 법원은

---

19) 대법원 1979.1.13. 선고 79다483 전원합의체 판결
20) 대법원 2019.6.20. 선고 2013다218156 전원합의체 판결

이 판결을 통하여 종래 판결과 같이 제103조의 위반 여부의 판단에 따라 불법원인급여의 법리의 적용여부가 결정되는 것이 아니라, 비록 제103조 위반에 해당하여도 이와는 상관없이 당해 규정의 규범목적에 따라 제746조의 적용여부를 판단할 수 있다고 해석한 것이다. 즉 강행규정 위반행위가 제103조 위반인가 여부는 이에 해당하지 않으면 불법원인의 심사대상도 되지 않는다는 소극적인 의미만을 갖는다는 것이다. 이는 실질적으로 강행규정의 반사회성의 심사에서 개별 규정의 규범목적의 고려로 중점이 옮아가고 있다는 것을 잘 보여주고 있다.

생각건대 종래의 판결에서 기초로 제시되고 있는 제746조의 일반규정의 성격에 대하여 재고해 볼 필요가 있다. 제103조가 이른바 사적자치의 한계를 선언하는 일반조항의 의미를 갖는다면 제746조는 부당이득은 반환되어야 한다는 부당이득법의 원칙에 대하여 불법성이 가미된 경우에는 예외적으로 반환청구가 거절될 수도 있다는 즉 부당이득반환의 많은 예외규정의 하나에 불과하다. 단지 불법성의 판단에 있어 경우에 따라 반사회성·반윤리성이라는 기준이 하나의 참조가 될 있을 뿐이다. 즉 제746조의 운용은 어디까지나 부당이득법 내에서 반환원칙과 그 예외이고 따라서 예외는 엄격하게 운용될 필요가 있다는 것을 선언한 것에 불과하다. 일설은 나아가 제746조는 부당이득반환청구권의 배척에 관한 채권법상의 규정으로서 물권적 청구권의 범위에 까지 유추적용될 수 있는 성질이 아니라고까지 한다.[21] 요컨대 제746조가 마치 제103조와 동전의 앞뒷면을 이루는 것처럼 그 의미와 위상을 과대평가하는 것이야말로 불법원인급여제도의 운용을 둘러싼 많은 혼란의 근원이라고 생각된다.

반면에 제746조의 불법의 요건을 축소하기 위하여 공서양속과 강행규정(효력규정)을 분리하는 것에도 비판이 있다. 그 근거로 첫째로 강행규정에 위반한 법률행위가 사회질서 위반에 관계되지 않는데도 무효로 되는 근거를 찾을 수 없다고 한다. 즉 사회질서 위반 이외에 법률행위를 무효화할 수 있는 별도의 법적 가치판단의 근거가 존재하기 어렵다는 것이다.[22] 그러나 어떠한

---

21) 정상현·서순택, 불법원인 급부자의 불법행위 손해배상청구권 인정여부 재검토, 민사법학 제69호(2014.12) 567면
22) 백경일, 불법원인급여반환금지규정의 적용제한에 관한 비판적 고찰, 재산법연구

법률행위가 무효로 판정되는데 공서양속이라는 일관되고 포괄적인 가치개념이 꼭 필요한 것인가는 의문이다. 민법이 정하고 있는 다양한 무효 사유에서 보듯이 일정한 절차적 사유나 제도의 효용성 등과 관련된 사유도 있고, 민법 이외의 다양한 행정법규에서는 개별적인 다양한 목적달성을 위하여 일정한 행위는 명시적으로 무효라고 선언하기도 하고 또 민사법원이 그 입법목적을 고려하여 위반행위를 무효라고 선언하기도 한다. 오늘날 다종다양한 거래 규제의 필요성에 의해 만들어지는 금지규정들에 대하여 통일적인 무효판단의 가치기준을 세운다는 것은 불가능하다.

둘째로 공서양속과 강행규정을 구분하는 일관된 기준을 찾을 수 없다는 것이다. 그리하여 법원이 과도한 재량을 발휘하여 법적 안정성에도 위협이 된다는 것이다.[23] 기준의 일관성은 모든 평가에 있어 공통적으로 요청되는 가치임에 틀림없다. 판례는 매 경우마다 당해 규정의 규범목적 등을 고려하여 판단을 내리고 있으며 그러한 판례의 누적을 통해 일정한 방향성과 기준을 만들어 나가는 것은 실무의 몫인 동시에 또한 학계의 임무가 될 것이다.

4. 독자적 판단기준의 모색 - 효력규정 여부의 판단기준과의 비교

효력규정 위반시 제746조의 불법의 판단이 직접 제103조와 연결될 필요가 없다면 이를 위한 독자적인 기준을 찾아보아야 한다. 그리고 이러한 기준의 모색에는 당해 규정의 규범목적의 달성이 일차적으로 고려되어야 함은 물론이다. 우선 효력규정 위반시 불법원인급여의 판단기준은 당해 규정이 효력규정 내지 단속규정 여부를 판단하는 기준의 연장선 상에 있다. 판례에는 이미 효력규정 여부의 판단기준이 제103조와 직접적인 관계가 없음을 보여주는 많은 사례가 있다. 예컨대 부동산중개와 관련된 몇 가지 사례를 보면, 부동산중개수수료의 한도를 초과하는 금품수수를 금지한 규정에 대하여 입법목적을 달성하기 위해서는 "초과수수료 약정에 의한 경제적 이익이 귀속되는 것을 방지하여야 할 필요가 있다"[24]며 초과부분에 대한 사법상의 효력을 부인하였

제29권 제4호(2013.2) 249면
23) 백경일, 위의 글 250면

고, 무자격 중개업자와 체결한 중개 수수료 지급약정의 효력에 대하여 "위 약정에 의한 경제적 이익이 귀속되는 것을 방지할 필요가 있다"[25]며 강행법규(효력규정)에 해당한다고 하였다. 반면에 중개사와 중개의뢰인과의 거래를 금지한 규정에 위반하여 한 거래의 효력에 대하여 "위반한 거래행위 자체가 그 사법상의 효력까지도 부인하지 않으면 안 될 정도로 현저히 반사회성, 반도덕성을 지닌 것이라고 할 수 없을 뿐아니라…, 중개의뢰인이 직접 거래임을 알면서도 자기의 이익을 위하여 한 거래도 그 효력이 부인되어 거래의 안정을 해칠 우려가 있다"[26]며 단속규정으로 보았다.

일련의 판례들에서 나타나는 가장 중요한 기준은 당해 규정이나 법령의 입법목적에 비추어 경제적 이익의 귀속방지의 필요성이 있는가이다.[27] 즉 형사적 행정적 제재를 가하여 압박하는 것만으로는 부족하고 당해 거래를 유효하다고 함으로써 결국 그 거래로 인한 경제적 이익이 당사자에게 귀속되는 결과를 막아야 할 필요가 있는가이다. 그 외에 부차적으로 당해 거래와 그에 기한 급부가 현저히 반사회성, 반도덕성을 지닌 것인가, 또 거래의 안전을 해칠 우려가 있는가 등이 기준이 되고 있다.

이러한 연장선 상에서 보면 효력규정 위반의 거래가 제746조의 불법에 해당하는 가의 판단기준도 역시 그 효과론 즉 경제적 이익의 귀속문제가 중심에 오는 것이 합리적이다. 즉 불법에 해당한다고 보아 급여의 반환을 거절함으로써 결국 급부의 경제적 이익이 수령자에게 귀속되는 것이 바람직한가의 판단

---

24) 대법원 2007.12.20. 선고 2005다32159 전원합의체 판결
25) 대법원 2010.12.23. 선고 2008다75119 판결
26) 대법원 2007.2.3. 선고 2016다259677 판결
27) 물론 금지규정 자체에서 법률효과에 관하여 명문의 정함이 있다면 그에 따라야 할 것이다(대법원 2010.12.23. 선고 200875119 판결). 예컨대 택지개발촉진법에 따르면 "이 법에 따라 조성된 택지를 공급받은 자는 소유권 이전등기를 하기 전까지는 그 택지를 공급받은 용도대로 사용하지 아니한 채 그대로 전매할 수 없고, 이를 위반하여 택지를 전매한 경우 해당 법률행위는 무효로 한다."(제19조)라고 정하고 있는데, 최근 대법원은 동 법에 위반한 전매행위에 대하여 법문에 충실하게, 계약의 효력을 부인하고 매도인은 '시행자의 동의' 절차에 협력할 의무도 지지 아니한다고 하였다. (대법원 2017.10.12. 선고 2017다222153 판결; 대법원 2017.10.12. 선고 2017다230277 판결; 대법원 2017.10.26. 선고 2016다40545,40552 판결)

의 문제이다. 다만 효력규정여부의 판단시 경제적 이익귀속의 문제와 차이점은 [판결1]에서 잘 나타난다. "임차인으로 하여금 사실상 무상사용을 하는 반사이익을 누릴 수 있도록 하여야만 농지법의 규범목적이 달성되는가" 즉 수령자가 무상으로 즉 대가없이 급부를 보유하는 반사이익을 누리게 하는 것을 감수하는 것이 당해 법령의 규범목적 달성에 불가피한 것인가가 기준이 된다. 즉 효력규정의 판단에서와 마찬가지로 경제적 이익의 귀속감내의 필요성이 관건이 된다. 즉 효력규정의 판단에 있어 경제적 이익은 계약당사자의 이행이익이라면 불법원인의 판단에 있어 경제적 이익은 급부수령자의 반사이익이다. 그리고 수령자의 반사이익은 급여자의 희생이 바탕이 되고 수령자에게는 정당성이 없는 이익이라는 점에서 더 엄격한 기준이 요구되는 것이다.

그리고 부차적으로 효력규정여부의 판단에서도 거래의 내용이나 목적 또는 급부 자체의 반사회성·반도덕성·반윤리성이 현저한가가 기준이 되듯이 불법의 판단에 있어서도 역시 이 점도 고려사항이 된다. 특히 [판결1]이 종래의 반사회질서 위반의 요건에서 더 나아가 반사회성·반도덕성·반윤리성의 현저성을 요건으로 제시한 것은 의미가 크며 불법의 판단기준이 효력규정의 판단기준과 일치된다는 측면에서도 긍정적이다. 반사회성의 '현저성'이라는 기준도 불법성의 판단에 있어서는 더 엄격한 판단기준이 적용되어야 한다. 반사회성을 띠고 있는 약정에 기해 약속한 급부를 청구하여 계약 내용의 적극적 실현을 구할 수 있는가를 판단하는 윤리적 기준과, 부당한 이득을 바로잡는 법질서의 개입을 자체모순에 빠지게 할 정도로의 법이념에 대한 정면적 배치의 상태인가를 판단하는 윤리적 기준은 다를 수 밖에 없다.

5. 소결

판례들이 보여주는 것처럼 사회질서 위반과 단순한 강행규정 위반을 구별하는 일반적 기준을 찾는 것은 쉬운 일이 아니다. 오히려 이러한 판례들은 불법성의 판단에 있어 과감히 사회질서라는 통일적 기준과 결별하고 개별 법규의 규범목적에 충실한 판단이 필요함을 말해준다.[28] 제746조의 불법의 판단기

---
28) 백경일, 위의 글 268면

준은 별도의 원칙들로 이루어져 있으며 선량한 풍속 사회질서와 같은 기본원칙이나 윤리적 가치판단에 따를 필요가 없다는 주장은 경청할 만하다.[29] 그러한 기초위에서 위반된 개별 법규의 규범목적을 탐구해야 할 것이다. 이것은 효력규정과 단속규정의 구분에 있어 당해 규정의 입법목적을 우선적으로 고려한다는 사고의 연장선에서 이해될 수 있다. 최근의 명의신탁약정과 불법원인급여의 문제를 다룬 전원합의체판결에서도 관련된 부동산실명법의 규범목적을 고려할 때 입법자가 신탁부동산의 소유권이 명의신탁자에게 귀속되는 것을 전제로 함으로써 불법원인급여의 문제를 자체에서 명확하게 해결하고 있는데 이를 다시 명의신탁의 반사회성을 판단하여 불법원인급여의 적용을 시도하는 것이 모순이라는 점을 잘 지적하고 있다.[30]

규범목적의 고려라는 것은 당해 거래의 성격이 불법성을 충족했는가라는 요건론보다 최종적으로 누구에게 급부이익을 누리게 할 것인가라는 효과론적 사고에 더 무게를 두어야 할 것이다. 위의 부동산실명법 판결이 이를 잘 보여주고 있는데, 불법원인급여의 규정을 적용함으로써 '재화귀속에 관한 정의관념에 반하는 불합리한 결과', '실체적 정의에 반하는 결과'가 나오는 것을 삼가야 한다고 강조하고 있다.[31] 큰 방향은 제746조가 가진 파격적 예외성을 인식하고 그 적용범위를 목적론적으로 제한해석하는 것이다.[32] 수령자의 부당이득보유를 감내하더라도 달성해야 할 상위의 분명한 규범목적이 인정되는가를 면밀히 검토해야 할 것이다. 또한 물론 원인행위 또는 급부행위의 반사회성이나 반윤리성과 그 정도의 현저성도 중요한 판단요소로 작동할 것이고 특히 쌍방의 급부가 다 이행된 경우라면 거래안전에 대한 고려도 중요한 판단의 요소가 될 것이다.

---

[29] 이 견해는 불법원인급여제도는 '재화할당의 조정'의 문제일 뿐이며 여기에서 윤리적, 도덕적 가치판단은 부수적인 문제라고 한다. 최금숙, 불법원인급여반환의 확대에 관한 고찰, 이영준변호사화갑기념논문집(1999) 951면
[30] 대법원 2019.6.20. 선고 2013다218156 전원합의체 판결
[31] 대법원 2019.6.20. 선고 2013다218156 전원합의체 판결
[32] 최봉경, 불법원인급여, 비교사법 제13권 3호(2006.9.) 173면; 독일민법에서도 불법원인급여 반환금지조항(제817조 2문)의 목적론적 축소해석에 있어 위반된 개별 법규의 보호목적(Schutzzweck)을 탐구해야 함을 강조하고 있다. MünchKomm/Schwab(2017), § 817 Rn.22 이하

첨언할 것은 당사자간의 법률행위가 특정한 강행규정과 관련되지 아니하고 바로 사회질서 위반의 행위로 다루어지는 경우도 있다. 그것은 예컨대 대리모계약이나 형사사건 성공보수약정[33])과 같이 아직 당해 거래를 직접적으로 규율하는 관련법이 준비되지 않은 경우도 있고 또 공무원에게 뇌물을 주는 경우 형법상 뇌물죄 등의 죄목이 있지만 직접적으로 당해 행위의 법률효과를 통제한다고 보기 어려운 경우도 있을 수 있다. 또 성매매와 같이 과거에는 선량한 풍속 위반 등으로 다루어지고 했으나 특별법이 제정된 뒤로는 당해 법규위반의 효력으로 주로 다루어지는 경우도 들 수 있다.[34]) 일반적인 경향은 갈수록 금지법규가 세밀하게 제정되어 가면서 당사자 간의 불법성이 문제되는 거래는 대부분 개별법의 강행규정과의 충돌이 문제되며 직접적으로 사회질서 위반으로 다루어지는 경우는 좁아지고 있다고 볼 수 있다.

IV. 불법원인급여와 손해배상과의 관계

  [판결1]에서 보면 농지의 임대인은 임대차가 무효라면 임차인은 임대기간 동안 목적부동산을 점유권원없이 점유·사용한 것에 대하여 임료상당액의 손해를 배상할 것을 청구하고 이 손해배상채권을 자동채권으로 임차인의 기지급임료에 대한 부당이득반환청구권과 상계하고자 한다. 대법원도 임대의 부당이득청구나 손해배상청구를 배척하는 것이 옳지 않다는 취지로 판시하고 있다. 즉 급여자가 자신의 급여를 반환받기 위해 부당이득반환청구를 대신하

---

33) 형사사건 성공보수약정은 대법원이 제103조의 선량한 풍속 기타 사회질서에 반하는 것으로 판결하였으므로(2015.7.23. 선고 2015다200111 전원합의체 판결) 의뢰인이 성공보수약정에 따라 변호사에게 보수를 지급한 후에는 원칙적으로 그 반환을 청구할 수 없을 것이다. 정형근, 형사사건 성공보수약정과 불법원인급여, 법률신문 2020.1.20. 12면

34) 성매매에 관련하여 발생한 채권에 대하여 종래 판례는 이를 무효로 하는 구 윤락행위방지법(제20조)에 규정이 있었으나 이를 일차적으로 선량한 풍속에 반하는 행위로서 평가하고 불법원인급여의 법리를 적용하였으나(대법원 2004.9.3. 선고 20004다27488,27495 판결), 근래에는 바로 '성매매알선 등 행위의 처벌에 관한 법률"(제10조)를 근거로 불법원인급여임을 인정하고 있다.(대법원 2013.6.14. 선고 2011다65174 판결)

여 손해배상을 청구할 수 있다는 것을 암시하는 것으로 해석될 수 있다.
　이전에 대법원은 부당이득반환청구과 손해배상청구의 관계에 대하여 매우 단호한 설시를 한 바 있다. 대법원은 "불법의 원인으로 재산을 급여한 사람은 상대방 수령자가 그 '불법의 원인'에 가공하였다고 하더라도… 상대방의 불법행위를 이유로 그 재산의 급여로 말미암아 발생한 자신의 손해를 배상할 것을 주장할 수 없다."고 하면서 그 이유로서 "급여자의 위와 같은 손해배상청구를 인용한다면, 이는 급여자는 결국 자신이 행한 급부 자체 또는 그 경제적 동일물을 환수하는 것과 다름없는 결과가 되어, 민법 제746조에서 실정법적으로 구체화된 법이념에 반하게 되는 것이다"35)라고 한다.
　대법원은 불법원인급여의 항변에 대하여 급여자가 급여수령과 관련된 수령자의 과실을 근거로 손해배상책임을 묻는 것은 불법원인급여제도를 실질적으로 형해화 내지 잠탈하는 결과가 될 수 있다는 우려를 표하고 있다. 그리고 그 근거되는 선행판결로서 부동산양도의 무효시에 급여자의 소유권에 기한 소유물반환청구권을 부인한 전원합의체판결36)에서 제시된 법리를 인용하고 있다. 위 전원합의체 판결에서 소유물반환청구권을 통한 급부의 반환을 금지한 이유와 마찬가지로 법적 형식 여하에 불구하고 즉 청구권의 근거에 관계없이 제746조의 이념이 관철되어야 한다는 것이다. 그 바탕에는 제746조가 민법 제103조와 표리를 이룬다는 이념이 자리잡고 있다.
　위 판결은 급여자는 수익자의 불법행위에 근거한 손해배상청구권도 행사할 수 없다는 것을 보여준 최초의 판결로서 제746조가 소유권에 기한 물권적 청구권뿐만 아니라 불법행위에 기한 손해배상청구권도 배척하는 명실상부한 일반규정으로서의 위치를 확인시켜주는 판결이라고 한다.37) 그런데 이 판결

---

35) 대법원 2013.8.22. 선고 2013다35412 판결 : 종중의 총무가 종중 임야에 관한 등기사무와 관련하여 기초자치단체 의원인 피고에게 부정한 청탁을 하면서 금 1억원을 지급한 후에 이를 알게 된 종중이 무효인 위임계약을 이유로 지급금액을 부당이득으로 반환을 구하고, 피고는 불법원인급여의 항변을 하였다. 이에 다시 종중은 피고가 고의 또는 과실로 총무의 금전횡령행위에 대하여 연대하여 공동불법행위책임을 지므로 위 금액 상당의 손해배상을 할 것을 주장한 사안이다.
36) 대법원 1979.11.13. 선고 79다463 전원합의체 판결
37) 정상현·서순택, 불법원인 급부자의 불법행위 손해배상청구권 인정여부 재검토, 민사법학 제69호(2014.12) 552면

은 그 간 판례가 불법원인급부 제도의 적용으로 인한 경직된 결과를 완화시키기 위하여 다양한 방면으로 시도해온 흐름과 정반대의 입장에 서는 것이어서 주목된다. 기술한 바와 같이 판례는 법률의 금지와 사회질서를 구분하여 법률의 금지에 위반할 지라도 사회질서에 반하지 않는 경우에 불법원인급여의 항변을 배척하여왔고, 불법성비교론을 통하여 수익자의 불법성이 급여자의 것에 비하여 현저히 큰 경우에는 제746조 단서와 같이 보아 수령자의 불법원인의 항변을 부정하기도 하였다.38) 또 오래 전부터 불법원인급부가 되기 위하여서는 급부이익이 종국적인 것이야 하므로 저당권설정등기 등은 불법원인급부의 대상이 되지 않는다고 하였다.39) 그 뿐 아니라 불법원인급부를 한 후 당사자들이 급부 자체나 그 대가를 임의로 반환하기로 약정하고 그에 기한 반환청구는 불법원인급부자의 부당이득반환청구와는 본질적으로 다른 것이어서 반환약정자체가 사회질서에 반하지 않는 한 유효하다고 판시하였다.40)

위 판결에 대하여는 여러 측면에서 비판할 수 있다. 먼저 이 판결의 기초로 제시되고 있는 바와 같이 제746조가 제103조와 이념이나 이상을 같이 같이 하는 일반조항의 성격을 갖는 것이 아니라는 점은 위에서 논하였다. 한편 불법성이 내재된 거래에서는 그 양상에 따라 당사자의 일정한 행위가 불법행위로서 파악될 수 있는 경우가 발생하는 것은 자연스럽다. 그리고 부당이득에 기초한 청구과 그에 대한 항변, 그리고 불법행위에 기한 손해배상청구권과 역시 그에 대한 과실의 부인 등이 서로 경합하는 것도 자연스럽다. 판례가 말하듯이 수익자에게만 불법원인이 있는 경우과 같이 특별한 경우에만 손해배상청구가 인정되는 것은 아니다. [판결1]은 명시적으로 언급하지는 않았지만 이러한 급여자의 손해배상청구와 부당이득청구를 선택적으로 인정하는 입장에 서 있는 것으로 해석될 여지도 있다. 학설도 부당이득제도가 실정법상 고유한 요건과 효과를 갖춘 제도로서 평가됨에 따라 이른바 절대적 보충성의 논리가 성립하기 어렵고 따라서 다른 청구권규범과의 사이에 경합을 인정하고 있다.41) 특히 불법행위와 부당이득은 직접적인 목적이 다르므로 두 청구권의 경

---

38) 대법원 2007.2.15. 선고, 2004다50426 판결
39) 대법원 1995.8.11. 선고 1994다54108 판결
40) 대법원 2010.5.27. 선고 2009다12580 판결

합을 인정하여야 한다고 한다.42)

　급여자의 손해배상청구권을 인정하게 되면 이것은 불법원인급여제도의 운용상의 여러 난제에 대한 쉬운 해결의 길을 제시할 수 있을 것이다. 판례가 보여주듯이 임차인인 수익자가 임대인의 임대행위를 불법원인이라며 항변하는 경우에 임대인은 타인의 재산의 무단점용이라는 불법행위와 그 손해배상이라는 청구로 대항할 수 있을 것이다. 더 나아가 판례는 그 간 불법성비교론을 활용하여 타당한 결론을 도출하기 위하여 노력해왔는데, 불법성비교론의 불법행위적 대응구조가 바로 과실상계이다. 당사자의 불법성이 문제되는 경우에 그것이 불법행위로 파악된다면 과실상계의 법리에 기하여 쉽게 타당한 결론에 도달할 수가 있으며 반환인정이냐 아니냐 즉 '전부 아니면 무'(all or nothing)의 결과를 택할 수 밖에 없는 부당이득제도의 난점을 극복할 수 있게 된다.43)

V. 쌍무계약과 불법원인급여

　불법원인급여를 규정한 제746조는 법정채권관계를 정한 다른 제도에서와 마찬가지로 일방적 채권관계를 기본으로 하여 규정한다. 즉 부당이득반환관계에서 양 당사자는 급여자와 수익자가 되고 수익자가 얻은 이익에 대하여 급여자는 반환청구권을 행사할 수 있으나, 불법의 원인으로 인한 급여의 경우에는 급여자는 수익자에게 그 이익의 반환을 청구하지 못한다. 그런데 위의 3개의 사례에서 보듯이 대부분 불법원인급여는 그 원인된 계약이 쌍무계약이고

---

41) 김형배, 사무관리·부당이득[채권각론 Ⅲ](2003) 64면
42) 송덕수, 신민법강의(2020) 1345면; "법률행위가 사기에 의한 것으로서 취소되는 경우에 그 법률행위가 동시에 불법행위를 구성하는 때에는 취소의 효과로 생기는 부당이득반환청구권과 불법행위로 인한 손해배상청구권은 경합하여 병존하는 것이므로, 채권자는 어느 것이라도 선택하여 행사할 수 있지만 중첩적으로 행사할 수는 없다." 대법원 1993.4.27. 선고 92다56087 판결
43) 정상현·서순택, 574면 이 글에서 소개한 하급심 판결들에서 예컨대 당사자의 불법성을 비교하여 수익자의 불법성이 현저히 크므로 급여자의 반환청구를 인용하면서도 수익자의 과실을 상계하고 급여자에게 50%의 배상책임을 인정하기도 하였다 수원지방법원 1987.4.15. 선고 86가합1649 판결

따라서 일방의 급부와 상대방의 반대급부가 상환적으로 이루어진다. 그리고 그 계약이 무효가 되는 경우에는 원칙적으로 양 당사자가 한 급부는 역시 상환적으로 반환되어야 하고 이는 동시이행관계에 있는 것이 원칙이다.44) 그런데 이 반환관계에 있어 어느 일방이 불법원인급여의 항변을 행사하여 자신의 반환의무를 부인하는 경우 쌍무계약의 상환성이라는 본질과 관련하여 몇 가지 생각해 볼 단서를 제공한다.

첫째는 양 당사자의 급부가 이행된 경우 급부의 불법성은 별개로 판단되는가? [판결1]에서 이 점이 잘 드러나는데 원심은 임대인의 임대행위는 농지법을 위반하여 이루어진 것으로서 불법원인급여에 해당하지만, 반대로 임차인이 임대인에게 지급한 임료는 불법원인급여에 해당하지 않는다는 것이다.45) 동일한 기초위에서 이루어진 쌍방의 급부에서 일방의 급부만이 불법성이 있다는 논리는 적절한가 또 그 기준은 무엇인가? 이미 기존의 판례는 이른바 불법성비교론이라는 이름아래 급여자와 수익자의 불법성이 현저하게 차이가 나는 경우를 언급하고 있지만 이것도 기본적으로는 특정 급부행위 또는 그 급부의 원인되는 행위에 대한 판단기준이자 논리라고 볼 수 있다. 불법원인에 기한 것이라고 판정될 수 있는 급부에 대하여 반대급부가 이미 행하여졌다면 이는 반대급부도 불법성을 공유하는 기초가 된다. 불법원인급여제도는 불법성이 있는 원인이 되는 계약의 체결이 아니라 그에 기해 급부가 현실적으로 이루어진 상황을 문제삼는 것이다. 즉 종국적으로 이루어진 급부행위에 따르는 위험을 급부자가 부담하는 측면이 있다. 그리하여 양 급부의 불법성이 서로 상쇄되어 법률관계가 이미 종결된 것으로 처리하는 것이 더 합리적인 경우가 있을 수 있다. [판결1]에서 이미 임대목적물의 사용과 차임의 지급이 이루

---

44) 판례는 쌍무계약의 무효시 일방 당사자에게만 먼저 그 반환의무의 이행이 강제된다면 공평과 신의칙에 위배되는 결과가 된다고 한다. 대법원 2007.12.28. 선고 2005다38843 판결

45) 농지개혁법에 위반한 농지임대차에 관한 오래된 판결에서도 대법원은 임차인의 임료의 급여행위는 불법원인급부에 해당하지 않고 임대인의 임대행위만이 불법원인급부에 해당한다는 논리를 제시하였다. 그리하여 임대인은 악의의 수익자로서 임료를 반환하여야 한다는 것이다. 대법원 1970.10.30. 선고 70다1390,1391 판결

어져 종결된 사안에서 불법원인급여가 임차인이 기지급한 차임만을 회수하려는 도구로 사용되는 것은 정의관념에도 반한다. 나아가 이것은 거래의 안전과도 관련된다.46)

둘째로 쌍방의 급부가 이행된 상황에서 일방이 불법원인급여의 항변으로 하여 자신의 반환의무를 거절한다면 그의 상대방에 대한 부당이득반환청구는 영향을 받지 않는가? 일반적으로 동시이행관계에서 자신의 이행을 거절하는 것은 상대방도 이행하지 않는 것을 전제로 하므로, 일방의 반환의무의 거절은 상대방의 반환의무도 이행되지 않는 것을 전제로 한다. 그러나 [판결1]에서는 임차인은 자신의 반환의무 즉 임대행위라는 급부의 이익의 반환은 불법원인을 이유로 거절하고 상대방의 반환의무의 이행을 구한다. [판결3]에서는 매도인이 목적물의 절반을 인도한 상태에서 상응하는 매수대금의 반환을 거절하고 있는데 이는 달리 보면 이미 이행된 부분에 대해서는 서로가 반환청구를 하지 아니하는 것으로 볼 수 있다. 불법원인급여가 본래의 규정대로 적용될 수 있는 사례는 [판결2]처럼 일방의 급부 즉 임대행위가 있고 상대방은 반대급부를 하지 않은 상황일 것이다. 요컨대 쌍무계약의 무효시 반환과정은 쌍무계약의 상환성의 연장이고 비록 불법원인을 근거로 한다해도 자신의 급부는 반환받으면서 상대방에게서 받은 급부의 반환을 거절하는 것은 판례의 표현대로 '재화귀속에 관한 정의 관념'에 심히 어긋나는 경우가 많을 것이다.

VI. 불법원인급여제도를 보는 새로운 시각

1. 계약의 불법성과 부당이득에 의한 구제의 모순관계

법률의 금지에 위반한 거래의 경우에 당해 규정 즉 금지규정에 위반된 행위의 결과에 의한 경제적 이익의 귀속을 방지하려는 것은 아니라고 보거나 또

---

46) 고율의 금전대차에 관한 판결에서 불법성비교론에 기초해 초과지급된 이자의 반환을 인정한 다수의견에 대해 소수의견이 "임의로 이자를 지급함으로써 이미 거래가 종료된 상황에서 다시 차주의 반환청구를 허용한다면 법적 안정성을 해칠 우려가 있다"고 지적한 것은 유의할 만하다. 대법원 2007.2.15. 선고 2004다50426 전원합의체 판결

는 사법상의 효력까지도 부인하지 않으면 안 될 정도로 반사회성이나 반도덕성이 현저한 것은 아니라고 하여 그 규정이 단속규정으로 해석되는 경우에도 여전히 문제가 남는다. 그것은 한편으로는 그 위반사실에 기하여 법이 규정하는 형벌이나 행정적 불이익 등 공법적 제재의 대상이 되지만 한편으로는 상대방에게 당해 계약상의 의무의 이행을 청구하고 이를 소송으로 관철할 수 있다는 것이다. 이러한 법적 가치의 충돌은 극단적으로는 동일한 거래행위가 형사법정에서는 유죄판결을 받으면서 민사법정에서는 원고승소판결을 받는 모순된 모습으로 나타난다. 비록 공법과 사법의 가치판단의 기준이 다르다 하여도 법질서내에서의 모순이 감추어지는 것은 아니다.

동일한 모순은 당해 금지규정이 효력규정으로 판단되었으나 부당이득 반환의 법리가 적용되는 경우에도 일어난다. [판결2]가 이러한 모순을 잘 보여주고 있다. 금지규정에 위반한 임대차계약을 한 임대인은 주위적 청구로 임대차계약이 유효함을 전제로 한 차임지급을 청구하였고 이것이 거절되자 부당이득으로 차임과 동일 액수의 점유·사용이익의 반환을 청구하였고 대법원은 이를 인용하였다. 이 사건의 원심은 말하기를 "이러한 부당이득 반환을 인정하게 되면 이는 어업권에 대한 임대차를 사실상 허용하는 셈이 되고 이는 어업권의 임대차를 금지하는 수산업법의 입법취지를 몰각시키는 결과가 되어 부당하다"고 하였다. 차임지급인가 또는 부당이득반환인가는 단지 법적 용어의 차이일 뿐 임대인이 의도한 경제적 이익을 얻는 것이고 이는 당해 규정을 효력규정으로 판정한 것을 무의미하게 만드는 것이다. 바꾸어말하면 효력규정에 위반되어 무효로 판정된 계약이 유효한 계약으로 다시 살아나는 것과 다름없고, 당해 금지규정을 처음부터 단속규정으로 보는 것과 차이가 없게 된다.

계약상의 청구권이 당해 계약의 불법성으로 인해 무효가 되어 부인되는 경우 다른 비계약적 청구권 특히 부당이득반환청구권이 이를 대신한다면 당사자에게는 상대방의 이행을 확보하는 안전판으로 작동하게 되고 자신이 급부한 것 또는 그 대가의 반환이 허용된다면 이는 불법적인 거래에 따르는 위험을 감소시키고 이를 촉진시키는 부작용을 보이게 된다.47) 영국의 한 사례를

---

47) 이러한 경우에 비계약적 청구권이 계약적 이행실현의 지렛대이자 안전망(Lever

보면, 외환관리법에 위반하여 이루어져 무효인 대차계약 상의 대출금을 차주가 갚지 못하자 대주가 이를 부당이득으로 반환청구한 사건에서 법원은 "비계약적 청구권이 인정된다면 이는 법을 우롱하는(stultify the law) 것이다. 대주는 그가 행한 불법성으로 인해 계약상의 청구권이 허용하지 않는 바로 그것을 얻어내는 것이다"라고 하였다.48)

이러한 관점에서 보면 불법원인급여 제도는 당사자들이 이처럼 법을 우롱하는 상황을 막는 역할을 하는 것이 된다. 법률상의 근거가 없는 부당한 이득을 원상으로 회복시키려는 정의관념에 기초한 부당이득제도가 계약법상 부정되는 결과를 실현하려는 우회수단으로 이용되는 모순의 한계점을 불법원인급여제도가 설정하고 있다.

2. 불법적인 거래에 따르는 급여자의 위험의 인수

불법원인이 개재된 거래 예컨대 금지규정에 반하여 계약을 체결하거나 사회질서에 반할 가능성이 있는 내용의 거래를 하는 것은 일반적인 거래에 비해 위험성이 높으며 당사자들도 충분히 그것을 인식하고 행동한다. 계약을 체결할 시에도 당해 계약이 의도한 대로 효력을 얻을 수 있을 것인지 아니면 무효로 판정될 지도 모른다. 나아가 단순히 계약을 체결하는 것을 넘어 일방이 현실적으로 급부를 할 경우에는 한 단계 더 높은 위험을 떠안게 된다. 즉 계약이 무효로 된다고 해도 자신이 한 급부를 돌려받지 못할 위험이다. 많은 경우에 급부자는 상대방으로부터 반대급부도 얻지 못하고 일방적인 손실을 부담하게 된다. 불법성이 있는 거래의 당사자들은 계약체결을 넘어 급부를 이행할 시에 이러한 위험에 대하여 매우 민감하게 인식할 수 밖에 없다. 제746조의 적용을 받게 될 위험은 현실적이고 종국적인 급여행위와 결부된 것이기 때문이다. 그럼에도 불구하고 성공할 시에 얻게 될 높은 이익을 얻기 위하여 일반적인 선이행급부에 따르는 위험을 초과하는 특별한 위험을 떠안는 것이다. 이는 마치 고수익 고위험의 금융상품에 투자하는 투자자의 심리와 같은 것이다.

---

and Safety-Net)이 된다고 한다. Birks, Unjust Enrichment(2005) 247면
48) Boissevain v. Weil [1950] AC 327(HL), Birks, Unjust Enrichment(2005) 248면

거래에서 당사자들이 자발적으로 떠안는 위험 즉 위험의 인수(assumption of risk)라는 사고는 사법에서 사적자치의 바탕을 이루고 있다. 예컨대 독일민법도 채무자의 유책성의 판단기준으로 위험의 인수(Risikoübernahme)가 인정되는 경우에는 우선적인 기준이 된다.[49] 자발적으로 위험을 인수한 자는 후에 그 위험이 현실화된 경우에 그에 대해 책임을 져야 하고 이는 자기결정과 자기책임이라는 사적자치의 사고에 부응하는 것이다. 판례도 보증인의 보증책임의 근거는 자발적인 위험의 인수라는 것을 강조하고 있으며[50], 투전기사업을 위하여 지분을 매입하였다가 인근주민들의 진정으로 영업허가가 나오지 않자 지분매매대금의 반환을 구하는 사안에서 이를 거절하며 판시하기를, "미확정적이고 불확실한 동업지분을 매수하는 모험적인 요소가 짙은 점, 당사자가 그 불확실성의 위험을 충분히 예지한 상태에서 이를 매수하였던 점 등을 고려하면 쌍방의 책임없는 사유로 인하여 투전기 영업을 하지 못하게 될 경우 동업지분의 매수대금을 회수하지 못할 위험은 원고 자신이 부담하겠다는 취지로 하였다고 해석된다"[51]고 하였다.

당사자들은 계약체결과정에서부터 항상 위험을 의식하며 행동한다. 적어도 상대방이 불이행할 수도 있다는 위험을 항상 인식하며 불이행시 번잡한 법원의 간섭없이 손해를 최소화할 수 있는 방안을 모색한다. 당사자들의 위험분배의 기초적 메카니즘은 주로 이행의 순서에 관한 것이다. 동시이행, 선이행, 후이행, 단계별 분할이행 등이다. 불법성의 여지가 있는 거래에 참여하는 당사자들은 더욱 위험에 민감하며 급부의 선이행을 하는 당사자는 그만큼 높은 위험을 인수하였다고 볼 수 있다. 거래의 불법성이 현실화되고 급부의 반환이 거절되어 급부이익의 손실을 보는 당사자는 사전적인 위험의 인수의 결과로

---

[49] 독일민법 제276조 제1항 : 보다 엄격한 또는 보다 완화된 책임에 대하여 정함이 없고, 또한 그러한 책임이 채권관계의 다른 내용, 특히 보장이나 조달위험의 인수로부터 인정되지 아니하는 경우에는, 채무자는 고의와 과실에 대하여 책임이 있다.
[50] 보증제도는 본질적으로 주채무자의 무자력으로 인한 채권자의 위험을 인수하는 것이므로, 보증인이 주채무자의 자력에 대하여 조사한 후 보증계약을 체결할 것인지의 여부를 스스로 결정하여야 하는 것이고, 채권자가 보증인에게 채무자의 신용상태를 고지할 신의칙상의 의무는 존재하지 아니한다. 대법원 2002.7.12. 선고 99다68652 판결; 대법원 1998.7.24. 선고 97다35276 판결
[51] 대법원 1995.3.28. 선고 94다44132 판결

보아야 하는 면도 있다. 즉 고위험 거래에서 현상동결의 원리는 당사자들의 위험에 관한 선택을 인정하는 것이고 결국은 개인의 사적자치와 책임을 더 고양시키는 면이 있다. 거래의 불법성이 강할수록 당사자들이 선후이행보다는 동시이행을 선호하거나 분할이행을 통하여 위험을 분산시키려는 노력도 이러한 측면에서 이해될 수 있다. 또한 불법성이 강할수록 급여자가 심리적으로 인수하는 위험, 유사시 법의 보호 밖에 서게 될 위험도 그만큼 넓게 인정될 수 있을 것이다.52)

3. 원상회복인가 현상동결인가

당사자간에 급부의 전부 또는 일부가 이루어진 후에 그 급부의 근거가 되는 계약이 무효나 취소된 경우에 결과적으로 보면 두 가지의 해법이 대립하고 있다. 하나는 각 당사자가 상대방으로부터 받은 급부를 반환함으로써 계약체결 이전의 원상태를 회복하는 것이다. 이것을 가능케 하는 것이 부당이득제도로서, 계약에 근거하여 이전된 급부가 원래의 자리로 돌아갈 수 있는 법정의 다리를 제공하게 된다. 계약이 해제된 경우에도 역시 원상회복청구권이 인정되고 있으며 해제에 관한 소급적 소멸설의 입장에서는 실질적으로 부당이득의 성질을 갖게 된다.

반면에 당사자 간에 재화의 이동이 이루어지고 그 후 분쟁이 발생한 경우에 사법은 때로 현재의 재화이전의 상태를 그대로 인정하는 해결을 취하기도 한다. 이러한 현상동결은 법이 현재의 상태를 변경해달라는 당사자의 요구를 거절하는 것으로써 달성되며 실질적으로는 법이 분쟁상황에 적극적으로 개입하지 않는 것의 결과이다. 법이라는 것은 현재(sein)의 상태가 아니라 마땅히 있어야 할 즉 당위(sollen)의 상태가 어떤 것인지를 추구하는 것이므로 계약이 무효가 된 경우라면 각자에게 원상회복청구권을 인정하고 이를 실현하는데 조력하게 된다. 그런데 불법원인급여의 법리가 적용되는 상황은 이러한 원상

---

52) 독일법상 법적보호거절설의 중요한 근거도 당사자가 양속위반의 행위를 통하여 스스로를 법질서 밖에 놓았다는 점을 들고 있다. Larenz/Canaris, Lehrbuch des Schuldrechts Band II BT 13.Aufl.(1994) S. 162

회복의 법리가 아니라 분쟁이 일어난 당시의 상황을 그대로 인정하고 고착시키는 현상동결의 결과를 가져오게 된다. 이것은 분쟁당시의 재화의 이동상태가 그대로 굳어지는 것이므로 각 당사자들이 어느 정도의 손실을 입고 이득을 취하는가는 전적으로 요행에 달려있게 된다. [판결3]은 전형적인 상황을 보여주는데 만일 매도인의 불법원인의 항변이 인정된다면 현상이 동결되고 매수인은 목적물을 2배의 가격으로 구입한 셈이 된다. 이처럼 자신의 급부를 선이행하고 상대방의 반대급부를 받기 전에 현상동결이 되어버린다면 그는 불운한 결과를 받아들여야만 하는 것이고 이것은 우리의 정의관념에 반하는 경우가 적지 않다. 더구나 반대편에서 이익을 보는 당사자가 사태의 원인제공자이기도 하다면 더욱 그러할 것이다. 또는 성실하게 급부를 이행한 자가 손해를 떠안는 모순된 경우도 적지 않을 것이다.

그렇다면 사법이 간혹 분쟁 후의 사후수습단계에서 원상회복이 아니라 현상동결의 법리를 택하는 이유는 무엇인가? 우선 생각할 수 있는 것은 돌아가야 할 당위의 상태를 정하는 것이 매우 어렵거나 법원의 자의적인 판단이 될 수 밖에 없는 경우일 수 있다. 예컨대 영미계약법에서 계약이 후발적인 사정의 변경에 의하여 이른바 목적좌절(frustration)이 된 경우가 좋은 예가 될 수 있다. 초기의 영국법의 입장을 잘 보여주는 유명한 대관식 사건[53])에서 H는 국왕의 대관식행렬을 거리의 여관의 창가에서 지켜보기 위하여 행사당일 낮시간에 창가의 방을 75파운드에 쓰기로 하고 25파운드를 선금으로 지급하였다. 그런데 행사일 며칠 전에 왕의 병으로 행사가 취소되었고 H가 나머지 차임 50파운드의 지불을 거절하자 여관주인 K는 소를 제기하였다. 법원은 이 사건에서 여관방의 임대차계약이 목적좌절되었다고 하면서 그 효과로 현상의 동결 즉 임차인의 선금반환청구도, 동시에 임대인의 차임잔금지급청구도 인정하지 않았다. 즉 법원은 계약좌절의 경우에 원상회복 등을 통한 구제가 아니라 '사물이 있는 그대로'(leave things alone)의 원칙에 기초하여 이행되지 않은 부분은 더 이상 이행되도록 요구되지 않고 이행된 교환은 반환되지 않는다는 현상유지(status quo)의 입장을 지켜왔다.[54]) 법원은 자신의 이러한 입장에 대하

---

53) Krell v. Henry 2. K.B. 740 (1903)
54) 김동훈, 영미계약법에서 사정의 변경과 위험분배의 원칙, 계약법의 주요문제

여 "이미 사건이 발생한 후에는 당사자들의 권리가 무엇이어야만 하는가를 확실하게 파악해내는 것이 실제로 불가능하기 때문이다"55)라는 말로 변호하기도 하였다.

　불법원인이 개재된 경우에도 근거는 다르지만 역시 법원이 간섭하여 만들어내야 할 당위적 상태에 대한 확실한 판단을 내리기 어렵다는 면이 있다. 사회질서에 반하고 불법적인 거래에 기여한 당사자가 그로 인해 발생한 사태의 복구에 대하여 법원의 도움을 청하는 것 그리고 법질서가 그에 응하여 법적 강제력을 빌려주어 당사자가 원하는 바를 실현시켜 준다는 것이 법질서 자체의 모순을 가져오게 되므로 이런 상황에 대하여 법적 보호를 거절한다는 것이 불법원인급여제도의 근거에 대한 통설적인 설명인 법적보호거절설이다. 그런데 불법원인급여제도에 대한 이러한 설명은 또 하나의 모순인 급부 수령자의 급부보유를 정당화하는 근거를 제시하지 못한다는 문제가 있다. 판례는 이를 급여자에 대한 법적 보호가 거절됨에 따른 '반사적 효과'라고 설명하지만56) 이것이 정당화의 근거가 될 수는 없다. 그리하여 불법원인급여의 반환금지를 관철할 경우에 오히려 불법성에 가담한 급부의 수령자가 급부의 보유이익을 누리고 또한 불법성이 있는 거래가 실제적으로 유효한 것과 동일하게 되는 모순을 가져오게 된다. 이것은 급여물을 국가가 몰수하거나 아니면 급부물을 불법성의 정도에 비례하여 양 당사자간에 분배하는 등 민사법적 처리의 영역에 속하지 아니하는 방식을 택하지 않는 한 '불법원인급여 제도 자체에 내재하고 있는 모순'57)을 나타내고 있다.

　결국 불법원인급여가 문제되는 상황에서 법질서가 개입하여 회복시켜야 할 상태가 무엇인가에 대하여 확신있는 판단을 내리는 것이 많은 경우에 난관에 부딪힌다. 위에서 소개한 판례에서 다 원심판결이 대법원에서 파기된 것도 이를 보여주는 하나의 징표일 수 있다. 법이 개입하여 커다란 모순이 없는 결과를 달성하는데 대한 확신이 없는 상황이라면 오히려 법이 소극적으로 개입

(2000) 278면
55) Chandlerv. Webster 1 K.B. 493 (1904)
56) 대법원 1979.11.13. 선고 79다483 전원합의체 판결
57) 대법원 2019.6.20. 선고 2013다218156 전원합의체 판결의 표현

을 자제하고 현 상황을 당사자의 자업자득 내지 각자의 운에 맡긴다는 발상도 가능한 것이다.58) 물론 이러한 관점이 반드시 불법원인의 항변을 넓게 인정하여야 한다는 경향을 지지하는 것은 아니다. 오히려 법질서가 개입하여 회복하여야 할 정의의 상태를 구상하는 것이 어려울 정도의 극히 예외적 상황을 말하게 될 것이다.

VII. 맺는 말

2017년 농지법 위반 임대차에서 불법원인급여의 논점을 다루며 진일보한 법리를 제시한 대법원 판결을 중심으로 하고 이 판결의 선행판결이라고 할 수 있는 2개의 판결을 비교·분석하면서 효력규정 위반시 불법원인급여제도의 적용에 관한 법리를 정리해보았다. 우선 선행판결에서 확립되고 대상판결에서도 그 바탕에 남아있는 '제746조의 불법 = 제103조의 반사회질서'라는 전제부터 극복되어야 할 법리임을 논증하였다. 효력규정 위반으로 무효판정을 받은 계약에 기한 급부가 반환되어야 하는가 즉 '불법'의 요건을 충족시키는가를 정하는 기준은 독자적으로 탐색되어야 하며, 핵심은 금지규정 위반의 법률행위의 효력, 즉 당해 금지규정의 효력규정 여부를 판단하는 기준의 연장선 상에서 이루어져야 한다는 것이다. 효력규정 여부의 판단에 있어 일차적인 기준으로서 입법목적 달성을 위해 경제적 이익의 귀속을 막아야 할 필요가 있는가인데, 효력규정 위반의 계약에 기해 이미 이루어진 급부의 반환여부의 판단에 있어서도 규범목적 달성을 위해 경제적 이익의 부당한 귀속을 허용 내지 감내하여야 하는가이다. 물론 후자의 경우에는 그 경제적 이익이 판례가 이른바 '반사이익'이라고 말하는 것처럼 급부자의 희생에 기초하는 것이므로 더욱 엄격한 기준 즉 보다 상위 가치의 정의를 실현해야 할 경우로 한정되어야 할 것이다. 그리고 역시 효력규정의 판단에서와 마찬가지로 반사회성·반도덕성·반윤리성의

---

58) 독일의 다수설인 법적보호거절설도 선급부의 수령자가 그 급부를 보유하는 것이 반드시 정의에 부합하지는 않지만 법질서 스스로가 개입을 포기하였으므로 감수해야 한다고 한다. 독일법의 상세한 소개는 최봉경, 불법원인급여, 비교사법 제13권 3호(2006.9.) 184면

현저성의 기준, 거래안전에 대한 배려 등이 기준으로 작동하게 된다.

　이러한 기준에 의해 재화의 귀속관계를 정한다고 하더라도 부당이득제도는 반환의 허용 또는 불가의 선택이므로 '전부 아니면 무'의 결론이 되고 당사자들과 정의관념을 만족시키는 결과를 얻기가 쉽지 않다. 그리하여 대상판결에서도 급여자의 손해배상청구를 인정하듯이 불법원인급여의 상황에서 나타난 당사자들의 불법성에 기초한 불법행위의 성립을 넓게 인정할 필요가 있으며 이에 기한 과실상계의 법리는 보다 탄력성있는 결과를 도출하는 통로가 될 수 있다. 그리고 급여의 반환문제에 있어서 쌍무계약에 기해 반대급부가 이루어진 경우에는 쌍무계약의 상환성에 기한 공평의 관념과 거래안전의 고려가 행해져야 한다. 끝으로 이러한 일련의 법리의 기초로서 불법원인급여제도의 존재의 근거를 급여자의 위험의 인수, 회복되어야 할 정의의 구현이 명확치 않은 경우 현상동결이라는 소극적인 법원의 태도 등에서 찾을 수 있다는 시각을 제시하였다.

【참고문헌】

[국내문헌]

김동훈, 영미계약법에서 사정의 변경과 위험분배의 원칙, 계약법의 주요문제(2000)

김민중, 농지임대차와 불법원인급여, 법조(2007.10.)

김수정, 효력규정과 단속규정의 구별기준에 관한 체계화 모색, 민사법학 제85호(2018.12.)

김형배, 사무관리·부당이득[채권각론 II](2003)

박동진, 부동산명의신탁과 불법원인급여, 법률신문 2019.11.28.자

백경일, 불법원인급여반환금지규정의 적용제한에 관한 비판적 고찰, 재산법연구 제29권 제4호(2013.2)

송덕수, 신민법강의(2020)

이영준, 민법총칙(2005)

정상현·서순택, 불법원인 급부자의 불법행위 손해배상청구권 인정여부 재검토, 민사법학 제69호(2014.12)

정형근, 형사사건 성공보수약정과 불법원인급여, 법률신문 2020.1.20.

최금숙, 불법원인급여반환의 확대에 관한 고찰, 이영준변호사화갑기념논문집(1999)

최봉경, 불법원인급여, 비교사법 제13권 3호(2006.9.)

[외국문헌]

Birks, Peter, Unjust Enrichment 2nd Edition (2005)

Larenz/Canaris, Lehrbuch des Schuldrechts Band II BT 13.Aufl. (1994)

Münchener Kommentar BGB Schuldrecht Besonderer Teil IV (2017)

<Abstract>

Contract against Prohibition of Law and Illegality Defense in Unjust Enrichment

A couple of cases introduced in the opening of this article deal with illegality defence in case of contract to pursue the prohibited purpose by diverse acts. That cases declare that illegality of Art. 746 of Korean civil code have the same meaning as public order of Art. 103. I insisted that this statement emphasized by court be abolished. The meaning of illegality of Art. 746 in case of contract against acts should be decided under extension of criteria to judge if paragraphs of acts prohibiting certain contracts are compulsory or not. The first standard of this judgement is if the economic interest of trade should be revert to the claimant. In the context of illegality it means to endure unjust reversion for achievement of legislation reason. So we must apply a stricter standard for unjust movement of property. Besides the exceptional degrees of unmorality and consideration for safety of trade will be criteria.

Even though through this criteria reversion of goods will be decided, the unjust enrichment knows permission of return or not, that is choice of 'all or nothing'. So in case of illegality defense the claims based on torts have to be accepted generously to get a flexible results.

Finally for the grounds of illegal defense I suggested new perspectives. The one who performed based on illegal contract can be regarded as bearer of risk. And the court can take a stance of 'status quo' if it regards unclear the condition of justice to be recovered.

[이 글은 국민대 법학논총 제32권 제3호(2020.2.)에 게재되었다.]

민법학의 주요문제

지은이 / 김동훈	초 판 / 2023년 1월 20일
펴낸이 / 조형근	
펴낸곳 / 도서출판 동방문화사	

주 소 / 서울시 서초구 방배로 16길 13
전 화 / 02)3473-7294   팩 스 / (02)587-7294
메 일 / 34737294@hanmail.net 등 록 / 서울 제 22-1433호

저자와의
합의
인지생략

파본은 바꿔 드립니다.   본서의 무단복제행위를 금합니다.
정 가 / 30,000원   ISBN 979-11-89979-60-7 93360